KB169415

HOLY SH*T

HOLY SH*T

욕설, 악담, 상소리가 만들어낸 세계

멀리사 모어
MELISSA MOHR

서정아 옮김

글항아리

일러두기

· 이 책은 Melissa Mohr, *HOLY SH*T: A Brief History of Swearing*(Oxford University Press, 2013)을 완역한 것이다.

· 성서의 번역과 고유명사 표기 및 장·절 표시는 『공동번역성서』를 따랐다.

· 상소리는 같은 표현일지라도 문맥에 따라 번역어를 다르게 사용하되, 필요한 경우 우리말의 어감과 다르거나 다소 어색하더라도 본뜻을 그대로 살리고자 했다. 가령 by God's bones는 '하느님의 **뼈**를 두고', Goddamn은 '천벌을 받을'로 옮기기도 했다.

· 라틴어는 원서와 다르더라도 대체로 활용형이 아닌 원형 또는 단수형으로 적었다.

· 각주 중 저자의 것은 ●, 옮긴이의 것은 ○로 표시했다. 미주는 모두 저자의 것이고, 본문에서 [ ]로 번역어를 달거나 부연한 곳은 모두 옮긴이의 것이다.

· 원서에서 이탤릭으로 강조된 곳은 고딕으로 표시했다.

존 해링턴과 새뮤얼 존슨

그리고 내 남편에게

차례

프롤로그

그것은 할머니가 내게 하신 마지막 말씀이었다. 할머니는 중증 알츠하이머 환자였다. 내가 점심 시중을 들 때는 물론이고 가족사진을 보여드릴 때조차 할머니는 한마디도 하지 않으셨다. 나를 알아보는지도 의심스러웠다. 한데 할머니를 휠체어에 태워 바깥으로 산책을 나간 어느 날 나는 그분의 목소리를 다시 들을 수 있었다. 갈라진 보도 위를 지날 때였는데, 휠체어가 덜컹거리자 할머니는 이렇게 내뱉었다. "젠장Shit!"ㅇ 제아무리 짜증스러운 상황에서도 기껏해야 "미쳐 Nuts!"나 "에이, 참Darn it!" 정도로만 감정을 표현하던 한 여인의 입에서 그처럼 상스러운 말이 튀어나온 것이다. 하지만 이내 할머니는 다

ㅇ 직역하면 '똥 누다' '똥'이라는 뜻이지만, 비속한 감탄사로 쓰일 때는 '젠장' '제기랄' 등으로 번역된다. 책에서는 문맥에 따라 직역과 의역을 오가며 번역했다. 다른 비속어를 옮길 때도 같은 원칙을 적용했다.

시 침묵에 잠겨 들었다. 내가 그곳을 떠나올 때까지.

1866년 프랑스 시인 샤를 보들레르는 뇌졸중으로 쓰러져 병상 신세를 졌다. 그는 말하는 능력을 잃었지만, 오직 한 문구만은 잊지 않았다.[1] 너무 자주 반복하는 바람에 수녀들마저 결국은 단념하고 그를 병원에서 내쫓게 만들었다는 전설의 그 문구는 바로 "제기랄Cré nom!"이었다. 이는 Sacré nom de Dieu의 줄임말인데, 오늘날 영어에서 비슷한 표현을 찾자면 그런대로 점잖은 Goddamn이나 Damn 정도가 적당할 것이다.° 그러나 1866년에 'Cré nom'은 도저히 눈감아줄 수 없는 수준까지 수녀들의 심기를 건드렸고, 그들은 보들레르의 이 같은 감정 폭발을 악마의 농간이라고밖에 설명할 수 없었다.

보들레르와 할머니의 뇌리에 깊이 박혀, 다른 말들이 기억에서 모조리 사라졌을 때조차 자리를 지킨 언어는 다름 아닌 비속어 swearword였다. 보들레르는 신의 이름을 공허하게 입에 올림으로써 종교적 금기를 깨뜨렸고, 할머니는 특정한 신체 부위나 배설물, 행위를 언급함으로써 사회적 금기를 깨뜨렸다. 수 세기에 걸쳐 사람들은 종교나 섹스, 배설에 관련된 주제, 그러니까 성스럽거나 상스러운 주제를 입에 올려서는 안 된다고 굳게 믿어왔고, 이 금단의 두 영역은 오늘날 영어권에서 난무하는 온갖 육두문자를 탄생시켰다. 상소리의 역사는 곧 성스러움과 상스러움 간의 상호작용 및 상호활동의 역

° 프랑스어 Sacré nom de Dieu는 본래 '하느님의 신성한 이름'이라는 뜻이고, 영어의 Goddamn과 Damn은 '천벌이나 영벌을 내리다, 지옥에 떨어뜨리다'라는 뜻이지만, 둘 모두 현대에 와서는 감탄사투의 비속어로, 가령 우리말의 '제기랄'이나 '빌어먹을'처럼 특별한 의미 없이 강렬한 감정을 표현할 때 내뱉는 상소리로 기능이 거의 굳어졌다.

사다. 때로는 성스러움이 때로는 상스러움이 비속어의 주된 원천이 었고, 이따금 그 둘이 어우러져 현대인의 시선으로는 다소 생뚱맞아 보이는 조합을 만들어내기도 했다. 종교의식 중에 외설적인 단어를 외치는 사람들을 보라. 21세기에는 당혹스러우리만치 비속어가 넘쳐나는 가운데, 두 영역의 용어를 내키는 대로 섞어 쓸 수 있다. 내 아들아이와 같은 어린이집에 다니는 한 조숙한 네 살배기는 엄마의 말에 이렇게 대꾸했다. "아, 씨발, 어쩌라고Well, fuck me, Jesus!"

『HOLY SHIT』은 영어 상소리swearing의 어제와 오늘에 관한 이야기다. 여정은 공공건물들이 온통 ("이 글을 읽고 있다면, 당신은 호모입니다" 유의) 낙서로 뒤덮인 어느 도시에서 시작된다. 그곳에서 가장 잘 나가는 연예인은 가장 상스러운 입을 가진 자이고, 거리에서는 그리 섬세하지 않은 감성의 소유자라도 충분히 불쾌해질 만큼 생생한 비속어가 구석구석에서 들려온다. 혹자는 이 도시가 뉴욕이라고 짐작할 것이다. 하지만 이 도시는 로마, 그것도 2000년 전의 로마다. 책은 고대 라틴어 이야기부터 시작할 것이다. 외설에 대한 로마인의 관념은 현대의 영어 사용자들이 외설에 대한 개념을 정립하는 데 있어 안내자 역할을 했다. 로마인의 유산은 비단 공화주의와 율리우스력, 수많은 고전문학만이 아니다. 로마인들은 외설어obscenity의 제대로 된 용법까지 우리에게 제시했다. 하지만 성性에 대한 로마인의 인식은 지금의 인식과는 확연히 달랐고, 이러한 다름은 로마인의 외설어와 영어 외설어 사이의 매우 흥미로운 차이를 빚어냈다. 이 내용은 1장에서 다룰 것이다. 한편 성서는 성스러운 말씀과 더불어, 서약어oath라는 상소리의 견본을 영어 사용자들에게 제공했다. 맹세는 하느님에게 매우 중요한 문제였다. 하느님은 그의 이름으로, 오직 그의 이름을 통해서만 맹세하기를 신자들에게 요구하고 또 요구했다. 구약성서에서 하느님은 근동의 다른 신들보다 우위를 점하기 위해 전쟁을 불사했고, 서약어는 그러한 하느님이 휘두르던 가장 강력한 무기였다.

중세는 (대략 470년에서 1500년까지 이어지는 그 긴긴 세월은) 성스러움에 그야말로 압도당한 시기였다. 요즘 같으면 충격적이고 불쾌하게 받아들여질 표현들이 빗발치는 가운데서도 중세 잉글랜드 사람들은 상스러움에 관해서는 그다지 신경 쓰지 않았다. 대신 그들은 서약어에 신경을 곤두세웠다. 서약어야말로 진정으로 외설한 언어였고, 서약어로 된 상소리는 하느님의 명성을 해칠 수 있을뿐더러 자칫 그리스도를 실제로 공격할 수도 있는 행위로 여겨졌다. 르네상스 시대 (1500~1660년경)에는 성스러움과 상스러움이 좀더 팽팽한 균형을 이루었다. 개신교의 부상으로 신과 인간의 관계가 이전과는 다르게 규정되었고, '문명화civility'의 중요성이 나날이 커지면서, 올바르고 깍듯한 행동의 대척점에 있다고 여겨지는 것들 중 하나인 외설어가 발달할 만한 환경이 비로소 조성된 것이다. 18세기와 19세기에는 현대인의 시각에서도 온전히 외설어로 인정될 만큼 상스러운 표현들이 창궐했다. 외설어가 그토록 무소불위의 권력을 지니게 된 것은 혹 다리나 바지와 같은 단어마저도 사람들 앞에서 입에 올리기에 지나치게 수치스럽고 통속적이라 여기던 그 완곡어법의 시대에 충격과 불쾌감을 던지기 위함은 아니었을까. 오늘날에는 그 모든 제약이 사라졌다. 텔레비전과 인터넷, 정치 토론을 막론하고 공적 담론에서 온갖 외설어와 서약어가 난무한다.

2000여 년간 상소리는 서약어와 외설어 사이를 오가며 성스러움과 상스러움 시이를 넘나들었다. 한데 도대체 무엇이 특정 단어를 비속어로 만드는 것일까? 씹하다fuck를 붙다bonk나 '잠자리를 같이하다sleep with'와 구별하는 기준은 무엇이고, '예수님 맙소사Jesus Christ!'를 '하늘에 맹세코Heavens above!'와 구별하는 기준은 무엇일까? 이러한 질문들은 생리학과 언어학, 역사학이라는 다양한 관점에서 접근이 가능하다.

생리학적으로 비속어는 얼핏 유사해 보이는 단어들과 다른 효과를 발휘한다. 심지어 죽음death이나 암cancer처럼 감정을 자극하는 단어보다 더 강력한 피부전도반응을 유발하는 것이다(피부의 전기전도도는 사람의 정서적 각성 정도에 따라 다르게 나타난다). 또한 비속어는 신체적 고통을 경감시킨다. 최근 한 실험에서 피험자들은 shoot처럼 순화된 낱말ㅇ을 반복할 때보다 shit처럼 제대로 된 비속어를 반복할 때, 차가운 물에 손을 담근 상태로 더 오래 버텨냈다. 비속어를 말하는 동안 심박수가 상승한 것이다. 비속어는 기억력에도 영향을 미친다. 어느 단어 암기 테스트에서 피험자들은 금기어를 금기어가 아닌 단어보다 더 쉽게 기억했다. 외설적 낱말과 중립적 낱말이 고루 섞인

ㅇ 미국 영어에서 shoot은 shit의 완곡한 표현으로도 사용되는데, 우리말로 옮기자면 '저런' '어머나' 정도의 뜻이다.

목록을 받은 사람의 머릿속에 뚜렷하게 각인될 낱말은 입맞춤kiss이나 분노anger가 아닌 씹하다fuck나 깜둥이nigger라는 얘기다.

비속어는 뇌에서 저장되는 영역부터 다르다고 현대 과학자들은 이야기한다. 대부분의 언어 능력은 '상위뇌', 즉 자발적 활동과 합리적 사고를 통제하는 대뇌피질 영역에서 담당하는데 비속어는 '하위뇌', 즉 감정과 투쟁·도피 반응, 자율신경계를 책임지고 심박수와 혈압을 조절하는 변연계에 저장된다는 것이다. 우리 할머니와 샤를 보들레르가 병환으로 언어 능력을 거의 깡그리 잃어버린 와중에도 '젠장Shit!'이나 '제기랄Cré nom!' 따위의 표현만은 여전히 잊지 않았던 이유가 바로 여기에 있다.

언어학적으로 비속어는 "인간의 주의력을 낚아채는가 하면, 불쾌한 함축적 의미들을 고려하도록 강요"한다고, 언어학자 스티븐 핑커는 이야기했다.[2] 여기서 **함축적 의미**connotation란 단어에 딸린 짐, 그러니까 단어가 정서적으로 연상시키는 부수적 의미를 뜻하며, 사전적 정의로는 **명시적 의미**denotation의 반대말이다. 인지심리학자 티머시 제이는 비속어의 이러한 특징을 욕실 벽 낙서 주고받기라는 표현으로 요약했다. 가령 "너희는 전부 씹할fucking 색정광이다"라는 낙서가 적혀 있고, 누군가 'fucking'에 동그라미를 친 다음, 밑에다가 "안 그런 색정광이 어디 있냐?"고 덧붙여놓았다 치자.[3] 동그라미를 친 사람은 'fucking'을 함축적 의미가 아닌 명시적 의미로 해석했다. 문자적인 정의, 즉 옥스퍼드 영어사전에 실린 "성교에 참여하거나 참여하게 된"이라는 의미를 적용한 것이다. 하지만 fucking의 함축적 의미는 '정말 나쁘다'에서 '끝내주게 좋다'에 이르기까지 다양하다. 그러니까 위 낙서에서 fucking은 감탄의 표현일 수도 있고 격분의 표현일 수도 있다는 이야기다. 비속어는 거의 모든 함축적 의미를 수반한다. 금기 어라는 현실적 제약을 넘어서는 정서적 흥분을 전달하는 것이다.

일부 언어학자들은 이를 비속어의 비문자적인 용법이라고 일컫는 다. "그는 그녀와 씹했다He fucked her"라는 문장에서 fuck은 문자 그 대로의 명시적인 의미로, '그들은 성관계를 가졌다'라는 뜻으로 사용 됐다. 반면에 "꺼져 이 씹새끼야The fuck you are!"라는 문장에서는 비 문자적인 의미로 사용되었다. 성관계와는 전혀 관계가 없는, 단지 격 렬한 거부 의사를 표하는 구문인 것이다. 여기서 fuck은 강의어强意 語로, 문자적 의미보다는 함축적 의미를 눈여겨보아야 한다. 지극히 불쾌한 낱말일수록 비문자적 의미로 사용되는 경우가 흔한 법이니 까(다만 뒤에서 다룰 인종적 멸칭racial epithet은 예외다).

역사학적으로 비속어는 지시 대상과 좀더 깊숙하고 친밀하게 연 결돼 있다고 여겨져왔다. 다시 말해 똥shit은 응가poop나 대변excrement 에 비해 지시 대상의 온갖 역겨운 특징, 그러니까 냄새나고 끈적끈적 한 실체와 좀더 밀접하게 연결돼 있다는 뜻이다. 이러한 단어들은 문 화인이라면 옷으로 감싸든 사생활이라는 장막으로 가리든 변기 물 을 내리든 온갖 방법으로 감추려 드는, 사회적으로 금기시되는 신체 부위와 행위, 배설물을 세상 밖으로 선명하게 드러낸다. 2009년 미 국 연방대법원은 이러한 관념에 법률적 쐐기를 박았다.[4] 그룹 유투의 보노가 골든글로브 시상식에서 수상 소감을 밝히다 '순간적으로 비속어를 내뱉은' 사건을 심리하면서였다. 시상식에서 보노는 "정말이지 씨발 기똥차게 멋진 상이네요This is really, really fucking brilliant!"라고 말했고, 연방대법원은 fuck이 들어가는 문장은 "거친 성적 이미지를 예외 없이 연상시킨다"는 연방통신위원회의 의견을 받아들였다. 비록 행복에 겨운 록 스타가 벅찬 감정을 표현할 목적으로 사용했다고는 하나, fuck이라는 단어에는 "본디 성적인 의미가 함축되어 있다"는 것이다. 보노가 "fucking"이라고 내뱉는 순간 듣는 사람은 누군가의(대체 누구의?) 성관계 장면을 상상하지 않을 수 없게 된다나. 일부 언어학자들은 연방통신위원회와 연방대법원의 주장을 비판했다.[5] 사건의 본질을 제대로 파악하려면 단어의 비문자적인 의미, 즉 함축적인 의미를 들여다봐야 한다는 것이다. 보노의 발언은 섹스와는 무관했다. 그는 자신이 느낀 행복과 놀라움을 있는 그대로 표현하는 일에 오롯이 집중했을 뿐이다. 어쨌든 그럼에도 fucking은 가장 깊이 묻어둔 금기에 손을 뻗어 이제껏 다른 어떤 단어도 할 수 없었고 여전히 할 수 없는 방식으로 그 금기를 빛 가운데에 드러냈고, 그로인해 강렬한 정서적 힘과 최악의 영단어라는 지위를 손에 넣었다.

외설어는 요즘의 관점에서 보아도 비속어의 생리학적·언어학적·역사학적 기준에 상당히 부합한다. 그러나 수 세기 동안 영어에서 가장 거북한 언어로 군림하며 무엇보다 팽팽한 긴장감을 유발해온 서약어는 어떠한가? 서약어는 긍정적인 의미와 부정적인 의미를 동시에 갖고 있다. '좋은' 의미에서 서약어는 하느님 앞에서 진실을 말하기로 약속한다는, 신실한 맹세의 뜻을 담고 있다. 신의 이름을 두고

하는 맹세는 현대 영미권 사회에서 중요한 부분을 차지한다. 증인들은 오로지 진실만을 말할 것을 선서한다. 공직자들은 취임 선서를 한다. 사업가들은 비서와 딴짓하지 않겠다고 아내에게 맹세한다. 그런데 과거에는 이러한 서약의 언어가 생사를 결정할 수도 있었다. 신 앞에서 맹세하기를 거부하거나 잘못된 방법으로 맹세했다는 이유로 사람들은 감옥에 갇혔고, 심지어 처형을 당하기도 했다. '나쁜' 의미에서 서약어는 불경하거나 공허한 상소리에 다름 아니다. 신의 이름을 헛되이 취하거나 신의 신체 부위를 언급하거나 신의 명예를 더럽히는 단어와 구절이 그러한 서약어에 해당된다. 실제로 딴짓을 하고 있으면서 딴짓을 하지 않겠다고 맹세함으로써 하느님을 거짓의 목격자로 만들어버리거나, 기분이 언짢다는 이유로 "예수님 맙소사Jesus Christ"라고 외치는 경우도 마찬가지다.

서약어는 기나긴 세월 동안 이런저런 부침을 겪어왔다. 중세에는 "하느님의 뼈를 두고by God's bones"가 씹cunt보다 더 충격적인 표현으로 받아들여졌다. 현대인에게 하느님God과 "영벌을 받을 것damn it"은 심박수를 상승시키기에 시시하기 짝이 없을 테지만, 옛사람들에게 God과 damn it은 심박수를 상승시키고도 남을 만큼 강렬한 어휘였다. 이에 대한 실증적 증거를 구하기란 쉽지 않다. 중세에 피부전도반응 검사법이 존재했을 리 만무한 데다, 19세기 후반에 전기피부반응galvanic skin response이 발견되었다고는 하나, 빅토리아 시대 사람들은 이를 상소리 연구에 활용할 생각을 미처 하지 못했으니까. 그렇더라도 일화로서의 증거는 존재한다. 이를 토대로 우리는 과거에 서약어가 오늘날의 외설어처럼 강렬한 감정을 촉발하는 매개체이자 자극제로 '하위뇌' 영역에 저장되었음을 추측할 수 있다. 'Cré nom'에 얽힌 보들레르의 사연은 이러한 추측을 뒷받침한다. 투렛증후군 환자에 대한 연구 기록도 참고할 만하다. 투렛증후군의 대표적 증상은 다양한 운동성·음성 틱 장애인데, 음성 틱 장애인 **외설어강박증** coprolalia에 걸리면 자신의 의사와 상관없이 외설어를 마구잡이로 내뱉게 된다. 학계에 보고된 최초(1825)의 투렛증후군 환자6는 프랑스의 귀족 당피에르 후작 부인이다. 그녀가 똥[젠장]merde이나 씹할 돼지 foutu cochon 같은 외설어뿐 아니라 신의 신성한 이름[빌어먹을]sacré nom de Dieu 같은 서약어까지 강박적, 주기적으로 내뱉었을 때 사교계는 경악을 금치 못했다. 이 같은 서약어와 외설어의 고른 사용은 19세기 비속어의 실태를 정확히 반영한다. 그녀의 뇌에는 서약어와 외설어가 고르게 저장돼 있었고, 충동이 치밀 때면 그녀는 그 비속어들로 타인의 심기를 건드렸다.

언어학적으로 공허한 서약어는 오늘날의 외설어와 같은 방식, 같은 이유로 사용되었다. 14세기에 재단사는 바늘에 찔리면 "하느님의 뼈를 두고[맙소사]by God's bones!"라고 외쳤으면 외쳤지 "똥 싸네[젠장] Shit!"라고 내뱉지는 않았다. 과거에 서약어는 오늘날의 외설어처럼 카타르시스를 가져다주었다. 중세에는 누군가를 모욕할 때도 주로 서약어로 포문을 열었다. 제프리 초서의 1386년 작『캔터베리 이야기 Canterbury Tales』속 여관 주인은 한 순례자의 입을 다물게 할 요량으로 이렇게 말한다. "하느님을 두고 맹세하건대by God…… 당신 시의 운율은 똥만도 못하오."7 여관 주인은 자신이 그 순례자의 시를 얼마나 싫어하는지 분명히 밝히기 위해, 그러니까 강조의 목적으로 서약어를 사용했다. fuck이나 cunt와 마찬가지로 'by God'에는 문자적 의미를 뛰어넘어 상대를 불쾌하게 만드는 힘이 있었다. 명시적 의미가 아닌 힘축적 의미로 사용된 것이다.

끝으로 서약어는 예로부터 다른 비속어와 마찬가지로 지시 대상에 유독 밀접하게 연결돼 있다고 여겨져왔다. 중세와 르네상스 시대 사람들은 서약어가 하느님에게 직접적이고 자동적으로 영향을 미친다고 생각했고, 이러한 생각은 서약어에 권력을 부여했다. 서약어는, 천국에서 지상을 내려다보며 누군가의 말이 진실임을 증언할 것을 하느님에게 강요했다. 또한 놀랍게 들리겠지만, 신의 뼈를 두고by God's bones처럼 신의 신체 부위를 두고 하는 서약어는 하늘 보좌에 앉은 그리스도의 몸을 찢어발기는 행위나 마찬가지로 여겨졌다. 서약어는 지시 대상과 긴밀하게 연결돼 있었다. 어떤 면에서는 하느님을 통제하고, 심지어 해칠 수도 있을 정도로.

영어에서 상소리를 정의하고 묘사하는 용어는 이 밖에도 다양하다. 가장 중요하게는 인종비하어racial slur와 멸칭epithet이 있다. (멸칭은 묘사 대상인 사람이나 사물의 특징으로 추정되는 모종의 성질을 간접적으로 암시하는 모멸적 용어를 뜻한다.) 오늘날 영어에서 nigger나 Paki°는 대개 거북하기 짝이 없는 표현으로 취급된다. 고백하건대 나도 6장과 에

○ 영국 및 영연방에 거주하는 파키스탄 사람을 낮잡아 이르는 말.

HOLY SHIT

필로그에서 인종비하어를 논할 때가 제일 난감했다. fuck이라는 단어는 쓰고 쓰고 또 쓰면서도 신기하리만치 거부감이 들지 않았지만, nigger처럼 흑인을 비하하는 용어는 생각하거나 논하기가 망설여졌다. 1970년에 『웹스터스뉴월드 사전Webster's New World Dictionary』의 편집장도 나와 비슷한 마음이었던지 "인종이나 민족을 맹비난하는 용어들"을 "그런 식의 진정한 외설어들"이라고 일컬었다.8

인종비하어는 어떤 의미에서 외설어일까? 영어에서 외설스럽다obscene는 가장 비속하고 가장 불쾌한 단어를 묘사할 때 쓰는 표현이다. 최근까지만 해도 성적 외설어들이 그런 언어로 간주되었다. 오늘날에는 인종비하어가 특정 신체 부위를 언급하거나 드러내는 행위 못지않게, 혹은 그보다 더 심하게 금기시되는 분위기이고, 또 그래서 외설어처럼 다뤄진다. 그러나 인종비하어가 성이나 배설물 관련 외설어와 유사한 부류로 여겨지는 데는 더 근본적인 이유가 있다. 인종비하어를 사용할 때는 물론이고 심지어 듣기만 해도 우리는 더럽다는, 도덕적으로 불순하다는 느낌을 받는다. 스티븐 핑커가 쓴 것처럼 "nigger라는 표현을 듣는다는 것은, 아프리카계 미국인들에게는 뭔가 경멸받을 만한 이유가 있다고 잠시라도 생각을 해본다는 것을, 그 판단을 표준으로 삼기 위해 그 단어를 생성한 공동체와 공모한다는 것을 의미한다".9 fuck이나 cunt 같은 단어가 의복이나 사생활 안에 감춰야만 하는 무언가를 대표한다면, paki나 nigger는 마음속에 감춰야만 하며 생각해서는 안 되는 무언가를 대표한다. (다만 예외도 있다. 랜들 케네디가 저서 『니거, 어느 문제적 언어의 수상한 경력Nigger: The

Strange Career of a Troublesome Word』에서 지적한 것처럼 일부 언어 공동체에서는 nigger를 생각하는 것에서 나아가 찬사와 애정의 표시, 존경의 용어로 사용하기도 하니 말이다. 젊은 아프리카계 미국인 남성 사이에서는 nigger라는 용어에 긍정적인 의미를 부여함으로써 이를 집단 정체성 의식을 조성하는 데 활용하려는 움직임이 일고 있다.)[10]

악담cursing은 문자 그대로 해석하자면 누군가의 불행을 기원할 목적으로 신을 들먹이는 행위를 뜻한다. 하지만 '자녀 앞에서 악담하는 버릇을 고치는 법'에 대해 조언하는 블로거들은 하느님의 노여움이 이웃의 머리 위에 떨어지기를 자녀가 보는 앞에서 빌지 않을 수 있는 비법 따위는 설명하지 않는다. 대신 fuck it이나 shit이라고 내뱉는 빈도를 줄이는 비법에 대해 설명한다. 불경하다profane는 신성하다sacred의 반대말로, 신성모독적이고 불손하다는 뜻을 품고 있다. 하지만 아이러니하게도 불경어profanity는 거의 배타적으로 외설어만을 지칭한다. 가령 작가이자 저널리스트인 헌터 S. 톰프슨은 한 서신에 이렇게 적었다. "'(내가) 편지에 적은 불경어들 때문에 너무도 불쾌했다'니, 놀랍기 그지없군……. 그에 대해 해줄 수 있는 말은 이것뿐이네. 꺼져주게, 씹할Fuck Off."[11] 이렇듯 악담이나 불경어가 외설로 취급된다는 사실은, 종교적 상소리의 힘이 예전만 못하다는 어휘적 증거다. 한때 하느님을 소환하거나 신성을 모독하는 단어와 문구가 수행하던 언어적 기능을 이제는 금단의 신체 부위나 활동을 지칭하는 단어들이 거의 도맡아 수행하게 되었다.

감탄어expletive는 본래, 문장이나 시에 부가적 의미는 조금도 덧붙이지 않고 오로지 공간을 채우는 역할만을 수행하던 단어나 문구를 지칭했다. 새뮤얼 존슨º은 "알렉산더 포프가 아주 초기에 자신의 운문에서 퇴출시킨 감탄어"12에 대해 언급한 적이 있는데, 이는 소년 시절 포프의 글이 악습을 고치기 전까지 래퍼 에미넴의 가사처럼 들렸다는 뜻이라기보다 오히려 포프가 자신의 시에서 무의미하게 자리만 채우는 요소들, 이를테면 다정한 신사sweet gentleman와 같은 묘사라든가 그로써thereby나 그곳에therein와 같은 허식을 도려냈다는 뜻이었다. 감탄어라는 용어가 비속어를 지칭하게 된 것은, 비속어 또한 문장에서 문자 그대로의 의미로 쓰이는 일이 거의 없기 때문이다. 물론 포프가 아닌 보노의 사례처럼 정서적으로 강력한 한방을 날릴 수는 있겠지만.

통속어vulgar language는 계층을 구분하는 기준이 된다. 평범하고 교육을 제대로 받지 않은 사람들이 쓰는 언어이기 때문이다. 통속어는 상소리와 동의어처럼 돼버렸는데, '평민'들이 다른 계층에 비해 불경하고 외설스런 언어를 구사할 가능성이 더 높다는 인식이 수 세기에 걸쳐 쌓여 빚어진 결과다. '땜장이처럼 상소리하다to swear like a tinker'라는 오래된 문구는 이러한 인식을 뒷받침한다(땜장이는 이곳저곳을 돌아다니며 금속 도구를 수리하는 기능공으로, 창녀보다 한 단계 높은 계층이었다). 그러나 비슷하게 오래된 문구 '귀족처럼 상소리하다to swear like a lord'는, 상류층도 하층민 못지않게 많은 불경어를 구사한다는 인식

○ 영국의 시인이자 평론가로 1755년 영국 최초의 영어사전을 편찬했다.

또한 당시에 만연했음을 암시한다. (계급과 상소리의 관계는 5장에서 자세히 다룰 것이다. 빅토리아 시대 사람들은 통속성과 사회계층에 대한 걱정이 이만저만이 아니었다.)

신성모독어blasphemy나 모멸어abusive language, 더러운 말dirty language, 비속한 말bad language도 하나같이 상소리를 지칭하는 용어들이다. 단언컨대 상소리를 지칭하는 수단은 영어에서 절대로 부족하지 않다. 하지만 그러한 용어가 그간 상당히 망실된 것은 사실이다. 악담을 하며 상대를 "똥대가리shithead"라고 부를 수도 있을 테지만, 좀더 정교한 방식으로 저주할 수도 있을 것이다. 가령 이디시어권에서 전통적으로 전해 내려오는 "그대의 이가 하나만 남고 몽땅 빠지기를. 그리고 그 하나 남은 이는 꼭 치통을 앓기를"이라는 문구처럼 말이다. '똥대가리'는 상소리다. '그대의 이가 빠지기를'은 상소리와 관련은 있으나, 상소리는 아니다. 이처럼 비속어가 들어가거나 들어가지 않는 범주에 관해서는 필요할 때 다시 논의할 것이다. 그러나 무엇보다 중점적으로 다룰 범주는 서약어와 외설어다. 이 두 용어야말로 수 백 년의 역사에서 영어 사용자들이 상소리를 구사해온 방식을 여실히 보여주기 때문이다. 앞으로 우리는 이 두 주요 범주에 해당되는 모든 단어와 문구에 관해 논의할 것이다. 물론 경우에 따라 각 단어와 문구를 모멸이나 불경어, 감탄어 따위로 분류하는 작업도 함께 진행할 예정이다.

이 책이 다루는 긴긴 기간의 대부분은 서약어만이 '상소리'로 거론되거나 간주되었고, 외설어는 '방종한' 언어 혹은 '외설한' 언어라는 별개의 범주에 속해 있었다. '상소리'가 서약어와 외설어를 둘 다 가리키기 시작한 것은 19세기 말엽, 그러니까 fuck과 관련된 낱말들을 충격적이고 거북한 언사로 인식해 비속어로 사용하기 시작한 지 얼마 되지 않은 시점이었다. 상소리라는 용어를 사용할 때 나는 이러한 역사적 사실을 반영하려고 노력했다. 21세기 이전을 다룰 때는 서약어와 외설어의 차이를 일관성 있게 부각하려 했고, 21세기 이후를 다룰 때는 두 종류의 '비속한 언어', 그러니까 종교와 관련된 서약어와 성이나 배설물과 관련된 외설어를 두루 포함시킴으로써 상소리라는 용어를 동시대적 감각에 맞게 사용하려고 애썼다.

그런데 왜 하필 상소리에 관한 책을 쓰느냐고? 내가 일곱 살 때의 일이다. 한 친구가 내게 방과 후에 끔찍한 것을 보여주겠다고 말했다. 내 마음은 호기심으로 가득 찼다. 그때 우리는 2학년이었다. 학교에서 살벌한 일을 겪어봐야 얼마나 겪어봤겠는가. 수업이 끝나자 그 여자아이는 나를 운동장으로 데리고 나갔다. 그리고 그곳에, 송충이처럼 생긴 어느 등반 놀이기구 위에, 어떤 깜찍한 영혼이 저지른 짓인지 "fuck shit"이라고 적혀 있었다. 두 번째 단어는 나도 아는 말이었다. 한데 첫 번째 단어는 금시초문이었다. 친구의 사정도 다르지 않아서 내가 낱말의 뜻을 물었을 때 그 애는 마치 어마어마한 비밀이라도 털어놓는 것처럼 이렇게 이야기했다. "저 두 단어는 같이 쓰면 정말로 나쁜 거야." (지금 와서 돌이켜보니 그 친구와 나는 대다수의 미국 어린이에 비해 상당히 건전한 환경에서 자란 듯하다. 심리학자 티머시 제이가 유년기의 비속어 사용 패턴을 연구한 결과에 따르면, "비속어를 갑자기 많이 쓰기 시작하는 연령은 3세와 4세 사이"라고 하니까.[13] 어쩌면 아들 녀석과 같은 어린이집에 다니는 그 친구는 그다지 조숙한 편이 아니었는지 모른다.)

어떤 면에서 이 책은 그때 그 친구와 내가 송충이를 닮은 그 놀이기구를 흥미와 수치심과 혼란 속에서 똑바로 쳐다보게 된 경위를 설명하려는 하나의 시도일 테다. 일곱 살의 나는 fuck의 뜻을 몰랐지만, 그 단어에 힘이 있다는 사실은 인지했다. 지금의 나는 fuck에 대해 과하다 싶을 정도로 잘 알고 있지만, 아직도 그 단어를 들으면 진심으로 충격을 받는다. (물론 언급은 많이 한다. 철학자들이 말하는 '사용-언급 구분use-mention distinction' 현상이라고 할까.) 상소리에 대해 수년 동안 생각하고 글을 써온 내가 이런 단어들로 인해 여전히 거북해할수 있다는 사실은 상소리가 지닌 힘을 증명한다.

『HOLY SHIT』을 읽다가 누군가는 불쑥불쑥 거북함을 느낄 것이다. 충분히 그럴 수 있다. 책 제목을 마음에 들어하지 않는 사람도 있고, 특정한 성적 외설어의 반복적이고 잦은 언급에 거부감을 보이는 사람도 있다. 나는 나대로 인종비하어를 쓰기가 꺼려졌다. 아직까지 괜찮은 사람도 책장을 넘기다 보면 심기가 불편해질 가능성이 다분하다. 내가 할 수 있는 일이라고는 미리 양해를 구하는 것뿐이다. 물론 편법을 쓸 수는 있다. 가령 중세의 많은 저자는 서약어라는 주제를 전반적으로 논하면서도 구체적인 서약어는 언급하지 않았고, 1930년대에 앨런 워커 리드는 fuck에 대한 장문의 글을 쓰면서도 정작 그 단어는 단 한 번도 언급하지 않았다. 그러나 해도 좋은 말과 그렇지 않은 말에 대한 기준은 사람마다 다르다. 누군가에게는 "닥쳐Shut up!"마저도 반드시 삼가야 하는 '비속한 말'일 수 있다. 만일 내가 상소리에 관한 책을, 예민하기 그지없는 독자마저 얼굴을 붉히지 않고 정독할 수 있게 쓰려고 들었다면, 어렵고 혼란스러운 데다 지루하기 이를 데 없는 결과물이 탄생했을 것이다. 새뮤얼 존슨은 자신이 편찬한 『사전Dictionary』에서 "난잡한 단어들"을 빼라고 권유하는 두 숙녀에게 이렇게 말했다고 한다. "맙소사! 그럼 친애하는 두 분께서는 여태 그 단어들을 몸소 찾아보고 계셨습니까?"[14]

오늘날 많은 이에게 상소리는 충격과 경멸의 대상이다. 언젠가 하버드대의 한 인류학 교수는 상소리가 나태한 정신의 징후라고, 자신을 더 독창적으로 표현할 방법을 생각해내지 못했을 때 사용하는 언어의 목발이라고 내게 단언했다. 『욕 길들이기: 악담을 참아내는 법에 대한 완벽한 지침서Cuss Control: The Complete Book on How to Curb Your Cursing』(2000)의 저자 제임스 오코너는 이러한 통념을 상소리가 지닌 스물네 가지 문제점이라는 목록으로 정리했는데,[15] 그에 따르면 "상소리는 화자의 통제력 상실을 드러내고" "몰인격을 폭로하며" "듣는 이의 신경을 거스르는 나태한 언어"로, "상상력이 결여되어" 있었다.

어찌 됐건 상소리가 '비속한 언어'라는 사실은 부정하기 어렵다. 비속어는 불쾌하고 통속적이고 남용될 가능성이 다분하다. 그러나 비속어는 다른 어떤 영어 단어도 할 수 없는 일을 해내기도 한다. 비속어는 긍정적이든 부정적이든 극단의 감정을 가장 강력하게 표현하는 언어적 도구다. 비속어는 타인을 모욕하고 타인의 신경을 거스른다(이는 좋든 싫든 언어가 가진 기능이다). 비속어는 고통이나 강렬한 감정에 대해 카타르시스를 제공한다. 비속어는 다른 단어들이 할 수 없는 방식으로 집단 구성원 간의 유대감을 강화시킨다. 말하거나 쓸 단어를 선택할 때 우리는 의식적으로나 무의식적으로나 많은 요소를 참작한다. 하려는 말의 의미를 생각하고, 전달하려는 정서를 고려하며, 말하는 대상과 장소를 파악한다. 때로는 이 모든 요소를 헤아려 정중한 어법과 신중한 어조를 구사해야 하지만, 때로는 비속어 한두 마디가 목적을 달성하는 유일한 수단일 수 있다. 달리 말해 언어가 도구 상자라면, 비속어는 망치인 셈이다. 스크루드라이버나 렌치, 플라이어로도 나무에 못을 박아볼 수는 있지만, 그 작업에 빈틈없이 알맞게 고안된 도구는 오직 망치뿐이다.

예나 지금이나 상소리는 언어적으로 중대한 역할을 수행한다. 그리고 그 사실만으로도 진지하게 고찰하고 연구할 가치가 있다. 또한 상소리는 역사를 제대로 바라보게 하는 특별한 창이다. 과거에도 현재에도 사람들은 마음이 쓰이는 대상에 대해 상소리를 지껄인다. 상소리의 역사를 따라가다 보면, 수 세기에 걸쳐 사람들의 정서적 삶을 가장 뜨겁게 달구었던 이야깃거리들을 소소하게나마 파악할 수 있다. 부분적으로 이 책은 영어 비속어의 변천사에 관한 기록이다. 가령 fuck이 sard나 swive를 대체하게 된 경위라든지, 한때 이 세 단어보다 by God's bones가 더 금기시되었던 사연, 빅토리아 시대에 gamahuche나 godemiche, huffle이 크나큰 골칫거리였던 이유 등에 대해 살펴보는 것이다. 또한 이 책은 그와 같은 용어들이 출현하게 된 문화적 배경을 연구한다. 요컨대 육두문자의 역사서인 것이다. 수백 년 동안 영어 사용자들에게 가장 중요한 주제는 무엇이었고, 그 주제들이 상소리에 어떻게 드러나 있는지를 우리는 이 책을 통해 들여다볼 수 있다.

무엇보다 이 책은 '영어 사용자들'에 관한 이야기다. 비록 앞부분에서 고대 로마의 외설어와 성서에 뿌리를 둔 서약어에 관해 고찰하기는 하지만, 이는 어디까지나 두 문화가 역사적으로 영어 용법의 든든한 뒷배경 노릇을 해왔기 때문이다. 집중적인 분석 대상은 영국 잉글랜드와 미국의 상소리다. 다른 영어 문화권 국가, 즉 호주나 인도, 남아프리카공화국, 캐나다 등지의 상소리에 대해서는 구체적으로 분석하지 않았다. 그러자면 대상이 지나치게 광범위해지는 데다, 주된 외설어의 대부분은 영어 사용권 어디에서나 통용되기 때문이다.

오늘날 영어권 사회에는 유사 이래 지금처럼 비속어가 난무하는 시대는 없었다는 믿음이 짙게 깔려 있다. 최근 『타임스오브인디아 Times of India』 지는 청소년 도서 속 상소리의 증가세를 우려하는 논조의 기사를 실었고,[16] 영국의 『데일리메일Daily Mail』은 「상소리 문화, 모두를 저주하다」라는 헤드라인을 뽑았다.[17] 이에 질세라 『뉴욕타임스 New York Times』는 "유명인사의 통속어 사용 빈도가 증가하는 현상"을 분석한 기사를 게재했다.[18] 미국의 코미디언 조지 칼린은 1972년 텔레비전에서 언급할 수 없는 일곱 단어를 열거한 것으로 유명하다. 그가 나열한 일곱 단어는 똥shit, 오줌piss, 씹cunt, 좆 빠는 새끼 cocksucker, 니미 씹할놈motherfucker, 젖통tits인데, 이제는 발언의 시기와 방법에 따라 차이는 있지만 이 일곱 단어 중 세 가지를 제외하고는 모두 언급할 수 있게 되었다.

하지만 정말 그럴까? 우리는 정말 비속어가 난무하는 시대를 살고 있을까? 상소리에는 기후처럼 주기가 있다. 고대 로마인들의 눈과 귀는 곳곳에서 보고 듣는 '담백한 라틴어plain Latin'로 후끈 달아올랐다. 중세 사람들은 신성모독적인 서약어를 지나치게 남발했다. 종교계 인사들은 그러한 말버릇이 행여 하느님을 해칠까 우려했고, 독실한 작가들은 애원과 협박을 섞어가며 서약어의 사용 중단을 촉구했다. 18세기와 19세기는 또 어떤가. 상소리를 지금보다 덜 공개적으로 말했다 뿐이지 결코 덜 사용하지는 않았다. 설령 지금이 비속어가 난무하는 시대라 한들 이는 우리 세대가 처음으로 겪는 일도, 마지막으로 겪을 일도 아닌 것이다.

상소리에 대한 불안감의 이면에는, 혹시 문명화라는 장막이 혼돈의 시대를 가리기엔 너무 얇지 않을까 하는 두려움이 도사리고 있다. 행여 상소리로 인해 그 얇디얇은 장막이 찢기지나 않을까, 고상하고 합리적인 담론의 여러 규칙이 내팽개쳐지고 마구잡이식 충동이 과다하게 입 밖으로 표출되지나 않을까 하는 염려 말이다. 하지만 진실을 말하자면, 우리는 언제나 비속어—그것이 무엇을 뜻하건 간에—와 더불어 살아왔고, 앞으로도 그럴 것이다. 비속어는 우리가 사용하는, 우리의 언어다. 여러 연구 결과에 따르면 이 시대의 영어 사용자들은 하루에 80~90가지의 비속어를 사용한다.[19] 차라리 we나 us, our처럼 비속어와 유사한 빈도로 사용되는 대명사를 없애려 하는 편이 더 경제적일지 모른다. 건강한 뇌에는 '상위뇌'와 '하위뇌', 즉 대뇌피질과 변연계가 모두 필요하듯, 건강한 사회에는 '좋은' 언어와 '나쁜' 언어가 모두 필요하다. 나무랄 데 없이 정중하고 흠잡을 데 없이 점잖은 화법이 필요하듯, 더럽고 통속적이고 멋들어진 외설어와 서약어도 필요한 것이다. 그러한 말들이야말로 다른 어떤 말로도 할 수 없는 일들을 우리에게 해줄 수 있을 테니까.

1장

___

로마인의 담백함에 대하여
고대 로마

혹시 이런 우스갯소리를 들어보았는지. 한 마조히스트가 사디스트에게 "아프게 해줘"라고 말하자 사디스트는 "됐거든"이라고 답했다는 케케묵은 이야기.

사실 이 우스갯소리의 역사는 생각보다 꽤 길다. 고대 로마에도 이와 흡사한 우스갯소리가 존재했으니 말이다.

지독히도 몰상식한 사내가 있네. 만찬회 말미에 손님들에게 즐거움 대신 모욕을 안기는 사내. 사내가 총애하는 이들과 최고급 와인을 마시고 최상의 음식을 먹는 동안, 나머지 사람들은 식탁에 남은 부스러기와 찌꺼기에 만족해야 하네. 사람들이 먹는 동안, 안마하는 여인은 사내의 몸 구석구석을 부드럽게 매만지고, 사내는 사납게 짖어대는 강아지들에게 푸아그라를 던져주지. 그런 뒤에 사내는 잠이 들어 말처럼 코를 골고, 하인들은 그를 깨우지 않도록 손님들을 단속한다네. 하지만 친구여, 이토록 무례하게 처신한 그에게 앙갚음할 길은 우리에게 없네. 펠라티오를 즐기는 위인이니 말일세.[1]

사실 이는 로마 시인 마르티알리스(87년경)의 경구시다. 하지만 이와 같은 우스갯소리는 다른 여러 곳에도 비슷한 형식으로 등장한다. 어쨌건 마르티알리스의 불만은 친구와 자신이 만찬회 주최자의 무례함을 벌할 수 없다는 데 있었다. 적당한 복수는 **이루마티오**irrumatio였다. 말하자면 구강 강간인데, 만찬 주최자로 하여금 마르티알리스와 그의 친구에게 펠라티오를 하도록 강제하는 것이다. 이루마티오는 로마의 시인이나 웅변가, 평민 들이 크고(간통) 작은(악평) 이유로 누군가를 협박할 때 흔히 쓰던 방법이었다. 다만 공격자가 오히려 상처를 입을 가능성이 굉장히 높다는 점을 감안할 때 이러한 협박이 과연 얼마나 자주 실행에 옮겨졌겠는가에 대해서는 의문이 남는다. 어쨌건 위 사례에서는 이루마티오의 효과를 기대하기 어려웠다. 만찬 주최자는 펠라티오를 좋아했으니까. 이루마티오는 그에게 벌이 아닌 상이었다. 사디스트가 "널 아프게 하고파"라고 말하니 마조히스트가 "어서 그래줬으면 좋겠어"라고 답하는 격이랄까.

라틴어의 상소리와 현대 영어의 상소리 간의 관계도 이 두 농담의 관계와 굉장히 유사하다. 현대인에게 로마 시대의 외설어는 매우 친숙하면서도 매혹적으로 낯선 존재다. (참고로 매혹적이라는 뜻의 영어 단어 fascinating은 발기한 음경을 가리키는 라틴어 파스키눔fascinum에서 유래했다. 로마의 소년들은 파스키눔 형상의 작은 장신구를 착용했는데, 악마의 눈으로부터 자신을 지켜줄 부적이라 믿었기 때문이다.[2] 고대 로마인들은 이러한 남근 형상에 마술적 힘이 깃들어 있다고 생각했다. 현대 영단어 매혹하다fascinate에는 누군가의 관심을, 그 누군가의 의지와는 거의 상관없이 사로잡는다는 의미가 깃들어 있다.) 대개의 언어학자가 공통적으로 주장하는 최악의 영단어는 이른바 '6대 비속어Big Six'인데,[3] 여기에는 씹cunt, 씹하다fuck, 좆cock(혹은 dick), 똥구멍ass, 똥shit, 오줌piss이 포함된다.● 그런가 하면 고대 라틴어에는 '10대 비속어'가 있었고, 여기에는 cunnus(씹cunt), futuo(씹하다fuck), mentula(좆cock), verpa(발기하다erect/할례받은 좆circumcised cock), landica(공알clit), culus(똥구멍ass), pedico(항문성교하다bugger), caco(똥 싸다shit), irrumo[이루마티오하다], fello[펠라티오하다]가 포함되었다.

이 가운데 일부 단어는 영어와 라틴어에서 매우 유사하게 취급된다. 예컨대 라틴어 cunnus와 caco는 각각에 상응하는 영어 단어 cunt와 shit만큼 비속한 단어인 데다 용법도 그 둘과 유사하다. 그렇지만 futuo와 landica부터는 차이가 나타나기 시작한다. 라틴어에서 landica는 끔찍한 외설어로 여겨졌지만, 영어에서 clit은 무난한 축에 속하기 때문이다. irrumatio처럼 대응하는 영어 단어가 아예 없는 경우도 있다. 이는 로마인이 **실제 삶**에 있어서도 현대인과 달랐다는 점을 암시한다. 고대 로마인들은 성적 지향을 이성애나 동성애 등

● '6대 비속어'는 언어와 문화의 변화에 따라 늘 유동적이다. 따라서 이제는 최악의 인종 모욕 표현인 nigger를 이 목록에 포함시켜도 괜찮을 듯싶다.

HOLY SHIT

으로 분류하지 않았다. 능동성과 수동성에 따라 분류했다. 이처럼 (현대인의 기준에서) 독특한 성도식이 매우 생소한 외설어 하나를 만들어낸 것이다.

'obscenity[외설어]'에 해당되는 라틴어는 obscenitas다. 정확한 어원은 알려져 있지 않지만,[4] 먼지나 오물을 뜻하는 cæcum이나 무대를 뜻하는 scæna일 것으로 추정된다. 만일 후자라면, 외설어를 말할 수 있는 장소는 오직 무대였으리라는 추측이 가능해진다. 고대 그리스와 로마에서 무대는 우스운 음담패설이 허용되는 장소였으니까. obscenitas는 obscenity의 어원일 뿐 아니라 의미의 범주도 유사하다. 가령 『카셀 라틴어사전Cassell's Latin Dictionary』은 라틴어 형용사 obscenus를 "역겨운, 혐오스러운, 추잡한, 도덕적으로 불순한, 망측한, 외설한"이라고 정의해놓았다.[5] 라틴어와 영어에서 외설어는 성과 관련해서든 배설물과 관련해서든 더럽다고 인식된다.[6] 엄격하게 금기시되는 신체 기관과 그런 기관들이 하는 작용을 지칭하기 때문이다. 하지만 로마 시대에 외설어는 종교적 어휘이기도 했다. obscenus의 또 다른 의미는 '불길하다'이고, 불길한 것들은 종교의식을 오염시키고 망가뜨릴 수 있었으니까. 그런가 하면 외설어는 종교의식의 성공 요인이기도 했다. 외설한 언어는 신들을, 가령 영원히 발기해 있는 거대한 남근의 신 프리아포스를 기쁘게 할 수 있었다. 또한 로마인들은 외설어가 생식력을 증진시키고 악마의 눈으로부터 사람을 보호한다고 믿었다. 다시 말해 고대 로마에서 상스러움은 곧 성스러움일 수 있었다는 얘기다.

이 모든 내용을 정리하기 위해 지금부터는 라틴어 10대 비속어를 하나하나 뜯어보려 한다. 처음에는 의미와 용법 면에서 영어와 가장 유사한 단어를 다룰 것이고, 뒤로 갈수록 더 낯설고 그래서 오히려 더 근사한 단어들을 다룰 예정이니 참고하기 바란다.

———

cunnus = 여성의 쪽문●

—토머스 엘리엇, 『사전Dictionary』(1538)

그리스와 로마는 영미권에 다양한 유산을 남겼다. 우선 문학적 유산이 있다. 서사시와 풍자문학, 경구시, 송시는 수백 년 동안 영미권 문학의 모범이 되었다. 다음으로 민주주의라는 유산이 있다. 영미권에서 민주주의를 상징하는 건물 대부분은 그들의 건축 양식을 토대로 지어졌을 정도다. 그런가 하면 문명화라는 유산도 있다. 수백 년 동안 수백만 명을 통솔한 제국의 문명은 영미권 사람들에게 강한 인상을 남겼다. 역사적으로 그리스인들은 조금 기이한 면이 있었다. 아테네인들은 지나치게 여성적인 데다 소년들을 너무 사랑했다. 스파르타인들은 지나치게 군국주의적이었고, 전사자만을 찬미했으며, 약해 보이는 아기들을 유기하여 죽음으로 내몰았다. 반면에 로마인들은 가히 프로테스탄트적인 미덕을 갖추기 위해 노력했다.7 열심히 일했고, 겸손하게 살았으며, 무절제를 경계했다. 라틴어 cunnus는 그

———

● 쪽문wicket은 큰 문의 안쪽에 설치된 작은 문이나 출입구로, 음순과 질의 구조 유사체이다.

리스·로마 문명의 이 오랜 영향력을 우리에게 상기시킨다. 아니, 적어도 그래야만 한다.

cunnus와 cunt는 의미가 같다. 둘 다 같은 정도로 충격적이고 거북하며, 라틴어와 영어에서 비슷한 방법으로 사용된다. 얼핏 cunnus는 cunt의 어원일 듯하지만, 현재 언어학자들 사이에서는 그렇지 않다는 생각이 지배적이다. 그보다는 게르만 조어祖語 *kunton●과 연관이 있으리라 여겨지는 고대 영어 cwithe(자궁)나 cynd(자연, 정수精髓)가 cunt의 어원일 가능성이 더 높다는 것이다.[8] 어쩌면 이는 외설어를 앵글로색슨의 언어로, 영어의 시원을 연상시키는 투박하고 흙냄새 나는 단어로 간주하고 싶은 바람에서 비롯된 학문적 편견일지 모른다. 질vagina과 음경penis처럼 은밀한 신체 부위들을 지칭하는 의학 용어의 기원은 고대 영어의 외설어가 아닌 라틴어일 때가 태반이니까.

적어도 시간은 충분했다. 라틴어가 영어에 cunnus를 물려줄 시간 말이다. 로마인들은 기원전 55년에 영국을 침략해, 서기 43년에 정복했고, 이후로 400년 동안 통치했다. 로마에 점령당한 지역의 원주민들은 대개 라틴어를 알아야 사는 데 유리하다는 사실을 재빨리 간파하고는 단 몇 세기 만에 라틴어를 자기 것으로 만들었다. 이렇듯 과거에 영국인이 라틴어를 사용했다면 영어의 cunt가 라틴어에서 기원했을 가능성도 다분하지 않을까. cunt에 해당되는 프랑스어 con

●　단어 앞의 * 표시는 언어학자들이 언어 변화에 관한 이론을 토대로 고대 언어를 되살리기 위해 역으로 재건한 단어임을 뜻한다.

과 스페인어 coño, 사르디니아어 cunnu가 모두 cunnus에서 기원한 것처럼.9 그렇다면 cunt는 앵글로색슨어 shit이나 arse[똥구멍]보다도 오래된 셈이 된다. 게르만족이 영국 땅을 침략한 시기는 로마인들이 그곳에서 철수하기 시작한 무렵이니 말이다.

하지만 영국인은 각양각색이었다.10 영국의 엘리트들은 라틴어를 배웠지만 평범하고 저항적인 영국인들이 라틴어를 대대적으로 받아들였다는 증거는 어디에도 없다. 갈리아와 이탈리아, 스페인 사람들은 심지어 로마 제국이 붕괴한 이후에도 라틴어를 꾸준히 사용했다. 라틴어가 모국어처럼 변한 것이다. 하지만 영국의 사정은 달랐다. 라틴어는 로마가 완전히 물러난 서기 400년 무렵에 돌연 흔적도 없이 사라졌고, 그 빈자리를 침입자 게르만족의 언어가 메워버렸다. 영어 역사에서 cunt의 기록은 12세기나 13세기 즈음에야 비로소 등장한다. 당시 런던의 홍등가에는 그로프컨틀레인Gropecuntelane이라는 거리가 있었다.11 (그 시기의 다른 고유명사들도 주목할 만하다. 구노카 컨틀스Gunoka Cuntl-es(1219)와 벨 와이드컨트Bele Wydecunthe(1328)는 고드윈 클로컹크트Godwin Clawcuncte(1066)나 로버트 클레브컨트Robert Clevecunt(1302)와 제법 잘 어울렸을 법하다.12 만약 밀러Miller 가의 조상들은 방앗간을 운영했고, 테일러Talyor 가의 조상들이 재봉사였다면, 클로컹크트 가와 클레브컨트 가의 조상들은 과연 무슨 직업에 종사했을까? 그리고 씹이 없는cultless 컨틀리스 가 사람들에게는 대체 무슨 일이 있었던 걸까?) 아무튼 그런고로 cunnus와 cunt는 마치 동족처럼 보이지만, 실상은 그렇지 않을 공산이 크다. cunt가 라틴어에서 유래했건 고대영어에서 유래했건 간에 cunnus

가 최초로 출현한 시점과 cunt가 최초로 출현한 시점 사이에는 수세기라는 세월의 간극이 존재한다. 하지만 두 단어는 각자가 속한 언어 공동체에서 동일한 역할을 수행해왔다.

cunnus는 종종 웍스 프로피아vox propia, 즉 대상을 표현하는 가장 직접적이고 기본적인 단어로 사용되었다. 가령 폼페이의 그라피토graffito°를 보자. 79년 베수비어스산이 폭발하는 상황에서도 거짓말처럼 온전히 보존된 그 도시의 이런저런 공동주택 건물 벽에는 "코루스가 씹을 핥는다(Corus Cunnum lingit)"13라든가 "유쿤투스가 루스티카의 씹을 핥는다(Iucundus cunnum lingit Rusticae)"14 같은 글귀가 적혀 있다. 이러한 고발(혹은 과시)의 문구는 오늘날 미국 곳곳의 벽과 경기장 외야석, 운동장 놀이기구에서도 어렵지 않게 발견된다. 더 야한 그라피토도 있다. "매끈한 씹보다는 털이 수북한 씹이 씹하기에 훨씬 더 좋다. 좆을 흥분시키고 자극하니까(Futuitur cunnus pilossus multo melius quam glaber / eadem continet vaporem et eadem verrit mentulam)."15 이러한 글귀는 오늘날에도 종종 발견되지만 칭송의 대상은 정반대일 공산이 크다. 이를테면 브라질리언 왁싱을 찬양한다든지. 위 낙서들에 적힌 씹cunnus은 외설적이다. 그런 단어가 휘갈겨진 건물 벽을 보고 충격을 받지 않기란 어려울 테니까. 하지만 그렇다고 모욕적이거나 경멸적이지는 않다. 단지 가장 은밀한 화제를 지칭하는 가장 직접적인 낱말일 뿐이다.

° 건축물에 당시 사람들이 남긴 글씨나 그림.

또한 로마인들은 cunnus라는 단어의 힘을 모욕과 비하의 도구로 활용했다. 음탕한 재담의 대가 마르티알리스는, 자신의 음모를 뽑는 한 늙은 여인에 관한 시를 썼다. (보아하니 로마인들은 제모에 관한 생각이 오락가락했던 것 같다. "털이 수북한 씹이 씹하기에 훨씬 더 좋다"고 휘갈기는 이기 있었는가 하면, 자신의 음모를 기름등잔에 그슬리는 여자들도 있었으니 말이다. 무척 부유하고 퇴폐적인 여성들은 여주인의 음모 다듬는 일을 전담하는 여자 노예 피카트릭스picatrix를 고용하기까지 했다.)16 마르티알리스가 수사적으로 묻는다.

리지아여, 어이하여 그대는 연로한 씹의 털을 뽑는가? 어이하여 그대의 무덤 속 잿더미를 휘젓는가? 그러한 우아함은 아가씨들에게나 어울린다오. 심지어 그대는 이제 늙은 여인으로도 보이지 않으니. 리지아여, 나를 믿으시오. 그렇게 예쁜 짓은 헥토르의 어머니가 아닌 헥토르의 아내에게 어울린다오. 정녕 그대가 더 이상 좆과는 아무 상관도 없는 이것을 씹이라 여긴다면, 그대는 잘못 알았소. 고로 리지아여, 망측하니 제발 죽은 사자의 턱수염은 뽑지 마시구려.17

시인은 나이에 걸맞지 않게 행동하는 여성, 여전히 성욕을 느끼고 그 욕구에 따라 행동하는 늙은 여성을 조롱한다. 로마인들은 성욕이 과한 사람에 대해 자제력이 부족할 뿐 아니라 부도덕하기까지 하다고 생각했다. 리지아라는 여성은 더 이상 욕망을 느껴선 안 되는 나이였다. 혹여 그녀가 오래전 극복했어야 할 열정의 유혹에 여전히 시달린다 해도, 결코 그 유혹에 넘어가서는 안 되었다. 성관계를 염두에 둔 몸단장을, 성관계에 대한 모든 생각을 그만두어야 했다. 여성의 음부partes muliebres나 생식기genitalia, 치부pudenda처럼 좀더 섬세하고 완곡한 어휘는 제쳐두고 씹cunnus이라는 용어를 사용함으로써 마르티알리스는 리지아의 행동에 대해 천박함과 역겨움을 강조한다.

그런가 하면, 2000년 전에 쓴 글이라는 사실이 무색하게 제멋대로인 낙서들도 있다. 폼페이의 한 여관 벽에는 이런 글이 휘갈겨져 있다.

여기서 나는 루푸스와 계간하노라. 친애하는……
실망하라, 소녀들이여
오만한 씹이여, 안녕히!18

글쓴이는 여성과의 성행위가 지겨워졌다. 이제 그는 소년이나 성인 남자 들과 잠자리를 같이할 테고, 온 세상 여성은 크나큰 슬픔에 잠길 것이다. 마지막 줄은 그의 환멸이 특정한 여인으로 인한 것임을 암시한다. 그 여인을 씹이라 부름으로써 그는 그녀에게 작별을 고한다. (물론 글쓴이는 씹이라는 관념에 안녕을 고하는 중인지도 모른다. 그래도 나는 어느 특별한 여인이 그를 루푸스의 품에, 그리고 유사불멸의 상태에 몰아넣었다고 생각하는 편이 더 마음에 든다.) cunnus를 그는 모욕과 다툼의 언어로 사용한다. 하지만 돌연 소년들과 동침하겠다고 선언하는 그의 대응은 오늘날의 문화에서는 다소 황당하게 느껴지기도 한다. 이 문제에 대해서는 차차 확인하기로 하자.

caco = 대변보러 가다

meio = 오줌 누다, 소변보다

─토머스 토머스, 『사전dictionarium』(1587)

배설물을 나타내는 라틴어 단어는 영어 단어와 매우 흡사하다. 라틴어 caco(똥을 누다)는 배변을 나타내는 기본 외설어였고, 영어의 shit과 마찬가지로, 성적 외설어에 비해 조금 덜 금기시되었다. 농경 사회답게 로마에는 이런저런 똥을 지칭하는 명사가 다양하게 존재했고,[19] 대부분 통속적일지언정 외설하지는 않았다. 농부들끼리 논할 수는 있지만 황제 앞에서 말하기에는 난감한 용어였다고 할까. merda는 똥을 표현하는 가장 저속한 라틴어로, 영어의 shit에 가장 가까운 용어다. 가령 "이 음식은 쓰레기야!"라고 말하고 싶으면 merda를 사용하면 된다. 마르티알리스는 만찬을 묘사하는 한 경구시에서 merda라는 표현을 사용했다. 만찬에서 근사한 타르트가 돌려지고 얼마 후 사비디우스라는 인물이 이런 악평을 날린다. "아무도 그것을 만질 수 없었다. 그것은 똥이었으니까(nemo potuit tangere: merda fuit)."[20] 그런가 하면 stercus는 영어의 excrement[배설물]에 가까웠고, fimus는 구체적으로 소똥을 지칭했다. lætamen은 거름, 즉 비료용 배설물을 지칭하는 전문용어였다.

caco는 cunnus나 futuo[씹하다]처럼 심한 상말은 아니었다. 부분적인 이유를 대자면, 로마인들에게 배변 행위는 성행위만큼 엄격하게 금기시되지 않았다. 이론과 실제가 달랐다고 할까. 대변은 사적으로 보아야 최선이라고 생각하면서도 대부분의 로마인은, 심지어 상류층 시민들조차 필요하면 공공장소나 다름없는 곳에서 똥을 누곤 했다. 부자들의 저택은 개인용 옥외 변소를 갖춘 경우가 더러 있었지만,21 대부분의 공동주택 단지는 벽도, 커튼도, 칸막이도 없이 변기 여러 대가 함께 놓인 공동변소 하나를 여러 세대가 나눠 쓰는 형편이었다. (옥외 변소를 뜻하는 privy와 '개인적이다'를 뜻하는 private은 어원이 라틴어 privatus로 같다. 이 어원에는 그곳에서 일어나는 일은 반드시 감춰야 한다는 의미가 함축돼 있다. 가령 'privy member'는 은밀한 부위, 즉 음경을 의미한다.) 변기가 100개에 달하는 초대형 공중변소 포리카forica도 있었다. 로마 제국의 팽창과 더불어 공중변소는 대중의 위생을 책임지는 문명화의 상징처럼 여겨졌다. 대개의 공중변소는 쓰레기를 도시 밖으로 실어 나르는 하수관 시스템에 연결되어 있어, 사람들이 배설물을 길거리에 내던져버리는 문제를 (이론상으로는) 해결하고 있었다. 대단히 으리으리한 변소도 있었다. 변기는 대리석에, 벽은 그림으로 장식됐으며, 발 딛는 자리 주변에는 수로가 있어 조준에 실패해 엉뚱한 방향으로 떨어지는 소변을 받아냈다. 수로는 로마인들이 막대기 끝에 달아 휴지처럼 사용하던 해면 조각을 헹구는 용도로도 활용됐다. 포리카라고 해서 무조건 크고 화려하지는 않았다. 오늘날의 공중화장실처럼 조금은 작고 어둡고 냄새나는 포리카도 더러 존재했다. 규모가 크건 작건 변기 여러 대가 한꺼번에 놓인 변소에서 신체적 프라이버시를 기대하기란 애초에 무리였다. 하지만 약간의 프라이버시는 어설프게나마 보장되었다. 예컨대 가까이 있는 사람들과 수다를 떠는 행위는 결례로 여겨졌다. 마르티알리스는, 변소에서 온종일 한담하며 정찬 초대권을 손에 넣으려 안달하는 한 남자를 웃음거리로 만들기도 했다. 그런가 하면 변소 바깥에서는 변기가 보이지 않았다. 행인들은 문으로든 창문으로든 안을 들여다볼 수 없었다는 얘기다. 풍월에 의하면 소변기 여러 대가 놓인 현대식 남자화장실도 이와 흡사하다고 한다. 그곳에도 품격 있는 남자라면 반드시 지켜야 할 불문율 같은 게 있는데, 말하지 않아야 하고, 어슬렁거리지 않아야 하며, 가장 중요하게는 다른 남성의 음경을 쳐다보지 않아야 한다는 것이다. 다만 차이점이라면, 포리카에서는 남녀가 같은 공간에 앉아 대변을 보았다는 정도일 테다.

라틴어로 소변을 뜻하는 단어는 lotium과 urina가 있다. urina는 정중한 의학 용어로 당연하게도, 같은 정도로 정중한 영어 단어 urine의 어원이다. lotium은 본래 "세척액"을 은유적으로 지칭하는 용어였다. 로마인들은 lotium, 즉 소변에 옷을 빨았기 때문이다. 사람들은 마전장이를 불러 도시 곳곳에 항아리를 놓아두게 한 다음 그 안에 오줌을 누었고, 마전장이들은 그 항아리들을 거두어갔다.[22] 그들은 안의 소변을 희석하여 커다란 통에 붓고는 옷들을 안에 담근 뒤에 발로 밟아 세탁하고 표백했다. 이후에는 냄새를 빼내기 위해 상당한 헹굼과정을 거쳐야 했다. 어린아이나 동물을 기르다 소변 문제로 골머리를 앓아본 사람이라면 이쯤에서 궁금해질 것이다. 로마의 위대한 웅변가들 곁에서는 늘 희미한 오줌 냄새가 풍기지 않았을까?

라틴어에서 배뇨를 뜻하는 두 동사 meio와 mingo는 단지 기본적인 용어일 뿐, 비속한 말과는 거리가 멀었다.[23] 정중한 단어까지는 아니더라도 외설스러운 의미는 전혀 담겨 있지 않았다. 공공장소에서 오줌 누기에 대해 로마인들은 관대한 편이었다. 남자들은 그야말로 아무데나 오줌을 누었고, 짐작건대 여자들도 바깥에 쭈그리고 앉아 마전장이의 항아리에 오줌을 누었다. caco보다도 정중한 용어였다 하니, 이제는 지랄piss[오줌 싸네]이라는 말을 입에 달고 사는 사람을 보아도 화내기가 머쓱하게 되었다.

이러한 용어들은 새삼 로마인과의 유대감을 강화시킨다. 타인을 모욕하는 기술에 관해 로마인들은 현대의 영어 사용자들과 같은 생각을 공유했다. 욕실 벽 낙서로 흡족할 만한 글귀를 고르는 기준이나, 금기어와 금기어가 아닌 단어를 감별하는 기준이 우리와 별반 다르지 않았다는 얘기다. (현대인의 세탁 세제 목록에는 냉·온수 겸용 오줌이 포함되지 않는데도 말이다.) 로마의 상소리는 신체의 여러 기관이나 배설물, 특정한 활동 들을 금기시하는 풍조에 근거한다는 점에서 현대 영어의 상소리와 닮아 있다.

하지만 고대 로마의 거리에서 흔히 들리던 다른 비속어들은 현대 영어의 비속어와 좀더 확연한 차이를 드러낸다.

———
futuo = 생식활동을 하다

−존 라이더, 『라이더 사전Riders Dictionarie』(1626)

언뜻 futuo는 그에 상응하는 영어 단어 fuck과 흡사해 보인다. 폼페이 시내의 사창가 벽에는 수많은 남자가 "여기서 나는 많은 여자와 씹하였다(Hic ego puellas multas futui)"[24]라든가 "왔노라, 씹했노라, 집에 갔노라(Hic ego cum veni futui / deinde redei domi)"[25] 같은 글귀를 새겨놓았다. 하지만 대개 futuo는 fuck처럼 공격적인 용어가 아니었다. 라틴어에는 futuo보다 더 모욕적인 단어들이 존재했기 때문이다. 이루마티오로 협박하거나, 키나이두스cinædus(영어의 남색꾼faggot이나 팬지pansy처럼 남성 간 성관계에서 수동적 파트너를 경멸적으로 이르는 말)라 부르는 편이 훨씬 더 가학적인 언사였다. 쿤눔 링게레cunnum lingere, 즉 씹을 핥더라는 말로 비방할 수도 있었다. 사정이 이렇다 보니 로마인들에게 futuo는 공격의 용어로 그다지 쓸모가 없었는지 모른다.

라틴어 fututor는 영어의 fucker에 해당되지만 fucker와 달리 항상 부정적인 의미만을 함축하지는 않는다. 그저 "씹하는 사람"이라는 의미 이상도 이하도 아니다. 심지어 때로는 격찬의 의미로 사용된다. 폼페이의 한 저택 입구 바깥쪽에는 이런 그라피토가 새겨져 있다. "포르투나투스는 다정한 영혼이요, 씹하기의 절대자perfututor로다. 이 글을 쓴 사람은 알고 있나니."[26] 정말 그곳에는 포르투나투스가 살았을까? 그랬다면 그는 자신의 기량이 행인들에게 알려졌다는 사실에 행복해했을까?

하지만 라틴어에서 성교를 직접적이고 충격적으로 지칭하는 단어는 cunnus처럼 대개 모욕과 학대의 언어로 쓰이게 마련이었다.

futuo도 예외는 아니었다. 로마의 초대 황제이자 아우구스투스라는 이름으로도 알려진 옥타비아누스는 경구시에서 적들을 폄하하는 수단으로 futuo를 활용했다.

안토니우스가 글라피라와 썹하므로, 풀비아는 그에 대한 벌로 **나**를 그녀와 썹하게 하기로 결정하였다. 나는 풀비아와 썹해야 하는가? 만일 마니우스가 나에게 계간을 하자고 애원한다면? 나는 그리해야 하는가? 아니 될 일이로다. 내가 조금이라도 분별력 있는 사람이라면. "썹하지 않으면 싸우는 수밖에"라고 그녀는 이야기한다. 아, 하지만 나에게 좆은 생명보다 소중하니. 한 귀로 듣고 한 귀로 흘리는 수밖에.27

아우구스투스는 페루시네 전쟁(기원전 41~40)에서 자신이 한 행동을 정당화할 목적으로 이 시를 썼다. 그 짧은 전투에서 그는 풀비아, 그러니까 마르쿠스 안토니우스의 부인이 이끄는 반란군과 싸웠다. 이 경구시는 한꺼번에 많은 목적을 달성했다는 점에서 실로 걸작이라 불릴 만하다. 당시에 반란군은 아우구스투스에게 불만을 품고 있었다. 그가 약속했던 급료와 토지를 지급하지 않았기 때문이다. 이런 반란군의 진짜 불만은 외면한 채 아우구스투스는 전쟁을 일으킨 풀비아에게 비난의 화살을 돌린다. 풀비아를 비이성적인 여인으로 묘사한 것이다. 그녀는 남편 안토니우스가 매춘부 글라피라와 동침했다는 사실에 분노한 나머지 스스로 간통을 범하여 남편을 벌하기로 결심한다. 풀비아가 아우구스투스를 협박한다. 그녀의 말을 듣지 않으면 로마의 나머지 땅을 빼앗겠노라고. 아우구스투스는 자신이 풀비아의 요구에 복종할 수 없는 이유를 설명함으로써 그녀의 명예를 철저하게 짓밟는다. 씹하기에 그녀는 지나치게 혐오스러웠다. 아니면 질병에 걸렸는지도 모를 일이었다. 자신의 음경을 건강하고 당당하게 지켜내기 위해 아우구스투스는 싸우는 수밖에 없었다. 외설적이고 가학적인 경구시를 평가하기에 누가 봐도 최적화된 인물인 마르티알리스는 "로마인처럼 담백하게 말하기"를 두려워하지 않는다는 말로 아우구스투스를 칭송했다. 오늘날의 정치인들에게는 아우구스투스식의 '네거티브 전략'이 꿈같은 이야기처럼 들리겠지만.

이 경구시는 섹스와 폭력의 연결성을 강조한다. 이는 외설어와 은어에서도 매우 자주 나타나는 특징이다. 라틴어에서, 그리고 이따금 영어에서 음경은 무기로,[28] 섹스는 잔혹한 행위로 그려진다.[29] 음경을 나타내는 은어는 라틴어로 telum(창)과 hasta(투창)이고, 섹스를 나타내는 은어는 라틴어로 caedo(자르다)와 battuo(때리다), 영어로는 banging[치다], crilling[뚫다], nailing[못 박다]이니 말이다. 질을 뜻하는 라틴어 vagina는 본래 칼집을 뜻하는 단어였다. 섹스와 폭력 간의 이 연결성은 페루시네 전쟁에서 그야말로 본색을 드러냈다. 양쪽 군대는 "풀비아의 음핵"이나 "좆 빠는 옥타비아누스" 따위의 메시지가 새겨진 돌멩이를 투석기에 장전해 서로를 향해 발사했다.[30]

futuo와 fuck의 마지막 차이점은 futuo가 여성을 능동적 주어로 삼을 수 없다는 점이다. futuo의 주체는 오직 남성이었다. 여성은 futuo를 당하는 존재였다. 폼페이의 어느 사창가 벽에는 "Fututa sum hic",[31] 즉 "나 여기서 씹당했다"라는 글귀가 새겨져 있다. 매춘부의 낙서로 추정되는 이 글에서 여성은 마치 성행위의 수동적 참여자처럼 그려졌지만, 이를 곧이곧대로 로마의 여성이 그저 가만히 누워만 있었다는 뜻으로 해석해서는 안 된다. 여성도 무언가를 했고, 여성의 그 행위만을 지칭하는 동사가 라틴어에는 따로 존재했다. 그 동사란 바로 criso다. '꿈틀거리다' 정도로 번역되는 criso는 futuo만큼은 아니지만 어쨌건 외설스러웠고, 사용 빈도는 훨씬 더 낮았다. 성행위에 관해 말하거나 농담할 때 로마인들은 여성보다 남성의 역할에 관해 논하기를 선호했으니까.

---

landica = 장작받침쇠●

　　　　-토머스 홀리오크, 『대사전 3부작A Large Dictionary in Three Parts』(1676)

로마 여인 중에는 비록 '평범한' 방식은 아니지만, 능동적 성행위가 가능한 이들도 더러 있었다. 트리바스tribas라고 불리던 이 레즈비언들은 음핵이 지나치게 크고 단단해서 이를 음경처럼 사용했다. (레즈비언lesbian이라는 단어는 '레스보스섬 스타일로 그것 하다'라는 뜻의 그리스어 lesbiazein에서 유래했다.[32] 하지만 정작 고대 레스보스섬 사람들은 여성 간의 성행위가 아닌 펠라티오를 잘하기로 이름나 있었다.) 영어에서 레즈비언이

● 　장작받침쇠andiron는 벽난로 속 장작을 지지하는 금속 받침대를 의미하며 한 쌍으로 이루어져 있다. 그렇다고 landica에 대한 이 정의를 오역으로 받아들여서는 안 된다. 단지 외설어를 피할 목적으로 은유법을 활용한 것뿐이다. 라틴어에서는 여성의 생식기를 종종 제빵 용어에 은유한다. 가령 질은 화덕이고 음순은 난로였다.

라는 용어가 오늘날 우리가 아는 뜻으로 사용되기 시작한 때는 20세기에 막 접어들 무렵이었다. 그 전까지는 tribade가, 1989년 옥스퍼드 영어사전에 따르면 "부자연스럽고 부도덕한 성행위를 하는" 여성을 지칭하는 일반적 단어였다.[33] 그나저나 트리바스도 마르티알리스의 경구시 공격을 피해가지는 못했다. 처음에 마르티알리스는 바사라는 이 여인을 도덕적으로 매우 고결하다고 생각했다. 남자를 멀리하고 오직 여자들하고만 어울려 다녔으니까. 하지만 알고 보니 그녀는 정숙하지 않았다. 그것도 마르티알리스가 전혀 예상치 못한 방식으로. 착잡한 심정을 마르티알리스는 이렇게 표현했다.

고로 고백하건대, 나는 그대가 루크레티아라 여기었소. 그러나 바사, 수치스럽게도 그대는 씹쟁이fututor였구려. 감히 그대는 두 씹을 맞대었고. 그대의 기괴한 음경은 남자다움을 가장하였소.●[34]

마르티알리스는 바사의 행위를 묘사하며 futuo의 능동적 주체를 뜻하는 fututor라는 표현을 사용했다. 그녀의 음핵이 남성의 음경을 대체하고 있었기 때문이다.

라틴어에서 음핵을 뜻하는 단어는 알다시피 landica다. 그리고 landica는 라틴어 최악의 어휘 중 하나였다. 심지어 경구시에 쓰기에도 부적합해서 대개 그라피토 글귀에서나 찾아볼 수 있었다. 예컨

● 루크레티아는 로마에서 정숙함으로 귀감이 되는 인물이었다. 타르키누스에게 강간을 당한 뒤 그녀는 수치스러움을 견디지 못하고 스스로 목숨을 끊었다.

HOLY SHIT

대 "에우플라의 음핵은 크고 느슨하다(Eupla laxa landicosa)"[35]라는 그라피토에서 에우플라는 칭송의 대상이 아니었다. cunnus laxus, 즉 느슨한 씹은 성적으로 흠결이었을 뿐 아니라 자칫 성격적 결함까지 암시할 수 있었다. 느슨한 씹을 느슨한 도덕성에 연결시킨 것이다. 또한 "음핵은 크고"라는 표현은 에우플라가 레즈비언임을 암시했다. landica가 그토록 비속한 언어로 취급받게 된 데는 (로마인의 기준에서) 변태적이기 그지없는 트리바스와 얽힌 관계에 어느 정도 연유가 있었다. 마르티알리스의 경구시는 이 케케묵은 혐오감과 맥을 같이한다. '감히' 바사는 씹과 씹을 결합시켜 자연의 질서를 위반했고, 그녀의 음핵은 단순히 '큰' 정도가 아니라 '기괴'했다. 끔찍하게도 여성이 남성처럼 성행위를 하다니. (참고로 로마인의 성생활에 정통한 다양한 학자들의 언급에 따르면, 로마의 레즈비언이 서로에게 실제로 어떤 행위를 했는지에 대해서는 사실과 다르게 알려졌을 가능성도 꽤 높다.)[36]

그러나 landica가 그토록 외설스러운 단어가 된 데는 다른 이유들도 존재한다. 그리고 그 이유들은 현대인의 시각에서 고대 로마인의 특징을 좀더 분명하게 반영한다. 사람들은 자신이 마음을 쓰는 대상에 관해 상소리를 한다. 그리고 로마인들은 음핵에 마음을 썼다. 로마인들은 성교 중인 남녀가 모두 오르가슴에 도달해야만 임신이 가능하다고 생각했다.[37] 틀렸지만 대담한 아이디어다. 당시의 의학 문헌을 토대로 추정컨대, 로마인들은 음핵의 위치와 기능을 이해하고 있었다. 음핵을 자극하면, 로마인들이 아들과 군인과 제국을 만들기 위해 반드시 필요하다고 생각한 바로 그 오르가슴을 유발하는 데 도움이 될 것이었다.

영어에는 음핵을 비속하게 이르는 단어가 사실상 전무하다. clit[공알]이 있기는 하지만 듣기에 그리 거북하지 않을 뿐더러 사용 빈도도 낮다. 만약 당신이 누군가를 clit이라고 부르면 상대는 아마 얼떨떨하게 웃어버릴 것이다. 아니면 심지어 동정의 눈길을 보낼 수도 있다. 어쩌면 영어권 여성들은 모욕감을 느껴야 할는지도 모른다. clitface[공알상]나 clit for brains[공알 대가리]라는 표현을 충격보다는 재미로 받아들이고, 음핵이 독자적인 비속어를 갖기에는 그다지 외설스럽지 않다고 여기는 문화적 인식에 대해 말이다.

그렇다고 내가 로마인들을 의학 전문가나 여성 신체의 성적인 비밀을 누설하는 일에 시간을 할애한 카사노바의 조상쯤으로 그리려는 것은 아니다. 로마 시대에는 섹스와 여성에 대한 엉터리 정보가 넘쳐났으니까.[38] 가령 로마인들은 임신과정에서 여성이 '물질'을, 남성이 '형태'를 제공한다고 믿었다. 그리스의 박식가 아리스토텔레스에 따르면, 여성은 '흙'이었고, 남성은 여기에 '씨앗'을 심었다. 몸은 네 가지 체액의 균형으로 조절되었다. 남성은 뜨겁고 건조했으며, 여성은 차갑고 축축했다. 이 체액 이론은 성생활에 대한 로마인의 관점을 이해하는 데 있어 굉장히 중요하다. 남녀 간의 경계는 오늘날처럼 고정적이지 않았다. 여성이 '뜨거워지면' 남성으로 변할 수 있었고, 남성이 '차가워지면' 여성으로 변할 수 있었다. 트리바스는 더 뜨거워진 여성이었다. 자신의 '자연적' 수분을 말려 음핵이 음경처럼 자라게 했다. 오늘날에는 수술로써 성별을 완전히 바꿀 수도 있고, 호르몬을

투여하거나 이성의 복장을 착용해 부분적으로 바꿀 수도 있다. 하지만 그러려면 돈과 결단력이 필요하다. 반면 고대 로마에서는 성전환이 너무 쉬워서 두려울 정도였다. 남성이 군사 훈련을 등한시하고 여자들과 너무 오래 어울리거나 수금 연주로 시간을 보내면 몸의 수분이 다 날아가고 체온이 상승해 언제 여성으로 바뀔지 모를 일이었다.

landica와 futuo는 각각에 상응하는 영어 단어들과 일면 흡사하다. 라틴어 futuo와 영어 fuck은 의미와 사용역이 같다. 그리고 landica에 해당되는 영어 clit도 비속어로 쓰일 가능성이 아주 없지는 않다. cock이나 dick처럼 금기 구역에 속하는 신체 부위를 직접적으로 가리키기 때문이다. 하지만 landica와 futuo는 영어와의 차이점도 일부 드러낸다. 성관계에서 여성의 역할에 대해, 그리고 그 역할을 결정짓는 데 일조한 생리학에 대해, 로마인들은 현대인과 다른 견해를 드러냈다.

이제부터는 정말 낯선 단어들을 만나야 한다. 상응하는 영어 단어가 없거나, 설령 있다고 하너라도 그 영어 단어와 전혀 달라서 알아보기가 거의 불가능한 단어들. 이러한 단어들을 통해 우리는 성생활과 남성성, 권력, 외설어에 관한 로마인의 개념이 현대 영어 사용자들의 그것과 근본적으로 달랐다는 사실을 깨닫게 될 것이다.

---

irrumo = 빨아들이다

pedico = ?

−토머스 토머스, 『사전』

라틴어에서 남성을 뜻하는 단어는 위르vir다. 하지만 로마에서 이 단어는 단지 생물학적인 성별만을 의미하지 않았다. 위르는 '진정한 남자'란 어떠해야 하는가에 대한 일종의 문화적 기대를 수반했다.[39] 위르는 자유인으로 태어난 시민이었다. 강한 극기로 단련한 채 타인을, 특히 성기 삽입을 통해 압도하려 했다. (누군가 'virtuous'[고결한]라는 말로 당신을 칭송한다면 말뜻을 깊이 재고해보라.) 이러한 사회적 기준을 충족시키지 못한 남자는 homo(vir의 영광이 거세된 중성적 단어)라고 불렸고, 특히 노예들은 puer(문자 그대로 '소년'이라는 뜻)라고 불렸다.

남성이 성행위에서 맡은 역할은 그가 위르인지 아닌지를 결정하는 중요한 가늠자였지만, 성행위의 상대는 전혀 중요하지 않았다. '양성애자'와 '동성애자'라는 카테고리는 로마에서 무의미했다. '평범한' 남자라면 여자와 소년, 그리고 가끔은 성인 남자와 동침하고 싶어하는 것이 당연했고, 각각의 파트너들은 유형에 따라 다른 종류의 쾌락과 골칫거리를 안기게 마련이었다. 핵심은, 남성이 이 다양한 파트너와 과연 무엇을 하느냐에 있었다. 남성은 항상 능동적인, 그러니까 삽입하는 쪽이어야 했다. 결코 타인이 자신의 몸에 삽입하도록 허락해서는 안 됐다. 이런 행동은 그를 유약하고 여성적인 존재, 사내답지 못한 존재로 만들어버릴 것이었다.

라틴어에서 이러한 성 도식을 바탕으로 발달된 어휘는 온통 구멍에 삽입하기에 관한 것이라 해도 과언이 아니다. futuo는 문자적인 의미에 더 충실하자면, '질에 삽입하다'로 번역할 수 있다. pedico는 '항문에 삽입하다'라는 뜻이다. 여기서 항문이 남자의 것인지 여자의 것인지를 드러내는 구체적인 단서는 전혀 없다. 위르에게는 양쪽 가능성이 모두 열려 있었다. 비록 소년들의 항문이 더 매력적이라고 여기는 분위기가 팽배했지만 말이다. 마르티알리스의 경구시는 이런 분위기를 선명하고 분명하게 전달한다.

소년과 함께 있는 나를 발견했을 때 아내여, 당신은 나를 거칠게 힐난하며 당신에게도 똥구멍culus이 있다고 말하였소. 유노º는 바람둥이 남편 뇌신雷神ºº에게 같은 말을 얼마나 자주 반복했던가! 그럼에도 뇌신은 건장한 가니메데스ºººº와 동침하였소. 티린스의 영웅ºººº은 자신의 활을 제쳐두고 힐라스ººººº의 몸을 구부리곤 했는데, 설마 하니 메구라ºººººº에게는 엉덩이가 없어 그리했겠소? 도망자 다프네는 포이보스ººººººº에게 고통을 안겼으나, 오이발로스의 소년ºººººººº은 그러한 불꽃을 잠재웠다오. 브리세이스는 아이아코스의 아들ºº ººººººº에게 등을 보인 채 누웠지만, 그는 자신의 유약한 친구ºººº ºººººº를 더 가까이했소. 그러니 부디 당신에게 속한 것들에 남성의 이름을 붙이지 마시오. 그저 당신이 두 개의 쎕을 가졌다고 생각하시

º 유피테르의 아내이자 결혼한 여성의 수호신으로, 품위 있는 여인으로 칭송받았다.
ºº 유피테르를 말한다.
ººº 제우스의 술시중을 든 트로이의 미소년.
ºººº 헤라클레스.
ººººº 헤라클레스의 시동侍童.
ºººººº 헤라클레스의 부인.
ººººººº 아폴론의 별명.
ºººººººº 히아킨토스, 아폴론이 사랑한 미소년.
ººººººººº 아킬레스.

구려.40

위 경구시에서 아내가 화를 낸 이유는 남편의 외도 때문이지 남편이 이른바 '게이'였기 때문은 아니다. 또한 그는 게이가 아니었다. '게이'라는 카테고리는 고대 로마 시대에 존재하지 않았으니까. 적어도 오늘날의 개념으로는 말이다. 아내는 남편의 외도를 질책했지만, 남편의 욕망은 지극히 평범한 것이었다. 대부분의 로마 남성이 여성과 소년 모두와 동침하기를 원했으니까. 아내는 남편에게 말한다. 만약 pedico[항문성교]를 하고 싶으면 자신과 하면 된다고. 하지만 남편은 거부한다. 그리고 pedico의 상대로 아내보다 소년을 더 선호했던 신과 영웅의 이야기를 (그것도 유피테르와 헤라클레스, 아폴론, 아킬레스처럼 결코 남루하지 않은 이들의 이야기를) 들먹인다. 시는 무정한 힐난으로 끝을 맺는다. 애초에 아내는 자신의 신체를 언급하며 culus(똥구멍)이라는 단어를 사용하지 말았어야 했다. 그녀의 항문은 소년의 그것과 너무도 다른 데다, 그에 비해 하등했으므로 그녀는 자신이 차라리 두 개의 씹을 가졌다고 말했어야 한다는 것이다.

irrumo[41]라는 동사는 이제 거의 마지막으로 하나 남은 구멍과 연관이 있다. '구강에 삽입하다'라는 뜻이기 때문이다. irrumo는 다른 단어들과 살짝 다르다. 이루마티오의 예에서 알 수 있듯이 폭력적 위협의 의미를 수반하기 때문이다. 누군가에게 irrumo는 쾌락

○○○○○○○○○○ 파트로클로스. 아킬레스의 절친한 친구이지만 이 경구시에서는 연인으로 표현되었다.

의 수단일 수 있다. 하지만 부분적으로 그 쾌락은 펠라티오를 강요당한 상대 남성이 느끼는 수치심에 기인한다. (또한 irrumo의 대상은 여성이나 소년일 수도 있지만, 문헌에 따르면 대개 성인 남성이 표적이었다.) 현대 영어 사용자들이 협박과 모욕의 목적으로 fuck을 사용했을 상황에 로마인들은 irrumo를 활용했으리라. (영어에도 suck my dick[내 좆이나 빨아라]이라는 표현이 있긴 하지만, 라틴어의 irrumo처럼 폭력과 지배의 함의가 깔려 있지는 않다.) 로마 근교의 작은 항구 도시 오스티아에 가면 irrumo를 이런 식으로 활용한 그라피토가 있다. 이 그라피토를 볼 수 있는 장소는 학자들이 고대의 타베르나taberna(음료와 음식을 팔던 작은 상점)로 추정하는 어느 방인데, 타베르나의 주인은 미학적으로 흥미로운 선택을 했다. 화장실을 테마로 공간을 장식한 것이다. 변소에 있는 사람들을 그린 벽화 곁에는 "세게 밀어내라, 더 빨리 끝날 것이다" 따위의 슬로건이 적혀 있다. 그리고 "Bene caca et irrumo medicos",[42] 그러니까 "똥 잘 싸고 의사들의 입에 씹하라"라는 슬로건도 눈에 띈다.

시인 카툴루스도 비평가들을 공격할 때 irrumo라는 표현을 썼다. 카툴루스는, 좀더 남자다운 베르길리우스처럼 전쟁이나 농업에 대한 글을 쓰기보다, 여자들과 희롱하는 재미라든가 침대에서 긴 오후를 보내는 기쁨을 주제로 글을 썼다는 이유로 여성적이라는 의심을 샀다. 졸지에 구두 공격의 대상으로 전락한 자신의 남성성을 옹호하기 위해 카툴루스는 어느 시의 첫 구절을 다음과 같은 문장으로 시작했다. "Pedicabo ego vos et irrumabo(나 그대와 계간하고 그대가 나를

고대 그리스의 '일곱 현인' 중 두 사람이 오스티아에서 한 선술집 벽을 장식한 채 배설물에 관한 충고로 술꾼들을 즐겁게 한다. "솔론은 똥을 잘 싸려고 자기 배를 문질렀다."(왼쪽) 그리고 "탈레스는 똥이 잘 안 나오면 힘을 세게 주라고 권한다".(오른쪽)

빨게 하리)."[43] 자신의 음경을 다른 남성의 항문이나 구강에 끼워 넣겠다고 협박하는 카툴루스의 문장은 그가 진정한 남자라는 사실을 증명한다고 여겨졌다. 반면 여성과의 성관계에 관해 지나친 관심을 드러냈을 때 처음부터 그는 여성적이라는 비난을 감수해야 했다.

데키무스 발레리우스 아시아티쿠스도 자신의 남성성을 유사한 방식으로 변호했다. 이 뛰어난 귀족은 범죄와 도덕적 결함에 관한 장광설을 늘어놓았다는 이유로 황후 메살리나의 측근 푸블리우스 수일리우스 루푸스로부터 부당한 비난을 받았다. 서기 47년의 일이다. 처음에 아시아티쿠스는 이 부당한 비난에 일체 대응하지 않았다. 하지만 '신체가 유약하다'는, 그러니까 여성적이라는 혐의로 자신의 명예가 더럽혀지자 그는 냉소적으로 이렇게 응수했다. "수일리우스여, 그대의 아들들을 추궁해보시오. 그 아이들이 내 남자다움을 증명할 터이니."[44] 아시아티쿠스가 여성적 인간이 아니며, 변태가 아닌 진정한 남자라는 증거는 그가 자신을 비방한 이의 아들들과 항문성교를 했다는 사실이었다.

이 같은 동사들(futuo, pedico, irrumo)이 상징하는 남성성의 특징을 학자들은 '프리아포스적priapic'이라고 이야기한다. 프리아포스는 정원의 신으로, 늘 발기해 있는 자신의 거대한 음경을 여성이나 소년, 성인 남성에게 삽입하는 일에서 행복을 느꼈다. 확실한 목적은 쾌락이었지만, 우두머리가 누구인지를 분명히 해두려는 목적도 있었다. 이처럼 프리아포스적인 성생활을 누리기 위해서는 반드시 섹스를 지배 행위로, 통제력을 발휘하는 수단으로 생각해야 했다.[45] 그렇다고 개개인이 다정하고 애정 어린 성관계를 가지지 않았다는 이야기는 아니다. 더 넓은 문화적 패러다임에서 섹스의 관건은 권력이었다는 이야기다. 프리아포스에게 헌정된 시집 『프리아페아Priapea』에 담긴 여러 경구시에는 섹스와 지배의 이 같은 상관성이 잘 나타나 있다.[46] 시에서 프리아포스는 잠재적 도둑들에게 말을 건넨다. "경고하니, 소년은 비역질을 당할 것이요, 소녀는 씹을 당할 것이다. 그리고 턱수염 난 도둑은 세 번째 형벌을 당하리라Percidere, puer, moneo; futuere, puella; barbatum furem tertia poena manet." percido의 문자적 의미는 '때리다hit'이지만, 저속한 은어로 쓰일 때는 항문성교를 의미한다. 세 번째 형벌은 이루마티오일 것이다. 성관계의 상대가 성인 남성이니 말이다. 표면적으로 이 경구시는 실없는 소리에 불과하다. 시의 화자는 정원을 보호하기 위해 서 있는 프리아포스의 조상彫像일 테고, 위협을 실행에 옮기기 위해 그가 할 수 있는 일이란 거의 없을 테니까. 하지만 이면을 들여다보면 이 경구시는 성에 대한 로마인의 관념을 제법 진지하게 설명하고 있다. 섹스와 공격성, 섹스와 지배, 섹스와 권력은 로마인이 보기에 불가분의 관계였으니까.

물론 로마의 모든 남성이 프리아포스 같지는 않았다. 이 모든 파트너를 기꺼이 자신의 지배하에 두려 하지는 않았다는 뜻이다. 남성적인 운문으로 수 세대에 걸쳐 시인들의 모범이 되었던 베르길리우스는 소년들을 선호했고,[47] 오비디우스는 여자들을 선호했다. 저서 『사랑의 기술Ars Amatoria』에서 오비디우스는 이렇게 고백한다. "파트너 양쪽이 모두 절정을 경험하지 않는 성교를 나는 혐오한다. 소년들이 대개 나를 만족시키지 못하는 이유가 바로 여기에 있다."48 하지만 이는 단지 선호의 문제이지, 배타적 성적 지향을 가졌다는 뜻은 아니다. 베르길리우스와 오비디우스는 남자와도 잤고 여자와도 잤다. 다만 특정한 성별과의 성관계를 다른 성별과의 성관계보다 더 선호했을 뿐이다. 다시 말해 두 사람은 로마인의 성관계 스펙트럼에서 서로 반대쪽에 자리했지만 여전히 '정상' 범주에 속했다. 하지만 가끔은 취향이 너무 독특해 라틴어에서 마땅한 용어를 찾기가 곤란할 때도 있었다. 역사가 수에토니우스는, 황제 클라우디우스가 "여성을 향한 극단적인 욕망을 가진, 남성과의 경험이 전혀 없는" 사람이라고 썼다.49 요즘 같으면 간단히 이성애자라고 쓸 수 있을 테지만, 수에토니우스는 당혹감을 감추지 못했다. 로마에는 오직 여성에게만 성적 매력을 느끼는 남성을 묘사하기에 마땅한 어휘가 없었던 것이다. 게다가 그는 이러한 성적 지향을 곱게 보지 않았다. 수에토니우스는 클라우디우스의 잘못을 긴 목록으로 나열했는데, 그 안에는 과식(그는 너무 많이 먹어 기절하는 일이 다반사였고, 하인들이 깃털로 그를 토하게 만들기도 했다)과 도박 중독, 잔인하고 피에 굶주린 기질과 더불어 그의 독특한 성벽性癖이 묘사돼 있었다.

프리아포스처럼 포용적인 성욕을 타고난 위르는 로마사회 구성원 상당수와 동침할 수 있었다. 그러나 모든 구성원이 다 만만한 상대는 아니었다.50 자유민으로 태어난 (그리고 아내를 제외한) 여성, 혹은 자유민으로 태어난 소년, 자유민으로 태어난 남성과의 동침은 부도덕한 불법 행위로 간주되었다. 그런 이들은 푸디키티아pudicitia

를 소유하고 있었기 때문이다. 푸디키티아의 사전적 의미는 '정숙함'이지만, 실생활에서는 삽입당하지 않을 권리를 의미했다. 그런 이들과의 성관계는 강간에 해당되어 형벌로 추방당하거나 재산을 빼앗기거나 특정한 법적 권리를 상실할 수 있었다. 오로지 노예와 노예 신분에서 해방된 자유민, 여성, 매춘부(한때 어쩌면 자유민이었다가 힘든 처지로 전락한)만이 견책당할 걱정 없이 유혹할 수 있는 대상이었다. 하지만 여기에서 말하는 '오로지'에는 상당히 많은 인구가 포함돼 있었다. 로마 제국에서 노예의 비율은 인구의 25~40퍼센트였고,[51] 짐작건대 이는 리베르투스libertus로 알려진 해방 노예의 비율과 맞먹는 수치였다.

로마인들은 특히, 자유민으로 태어난 소년에 대한 강간을 엄중히 금지했다. 이 계층의 소년들은 토가 프라이텍스타toga prætexta라는 특별한 옷을 입었다.[52] 가장자리에 보라색 술이나 단을 댄 이 흰색 토가는 소년들이 장차 위르가 될 사람이라는 표식이었다. 공중목욕탕에 갈 때면 소년들은 불라bulla라는 목걸이를 착용했다.[53] 벌거벗은 상태에서도 신분을 드러내기 위함이었다. 그리스인들은 정반대였다.[54] 성생활에 대한 그리스인의 태도는 전반적으로 로마인과 흡사했지만, 성인 남성과 소년 간 동성애에 관해서만은 예외였다. 그리스인들은 이러한 관계를 하나의 통과의례로 보았다. 소년이 남자로 성장하는 과정으로 본 것이다. 나이 지긋한 남성은 12세에서 17세 사이의 소년을 골라 자신의 연인으로 삼았다. 노인은 소년에게 그리스 남성의 덕목인 용기, 체력, 공정성, 정직성 등을 가르치는 멘토였다. 이러한 관계를 바라보는 그리스인들의 관점이 완전히 일치하지는 않았다. 소년과 노인의 동성애적 결합을 이상화하는 축과, 연인들끼리 행하도록 허락된 바로 그 행위를 되도록 규제하려는 축 사이에 갈등이 빚어진 것이다. 예컨대 삽입은 일어나선 안 되는 일로 간주되었다. 소년은 자제력을 발휘해 하지 간下肢 間(허벅지 사이) 성교로 만족해야 했다. 수많은 그리스 꽃병의 그림처럼.

로마인들은 명쾌했다. 노예 소년과의 동성애는 옳고, 자유민으로 태어난 소년과의 동성애는 그르다는 확신이 그들에게는 있었다. 삽입은 소년의 푸디키티아를 침해하여, 그가 장차 위르로, 로마의 쓸모 있는 시민으로 성장하는 길을 가로막을 것이었다.

———

cinædus = 자연을 거슬러 학대당한 자, 수치심을 모르는 자, 방종한 춤꾼, 그리고 물고기

catamitus = 자연에 반하여 학대당한 일꾼에게 고용된 소년, 가니메데스•

—존 라이더, 『라이더 사전』

로마에서 자신에 대한 삽입을 허락한 성인 남성이나 소년을 지칭하는 단어는 오로지 경멸의 용어뿐이었다. 그리고 그런 남성들 중 최

• 키나이두스는 꼬리를 꿈틀거리며 나아가는 물고기를 암시적으로 지칭하는 단어라고 로마인들은 생각했다. 가니메데스는 제우스, 즉 유피테르의 술 따르는 시종으로, 소년 성애자의 전형이다.

악의 두 부류는 카타미투스catamitus와 키나이두스cinædus였다. 그리스에서 들어온 외래어인데, 굳이 외국어를 차용했다는 사실은 곧 삽입을 당한 남성이 그저 덜 남자다운 정도가 아니라 온전한 로마인이라고 불리기에 부족한 사람, 로마 문화에서는 차라리 '이국의' 악덕으로 치부하려 했던 무언가를 실행에 옮기는 사람으로 여겨졌다는 점을 암시한다.

오늘날 게이 남성에 대한 고정관념이 그러하듯, 키나이두스는 버릇이 독특하고 여성스러운 인물로 간주되었다.[55] 키나이두스는 외모에 지나치게 신경을 썼고, 다리와 가슴 등에 난 체모를 뽑았으며, 향이 달콤한 로션을 발랐고, 화장을 했다. 때로는 여성의 옷을 입었고, 털실 잣기처럼 여성스러운 활동을 했다. 카르타고의 파멸을 진두지휘했던 로마의 명장 (즉 '진정한' 남자) 스키피오 아이밀리아누스는 키나이두스의 역겨운 습관을 나름대로 꼽아 다음과 같이 정리했다. "거울 앞에서 치장을 하고, 몸에 향수를 뿌리고, 눈썹을 다듬고, 턱수염과 허벅지 털을 뽑은 채로 거리를 활보하고 (…) 긴소매 튜닉을 입는 남자."[56] 긴소매 튜닉은 그리스의 복식으로, 토가 안에 받쳐 입으면 토가 특유의 거친 모직에 쓸리지 않도록 피부를 보호할 수 있었다. 모름지기 로마의 남자다운 남자라면 토가 안에 반소매 튜닉을 받쳐 입거나, 더 바람직하게는 아무것도 받쳐 입지 않은 채로 꿋꿋이 견뎌야 했다.

하지만 키나이두스로서 정체성을 드러내는 가장 확실한 방법은 "한 손가락으로 머리를 긁적이는 습관"이었다.[57] 보아하니 학자들은 그 의미를 밝혀내는 작업에 기꺼이 뛰어든 듯하다. 일부 학자들은 문제의 손가락이 분명 디기투스 임푸디쿠스digitus impudicus,° 즉 가운뎃손가락이었으리라고 추측한다. 알다시피 가운뎃손가락은 공격성과 무례함의 상징이고, 발기한 음경을 연상시키니까. 이러한 함의를 이해하는 타인들 앞에서 가운뎃손가락으로 머리를 긁적임으로써 키나이두스는 욕망을 표출했다는 것이다. 다른 학자들은 이 몸짓이 단순히 여성스러운 행동에 지나지 않는다고 주장한다. 키나이두스는 머리 모양에 무척 예민했기 때문에 머리를 긁다 자칫 스타일이 망가질까 걱정한 나머지 손가락을 딱 하나만 사용했다는 것이다. 손가락이야 어찌됐건 간에 로마인과 현대인은 여성스러운 남성에 대해 여러모로 비슷한 고정관념을 가진 듯하다.

어쨌건 키나이두스나 카타미투스는 설령 게이처럼 보일지언정 '게이'는 아니었다.[58] 다만 **수동적**이었다. 삽입을 하지 않았다는 얘기다. 로마의 성인 남성이 해야 할 '평범한' 단 한 가지를 하지 않은 것이다. 요컨대 로마인들이 생각하는 키나이두스는 한 손가락으로 머리를 긁는 식의 온갖 일탈적 행위에 탐닉하는 남성이었다. 그리고 그 행위의 상대는 남성일 수도, 여성일 수도 있었다.

○　직역하면 '음탕한' 혹은 '파렴치한' 손가락이라는 뜻이다.

---

fello = 빨다

lingo cunnum = ?

—토머스 토머스, 『사전』

이윽고 최악 중의 최악, 라틴어에서 가장 외설적이고 거북한 표현들에 대해 다룰 시간이 왔다. 로마인을 모욕하는 최악의 말은 cunnum lingere, 즉 "너는 쿤닐링구스cunnilingus°를 하는 인간이다"였다.[59] 쿤닐링구스는 일탈적 행위 중에서도 가장 뒤틀리고 가장 비정상적인 행동으로 인식되었으니까. 덕망 있는 로마인이라면 하지 않을 행동을 나열한 목록에서 쿤닐링구스의 뒤를 바싹 쫓는 행위는 펠라티오였다. 또한 펠라티오 하는 인간이라는 뜻의 펠라토르fellator는 쿤닐링구스 하는 인간이라는 비방에 버금가게 비속한 표현이었다.● 대관절 로마 제국에서는 구강성교를 얼마나 불결하게 인식했기에 그 행위를 가리키는 용어가 라틴어 사상 최악의 모욕어로 자리매김하게 된 것일까? 로마인들은 구강과 생식기의 접촉에 (자신이 수혜

○ 남성이 입술이나 혀로 여성의 성기를 애무하는 구강성교의 한 방식.

● 영어에서 fellator에 상응하는 단어 cocksucker도 비속한 표현이기는 매한가지이지만, 이는 행위 자체보다 동성애를 바라보는 영미권 문화 특유의 부정적인 시각에 기인한다. 로마의 여성에게 fellatrix는 치욕의 언어였지만 영미권 문화에서 cocksucker는 이치상 여성에 대한 모욕의 표현은 못 된다. 일례로 미국의 희극배우 레니 브루스는 "남자에게 cocksucker는 모욕이지만, 여자에게 cocksucker는 '훌륭한 숙녀'라는 칭찬"이라고 말했다고 전해진다. 한편 앞서 clit이 비속어가 아니라는 사실에 실망한 여성들에게 훈훈한 소식을 하나 전하자면, cunnilingus에 해당되는 영어 표현 cunt licker는 비속어의 대열에 당당히 합류했다고 한다.

HOLY SHIT

자가 아닌 이상) 강한 거부감을 느꼈다. 구강성교는 "인체의 가장 신성한 기관"[60]인 입을 더럽히는 행위였다. 구강성교를 경험한 입은 생식기보다도, 심지어 삽입으로 타락한 생식기보다도 더 더럽게 여겨졌다. 마르티알리스는 로마 시대의 담론을 장악한 이 같은 태도에 대해 한 경구시에서 다음과 같이 요약했다. "졸리우스, 욕조를 망치려거든 그대의 똥구멍을 씻으시오. 더 더럽히고 싶거든, 졸리우스, 그대의 머리를 집어넣으시구려."[61]

펠라티오를 하건 항문 삽입을 당하건 일탈적(이고 수동적)인 성행위기는 마찬가지였지만, 둘 중에 더 비속한 쪽은 펠라티오였다. 이 좋은 소재를 마르티알리스가 지나쳤을 리 없다. 그는 이렇게 썼다.

포이보스여, 그대는 물건이 큰 소년들과 동침하지만, 소년들 위에 서는 그것이 그대를 위해서는 서지 않소. 포이보스여, 그대에게 묻나니, 내가 어찌 짐작했기를 바라시오? 나는 그대가 유약한 남자라 믿고 싶었소. 하지만 소문은 부정하는구려, 그대는 키나이두스가 아니라고.[62]

포이보스는 유약했다. 여성스럽고 수동적이었다는 뜻이다. 그의 음경은 발기하지 않았다. 따라서 그는 질에 삽입하는 푸투토르fututor도, 항문에 삽입하는 페디코pedico도, 구강에 삽입하는 이루마토르irrumator도 아니었다. 그렇다고 키나이두스(도 '팬지'도, 물고기)도 아니었다. 그렇다면 남은 선택지는 단 하나, 그는 펠라토르였다. 현대인의 기준에서는 위 세 가지에 비해 이른바 굴욕의 등급이 오히려 낮은,

그 펠라토르였던 것이다.

펠라티오를 하는 남성은 '게이'가 아니다. 쿤닐링구스를 할 가능성도 펠라토르에게는 열려 있다는 뜻이다. 쿤닐링구스를 하는 남성과 게이의 관계는 동전의 양면과도 같다. "각자 다른 사타구니를 핥는 쌍둥이 형제처럼, 닮았다 하기에도 애매하고 닮지 않았다 하기에도 애매한"[63] 그런 관계인 것이다. 펠라티오와 쿤닐링구스는 모두 수동적 성행위다. 삽입하는 쪽이 아니라는 얘기다. 로마에서 평범한 남성은 '능동적인' 남성으로, 여성에게든 소년에게든 성인 남성에게든 삽입하기를 욕망했다. 반면 펠라티오와 같은 '수동적' 행위를 즐기는 남성은 여성과의 관계에서도 수동적이었을 것이다. 그러니까 쿤닐링구스도 했으리라는 뜻이다.

펠라티오의 이면에는 이루마티오가 도사리고 있다. 이루마티오는 펠라티오 과정에서 능동적인 파트너가 담당하는 역할이니까. 그렇다면 쿤닐링구스의 이면에는 무엇이 도사리고 있을까?[64] 그리고 여성이 담당하는 역할은 무엇일까? 로마 문화에서 여성은 성생활에 있어 수동적인 본성을 타고났다고 여겨졌다. 음경이 없으니 삽입의 주체도 될 수 없다고 여긴 것이다. (물론 트리바스는 예외였지만.) 한편 쿤닐링구스에서는 남성이 수동적 역할을 담당한다. 이는 곧 여성이 능동적 역할을 맡아야 한다는 뜻일 수 있다. 이루마티오를 하는 여성, 거칠게 말하면 남성의 구강에 씹하는 여성인 셈이다. 쿤닐링구스는 두 가지 이유에서 고대 로마인들을 몸서리치게 했다. 첫째, 쿤닐링구스는 '본성을 거스르는' 행위였다. 여성은 능동적인 역할을 담당할 수 없을뿐더러 그러한 의사를 넌지시 내비쳐서도 안 될 일이었다. 둘째, 쿤닐링구스는 남성을 완전히 무력하게 만들어버리는 행위였다. 삽입을 당하는 로마 남성의 입장에서는 상대가 남성이어도 충분히 괴로운 상황이었다. 그런데 하물며 여성이라니. 이는 가히 태어난 것을 후회하게 만들 정도의 수치였고, 은근슬쩍 넘어가기에는 너무도 심각한 모욕이었던 것이다.

---

mentula = 남성의 슈신, 자지, 은밀한 비밀

verpa = 남성의 슈신

—토머스 토머스, 『사전』

고대 로마의 곳곳을 거닐며 나는 수많은 남근을 맞닥뜨렸다. 발기한 음경들이 문틀 위에, 정원 안에, 밭의 가장자리에, 화려한 저택 응접실의 정교한 벽화 속에 조각으로, 그림으로, 긁어 새긴 형상으로, 사춘기 전 소년들의 목걸이로 존재했다. 심지어 로마인의 정치적·군사적인 삶의 중심지인 아우구스투스 포럼은 발기한 남근의 형상을 본떠 설계되었다.[65] 일부 학자들은 아우구스투스 포럼이 이른바 '말하는 건축architecture parlante', 즉 건물의 형태가 그 건물의 목적을 말해주는 건축의 본보기라고 주장한다. 아우구스투스 포럼은 군대에게는 승리를 기념하는 장소였고, 송사에 얽힌 이들에게는 논쟁이 벌어지던 장소였으며, 소년들에게는 여태껏 입던 어린애 같은 옷을 벗고 토가 위릴리스toga virilis, 즉 자신이 온전한 로마 시민임을 만천하에 알리는 복장을 몸에 걸치는 장소였다. 오늘날에는 오직 사적으로만 볼 수 있는 무언가가 고대 로마에서는 공공장소에 여봐란듯이 전시되었던 것이다.

고대 로마와 영미권을 포함한 대부분의 문화에서는 옷 안에 감춰야 하는 신체 부위가 있다면 그것을 지칭하는 언어도 응당 감춰야 한다고 인식한다. 그리고 외설어는 문화적으로 사람들 앞에 절대 드

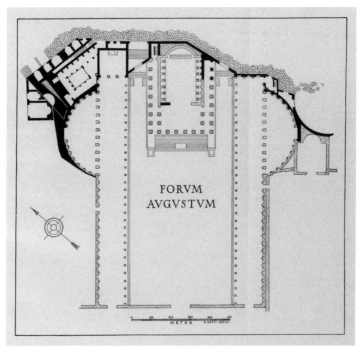

FORVM
AVGVSTVM

40년경 완공된 아우구스투스 포럼의 도면이다. 남근 형상을 찾을 수 있겠는가?

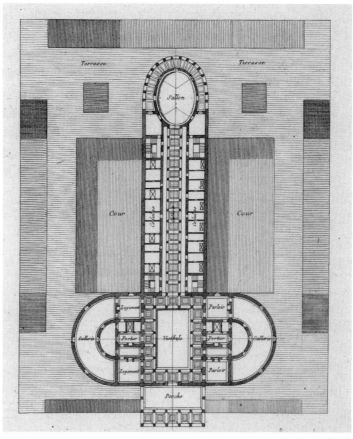

'말하는 건축'의 또 다른 사례, 18세기에 클로드니콜라 르두가 설계한 오이케마Oikema의 도면이다. 로마의 포럼처럼 오이케마 역시 남성성의 세계로 입문하는 장소였다. 오이케마는 매음굴이었다. 르두의 상상 속에서 그 차분하고 고전적인 양식의 건물은 안에 들어온 젊은 남성에게 양질의 수업을 통해 자신의 성적 충동을 억제하고 프랑스의 생산적인 시민이 되는 길을 가르칠 장소였다. 실제로 지어진 적은 없지만.

러내서는 안 된다고 여겨지는 신체 부위나 활동을 근거로 탄생한다. 라틴어에서는 외설스러운 단어를 누다 웨르바nuda verba, 즉 '벌거벗은 단어'라고 지칭함으로써 신체와 언어 사이의 이 같은 연결고리를 포착해냈다. 이처럼 벌거벗은 단어들은 완곡어를 사용하거나 에둘러 말하는 식의 언어적 장막 없이 대상을 있는 그대로 표현한다.

공공장소 곳곳에 놓인 남근의 형상, 그리고 은폐와 외설 사이의 연결고리를 감안하면 라틴어에서 음경을 지칭하는 단어는 왠지 외설어가 아닐 것만 같다. 공공장소 어디에서나 남근을 볼 수 있다면, 남근을 지칭하는 단어들도 사람들 앞에서 말할 수 있어야 마땅할 테니까. 하지만 실상을 말하자면, 라틴어에서 음경을 지칭하는 단어들은 외설어였다. 음경을 뜻하는 mentula는 상당히 외설적인 단어로 인식되었고, 포피가 뒤로 당겨진, 그러니까 발기했거나 할례를 받은 음경을 뜻하는 verpa는 mentula보다 더 비속한 단어로 인식되었다. 심지어 penis도 라틴어에서는 거북한 단어였다. 비록 그 충격의 정도가 원초적인 두 외설어 mentula나 verpa의 수준에는 미치지 못했지만.

보여도 좋은 것과 말해도 좋은 것 사이에 이토록 큰 간극이 벌어지게 된 이유를 우리는, 로마에서는 외설어도 종교적인 측면을 갖추었다는 사실에서 찾아볼 수 있다. 프로이트에 따르면 금기에는 상충하는 두 면모가 있었다.[66] 적어도 20세기 초 인류학자들이 앞다투어 연구한 '전통적인' 사회에서는 그러했다는 얘기다. 금기의 대상은 부정하고 금지된 존재인 동시에 신성하고 정화된 존재였다. 고대 로마에서 생식기는 수줍음과 수치심의 대상인 동시에, 존경과 경탄, 건강한 두려움의 대상이었다. 오늘날의 영미권 사회에서는 앞의 내용만 진실이다. 생식기는 다만 수치스러울 뿐, 종교적인 존경심을 불러일으키지는 않으니 말이다.

앞서 살펴본 것처럼 외설하다는 뜻의 라틴어 형용사 obscenus에는 '불길하다', 그러니까 종교의식을 오염시키고 망가뜨린다는 의미도 담겨 있었다.[67] 성적인 행위와 언어는 대부분 불길한 징조에 속했다. 베스타 여신의 처녀가 처녀성을 간직하지 않는 것도, 의식 집전을 앞둔 목사가 성관계를 충분히 오래 삼가지 않는 것도, 난잡한 어휘로 신을 모독하는 것도 하나같이 불길한 징조였다. 하지만 이 같은 관념이 모든 종교의식에 해당되지는 않았다. 외설함에 의존해 의식을 성공으로 이끈 경우도 있었다는 뜻이다. 외설을 상징하는 신과 여신이 따로 있을 정도로 외설은 평화로운 자연과 로마라는 국가 안에서 고유의 영역을 확보한 상태였다. 앞서 들렀던 프리아포스 신의 정원에는 수직으로 발기한 거대 남근상이 서 있었고, 나무숲과 목동의 신인 판은 염소의 뒷다리와 엉덩이, 시시때때로 발기하는 거대 남근을 소유하고 있었다. 또한 저 신비로운 무투누스 투투누스도 있었다.[68] 그는 다만 발기한 거대 음경의 신이었다. 결혼식 절차에는 신부가 무투누스 투투누스 조각상의 무릎 위에 앉는 순서가 따로 마련돼 있을 정도였다. 그의 발기한 음경은 생식력을 상징했고, 어떤 의미에서는 생식력을 보장한다고도 여겨졌으니까.

외설어는 생식기와 성관계를 단도직입적으로 지칭하는 한편, 이런저런 의식에서 생식력을 증진시킬 목적으로 사용되었다. 예컨대 결혼식에서 외설어를 입에 올리는 행위는, 이 금기어들의 지시 대상에 내재하는 다산의 능력을 신혼부부에게 전달하여 그들의 생식력을 보장하는 절차로 여겨졌다. 하객들은 야비한 농담과 짓궂은 희롱의 언어로 점철된, 고대 이탈리아 전원 지방 특유의 통속적인 축가를 불렀다.[69] 안타깝게도 이런 축가들에 대한 기록은 현재 남아 있지 않다. 하지만 로마의 서정시인 카툴루스가 남긴 어느 결혼 축시에서 어렴풋한 정서쯤은 음미할 수 있다.[70] 축시에서 시인은, 이제 결혼하였으니 유약한 소년들과의 관계는 포기하라고 신랑을 독려하는 한편, 신부에게는 남편이 어떤 요구를 하든 들어주라고(라틴어 문화에서 구강성교를 에둘러 말할 때 흔히 쓰던 표현이다), 그러지 않으면 남편이 다른 데서 쾌락을 찾게 될 거라고 조언한다. 또한 외설어는 루디 플로랄레스 ludi florales,[71] 즉 꽃의 제전에서 중요한 축을 담당했다. 봄과 꽃의 여신 플로라를 기념하는 그 축제가 끝날 무렵이면 매춘부들은 나체로 춤을 추었고, 군중은 외설어를 외치며, 다가오는 계절의 풍요를 기원했다. 외설한 낱말들은 세상을 변화시키는 힘을 지닌 마법의 언어로 여겨졌다.[72] 아이가 있는 결혼생활을 꿈꾸거나 올봄에 농작물과 어린 가축이 건강히 자라기를 바란다면, 누다 웨르바, 즉 벌거벗은 단어들에게 도움을 청할 수 있었다.

그러나 로마인은 생식기를 비단 생식력하고만 연관 짓지 않았다. 음경은 위협적 권력의 상징이기도 했다. 앞서 살펴본 것처럼 로마 문화에서는 성관계를 지배라는 관점에서 바라보았다. 능동적인 남성은 자신보다 '못한' 생명체에게, 그러니까 여성이나 소년, 수동적인 남성에게 삽입하는 과정을 통해 자신이 '진정한 남자'이자 시민임을 확인했다. 음경의 이 권력은 다른 영역으로도 전이되었다. 고대 로마인들은 남근상이 달린 목걸이 불라Bullae를 착용하면 악마의 눈으로부터 자신을 지킬 수 있으리라 믿었다. 일종의 액막이였던 셈이다. 또한 외설어가 들어가는 노래들은, 바로 그런 맥락에서 악마의 손아귀로부터 사람들을 보호했다. 외설스러운 노래를 부르며 사람들은 자신의 행운이 누군가에게 불러일으킬지 모르는 질투나 악의를 차단하려 했다. 그러한 노래들은 두 가지 방식으로 사람들을 보호했다. 첫째, 외설어 자체가 악마를 물리치는 힘을 내포하고 있었다. 둘째, 조롱조의 가사는 조롱의 대상이 되는 이들의 콧대를, 그들의 행운이 다시는 누군가의 질투나 악의를 불러일으키지 못할 만큼 꺾어놓았다. 승리한 장군들에게는 축하의 세레나데가 바쳐졌다.[73] 그리고 이 환희의 순간은 장군들이 치명적인 약점을 노출하는 순간이기도 했다. 기원전 46년 율리우스 카이사르가 갈리아를 정복하고 로마에 돌아왔을 때 사람들은 그의 승리를 기념하는 동시에, 수 년 전 비티니아의 왕 니코메데스에게 키나이두스 노릇을 했던 카이사르의 행적을 만인 앞에서 조롱했다.[74] 가령 다음의 구절처럼.

카이사르는 온 갈리아 땅을 정복하였고, 니코메데스는 카이사르를 정복했도다

보라! 이제 카이사르는 온 갈리아를 정벌한 승리자로 개선식에서 말을

타지만,

정작 그 정복자를 제압한 니코메데스는 개선식을 거행하지 않는구나

심지어 몇몇 구절에서는 니코메데스를 카이사르의 페디카토르 pedicator(엉덩이에 씹하는 자)라고, 더 구체적으로 지칭하기도 한다.[75] 이 외설과 조롱의 구절들은 수백 혹은 수천에 달하는 군중이 질투어린 시선으로 카이사르를 지켜보는 그 아슬아슬한 순간에 영웅을 보호하기 위한 하나의 방편이었다.

외설어는 로마의 악담과도 관련이 있다. 오늘날 영어에서 악담 cursing은 외설어를 뜻하는 용어로도 종종 사용된다. (일례로 최근에 『뉴욕타임스』는 "정부가 텔레비전 방송에서 '악담과 알몸 노출'을 규제할 온당한 이유'가 여전히 존재하는가"라는 질문을 던졌다.[76]) 하지만 본래 악담의 의미는 훨씬 더 좁은 범위에 국한돼 있었다. 타인의 불행을 기원하고, 그 기원을 이뤄달라고 신에게 간청할 때 쓰는 언어였던 것이다. 영어에서 우리에게 가장 익숙한 악담은 '(May) God damn you[천벌을 받아라]!'나 'Go to hell[지옥에나 가]!' 같은 형식으로 이루어져 있다. 악담에 fuck이 들어갈 경우 대개는 단어의 본래 의미(씹하다)가 희미해진다. 하지만 'Fuck you!'라고 악담할 경우에는 fuck을 좀더 좁은 의미로 해석할 여지가 생겨난다. 희극배우 레니 브루스는, 상대를 타박할 때 그런 표현을 쓰는 문화를 도무지 이해할 수 없다며 이렇게 말했다고 한다.[77] "사람이 사람에게 할 수 있는 가장 못된 말은 뭘까요? '씹이나 하쇼, 형씨Fuck you, Mister'라고요? 하지만 그건 진짜 이상해

요. 왜냐, '씹이나 하쇼'라니. 정말 고마운 말이잖아요!" 요컨대 자신이 말로 학대하려는 상대에게 도대체 왜 즐거운 일이 일어나기를 바라느냐는 얘기다. 혹자는 'Fuck you!'가 'Go fuck yourself!', 즉 자기 자신과 씹하라는 의미이므로 그 불가능성에 모욕의 의미가 담겨 있다고 설명한다. 섹스에는 두 사람이 필요하고, 수음은 재미가 덜하다는 이유에서다. 'Fuck you'가 협박성 문구라는 견해도 있다. '(I'll) fuck you', 즉 '너에게 이루마티오 하겠다'라는 뜻이라는 것이다. 그러나 가장 그럴듯한 해석은 역시 'Fuck you'가 악담의 한 형태라는 설명일 테다. 이 설명에 따르면 fuck은 그저 'Damn you!'라는 악담에서 damn을 대체하는 용어에 불과하다. 종교와 관련하여 미약하게 금기시되는 단어를 신체와 관련하여 강력하게 금기시되는 단어로 대체함으로써 악담의 효과를 강화했다는 해석이다.

로마 시대의 악담은 훨씬 더 정교하고 격식이 있었다.[78] 로마인들은 저주를 얇은 납과 주석 조각에 긁어 새긴 다음, 그 조각을 단단히 접어 못으로 뚫은 뒤에 우물이나 무덤에 던져 지하세계의 신들에게 도움을 청했다. 데픽시오defixio라는 이른바 '묶는 주술'을 통해 사람들은 저주 대상을 저주의 틀에 가두거나 묶어둘 수 있다고 여겼다. 로마 근교에서 발견된 다음 평판의 글귀는 데픽시오의 전형적인 예다.

니콘의 아들이자 노예인 말키오: 그의 눈, 손, 손가락, 팔, 손톱, 머리카락, 머리, 발, 허벅지, 배, 엉덩이, 배꼽, 가슴, 유두, 목, 입, 볼, 치아,

입술, 턱, 눈, 이마, 눈썹, 어깨뼈, 어깨, 힘줄, 창자, 골수, 배, 좆mentula, 다리, 일, 수입, 건강을 이 평판에 ('묶어defixio') 저주하노라.[79]

말키오가 무슨 짓을 했건 그의 행동은 누군가를 격노하게 만들었다. 묶다bind는 저주의 용도로 쓰기에 언뜻 비효율적인 동사로 보일 수 있다. 하지만 그 안에는 대상을 구속하여 무력히게 만든다는 개념이 담겨 있다. 데픽시오의 표적은 대개 검투사와 전차 마부, 도둑, 바람을 피운 남편과 아내 들이었다.[80] 말키오의 평판 뒷면에는 루파라는 매춘부를 향한 저주도 실려 있는데,[81] 젖꼭지mamilla와 씹cunnus을 비롯해 그녀의 여러 신체 부위가 말키오의 것과 비슷한 방식으로 평판에 묶여 있다. 혹 평판의 주인은 루파에게 배신당한 연인이 아니었을까? 루파와 말키오 사이의 심상치 않은 분위기를 알아채고는 한 평판에 두 사람을 묶어 저주한 것은 아닐까? 아니면 그저 돈을 아끼기 위해서였을까? 평판 하나로 서로 무관한 두 원한을 한꺼번에 갚아버리기 위해서? 사연이야 어찌됐건 문제의 데픽시오에 쓰인 외설어들은 저주의 효과를 특별히 좌지우지할 정도로 유력해 보이지는 않는다. 가령 mentula는 음경을 가장 직접적으로 지칭하는 단어에 불과하다. 치아를 뜻하는 dens나 발을 뜻하는 pes보다 그다지 외설할 것도 없다는 뜻이다. 그럼에도 악담이라는 개념은 외설어와 밀접한 관련이 있다. 데픽시오는, 로마의 일부 외설어와 마찬가지로 종교적인 언어였다. 신에게 자신의 저주를 이뤄달라고 청하는 주술의 도구였으니까. 현대 영어에서 악담에 쓰이는 단어들은 대개 종교적인 함의를 상실했다. 그리고 악담의 의미는 신체 부위와 활동을 지칭하는 금기어를 가리키는 쪽으로 변화했다. 라틴어 악담의 본모습은 사라지고 겉모습만 남게 된 셈이다.

라틴어 외설어를 알아보는 방법

지금껏 논한 단어들이 실제로 외설어임을 우리는 어떻게 확신할 수 있을까? 라틴어는 죽은 언어다. 라틴어에서 입에 올려도 좋은 단어와 그렇지 않은 단어를 경험을 통해 아는 사람은 이제 아무도 없다. 가령 cunnus가 굉장히, 엄청나게 비속한 단어인 반면에 meio는 조금도 외설하지 않았다는 사실을 학자들은 어떻게 알고 있을까?

언어학자들은 우선 장르별로 계급을 나누었다.[82] 라틴어 문학은 언어적 예법을 엄격히 준수했다. 장르별로 걸맞은 단어가 따로 있다고 생각한 것이다. 문학 장르는 음탕한 정도에 따라 다음과 같이 나뉘었다.

1. 그라피토와 경구시
2. 풍자문학
3. 웅변과 엘레지
4. 서사시

최악의 금기어들은 로마 전역에 긁어 새겨진 그라피토에서 찾아볼 수 있다.[83] 집 안팎에, 포럼 기둥에, 공중변소에, 비석에, 적들에게 투석기로 발사된 돌멩이 위에, 로마인들은 문자를 새겼다. 만약 폼페이가 로마를 대표한다는 생각에 대부분의 학자가 동의한다면, 로마의 거의 모든 도시는 휘갈겨 쓴 낙서들로 뒤덮여 있었으리라는 추측이 가능하다. 그라피토 '예술가'들 스스로도 가끔은 이 같은 과잉 상태를 인지했던지, 누군가는 로마의 원형극장에 이런 낙서를 새겨놓았다. "오, 놀라워라, 벽이여. 이토록 많은 이가 휘갈겨놓은 혐오스런 낙서를 잔뜩 짊어지고도 용케 무너지지 않았구나."[84] 종종 벽은 가슴 밖으로 내뱉고 싶은 '혐오스런 낙서'를 끼적이기에 가장 편리한 장소였다. 로마 시대에는 종이가 없었다. 동물 가죽으로 만든 피지皮紙는 지나치게 고가였다. 밀랍 서판은 영구적이지 않은 데다 휴대도 마땅치 않았다. 상점 주인들은 가게 벽에 가격을 적고 계산을 했다. 상품과 서비스를 광고하는 글이나 매춘부를 홍보하는 글이 폼페이 곳곳의 건물에 새겨졌다. 이런저런 상인 단체는 각자의 입맛에 맞는 공직 후보자들을 추천하기 위해 다음과 같은 공고들을 새겨놓았다. "금 세공인들은 토목건축 관리관●으로 가이우스 쿠스피우스 판사의 선출을 만장일치로 촉구한다."[85] 이런 식의 공고들이 하도 여기저기 새겨지다 보니 다음과 같은 패러디도 제법 등장했다. "좆대가리는 롤리우스를 추천한다."[86]

● 토목건축 관리관은 공적인 축제를 관장하거나 도시를 관리하는-사원과 배수로 등의 보수 상태를 확인하는-업무를 담당하는 공직자였다.

그라피토의 대다수는 사적인 내용을 담고 있었다. 개중에는 결혼이나 생일을 알리는 달콤하고 감동적인 글귀도 있었고, 이미 살펴본 바와 같이 충격적인 글귀도 있었다. (때로는 이런 두 가지 내용을 동시에 담은 낙서도 있었다. "에우랄레, 아내 베라와 함께 세세만년 건강하고 씹하시게."[87]) 현존하는 그라피토에서 구사하는 외설어는 너무도 현란해서 일반적으로 학자들은 낙서의 작성자가 남학생이나 '하층민'일 거라고 추측했다.[88] 미성숙하거나 통속적인 사람이나 "크레스켄스의 물건은 단단하고 거대하다"[89]처럼 저급한 문장을 쓰리라는 이유에서였다. 하지만 고대문학을 연구한 학자들은 로마 인구의 약 20퍼센트만이 읽고 쓸 수 있었으며, 기초적인 읽기 능력만 갖춘 사람의 비율은 그보다 약간 더 높은 정도였다고 주장한다.[90] 말하자면 "나는 여기서 씹했노라"라고 떠벌린 인사는 제법 학식을 갖춘 사람임에 틀림없다는 것이다.

경구시는 로마인이 사용한 언어를 기준으로 볼 때 그라피토와 같은 층위에 있다. 또한 경구시는 하나의 생각이나 의견을 표현하는 짧고 재치 있는 시를 일컫는다. 카툴루스도 경구시를 제법 썼는데, 그중 여러 편이 시집 『프리아페아』에 실려 있다. 하지만 로마 시대 경구시의 대가는 단연 마르티알리스다. 마르티알리스의 경구시가 담긴 열두 권의 책에는 로마의 다양한 사회상이, 만찬회에서, 화려한 저택에서, 공중변소에서, 남편과 아내 사이에서, 매춘부와 고객 사이에서 벌어지는 일들이, 고급하건 저급하건 고스란히 그려져 있다.

로마의 시민이기는 했지만, 마르티알리스는 스페인, 말하자면 문학적 삶과 정치권력의 중심지와는 거리가 먼 지방에서 태어났다.[91] 시를 통해 그는 로마 상류사회에 진입했다. 황제의 후원과 더불어 기사 작위를 받아 귀족사회의 일원이 되었다. 그러나 시를 개인적 출세 수단으로 삼는 것은 그가 의도치 않은, 언짢은 결과였다. 특히 마르티알리스처럼 사회적 계급의 미묘한 차이를 속속들이 이해한 사람에게는 더 그랬다. 시인은 펜만으로는 살 수 없었다. 작품으로 얻는 수익은 대부분 서적상들이 가져갔기 때문에 시인들은 귀족 신분의 후원자에게 의탁해 생계를 이어갔다.

후원자와 예속평민이라는 관계는 고대 로마사회에 만연했던, 제법 공식적인 관계였다.[92] 대부분의 로마 시민은 다른 사람들의 후원자이거나 예속평민이었고, 양쪽 모두에 속한 이들도 있었다. 매일 아침 예속평민들은 안부 인사 차 후원자의 저택에 들러야 했다. 후원자는 스포르툴라sportula라는 일종의 '수당'을 배분했고, 법적 조언을 했으며, 예속평민이 겪고 있을지 모를 고충에 대해 물었다. 혹시 지참금으로 쓸 돈이 필요하지는 않은지, 곡식을 파는 데 어려움은 없는지, 어머니가 아프지는 않은지 등등의 문제를 살뜰히 챙겼던 것이다. 그 보답으로 예속평민은 후원자에게 복종해야 했다. (복종을 뜻하는 라틴어 obsequium은 과도하게 아첨하는 노예근성을 뜻하는 영어 단어 obsequious의 어원인데, 예속평민이라는 신분의 문제점도 바로 여기에 있었다.) 예속평민은 후원자를 정치적으로 지지해야 했다. 시내 산책에 동행해야 했고, 명령에 즉시 응답할 태세를 갖춰야 했다.

이 같은 굴종적 상태는 마르티알리스의 마음을 괴롭혔다. 예속평

HOLY SHIT

민이 된다는 것은 수동적 위치에 있다는 뜻이었고, 남자다움이 행동과 자기 과시, 타인 지배와 동격으로 취급되는 사회에서 수동적이고 싶은 남자는 없었기 때문이다. 이는 마르티알리스의 저작에도 영향을 미쳤다. 시와 자신의 사적인 삶을 양분한 것이다. 마르티알리스는 경구시에서 "좆이라는 단어가 빠지면 재미도 사라진다"[93]는 사실을 잘 알고 있었다. 사람들이 그의 경구시를 좋아하는 이유는 내용이 도발적이고 대담하며, 외설스러운 언어를 사용한다는 데 있었다. 하지만 예속평민으로서 그는 자신이 정직하고 고결한 남자라는 변명을 적어도 구차하지 않게 늘어놓아야 했다. 이런고로 마르티알리스는 끊임없이 항변했다. "내 작은 책이 내 도덕률을 말해주지는 않는다"[94]라고도 했고, "내 지면은 방종할지나, 내 인생은 고결하다"[95]라고도 했다.

경구시에서 작가들은 비속한 언어를 사용할 자유가 있었다. 사람과 사물의 때로는 사랑스럽지 않은 진실을 드러낼 수 있었고, 그래서 되도록 가장 담백한 언어를 구사해야 했다. 마르티알리스는 이렇게 말했다. "단어들의 선정적인 진실, 그것이 바로 경구시의 언어다."[96] 사실 이 문장의 라틴어 원문은 제대로 번역하기가 쉽지 않다. 어떻게 보면 '진실은 선정적인 단어들 속에서 발견된다'라고 번역될 여지도 있기 때문이다. 그럴 경우 이 문장은 '경구시의 언어에는 사람들이 가장 숨기고 싶어하는 무언가를 노출하는 힘이 있다'는 뜻이 된다.

『프리아페아』에 수록된 다음 시는 경구시에 적합한 언어의 특징을 좀더 명확하게 드러낸다.

프리아포스여, 만일 내가 외설하고 부적절한 단어를 쓰고도 부끄러워하지 않는다면, 나는 죽어도 좋소. 하지만 그대가, 부끄러움이라곤 모르는 신이, 당신의 불알을 나에게 조금도 숨김없이 내보일 때, 나는 썹을 '썹'이라고, 좆을 '좆'이라고 부를 수밖에 없다오.97

경구시는 더러운 농담과 거짓된 모욕으로 가득한, 우습고 경박한 시일 수도 있다. 목적이 오락이건 도덕성의 개선이건 경구시의 언어는 비속하다. 만약 어떤 단어가 경구시와 그라피토를 제외한 문학 장르에서는 발견되지 않는다면, 그 단어는 로마 시대에 외설어였다고 확신해도 좋다.

풍자문학에 등장하는 단어는 비속할 수 있지만, 원초적인 외설어는 아닐 공산이 크다.● 풍자문학 역시 세상에 관한 진실을 드러낼 권한이 있었다. (보통 그 진실이란, 대다수의 인간은 타락했거나 변태성욕자이거나 신에 대해 무지하며, 사람은 결코 선하지도 법을 준수하지도 서로 도울 준비가 되어 있지도 않다는 내용이다.) 하지만 풍자문학은 경구시에 비해 더 점잖은 언어를 사용한다고 여겨졌다. 이 사실에서 우리는 풍자 작가 유베날리스와 페르시우스의 작품에 등장하는 크리소criso(성관계를

● 대단히 예외적인 사례는 호라티우스의 『세르모네스Sermones』다. 그 작품에서 언어는 그 어떤 경구시의 언어에도 뒤지지 않을 만큼 저속하다salty(salty에는 짭짤하다는 뜻 외에 '도발적이고 짜릿하고 세속적'이라는 뜻도 있는데, 두 가지 면에서 그러하다. 우선 salty는 선원을 묘사하는 단어였다. 'old salt'는 노련한 선원이라는 뜻이고, 그들이 사용하는 어휘는 외설적이고 통속적인 단어로 점철돼 있었다. 그런가 하면 17세기에 salt는, 옥스퍼드 영어사전에 따르면 "통속적인 여자가 흥분한 상태"를 일컬었다. 그렇게 salty는 '색정적이고 추잡한' 사람을 묘사하는 용어로도 쓰이게 되었다).

HOLY SHIT

갖는 동안 여성이 하는 행동)가 비속하긴 해도 심하게 거북한 단어는 아니었으리라고 유추할 수 있다. 만약 거북스럽기 짝이 없는 단어였다면 풍자문학이라는 장르의 품격을 높이기에 더 유리한 단어로 작가들이 알아서 교체했을 테니까.

한 단계 더 올라가보자. 라틴어 문학에서 엘레지는 종종 성적인 메시지를 암시했다. 일례로 오비디우스는, 추정컨대 『사랑의 기술』을 썼다는 이유로 추방되었다. 하지만 그가 사용한 어휘만은 순수했다. 오비디우스의 『엘레지 1.5』에는 엘레지라는 장르의 이 전형적인 특징, 그러니까 선정적인 주제와 순결한 언어가 혼재하는 양상이 고스란히 드러나 있다(이 책은 크리스토퍼 말로가 케임브리지대에 재학하던 시절 영어로 옮겼고, 역본은 그의 사후인 1603년에 출간되었다).

그때 코린나가 길고 헐렁한 가운을 걸친 채 다가왔다

그녀의 흰 목은 삼단같이 늘어뜨린 머리에 가려졌다⋯⋯

나는 그녀의 가운을, 얇고 아슬아슬한 그 덧옷을 잡아챘다

하지만 그녀는 그 안에 가려져 있고자 분투하였다

그리고 마치 던져질 사람처럼 그렇게 분투하다가,

본색을 드러냈고, 끝내 굴복했다

벌거벗은 채 그녀는 내 눈앞에 서 있었다

누구도 그녀의 몸에 들어가지 않았음을 나는 알 수 있었다.

그러한 팔과 어깨를 내가 만졌고, 또 보았다니,

그녀의 가슴은 나에게 눌리기에 얼마나 적당했던가,

배는, 내가 본 그녀의 허리 아래는 얼마나 부드러웠던가
다리는 얼마나 길었고, 허벅지는 얼마나 건장했던가
나머지는 말하지 않아도, 모두가 나의 자상한 행로를 반기었으니,
나는 그녀의 벌거벗은 몸에 매달렸고, 그녀는 무너져 내렸다
나머지는 상상에 맡기니, 지친 그녀는 나에게 키스를 명하였다
유피테르여, 내게 이러한 오후를 더 내려주오[98]

말로의 언어는 오비디우스의 언어와 매우 닮아 있다. 도발적이고
성적 함의를 품고 있지만 외설하지는 않다는 뜻이다.

로마 문화에서는 웅변의 언어도 나무랄 데 없이 훌륭해야 했다.
자극적인 주제는 아무리 정제된 용어로 풀어낸다 해도 절대 용납되
지 않았다. 수사학자 세네카는 재판에서 누군가를 변호할 때 "그 어
떤 외설도 말하거나 생각하지 말아야 한다. 수치심도 모르는 사람
처럼 말하느니 소송에 불리해지더라도 차라리 입을 다무는 편이 낫
다"고 가르쳤다.[99] 웅변에 쓰이는 용어는 결코 외설할 수 없었다. 설
령 논쟁 상대를 신랄하게 공격하거나, 정부를 다시 침대로 불러들이
기 위한 목적이라 해도 상황은 달라지지 않았다. 가령 라틴어 동사
crepo는 '방귀 뀌다'의 정중한 표현—'통기通氣하다'처럼—이었음에
틀림없다.[100] 웅변가 카토가 연설에 사용했기 때문이다. 반면 pedo
는 (crepo와 마찬가지로 '방귀 뀌다'라는 뜻이지만) 풍자문학과 경구시에만
등장하므로 정중함이 덜하다 하겠다. 그런가 하면 '오줌 싸다'라는 뜻
의 라틴어 메이오meio는 외설어가 아니었을 것이다. 웅변에도 사용되

었기 때문이다. 만일 라틴어의 장르별 계급을 고려하지 않고 오로지 영어 사용자의 편견 어린 시각에서만 평가했다면, 영어의 piss에 해당하는 meio는 외설어로 분류되었을 공산이 크다.

서사시는 이 장르의 계급에서 맨 윗자리를 차지했다. 올림포스의 신들이나 전쟁, 국가 건립처럼 고차원적인 주제를 다루다 보니 사용되는 언어도 자연스레 같은 수준으로 고상해졌다고 할까. 가령 베르길리우스는 디도와 아이네이아스가 첫날밤을 치르는 장면을 이렇게 묘사했다. "디도와 그 트로이의 지도자가 나아간다. / 같은 동굴을 향해. 어머니 대지와 신부 유노는 / 신호를 보낸다. 하늘은 불꽃을 번쩍이며 / 그들의 혼인을 증언하고, 님프들은 / 산꼭대기에서 소리 높여 울부짖는다."[101] 이 서사시에 cunnus가 들어설 자리란 없다. 심지어 criso도 불가능하다. 만일 같은 이야기를 마르티알리스가 풀어냈다면, 어감은 사뭇 달라졌을 것이다.

이 같은 장르별 계급은 라틴어의 외설한 정도를 단어별로 비교하고 가늠하기에 가장 유용한 도구다. 만약 어떤 용어가 그라피토나 경구시 이외의 문학 장르에는 등장하지 않는다면, 분명 그 용어는 매우 비속한 단어일 것이다. 한데 만약 풍자문학과 그라피토, 경구시에 등장한다면, 제법 비속하나 가장 비속하지는 않은 단어일 것이다. 이런 식으로 단계를 밟아나가면 된다. 하지만 가끔은 로마의 작가들이 직접 증거를 제공하기도 한다. 적절한 언어에 대한 견해를 밝히는 과정에서 이런저런 단어의 외설한 정도를 스스로 설명하는 것이다. 가장 유명한 예로는 mentula에 관한 키케로의 편지가 있다.[102] 키케

로에게는 파이투스라는 수다쟁이 친구가 있었다. 한 편지에서 파이
투스는 mentula를 언급했고, 답장에서 키케로는 외설한 말이나 외
설한 행동이란 없다는 스토아학파의 신념을 거론하며, "통기crepitus
는 딸꾹질만큼 자유로워야" 한다고 했다. 키케로가 '방귀' 대신 통
기라는, 좀더 정중한 표현을 사용한 점에 주목하라. 정작 키케로는
정숙함을 추구한 것이다. '현인은 대상을 있는 그대로 이야기힌다'
는 스토아학파의 속담에 키케로는 동의하지 않았다. 그의 편지는 마
치 삼가야 하는 단어들과 그 단어들을 삼가야 하는 이유를 장황하
게 정리한 논문 한 편을 보는 듯하다. 라틴어에서 penis는 본래 '꼬
리'라는 뜻으로 외설어이기는 하나 mentula만큼 거북하지는 않아서
mentula의 완곡어로 사용되었다. 실제로 키케로는 penis에 대해서
라면 상세히 써내려갔을 테지만, mentula에 대해서는 암시하는 정
도에 그쳤다. 또한 그가 보기에 landica와 cunnus는 극도로 외설한
단어였고, pedo와 coleus(불알), testis(고환)는 외설함이 덜한 단어였
다. battuo(때리다)는 futuo를 뜻하는 통속적 은어에 불과했지만, 같
은 뜻의 depso(주무르다)는 명백하게 외설적인 은어였다. 키케로 같은
작가들은 언어에 대해 자의식이 강했고, 자신들의 생각을 기록으로
남겼다. 그리고 그 기록들 덕분에 현대 언어학자들은 오래전에 생명
력을 잃은 언어 체계에서 상소리가 사용된 방식을 부분적으로나마
이해할 수 있게 되었다.

불경함에서 **정중함**까지

로마인에게 penis는 외설어였다. 그런데 왜 영어에서는 남성의 생식기를 일컫는 가장 적절한 용어가 되었을까? 라틴어에서 영어로 넘어가며 어감이 바뀐 단어는 비단 penis만이 아니다. 영어에서 vulva는 여성의 외음부를 정중하게 일컫는 단어인 반면, 라틴어에서는 자궁을 통속적으로 일컫는 단어였다.[103] 영어에서 질을 뜻하는 vagina는 라틴어에서 본래 항문을 속되게 일컫는 은유적 표현이었다(또한 앞서 살펴본 것처럼 문자적 의미는 '칼집' 혹은 '껍데기'였다). 그런가 하면 fellatio와 cunnilingus는 영어에서처럼 흔히 사용되지 않았다. 고대 로마에서는 그 단어들이 지칭하는 행위가 심지어 그 행위에 관련된 신체 부위보다도 더 금기시되었기 때문이다. 하지만 이제 위의 용어들은 영어로 성적인 주제를 논할 때 사용하기에 가장 적절한 표현이 되었다. 라틴어에서는 외설로 취급받던 단어들이 영어에서는 성을 표현하는 가장 정중한 용어로 자리매김한 요인은 무엇일까?

로마 제국의 언어로 오랜 기간 재임하는 동안 라틴어는 담론의 수준에 따라 점차 두 갈래의 언어, 그러니까 문학적 언어와 '통속적' 언어로 나뉘었다.[104] 문학적 언어는 학식 있는 엘리트들이 쓰는 말로 수 세기에 걸쳐 꽤 안정적인 지위를 유지했고, 통속어는 세월을 거치며 로맨스어, 그러니까 프랑스어와 이탈리아어, 스페인어, 포르투갈어, 루마니아어 등으로 진화해갔다. 잉글랜드 지방에서 라틴어는 민중의 언어가 아니었다. 오로지 가톨릭교회에서만 사용하는 엘리트의 언어였다가, 훗날 (14세기가 시작될 무렵) 인문주의자들에 의해 사용되었다. 인문주의자들은 당시 새롭게 등장한 문관 겸 철학자 계층으로, 고대 그리스 로마의 글과 미덕을 소생시키고자 했다. 라틴어는 국제어였다. 다양한 국가의 학식 있는 사람들이 라틴어로 의사소통했고, 이러한 기조는 18세기까지 유지되었다.[105] (가령 1649년 크롬웰이 이끄는 공화국에서 라틴어 비서관으로 재직한 존 밀턴의 업무는 정부의 외교 서신을 라틴어로 작성하는 일이었다. 시인 앤드루 마벌은 그의 조수로 재직했다.)

당시에 라틴어는 역사학자이자 언어학자인 니컬러스 오슬러의 말을 빌리면, "선택받은 남성의 언어"였다.[106] 자연스레 습득하는 언어가 아닌 인위적인 과정을 거쳐 전수하는 언어라는 것이다. 라틴어는 선생으로부터 학생에게 원형 그대로 대물림되었다. 그도 그럴 것이 일상에서 사용하는 언어가 전혀 아닌 데다가, 라틴어를 말하고 쓸 수 있는 사람이라고는 부유하고 교양 있는 남성이 거의 대부분이었다. 평민들은 라틴어를 몰랐다. 여성들도 라틴어를 몰랐다(엘리자베스 1세처럼 극히 예외적인 경우가 아니고서는). 아이들도 라틴어를 모르기는 매한가지였다. 이러한 사회 분위기 속에서 라틴어는, 화자가 자신의 말을 대다수의 사람이 이해하지 못하기를 바랄 때, 이를테면 섹스처럼 위험한 주제를 논할 때 쓰기에 특히 적합한 언어로 자리매김했다. 르네상스 시대에는 그간 외설어로 취급받던 많은 라틴어가 명예를 회복해갔다. 르네상스 시대 사람들은 성적인 금욕, 즉 신체의 기본적 욕구에 대한 지속적 통제를 굉장한 미덕으로 쳤다(이미 살펴보았다시피 고대 로마에서도 이는 이상적인 가치로 여겨졌다). 그리고 그들이 보기에 의지가 약하고 판단력이 부족한 이들, 그러니까 여성이나 어린이, 교육을 받지 못한 남성처럼 라틴어 공동체에서 소외된 사람의 거의 대부분은 성행위에 대해 읽거나 들을 때는 물론이고, 외설어를 우연히 들을 때도 자제력을 잃을 가능성이 높았다. 여자들은 불타는 열정과 끝없는 성욕에 사로잡힐 것이었다. 아이들은 타락하고, 그네들의 어린 꿈도 파괴될 것이었다. 라틴어는 성행위와 관련된 신체 부위와 행동을 이야기할 때 적합한 단어였다. 극소수의 사람만이, 이를테면 음경에 관한 글을 읽고도 흥분하지 않을 법한 이들만이 이해하는 언어였기 때문이다. 이런 관습은 오늘날의 영어 문화권에도 남아 있다. 가령 중학교 성교육 시간에는 penis나 vagina라는 용어를 사용해야지, cock이나 cunt 같은 단어를 입에 올려서는 안 된다. 앞의 두 단어는 추상적 개념이라 해도 좋을 정도로 지시 대상의 성적인 이미지를 퇴색시킨다.

라틴어는 로마 제국이 멸망한 후에도 살아남았지만, 외설어는 공화국과 카이사르 치하에서 뽐내던 엄청난 위세를 영원히 잃고 말았다. 그러나 르네상스 시대에 라틴어는 영어에서 정중하고 기술적인 어휘를 탄생시킨 밑거름이 되었다. 그리고 오늘날에도 여전히 사용되는 외설어의 효시가 되었다. 섹스와 배설물이라는, 금단의 신체 부위나 활동을 토대로 만들어진 외설어 말이다. 오늘날의 외설어는 로마 시대 외설어가 지녔던 종교적인 색채를 상실했다. 상스러움만이 살아남은 셈이다. 하지만 앞으로 살펴볼 중세 시대에는 성스러움과 상스러움의 연결성이 영어에서도, 조금은 다른 형태로 되살아났다.

2장

땅에서도 하늘에서처럼

성서

라틴어의 사례에서 보았듯 외설어는 다양한 시간과 문화를 관통하는 동안 소소하고 흥미로운 차이를 드러냈을지언정 대체로 꿋꿋하게 일관성을 유지해왔다. 그러나 다른 종류의 상소리도 있다. 한때 landica마저도 감히 꿈꿀 수 없을 정도의 막강한 힘을 지녔던 상소리, 바로 서약어다. 서약어를 통한 맹세, 즉 하느님과 하느님에 속한 것을 두고 하는 맹세는 한 사람이 진실을 말하고 있다거나 약속을 충실히 이행할 뜻이 있음을 입증해달라고 하느님에게 청하는 행위를 의미한다. 앞서 언급했다시피 그러한 맹세는 오늘날에도 여전히 법정에서, 취임 선서에서, 사적인 관계에서 중요한 의미를 갖는다. 과거에 서약어는 훨씬 더 중요한 의미를 지녔다. 신실한 맹세는 사회를 하나로 결속시키는 접착제로 여겨졌지만, 거짓되거나 잘못된 맹세는 신성을 모독하고 헛된 서약어를 남발하여 자칫 문명사회의 질서

정연한 삶을 산산조각 낼 수 있었다.

오늘날 영어 사용 인구가 알고 사용하는 서약어의 기원으로 우리는 당연하게도 종교에 주목한다. 아니 어쩌면 종교의 기원으로 서약어에 주목한다고 말하는 편이 옳을 것이다. 성서에서 맹세는 유대교와 기독교 신자의 기본적인 행동이었다.[1] 하느님이 아브라함과 맺은 계약은 아브라함과 신 양쪽에서 이행을 보증한 서약이었다. 유대인에게 이 서약은 하느님과 유대 사람들 사이의 특별한 관계를 수립했고, 기독교인에게 이 서약은 그리스도의 궁극적 출현에 필요한 환경을 조성했다. 어느 쪽이건, 태초에 말씀이 있었다. 그리고 그 말씀은 서약이었다.

신성한 맹세

아브람(세 갈래로 나뉜 '아브라함' 일신교의 창시자 아브라함의 원래 이름)에 대해 우리가 거의 처음으로 배우는 내용은 하느님이 그를 축복하리라는 것이다. 하느님은 아브람에게 말했다. "네 고향과 친척과 아비의 집을 떠나 내가 장차 보여줄 땅으로 가거라. 나는 너를 큰 민족이 되게 하리라. 너에게 복을 주어 네 이름을 떨치게 하리라. 네 이름은 남에게 복을 끼쳐주는 이름이 될 것이다."(『창세기』 12:1~2)[2] 하느님이 약속을 이행하기까지는 다소 시간이 걸렸다. 그리고 아브람에게는 낭비할 시간이 얼마 없었다. 부름을 받았을 때 그의 나이는 이미 일흔 다섯이었으니까. 분부대로 아브람은 아내 사래(훗날 사라로 개명한다)와 함께 고향을 떠나 한동안 이집트에 머물렀고, 사래를 아내가 아닌 누이라고 주장함으로써 파라오와 갈등을 겪었다. 이집트의 그 순진한 왕은 여전히 육감적인 60대의 사래를 아내로 맞았고, "그 덕분에" 아브람은 "남종들과 여종들, 양떼와 소떼, 암나귀와 수나귀, 그리고 낙타를 여러 마리" 선물받았다.(「창세기」 12:16) 파라오의 관대함에 대한 화답으로 하느님은 전염병이라는 고통을 하사했다. 마침내 파라오가 자신의 실수를 깨닫고 "어찌하여 그 여자가 네 누이라고 해서 내가 그를 아내로 삼게 하였느냐"라며 아브람과 그의 모든 소유를 떠나보낼 때까지. 이후 아브람은 가나안 땅을 배회했고, 하느님은 아브람에게 수많은 자손을 내리겠노라고 다시금 약속하면서, 장차 하사할 땅으로 가나안이라는 지명을 구체적으로 언급했다. "나는 네 자손을 땅의 티끌만큼 불어나게 하리라. 땅의 티끌을 셀 수 없듯이 네 자손도 셀 수 없게 될 것이다. 어서 이 땅을 두루 돌아보아라. 내가 이 땅을 너에게 주리라".(「창세기」 13:16~17) 이로써 긴 방랑생활이 시작되었고, 그 기간 동안 아브람은 하느님에게 과연 약속을 지키려는 의지 혹은 능력이 있는지 의심하기 시작했다. 아브람에게는 자식이 한 명도 없었기 때문이다. 한데 그의 후손이 땅의 먼지처럼 많아질 것이라고? 대관절 누가 아브람이 사는 땅을 물려받는다는 말인가?

하느님은 아브람의 의심을 누그러뜨리고 약속을 어느 때보다 더 확고히 해둘 필요가 있다고 판단했다. 하느님은 아브람에게 3년 된 암소와 3년 된 암염소와 3년 된 숫양과 산비둘기, 집비둘기를 한 마리씩 잡아다 바치되, 큰 짐승들은 반으로 쪼개라고 지시했다. 아브람은 신비경에 빠진 채 하느님을 보았다. 하느님은 연기 뿜는 가마와 활활 타는 횃불의 형상으로 나타나, 쪼개놓은 짐승들 사이로 지나갔다.(「창세기」 15:7~21) 이는 하느님이 아브라함과 맺은 첫 번째 계약이었다.3 비로소 하느님은 가나안 땅을 아브라함의 후손에게 주겠다는 약속을 공식화한 것이다.

하느님이 맺은 이 약속은 히타이트족의 전통적 계약과 여러 면에서 유사하다. 적들과 교전을 끝낼 때나 군주와 봉신의 관계를 정립할 때, 혹은 중대한 활동을 수행할 때 히타이트족은 이런 식으로 맹세하고는 했다.● 계약은 "정형화된 문구로든 상징적인 행동으로든, 서약으로 엮인 엄숙한 약속이다. 그러한 행동이나 문구는 공식적인 행위로서 행위자로 하여금 약속을 지키도록 구속하는 효력이 있다고 쌍방에게 인식된다". 히브리에서 계약은 '맺는' 것이 아닌 '자르는' 것이었다. 동물을 죽이고 그 몸을 가르는 의식이 계약의 중요한 절

● 기원전 1600년부터 1200년까지 히타이트족은 광범위한 제국을 지배했다. 오늘날의 터키와 시리아, 그리고 어쩌면 이스라엘까지 히타이트족의 영토였다. 히타이트족은 제법 방대한 문서 기록을 남겼는데, 그중에서도 법령집은 성서의 앞부분에 적힌 내용과 매우 유사한 조항들을 담고 있다. 하지만 세부적으로는 다소 차이가 있다. 예컨대 「출애굽기」에서는 짐승과 교접하는 자를 반드시 사형에 처하겠노라고 위협한다.(「출애굽기」 22:18) 반면 히타이트족은 좀더 복잡한 관점을 드러냈다. "누구든 돼지나 개와 교접하는 자는 사형에 처한다. 남자가 말이나 노새와 교접할 경우에는 처벌을 받지 않는다. 그러나 그 남자는 왕에게 접근해서도, 사제가 되어서도 안 된다. 황소가 교접하려고 남자에게 덤벼들 경우 황소는 죽음을 면치 못할 것이나 남자는 죽음을 면할 것이며, 그 남자를 대신해 양 한 마리를 잡아다 죽일 것이다. 돼지가 교접하려고 남자에게 덤벼들 경우에는 처벌을 받지 않는다. 어느 남자건 외국인 여자와 성교하고 이 여자 저 여자를 유혹할 경우에는 처벌을 받지 않는다."4 이렇듯 다양한 세부 조항이 꼬리를 물고 이어지는 것이다.

차였기 때문이다. 희생물은 계약을 성사시켰다. 누구든 계약을 어긴 사람은 죽임을 당한 비둘기나 암송아지, 양처럼 결국 죽음을 맞게 될 터였다. 아브람을 상대로 하느님이 자른 계약은 일방적이었다. 하느님은 약속을 이행해야 했지만, 아브람은 그에 대응해 아무것도 할 필요가 없었으니까. 하느님은 희생된 동물들 사이를 걸었다. 만약 약속을 어기면 하느님 자신도 도살당한 그 되새김동물들과 똑같은 최후를 맞게 되리라고 암묵적으로 맹세한 것이다.

하느님의 이 약언을 학자들은 자기저주라 일컫는다.[5] 그리고 성서에서 하느님이 자기저주를 천명한 대목은 이 부분이 유일하다. 보통 하느님은 결말을 주관했고, 자기저주는 맹세하는 인간의 몫이었다. "만약 내가 약속을 어기면, 하느님께서 나를 가만두지 않으시리라" 같은 문장이 성서에는 심심찮게 등장한다. 여기서 하느님이 가만두지 않고 무엇을 할지에 대해서는 대개 명시돼 있지 않다. 다만 매우 끔찍한 형벌로 추정될 뿐이다. (다윗 왕이 이런 식으로 맹세했고, 룻과 솔로몬, 사울을 비롯한 수많은 인물도 마찬가지였다.) 이러한 서약에는 하느님이 화자가 요청한 무시무시한 형벌을, 그것이 무엇이건 화자에게 직접 내리리라는 기대가 담겨 있다. 그런데 아브라함과 맺은 첫 번째 계약에서 하느님은 스스로를 저주의 잠재적 대상으로 삼았다. 이는 다음과 같은 질문을 낳는다. 하느님이 약속을 어기면 누가 그를 벌할 것인가? 하느님이 희생된 동물들과 같은 종말을 맞으리라고 누가 보장할 것인가? (그리고 대체 그런 일이 어찌 가능하단 말인가?) 이러한 질문들은 대학의 철학 수업 주제로 빠지지 않고 등장하는 이른바 '돌

의 패러독스paradox of the stone'를 연상시킨다. 핵심은 이것이다. 하느님
은 전지전능하여 무엇이든 할 수 있다. 그렇다면 자신이 들 수 없을
만큼 무거운 돌도 창조할 수 있을까? 『개소리에 대하여On Bullshit』의
저자로 제법 잘 알려진 철학자 해리 프랭크퍼트는 "하느님이 능히 그
돌을 창조한 다음, 그것을 들어 올릴 것"[6]이라는 간결한 답변을 내놓
았다. 하느님이라면 "능히 자신이 제어할 수 없는 상황을 제어할 수
있어야" 한다는 것이다. 같은 논리로 하느님은 자신이 한 서약을 스
스로 어겼을 때 스스로를 파괴할 수 있었다. 하지만 그런 일이 실제
로 벌어질 가능성은 조금도 없었다. 하느님은 진리 자체이며, 스스로
한 약속을 결코 어기지 않을 테니까. 그렇다고 다른 해석이 전혀 불
가능한 것은 아니다. 이에 대해서는 나중에 자세히 다룰 것이다. 어
쨌건 하느님은 아브람에게 단순히 약속하는 정도로 그치지 않았다.
계약을 자름으로써 약속을 반드시 지키겠다는 의지를 강하게 천명
한 것이다. 하느님은 맹세를 하였다.

아브람이 아흔아홉 살일 때, 그러니까 성서의 기준으로도 꽤 나
이가 들어 있던 그 시점에 하느님은 아브람과 맺은 계약을 공식적으
로 재확인했다. 그렇지만 이번에는 아브람에게 요구 조건을 제시했
다. 양측 모두에 책임이 있는 상호 계약이 이뤄진 것이다. 하느님은
아브람을 많은 민족의 조상으로 삼고, 아브람의 후손에게 가나안 땅
을 주겠노라고 약속했다. 또한 "너와 네 후손의 하느님이 되어"주겠
다면서,(「창세기」 17:7) 아브람을 아브라함('많은 민족의 조상')이라고 부르
기 시작했다. 아브라함은 아브라함대로 "흠 없이"(「창세기」 17:1) 살겠다

고 약속하는 한편, 계약의 징표로 집안의 모든 남자에게 할례를 행하는 데 동의했다. "그러면 내 계약이 영원한 계약으로서 너희 몸에 새겨질 것이다. 포경을 베어 할례를 받지 않은 남자는 내 계약을 깨뜨린 사람이니 겨레에게 따돌림을 받게 되리라"라고 「창세기」 17장 13~14절에는 적혀 있다. 보기에 따라 이는 신성한 유머로 읽히기도 한다.[7] 누구든 할례받기로 한 계약을 깨뜨린 자는 "따돌림을 받게 된다"라는 구절은 원문을 글자 그대로 직역하면 "잘려 나가게 된다"로 옮겨지기 때문이다. (실제로 성서에는 이와 관련된 이야기가 두 차례 등장하는데, 그로써 이 웃지 못할 이야기는 유머로는 유명하지 않은 이 책에서 가장 잘 알려진 우스갯소리가 되었다. 신약성서에서 바울은 그리스도가 할례의 의무를 폐기했다고 주장하는 한편, 여전히 할례를 옹호하는 이들에 대해 "그 지체를 아예 잘라버리는 것이(『킹제임스 성서KJV』에 따르면, 거세하는 것이) 어떻겠습니까?"라고 일갈했다.(『갈라디아인들에게 보낸 편지』 5:12))

하느님은 계약을 재차 확인했다. 아브라함이 백 살에 어렵사리 얻은 외아들 이사악을 제물로 바치라는 하느님의 명령에 순종한 이후의 일이었다. 사내아이가 젖을 떼자 하느님은 아브라함에게 이렇게 명령했다. "사랑하는 네 외아들 이사악을 데리고 모리야 땅으로 가거라. 거기에서 내가 일러주는 산에 올라가, 그를 번제물로 나에게 바쳐라."(「창세기」 22:2) 다음 날 아브라함은 망설이지도 불평하지도 않고 길을 나섰다. 제단을 세운 그는 이사악을 묶어 그 위에 올려놓았다. 그가 아들의 몸에 칼을 꽂으려는 순간 천사가 그를 제지했다. 아브라함이 하느님을 공경한다는 사실이 이로써 증명됐다는 것이다. 아브라함은 고개를 들었다. 뿔이 덤불에 걸려 허우적거리는 숫양 한 마리가 그의 눈에 들어왔다. 아브라함은 그 숫양을 잡아 아들 대신 번제물로 바쳤다.

아브라함은 '흠 없이' 살았고, 심지어 가슴이 찢어지게 아프고 지독한 상황 속에서도 하느님에게 순종했다. 그래서 하느님은 계약을 다시금 확인해준 것이다. 한 천사가 하늘에서 큰 소리로 아브라함에게 이야기했다. "네가 네 아들, 네 외아들마저 서슴지 않고 바쳐 충성을 다하였으니, 나는 나의 이름을 걸고 맹세한다. 이는 내 말이라, 어김이 없다. 나는 너에게 더욱 복을 주어 네 자손이 하늘의 별과 바닷가의 모래같이 불어나게 하리라."(「창세기」 22:16~17) 이제 하느님은 아브라함에게 몸을 맡겼다. 회를 거듭할수록 진지하게. 하느님은 아브라함에게 약속했고, 아브라함과 계약을 맺었으며, 그 계약을 갱신했다. 그러다 급기야는 자신의 이름을 건 맹세까지 감행한 것이다. 아브라함을 축복하고 그의 후손을 돌보겠노라고.

하느님은 왜 자신의 이름을 걸고 맹세했을까? 하느님이 스스로를 두고 맹세한다는 것은 어쩐지 괴이해 보이니 말이다. 물론 세 살 된 짐승들의 도축된 시체 사이를 지나감으로써 스스로를 자기저주의 영향권 아래 둘 때만큼 괴이하지는 않을지 모른다. 하지만 그래도 괴이하기는 괴이하다. 하느님이 말하는 모든 단어는 진실이다. 그런데 왜 하느님은 서약어라는 여분의 안전장치가 필요했을까? 우선 맹세는 하느님이 아브라함과 그 후손에게 호의를 표시하는 방편이었다. 또한 하느님이 그들의 약함을 알아보았다는 증거이기도 했다. 처음에는 자기저주로, 이후에는 사람들이 손쉽게 이해할 수 있는 서약의 언어로 자신을 묶어둠으로써 하느님은 스스로 한 약속을 지키겠노라고 아브라함을 안심시킨 것이다. 물론 맹세가 하느님의 약속 이행 가능성을 좌지우지하지는 않는다. 하느님의 맹세는 인간들의 맹세와 다르다는 뜻이다. 하느님의 말은 곧 행동이나 다름없고, 하느님도 이 사실을 잘 알고 있다. 그럼에도 하느님이 맹세하는 이유는 사람에게 있다. 제아무리 독실한 신자라도 사람은 의심하는 순간이 있고, 인간의 마음과 정신은 실수하게 마련이기 때문이다. 헬레니즘을 연구한 유대인 철학자 필론은 30년경에 이렇게 썼다. 하느님이 "맹세하시는 이유는 우리의 약함 때문이라고 전해진다. (…) 그분은 거룩하고 인자하고 자비로우시므로 창조된 존재들을, 그분의 위대함에 준하여 심판하지 아니하시고 창조된 존재들의 위대함에 준하여 심판하신다."[8] 하느님은 자신의 피조물을 너무나 사랑하므로 인간의 불안감을 달래기 위하여 맹세라는 구속과 의무를 기꺼이 감수한다는 것이다.

왜 하느님은 인간이 맹세하기를 바라는가

또한 하느님은 서약어라는 강력한 언어를 맹세에 제대로 사용하는 방법을 인간들에게 제시했다. 성서에서 하느님은 숱하게, 거의 항상 자신이나 자신의 일부를 걸고 맹세한다. "내가 나의 이름을 걸어 맹세한다." 나는 모두의 하느님이 될 것이다.(「이사야」 45:23) "너희가 나에게 무엇을 원하는지 내가 다 들었다. 내가 살아 있는 한, 반드시 그대로 이루어주겠다. 바로 이 광야에 너희의 시체가 즐비하게 뒹굴 것이다."(『민수기』 14:28~29) "나의 거룩함을 걸고 한번 맹세하였거늘 나 어찌 다윗을 속이랴?"(『시편』 89:35) "야훼께서는 당신의 오른손을 드시고 맹세하셨다. 당신의 힘 있는 팔을 드시고 맹세하셨다. '너의 곡식을 다시는 내주지 아니하리라. 너의 원수들에게 먹으라고 내주지 아니하리라.'"(『이사야』 62:8) "내가 손을 하늘로 들고 맹세한다. 내가 영원히 살아 있는 한, 서슬이 퍼렇게 칼날을 세워 재판에 손을 대어 원수들에게 보복하리라. 나를 미워하는 자에게 앙갚음하리라. 내 화살은 피를 마셔 취하고 내 칼은 고기를 먹어 배부르리라."(『신명기』 32:40~42)

이 신성한 사례들로부터 우리는 맹세의 몇몇 규칙을 추론할 수 있다. 우선 반드시 하느님을 걸고, 아니면 하느님의 이름이나 성스러움이나 팔처럼 하느님의 전체를 나타내는 하느님의 속성이나 일부를 걸고 맹세해야 한다. 말하자면 제유법을 쓰는 셈이다. 또한 반드시 진지하게, 오직 중대한 문제에 관해서만 맹세해야 한다. 서약어를 감탄이나 모욕의 언어로 사용해서도 안 된다. 그리고 무엇보다 반드시 신실하게 맹세해야 한다. 하느님처럼 말이다. 무언가가 진실이라고 맹세할 때는 정말로 그것이 진실이어야 하고, 무언가를 하겠다고 맹세할 때는 정말로 그것을 해야 하는 것이다.

성서는 맹세할 때 지켜야 할 규칙들도 곳곳에 명확히 밝혀두었다. 가장 유명한 구절은 당연히 십계의 이 세 번째 계율이다.9 "너희는 너희 하느님의 이름 야훼를 함부로 부르지 못한다. 야훼는 자기의 이름을 함부로 부르는 자를 죄 없다고 하지 않는다."(『출애굽기』 20:7)● 여기서 '함부로'는 성경의 판본에 따라 '부당하게'나 '공허하게' '무턱대고' 등으로도 번역된다. 그나저나 하느님의 이름을 '함부로' 부른다는 말의 의미는 무엇일까? 흔히 이 계명은 거짓된 서약을 금하는 내용으로 해석된다. 이보다 앞서 하느님은 다음과 같이 가르쳤다. "너희는 남을 속일 생각으로 내 이름을 두고 맹세하지 마라. 그것은 나의 이름을 욕되게 하는 것이다."(『레위기』 19:12) 거짓된 서약은 진실이 아닌 발언이나 지킬 의향이 없는 약속에 대한 증인으로 하느님을 불러들이는 행위다. 하느님을 두고 맹세할 때 사람은 자신의 말을 보증해달라고, 만약 그 말이 거짓이면 자신을 벌해달라고 신에게 부탁하는 것이나 마찬가지다. 거짓된 맹세는 하느님에게 거짓말을 승인해달라고 부탁하는 꼴이며, 신을 부정직한 일에 휘말리게 하여 결국은 신의 명예를 더럽히는 행위다. 가톨릭교회의 교리문답서는 이 계명에 대해 다음과 같이 설명한다.[10] "하느님의 이름으로 타인에게 하는 약속에는 신성한 명예와 충실성, 진실성, 권위가 부여된다. 그러한 약속들은 정의롭게 준수해야 한다. 만약 충실히 지키지 않으면, 하느님의 이름을 그릇되게 사용하고, 일면 하느님을 거짓말쟁이로 만드는 격이 된다."

더불어 그 계명은 이렇다 할 목적 없이 하느님의 이름을 걸고 하

● 모세의 십계는 교파에 따라 순서가 다르다. 유대교와 개신교에서는 이것이 세 번째 계율이지만, 천주교에서는 두 번째 계율이다.

는 맹세를 금지한다. 이런 식의 맹세 언어를 학자들은 '공허한' 서약어라 일컫는다. 공허한 서약어는 중세의 주된 골칫거리였다. 앞서 언급한 바와 같이 사람들은 굳이 '하느님을 두고by God' 혹은 '하느님의 뼈(나 손, 손톱, 발, 피)를 두고by God's bones'라는 표현을 비속어로 사용했다. 이러한 표현들은 서약어의 형태를 띠고 있지만 실상 효력과 사용역 면에서는 감탄어나 다를 바 없었다. 다시 초서의 『캔터베리 이야기』로 돌아가자. 이번에 여관 주인은 순례 중인 목사에게 이렇게 내뱉는다. "당장 이야기를 들려주시오, 그분의 뼈를 위해for cokkes bones!"011 이 문장에서 여관 주인은 자기 발언의 진실성을 맹세하는 것이 아니다. 여기서 'for cokkes bones'라는 서약어는 강조의 의미로 사용되었다. 여관 주인은 자신이 얼마나 목사의 이야기를 듣고 싶은지, 그리고 그 성스러운 남자가 선뜻 이야기보따리를 풀어놓지 않을 성싶어 자신이 얼마나 낙담했는지 알리려는 마음에 서약어를 슬쩍 끼워 넣은 것이다. 여관 주인의 대사를 현대 영어로 바꾸면 'For God's sake, tell us a story[제발 이야기 하나만 들려주세요]'라든지 'Tell us a fuckin' story already[씨발 얘기 하나만 들려달라니까]!' 정도로 표현할 수 있을 것이다.

세 번째 계명이 금하는 것은 비단 거짓되거나 공허한 서약어만이 아니다. 하느님의 이름을 남용하는 행위도 금한다. 하느님의 이름을 입에 올리면서도 존경의 마음을 갖지 않거나 그의 위엄을 인정하

○ 중세에는 하느님God이라는 단어를 함부로 입에 올리기가 어려워 gog, cock 등으로 부르곤 했다. 즉, for cokkes bones는 for God's bones와 같은 뜻이다.

지 않는 행태를 금하는 것이다. 오늘날의 영어 사용자들은 그 신성한 이름을 욕설에 적용한다. 이를테면 "God damn it, he took my parking space[빌어먹을, 누가 내 자리에 차 세웠어!]"라는 문장에서 '빌어먹을'이 들어갈 자리에 'God damn it[하느님 천벌을 내리소서]'을 쓴다거나, 이제 막 걸음마를 떼기 시작한 아이 넷이 난장판으로 만들어놓은 거실을 목격하고는 "Jesus Christ[예수님 맙소사!]"라고 짧게 내뱉는 식이다. 그런가 하면 "Oh my God[오 하느님]"이라는 표현은 사용하지 않는 사람을 찾아보기 힘들 정도다(온라인이나 문자에서는 편의상 OMG라고 줄여 쓰기도 한다). 이러한 표현들 자체는 서약어가 아니다. 하지만 하잘것없는 목적으로 혹은 점잖지 못한 상황에서 하느님을 들먹이며 그의 이름을 그릇되게 사용한다는 점에서는 서약어와 별반 다르지 않다. 여관 주인의 서약어와 마찬가지로 이러한 표현들은 내용이 거의 없는, 언어학자들의 용어를 빌리자면 '지시적 의미'로 사용되었다. 다시 말해 비문자적 의미로 사용된 셈이다. 이러한 문구를 사용하는 이의 대부분은 하느님의 명예를 더럽히려는 의도를 갖고 있지 않다. 하지만 문제는 의도성 여부가 아니다. 세 번째 계명에 따르면 하느님의 이름을 입에 올리는 행위는 경건하게, 자신이 말하는 바를 완전히 인지한 상태에서 이뤄져야 하고, 그 외의 경우는 모두 신성모독이기 때문이다.

성서는 단지 나쁜 맹세를 규정하고 금하는 정도에 만족하지 않는다. 성서는 올바른 맹세를 신자들에게 적극적으로 독려한다. 사실상의 명령인 셈이다. "너희 하느님 야훼를 경외하여 그를 섬기며, 맹세할 일이 있으면 그의 이름으로만 맹세하여라."(「신명기」 6:13; 10:20) 이 따금 우상숭배에 관심을 보인 이스라엘 사람들에게 하느님은 우상을 치워버리라고 명하며 이렇게 말했다. "그리하면 너희는 나를 두고 맹세할 수 있고, 내가 맹세한 것은 진실하여 남을 억울하게 하는 일이 없으리라."(「예레미야」 4:2) 심지어 하느님은 스스로의 이름을 걸고 "사람마다 나에게 무릎을 꿇고 모든 민족들이 제 나라 말로 나에게 신앙을 고백하리라"(「이사야」 45:23)라고 맹세하기도 했다.

하느님은 사람들이 하느님의 이름을 걸고 맹세하기를 원했다. 왜 냐하면 그러한 맹세는 인간사의 순조로운 흐름에 필수적인 요소였고, 언제나처럼 하느님은 인간의 만사형통을 마음속으로 바랐기 때문이다. 그러나 그 맹세는 하느님을 위한 것이기도 했다. 성서 초반부에 하느님은 근동의 다른 신들보다 우위를 점하기 위해 전쟁을 벌였고, 맹세는 그에게 강력한 무기였다.

최고의 신

하느님은 고대 근동에서 한 사람이 숭배할 수 있는 수백의 신 가운데 하나였다.[12] 고대 히브리인들이 이방신과의 간음이나 음행—성서에서 우상숭배를 은유적으로 일컫는 표현—을 끊임없이 일삼은 것도 전혀 이상한 일이 아니다. 하느님의 경쟁자가 얼마나 많았는지는 「판관기」의 다음 명단을 보면 어느 정도 가늠할 수 있다. "이스라엘 백성이 다시 야훼의 눈에 거슬리는 일을 하였다. 그들은 바알과 아스다롯, 아람의 신들과 시돈의 신들, 모압의 신들, 암몬 백성의 신들, 불레셋 사람의 신들을 섬겼다. 이렇게 그들은 야훼를 저버리고 그를 섬기지 않았다.”(「판관기」 10:6) 바알은 가나안의 신으로, 비바람과 전쟁을 주관했다. 아스다롯은 바알의 아내 아나트가 다른 이름으로, 전쟁과 다산의 여신이었다. 나머지 신들의 이름은 온전한 판테온을 갖춘 도시국가와 민족의 명칭에서 따온 것이다. 하느님의 몇 안 되는 라이벌 명단에는 가나안 판테온의 지배자 엘과 그의 아내 아세라, 앞서 언급한 바알과 아나트/아스다롯, 폭풍의 신 하다드, 달의 신 신, 바다를 관장하는 가나안의 신 얌, 죽음의 신 모트, 또 다른 달의 신 야리, 치유의 신 에쉬문, 역병과 전염병의 신 데베르와 레셉, 바빌로니아의 주신主神 마르둑, 모압의 주신 그모스, 자신에 대한 숭배의 일환으로 아이를 제물로 바치라고 요구했던 밀곰과 몰록, 다산과 농작물의 신 다곤, 하반신이 물고기인 다산의 여신 데르케토, 태양의 여신 샤마슈, 관개의 신 아트타르의 이름이 올라 있다.

고대 히브리인들에게는 지나치게 많은 선택지가 있었다. 그리고 다행하게도, 대부분의 신은 사람들이 여러 신을 숭배하건 말건 개의치 않았다. 다신교 문화에서 탄생한 신들답게 다신교적인 세계관을 가졌다고 할까. 에쉬문은 바알을 섬기는 자에게도 너그러웠다. 둘 다 시돈을 지키는 신이었기 때문이다. 엘에게 제물을 바칠 때면 으레 아세라의 몫으로도 집비둘기 몇 마리의 목을 갈랐다. 둘은 부부였으니까. 오직 유대교와 기독교의 하느님만이 질투하는 신이었다. 홀로 숭배받기를 요구한다는 것은 당대를 풍미한 신들의 관점에서 볼 때 실로 획기적인 발상이었다.

성서에서는 이러한 신들을 하느님처럼 진정한 신으로 볼 것인가 하는 문제를 놓고 갑론을박이 펼쳐졌다. 예레미야와 에제키엘은 이방신을 "신도 아닌 것"(『예레미야』 2:11)이요, "우상"(『에제키엘』 22:3~4)이라고 보았다. 이스라엘 민족을 죄의 길로 꾀어낼 수는 있지만 정작 숭배자를 돕거나 세상에 영향을 미칠 만한 능력은 없는 우상에 불과하다는 것이다. 그런가 하면 이방신의 진영에 몸을 담은 예언자도 많았다. 이사야는 "'반 토막으로는 불을 피우고 그 이글이글 타는 장작불에 빵을 굽고 고기를 구워 먹자. 남은 토막으로는 신상을 만들어놓고 그 나무토막 앞에 엎드리자' 하고 말하는 생각도 없고 지각도 없고 철도 없는 것들"(『이사야』 44:19)이라는 말로, 단지 나무나 철 조각에 불과한 것들을 숭배하는 이들의 어리석음을 비난했다. 하지만 성서에는 이방신들이 진정한 힘을 휘두르는 장면이 심심찮게 등장한다. 성서는 거듭 고쳐 쓴 양피지와 같다. 종이가 등장하기 전에 사람들은 양피지라는 특별하게 가공한 동물 가죽에 책을 썼다. 양피지는 고가였고 생산이 까다로웠다. 새로운 글을 옮겨 적고 싶을 때 이따금 필경사는 갖고 있던 양피지에서 오래된 잉크를 긁어내고 그 위에 다시 글을 쓰고는 했다. 먼저 있던 글은 새로운 글자 아래 흔적으로 남아 여전히 희미하게나마 알아볼 수 있었다. 예컨대 1998년에 과학자들은 다중스펙트럼영상(빛의 파장을 달리한 상태에서 글자의 사진을 여러 장 찍어내는 기법)을 이용해 그리스의 수학자 아르키메데스의 저작물 두 편을 복원해냈다.13 13세기에 지워진 그의 글 위에는 그리스 경전이 씌어 있었다. 고대 히브리인의 다신교적 과거 역시 성서에서 흐릿하게나마 읽어낼 수 있다. 다소 저차원적 다중스펙트럼영상이라 할 수 있는 우리만의 방식을 사용하여, 이들 이방신 중 일부가 하느님과 어떤 관계였으며, 하느님과 어떻게 일하고 경쟁했는지를 다시금 밝혀내는 것이다.

성서에 등장하는 하느님의 이름은 여럿이다.14 그의 개인적 이름, 즉 '본명'은 야훼YHWH로, 영어에서는 보통 Yahweh라고 적는다. 그러나 히브리어 원본 「창세기 1」에서는 천지창조의 공을 엘로힘elohim에게 돌리고 있다. 히브리어 명사 엘로힘은 하시딤(하시디즘에 몸담은 유대인들)이나 키부침(한 명 이상의 키부츠 공동체 일원)처럼 '신들'을 의미하는 복수형이다. 그런데 명사 엘로힘과 짝을 이루는 동사는 단수형이다. 복수형 명칭인 엘로힘이 유일신의 이름으로 채택되었다는 뜻이다. 히브리어 원문에서 "태초에 하느님께서 하늘과 땅을 지어내셨다"라는 구절 속 '하느님'은 엘로힘이라는 복수형 명사로 표기돼 있지만, '지어내셨다'에 상응하는 히브리어 동사는 단수 활용형으로 표기돼 있다. 미합중국을 지칭하는 United States도 남북전쟁을 전후하여 비슷한 변화를 겪었다. 'the United States are'에서 'the United States is'로, 그러니까 복수형에서 단수형으로 변화한 것이다. 이러한 현상에는 미국의 점진적인 변화, 즉 여러 식민지의 꽤 느슨한 연합에서 출발해 탄탄하게 결합된 하나의 연방국가로 변해가는 과정이 넌지시 드러나 있다. 마찬가지로 엘로힘이라는 히브리어는 야훼가 무형의 빈 공간이나 어둠 속에 홀로 있지 않고 다른 신들과 함께 있던 시간을 상기시킨다.

다른 신들의 흔적은 인류가 창조되는 순간 훨씬 더 명확하게 그 모습을 드러낸다. 예컨대 "하느님께서는 '우리 모습을 닮은 사람을 만들자!' [(…) 하시고]"(「창세기」 1:26)라는 구절을 살펴보자. 『영어표준판성서ESV』에서 이 문장은 "Then God said, 'Let us make humankind in our image, according to our likeness"라고 영역돼 있다. 'God said'에서는 복수형 명사에 단수형 동사를 조합했다. 하지만 'Let us make'에서는 복수형 동사를 썼고, 'our'라는 복수형 대명사도 사용되었다. 자, 이 문장에 다수의 독립적 존재가 관계한다는 점에 대해서는 누구도(혹은 거의 아무도) 이의를 제기하지 않는다. 성서 속 일신교를 즉각적 완성형으로 보는 학자들은 위 구절에 등장하는 복수형이 하느님과 하늘의 천사들 또는 삼위일체를 가리킨다고 해석한다. 반면 성서 속 일신교를 서서히 전개되는 현상으로 보는 학자들은 이러한 구절들을 야훼가 한때 공동 창조주였다는 증거로 해석한다.

성서 초반에 야훼가 늘 다른 신들과 함께 일한 것은 아니다. 때때로 단지 여럿 중의 하나로 나타나, 자신만의 제한된 영향력을 행사했다. 「신명기」의 모세가 부르는 노래 속에서 하느님은 마치 여러 신으로 구성된 의회의 신입 회원처럼 그려진다.

지존하신 이(엘리온)께서 만방에 땅을 나누어주시고, 인류를 갈라 흩

으실 때, 신들의 수효만큼 경계를 그으시고 민족들을 내셨지만,

야곱이 야훼(하셈)의 몫이 되고 이스라엘이 그가 차지한 유산이 되었

다.(「신명기」 32:8~9)[15]

하셈Hashem("그 이름")은 히브리어 성서에서 야훼를 일컫는 일반적 경칭 중 하나로, 유대인들은 하느님의 신성하고 사적인 이름을 되도록 입에 올리지 않기 위해 하셈이란 호칭을 사용했다. 이 수수께끼 같은 노래 속에서 지존하신 이는 이스라엘 족속(야곱)에 대한 책임을 야훼에게 맡긴다. 노래의 분위기대로라면, 암몬인은 밀곰에게, 시돈인은 에쉬문에게, 바빌로니아인은 마르둑에게 맡겼다 해도 전혀 이상하지 않을 정도다. 지존하신 이 엘리온은 누구인가? 성서를 일신론 중심으로 보는 학자들은 대개 엘리온을 야훼의 또 다른 이름이라고 해석한다. 노래 속 구절들은, 세상 사람들을 구분하고 이스라엘 민족을 독차지하는 야훼를 묘사한다는 것이다. 『뉴옥스퍼드주석성서New Oxford Annotated Bible』에는 『영어표준판성서』와 달리 "그가 차지한 유산the LORD's portion"이라는 구절에 own이라는 단어가 떡하니 추가돼 있는데("the LORD's *own* portion"[16]), 편찬자의 설명에 따르면 이는 "야훼를 엘리온과 동일시하고, 야훼가 단순히 판테온의 한 구성원에 지나지 않는다는 인상을 피하기 위해서"라고 한다. 성서의 일신론에 다소 회의적인 학자들은 엘리온을 가나안 판테온의 주신主神 엘과 동일시하여, 모세의 노래 속 이 구절들을 엘이 가나안 땅 전체를 지배하던 시절, 즉 야훼가 그 땅에서 한낱 전쟁과 폭풍의 신에 불

과하던 시절의 잔해로 해석한다.[17] 그 경우 사람들을 구분하고 이스라엘 민족을 야훼에서 맡긴 주체는 다름 아닌 엘이라고 보아야 온당할 것이다.

심지어 모세의 저 유명한 일신교 선언도 자세히 들여다보면 기실 다른 신들의 존재 가능성을 암시한다. 고대 히브리인들이 요르단강을 건너 약속의 땅을 밟으려 하는 찰나에 모세는 하느님께서 이스라엘 민족을 위해 하신 모든 일을 기억할 것을 그들에게 촉구했다. "너희는 너희 하느님 야훼께서 너희를 위하여 이집트를 어떻게 치셨는지 눈으로 보지 않았느냐? 모두들 두려워 떨게 하고 온갖 표적과 기적을 행하며 억센 손으로 치고 팔을 뻗어 싸우면서 한 민족을 딴 민족의 손아귀에서 빼내어 자기 백성으로 삼으려고 나선 신이 있었느냐?"라고 묻는가 하면, 연설 말미에는 "분명히 알아두라"고, "야훼 바로 그분이 위로 하늘에 계시고 아래로 땅 위에 계시는 하느님"이시며 "그분밖에 다른 하느님은 없다"고 당부한 것이다.(「신명기」 4:32~39) 그럼에도 이러한 일신교적 주장은 하느님이 유일신이 아닌 최고의 신이라는 의미를 함축하는 듯 보인다. 만약 다른 '진짜' 신이 결코 존재하지 않는다면, 모세의 연설이 살짝 우스워지기 때문이다. 우상을 숭배하는 이들에게 이사야가 퍼부은 조롱의 희생양으로 전락하는 꼴이랄까. 생각해보라. 만약 저지하려는 세력이 주변에 아무도 없는 상황이라면, 한 민족을 다른 민족의 손아귀에서 빼내는 일이 뭐 그리 영광스럽다 하겠는가? "하느님이 한낱 나뭇조각에 비해 더 많은 표적과 기적을 행하셨다고" 자랑해봐야 무슨 소용이란 말인가?

이 모든 이야기는 하느님이 아브라함과 맺은 첫 번째 계약을 다른 각도에서 바라보게 만든다. 세상에는 아브라함이 희생물을 도살한 것처럼 하느님을 조각조각으로 자를 다른 신들이 넘치도록 많이 존재한다는 사실을 하느님은 알았고, 그 상태에서 스스로를 자기저주의 칼날 아래 두었다는 소리가 되기 때문이다. 이런 시각에서 보자면 돌의 패러독스, 즉 하느님이 스스로 제어할 수 없는 상황을 제어하는 문제에 대한 논의는 그야말로 쓸모없는 걱정이 된다. 가나안 판테온의 지배자 엘이나 광포한 전쟁의 신 바알이 야훼를 대신해 상황을 퍽 유능하게 제어할 수 있을 테니까. 이로써 명확해지는 또 한 가지는, 하느님이 두 번째 계약을 맺을 때 아브라함이 충성을 맹세해야 한다고 (그리고 그 가문의 남자들은 충성의 징표로 할례를 받아야 한다고) 주장한 이유일 듯싶다. 아브라함은 다른 신들을 숭배할 수도, 그러다 종국에는 하느님을 버릴 수도 있었다. 그래서 하느님은 아브라함을 자신과의 독점적인 관계 속에 가두고 싶었던 것이다. 하느님 스스로가 다른 모든 민족을 제쳐두고 오직 이스라엘 족속과 운명을 같이한 것처럼.

맹세는 진정한 유일신으로 자리매김하려는 하느님의 목적을 달성시켜줄 핵심적 무기였다. 하느님을 걸고 맹세한다는 것은 하느님에게 호소한다는 뜻이었다. 우리 말에 귀 기울여 발언의 진실성을 평가해달라고, 우리가 혹여 거짓된 발언을 했거나 약속을 이행하지 않을 경우 벌을 내려달라고 하느님에게 부탁하는 것이다. 이때 하느님을 걸고 하는 서약은, 하느님이 어디에나 계시므로 우리가 무슨 말을 어디에서 하건 들을 수 있음을, 하느님은 모든 것을 아시므로 우리가 한 말의 진실성을 판가름할 수 있음을, 하느님은 전지전능하시므로 우리가 아무리 멀리 달아나도 우리를 벌할 수 있음을 암묵적으로 인정하는 셈이다. 그런데 만약 우리가 야훼의 라이벌 격인 전쟁의 신 바알을 걸고 맹세한다면, 이는 곧 하느님이 아닌 **바알**의 전지전능함을 인정하는 꼴이 된다. 성서에서 하느님은 이러한 가능성을 깊이 염려한 듯하다. 「예레미야」에서 하느님은 배교한 이스라엘 사람들에게 다시 돌아와 "나를 두고!" 맹세하라고, "이 산 저 산"에서 숭배하던 다른 신들이 아닌 **그**를 걸고 맹세하라고 이야기한다.(「예레미야」 3:23)●

하느님은 그의 이름을 걸고 하는 맹세를 그에 대한 숭배와 연결시키고 또 연결시켰다. 앞서 살펴본 것처럼 「신명기」에서 야훼는 하느님을 두려워하고, 하느님을 섬기고, 오직 하느님의 이름으로만 맹세할

● 이 부분은 "orgies on the mountains[이 산 저 산 위에서의 난교 파티]"라고 번역되기도 한다. 히브리어 성서를 옮기는 일의 어려움이 바로 이런 부분에 있다. 히브리 단어 hamon은 '소리, 소곤거림, 포효, 소란' 등으로 해석할 수 있고, '풍부함, 부유함' 혹은 '다수, 대다수, 무리, 집단' 등으로도 해석할 수 있다. '이 산 저 산'이라고 영역한 성서들(「킹제임스 성서」, 「웹스터 성서Webster」 「다비성서Darby versions」)은 우상 숭배가 '언덕 위의 신전'에서 이뤄진다는 점을 염두에 둔 것이다. 이스라엘 사람들이 다시 타락의 길로 들어서려고 할 때 하느님이 "나는 언덕에 있는 너희의 산당을 헐어버리고, 분향단을 찍어버리리라. 시체처럼 쓰러진 너희 우상들 위에 너희의 주검이 쌓이게 하고 다시는 눈길도 돌리지 아니하리라."(「레위기」 26:30)라고 경고한 것처럼 말이다. "이 산 저 산 위에서의 난교 파티"라는 표현을 선택할 때 「새영어개역표준판성서NRSV」의 번역자는 "이 백성은 이제 막 들어가 섞여 살 그 땅의 낯선 다른 신들을 따라 당장 음탕한 짓을 하게 될 것이다"(「신명기」 31:16)라는 구절에서처럼 우상숭배를 성적인 일탈이라는 측면에서 묘사하는 성서적 내러티브를 염두에 두었을 것이다. 양쪽의 번역 모두 나름대로 근거는 있지만, '군중'과 '소란'을 뜻하는 히브리어에서 '난교 파티'라는 번역어를 도출해낸 「새영어개역표준판성경」의 영역은 조금 과한 감이 있다. 어느 쪽이 '옳은가'는 하느님만이 알 것이다.

것을 인간에게 명령했다. 「여호수아」에서 하느님은 이스라엘 백성에게 모세의 율법을 지켜, 가나안 땅의 민족들과 섞이지 않게 하라고 충고한다. "그들의 신의 이름을 불러 맹세하지도 말고, 그 앞에 엎드려 예배하지도 말고, 이스라엘 민족의 하느님 야훼에게만 충성을 바치도록" 하라는 것이다.(「여호수아」 23:6~8) 보아하니 야훼는 일종의 연쇄반응을 경계한 듯하다. 처음에는 시장에서 몰록이라는 신에 대해 들었다고 단순히 언급하는 정도에 그쳤다가, 몰록을 걸고 맹세하는 단계를 거쳐, 얼마 후 자신의 첫 아들을 거대한 불의 재단에 올려 몰록에게 제물로 바치게 되는 상황을 야훼는 우려했던 것이다. 「예레미야」에서 하느님은 "나를 저버리고, 신 아닌 것을 걸어 맹세하였다"(「예레미야」 5:7)라는 말로 이스라엘 사람들에게 죄를 물었다. 다른 신을 걸고 맹세하는 것은 야훼를 버리는 것이나 마찬가지였기 때문이다.

서원vow은 야훼가 이스라엘 민족을 지배할 영향력을 확보하고 경쟁자인 신들보다 더 우월한 능력을 획득하는 또 하나의 중요한 방법이었다.[18] 서원이라는 용어는 오늘날 영어권에서 꽤 느슨하게 사용된다. 결혼 서약을 할 때도 서원을 뜻하는 단어 vow가 쓰이니 말이다. 성서에서 서원은 하느님과 서원하는 사람 사이에 상호적인 경제 관계를 성립시킨다. 일종의 교환인 셈이다. 만약 하느님이 나를 위해 무언가를 하면, 나도 하느님을 위해 무언가를 해야 한다. 가령 농부는 이렇게 서원할 수 있다. 만약 하느님이 그를 도와 풍작을 거두게 하면, 농부 자신은 추수 끝 무렵에 하느님에게 암소를 제물로 바치겠다고. 한나는 불임 여성이었다. 그녀는 서원했다. 만약 하느님이 아들을 주면, 그 아들을 나실인으로, 그러니까 주님을 섬기는 데 특별히 헌신하는 고행자로 만들겠다고. 만약 하느님이 임하여 요청을 들어주면, 도움받은 사람은 서원의 대가를 '지불'해야 했다. 협상에서 자신이 맡은 의무를 이행하는 것이다. 서원의 대가를 지불하지 않은 사람에 대한 조치는 「신명기」 23장 22절에 다음과 같이 적혀 있다. "너희 하느님 야훼께서 틀림없이 그것을 너희에게 요구하실 것이다. 미루다가는 죄를 입으리라." 서원은 빚을 진다는 의미였고, 언제나 상환의 의무가 뒤따랐다.

서원은 야훼처럼 영향력의 확대를 꾀하는 신에게 매우 유용한 관행이었다. 만약 한 사람의 소원이 이뤄지면, 하느님이 협상에서 자기 몫의 의무를 충실히 이행했다는 점이 명백해지므로, 하느님의 공로가 인정되기 때문이다. 만약 소원이 이뤄지지 않으면, 십중팔구 소원 당사자가 무언가 잘못했거나 야훼를 화나게 한 탓일 터였다. 일이 잘 안 풀리는 데는 다 그럴듯한 구실이 있는 법이다. 심리적으로 우리는 하느님의 도움에 대한 보답으로 그에게 무언가를 '지불'할 때 스스로 그 관계에 깊숙이 개입했다는 느낌을 받는다. 신앙을 굳건히 하는 문제에 건강한 경제 원칙이 적용된 경우랄까. 그런고로 성서에는 서원에 관한 일련의 아주 길고 복잡한 법칙이 실려 있다. 가령 하느님에게 지불했을 때 받아들여지는 동물은 따로 있었다. 「레위기」 22장 24절에 따르면, 불알이 "터졌거나 으스러졌거나 빠졌거나 잘라진" 짐승은 야훼에게 바칠 수 없었다. 또한 서원에 대한 법적 책임을 물을 수 있는 대상도 따로 정해져 있었다. 「민수기」 30장 1절에서 16절 내용에 따르면 아버지나 남편의 허락이 없이는 여성에게 책임을 물을 수 없었다.

이스라엘 민족이 우상숭배의 길로 되돌아가려 할 때마다 야훼는 서약과 서원을 믿음직한 무기로 활용했고, 덕분에 종국에는 다른 신들과의 전쟁에서 승리를 거둘 수 있었다. 자신의 이름을 걸고 하는 맹세와 서원을 독려함으로써 야훼는 수많은 신 가운데 별다른 존재감 없이 자리만 차지하던 신에서 최고의 신으로, 그리고 이후에는 세상에 오직 하나뿐인 하느님으로 더 쉽게 자리매김할 수 있었다.

몰락한 우상과 신의 아내

야훼와 경쟁하던 다른 신들은 어찌 되었을까? 역사적으로 그들은 자신들의 보호 대상으로 여겨지던 민족이나 도시, 제국 들이 정복되거나 패망하면서 사람들의 기억에서 사라졌다. 성서에서 그들은 두가지 방식으로 처리되었다. 성서에 적힌 이야기를 액면 그대로 놓고 보자면, 야훼는 다른 신들과 이런저런 대결을 펼쳐 손쉽게 승리를 거두었다. 가령 바알에게 대승을 거둔 사연을 들여다보자. 「열왕기상」 18장 20절에서부터 40절까지의 내용에 따르면 야훼의 선지자 엘리야는 바알의 선지자를 상대로 시합을 제안했다. 두 신 가운데 장작더미에 먼저 불을 붙이는 쪽이 승리하는 시합이었다. 바알의 사제 450명은 자신들의 신이 불을 일으키게 하려고 온갖 노력을 기울였지만, 아무 일도 일어나지 않았다. 반면 하느님의 고독한 선지자 엘리야가 장작더미에 불을 내려달라고 야훼에게 요청했을 때 그가 쌓은 제단의 나무들은 미리 물에 흠뻑 적셔놓은 상태였음에도 불구하고 맹렬하게 불타올랐다. 지켜보던 사람들은 이로써 진실이 밝혀졌다고 생각했다. 그들은 "야훼야말로 하느님"이라고 선언하고는 바알의 사제들을 잡아 엘리야에게 데려갔고, 엘리야는 그 450명을 모두 죽였다.

그런데 더 깊이 들여다보면 이는 야훼가 바알을 포섭한 것이다. 자신과 경쟁하던 수많은 폭풍의 신이 행한 기적 중에 가장 유명한 사례들을 야훼 자신의 업적에 포함시켰다는 얘기다.[19] 바알은 머리 일곱 달린 용 로단과 전투를 벌였고, 야훼는 거대한 바다 괴물 레비아단을 물리쳤다. (그리고 우연찮게도 레비아단은 로단의 히브리식 이름이다.) 바알은 바다의 신 얌과 죽음의 신 모트를 상대로 전투를 벌였고, 야훼는 바다와 죽음을 정복했다.(「시편」 74:12~17; 「이사야」 25:8) 바알 신화에서는 이러한 전투를 중요하게 다루지만, 성서에서는 지나가는 소리처럼 개괄적으로 언급할 뿐이다. 야훼는 '바다' 혹은 '바다라는 존재'와는 싸울 수 있지만, 얌과는 싸울 수 없었다. 야훼가 다른 신과 직접 전투를 벌였다는 이야기는 곧 다른 신의 존재를 대놓고 인정한다는 뜻이기 때문이다. 경쟁자의 존재를 인정하기에 야훼는 이제 너무나 강력하고 존엄한 신이 되어 있었다.

또한 야훼는 가나안 땅의 주신 엘의 특질도 적잖이 취해갔다.[20] 그런 특질 중에는 이름도 포함돼 있었다. 야훼는 엘이라고도 불렸으니까. 「이사야」 45장 22절에서 야훼는 "나만이 하느님, 다른 신은 없다"고 말하는데, 여기서 하느님이란 히브리어 성서의 엘을 우리말로 옮긴 것이다. 이 밖에 엘이 들어간 야훼의 호칭으로는 지극히 높으신 하느님을 뜻하는 히브리어 엘 엘리온과 황무지의 하느님 혹은 전능하신 하느님을 뜻하는 엘 샤다이, 하느님 혹은 신들을 뜻하는 엘로힘, 엘 혹은 이스라엘의 신을 뜻하는 엘 엘로헤 이스라엘 등이 있다. 야훼가 이런 식의 싱크리티즘syncretism, 즉 서로 다른 종교적 신념이나 개념이 뒤섞이는 상황을 인정하는 분위기를 내비치기까지는 흥미로운 곡절이 있었다. 「출애굽기」에서 야훼는 스스로 이름을 바꾸겠다고 선포했다. 본래 엘이었으나 앞으로는 야훼라는 것이다. 하느님은 모세에게 이렇게 말했다. "나는 야훼다. 나는 아브라함과 이사악과 야곱에게 전능의 신(엘 샤다이)으로 나를 드러낸 일은 있지만 야훼라는 이름으로 나를 알린 일은 없었다."(「출애굽기」 6:2~3) 이전까지 엘에게 기도하던 이들은 이후로 모두 야훼를 숭배해야 했다. 야훼는 새로운 엘이자 개선된 엘이었다.

야훼를 가장 힘들게 한 경쟁자는, 짐작건대 엘의 최측근이자 배우자 아세라였다.[21] 여러 학자의 믿음에 따르면 야훼는 엘뿐만 아니라 엘의 파트너 아세라의 이름과 직위까지 취해갔다. 「신명기」와 「레위기」에 등장하는 사제 중심의 정통적 종교와는 대조적으로 이른바 민간신앙이나 토속신앙에서는 적어도 그런 분위기가 감지된다. 앞서 살펴본 것처럼 근동에서 신들은 종종 여신과 짝을 이루었다. 엘은 아세라의 짝이었고, 바알은 아나트/아스다롯의 짝이었으며, 이집트 신 호루스는 하토르의 짝이었다. 오히려 신이 배우자를 갖지 않거나 성관계에 흥미를 보이지 않는 쪽이 대단히 특이하게 여겨졌다. 상대는 누구라도 상관없었다. 다른 신이건 인간이건 동물이건 동물의 형상을 한 인간이건. 이 부분에 관한 한 야훼도 근동의 보통 신들과 완전히 다르지 않았다. 당시에 새겨진 글귀 중에는 야훼의 이름과 아세라의 이름이 함께 등장하는 사례가 적지 않다. 일부는 동부 시나이 사막에 위치한 쿤틸레트 아즈루드라는 건물군에서 발견되었다. 쿤틸레트 아즈루드는 카라반세라이—홍해와 지중해 사이를 오가는 대상들이 들르던 쉼터—로 방어용 요새와 여행자용 숙소, 성소의 역할을 겸하고 있었다. 그곳의 한 성소 벽에는 "테이만의 야훼와 그의 아세라에게"라는 글귀가, 다른 두 항아리에는 "내가 사마리아의 야훼와 그의 아세라를 두고 그대를 축복하였다" 그리고 "테이만의 야훼와 그의 아세라"라는 글귀가 새겨져 있다.[22] 다음 쪽의 그림은 앞의 글귀가 새겨진 항아리에 그려진 것인데, 여러 학자는 이를 글귀의 도해로 추정한다. 만일 그렇다면 이는 좀처럼 모습을 남기지 않기로 유명한 야훼뿐 아니라 그의 배우자까지 한꺼번에 담아낸 희귀한 초상화가 된다. 하지만 대관절 어느 쪽이 야훼이고 어느 쪽이 아세라인가? 야훼는 송아지이고 아세라는 암소일까? 아니면 야훼는 가장 남자처럼 보이는 형상이고 아세라는 그 옆의 역시 남자처럼 보이는 (게다가 젖가슴도 있는) 형상일까? 그도 아니면 아세라는 뒤쪽에 자리한 리라 연주자이고 야훼는 앞쪽의 키 큰 남성일까? 그렇다면 음경과 젖가슴이 동시에 달린 나머지 한 인물은…… 도대체 누구?

"나는 사마리아의 야훼와 그의 아세라를 두고 그대를 축복하였다"라는 글귀가 새겨진 항아리의 그림.

같은 항아리에 그려진 또 다른 그림은 이해하기가 좀더 수월하다. 염소들이 서서 잎을 뜯는 생명의 나무가 바로 아세라이기 때문이다.

애초에는 아세라도 엘리야의 장작 태우기 시합에 초대됐다. 그녀의 예언자 400명도 장작에 불을 붙여야 했다는 얘기다. (사악한 왕비 이세벨도 아세라의 편이었다.) 알다시피 야훼는 그 대결에서 바알을 상대로 승리를 거두었고, 바알의 수많은 예언자를 죽였다. 하지만 고고학자 윌리엄 데버가 지적한 바와 같이 아세라의 운명에 대해서는 그 이상 알려진 바가 없다. 과연 그녀도 장작불 붙이기에 성공했을까?

아세라를 숭배하는 이들은 신성한 장대를 세우거나 나무를 심었다. 그녀의 상징물이 생명의 나무였기 때문이다. 아세라는 다산의 여

HOLY SHIT

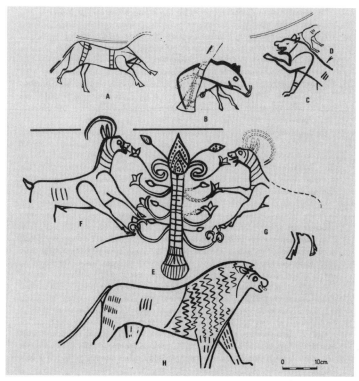

같은 항아리에 그려진 아세라.

신이었다. 냄비, 펜던트, 인장, 제단에 나무나 덤불로 종종 묘사되었고, 그녀의 양 옆으로는 동물 두 마리가 뒷다리로 선 채 나뭇잎을 야금거렸다. 그녀로부터 양분을 공급받는 것이다. 때로 그네들이 야금거리는 덤불은 단번에 아세라의 음모를 연상시켰다.

성서에서 야훼와 아세라는 오직 한 순간, 한 번의 서약을 계기로 행복하게 결합한다. 아브라함이 블레셋 왕 아비멜렉과의 논쟁을 마감하며 계약을 자른 후의 일이다. 아브라함은 아비멜렉의 종들이 자신의 우물을 빼앗았다고 주장했다. 강력한 신의 보호권 아래 있음이 명백한 누군가로부터 적대감을 불러일으키지 않기 위해 아비멜렉은 문제의 우물을 아브라함에게 즉시 양도했다. 그리고 "두 사람은 계약을 맺었다".(「창세기」 21:27) 또한 "두 사람이 거기에서 서로 맹세했다고 하여 그곳을 브엘세바라고 하였다".(「창세기」 21:31) 히브리어로 브엘세바는 '서약의 우물'이라는 뜻이다. 아비멜렉은 가던 길을 갔다. 그리고 아브라함은 "브엘세바에 에셀 나무를 심고 그곳에서 영원하신 하느님 야훼의 이름을 불러 예배하였다".(「창세기」 21:33) 히브리어 성서의 이 대목에서 아브라함은 야훼를 '엘 올람'이라고 부르는데, 이는 '불멸의 엘' 혹은 '영원하신 엘'이라는 뜻이다. 성경에서 야훼와 엘이 결국 한몸임을 증명한다고 볼 수 있는 부분은 이 대목이 유일하다. 이어서 아브라함은 신성한 나무를 심어 엘(야훼)의 배우자 아세라를 불러들였다. 아무래도 아브라함은 아비멜렉과 자신이 맺은 계약을 야훼와 그의 아세라가 함께 목격하기를 바랐던 모양이다.

(비록 유대 국가를 건설한 인물이지만 아브라함은 맹세에 관한 한 훌륭한 롤

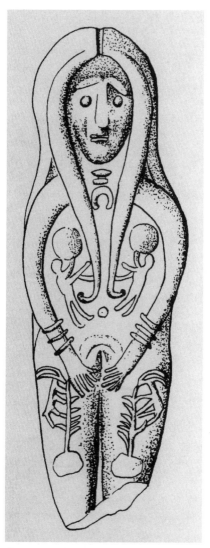

염소들이 아세라의 그, 덤불을 야금거린다.

모델이 아니다. 아세라를 위한 나무를 심은 것으로도 모자라 자신의 종으로 하여금 아브라함 자신의 생식기에 손을 얹고 맹세하도록 만들었으니 말이다. 아브라함은 그 종이 아브라함의 고향으로 돌아가 아들 이사악의 아내 될 사람을 찾아주었으면 했고, 임무를 맡기며 종에게 서약을 분부했다. 아브라함은 종에게 이렇게 말했다. "너는 내 사타구니에 손을 넣고 하늘을 내신 하느님, 땅을 내신 하느님 야훼를 두고 맹세하여라."(「창세기」 24:2~4)[23] 성서에서 사타구니는 드문 경우를 제외하고는 음경이나 불알을 지칭한다(가끔은 여성의 생식기를 지칭하기도 한다). 이는 매우 오래된 맹세의 형태로, 하느님이 아닌 아브라함이라는, 이스라엘 민족을 일으킨 인물의 강력한 생식 기관을 두고 하는 서약이었다. 물론 그 종은 하느님을 두고도 맹세해야 했다. 아브라함의 생식기를 두고 한 맹세는 일종의 대비책이었던 셈이다. 이런 식의 서약은 「창세기」 47장 29절에 또다시 등장한다. 야곱의 요청으로 요셉이 야곱의 사타구니에 손을 넣고 그를 조상들 곁에 묻어주겠다고 맹세하는 대목에서다. 하지만 이후로 그런 식의 맹세는 자취를 감추었다. 하느님은 사람들이 그들 고유의 생식력이 아닌 하느님을 두고 맹세하기를 원했기 때문이다.)●

토속신앙을 따르던 평범한 이스라엘 민족은 물론이고 그들의 첫 번째 조상 아브라함까지 야훼와 아세라를 짝으로 보았건만, 「레위기」와 「신명기」의 사제 중심적 제자들은 아세라를 거부했다. "너희가 쌓

● 생식기와 맹세하기 사이의 유사한 연결성은 영어 단어 testify[증언하다]에서도 감지된다. testify의 어원은 '증인'을 뜻하는 라틴어 testis다. 라틴어에서 testis는 testicle[고환]을 '음탕하고 익살스럽게' 지칭하는 단어였는데,[24] 이는 어쩌면 고환이 한 남자의 정력을 '입증'하는 증거이기 때문인지 모른다. 고로 영어 단어 testify와 'balls[불알]'의 라틴어 어원은 설령 본뜻은 다를지라도 철자만은 testis로 같다.

HOLY SHIT

은 너희 하느님 야훼의 제단 옆에 무슨 나무로든지 아세라 목상을 만들어 세우지 못한다. 또 너희는 석상도 세우지 못한다. 이것은 너희 하느님 야훼께서 싫어하시는 짓이다." 「신명기」 16장 21절과 22절의 말씀이다. 「출애굽기」 34장 13절과 14절에서 하느님은 이스라엘 민족에게 가나안 땅에 사는 사람들과는 계약을 맺지 말라며 이렇게 경고한다. "그들의 제단을 헐고 석상을 깨뜨리고 목상을 찍어버려라. 너희는 다른 신을 예배해서는 안 된다. 나의 이름은 질투하는 야훼, 곧 질투하는 신이다." 두 구절에서 목상과 나무는 모두 아세라를 지칭한다. 한때 야훼의 (전) 파트너를 상징하던 신성한 나무가 이제는 우상 숭배의 잔해로, 바알을 비롯한 가나안의 신들을 예배할 때 사용하던 석상과 더불어 파괴해야 할 대상으로 전락한 것이다.

결국 야훼는 아세라마저 물리쳤다. 그리고 마침내 일신교가 탄생했다. 이제껏 비중 있게 다룬 이방신들의 흔적은, 말 그대로 흔적으로만 남게 되었다. 성서 전반에서 야훼가 다른 신들과 벌인 전투의 증거를 지우는 작업은, 중세 수도승들이 아르키메데스의 두루마리 책자 내용을 지우고 그 위에 성서의 내용을 덧쓸 때보다 훨씬 더 철저하게 수행되었다. 유명한 조각상 하나(사실은 한 쌍이다)를 소개하겠다.[25] 검은색과 금색을 입힌 염소가 뒷다리로 서서 양식화된 나무 한 그루를 받들고 있는 형상이다. 오늘날 이라크에 해당되는 수메르의 도시 우르에서 발굴한 이 조각상은, 짐작건대 아세라를 표현한 것이다. 적어도 도상학적으로는 아세라를 꼭 빼닮았다. 신성한 나무는 여신을 상징하고, 나무의 양옆에서는 뒷다리로 선 염소들이 잎을 야

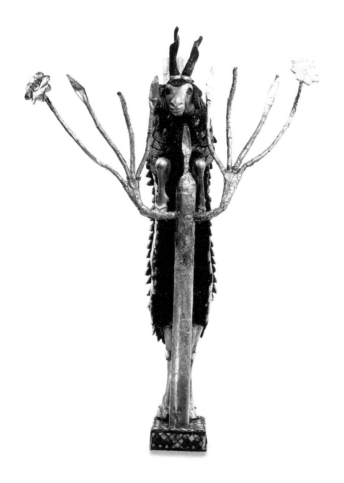

그 유명한 '덤불 속 숫양' 상. 이전에 알려진 이름은 '아세라의 질에서 자라나는 나무를 먹는 숫양'이었다.

금거린다. 비록 이 조각상의 공식 명칭은 '덤불 속 숫양'이지만. 조각상을 발견한 고고학자는 아브라함이 아들을 제물로 바치려던 순간 하느님이 내려준 희생양에서 착안해 그 이름을 붙였다고 한다. "아브라함이 이 말을 듣고 고개를 들어보니 뿔이 덤불에 걸려 허우적거리는 숫양 한 마리가 눈에 띄었다." 「창세기」 22장 13절의 말씀이다. 가없은 아세라는 이제 자신의 가장 유명한 상징물에 대해서도 소유권을 주장하지 못하는 신세로 전락하고 말았다. 야훼가 다른 신들을 상대로, 그것도 자신에게 가장 가깝고 소중한 존재까지 물리쳐가며 거둔 승리는 너무도 완벽했기에 사실상 기억에서 말끔히 지워졌다. 하느님이 유대인과 맺은 (그 자체로 서약인) 계약들, 그리고 다른 신은 제쳐두고 오직 하느님만을 걸고 맹세하라는 명령은 하느님을 승리로 이끈 핵심적 무기였다.

옛것은 내어놓고 새것은 집어넣고

신약에서 그리스도는 규칙을 바꿨다. 자신의 아버지가 구약에서 명령하고 또 명령한 내용을 뒤집어 추종자들에게 이제 맹세를 영원히 하지 말라고 조언한 것이다. 산상수훈에서 예수는 이렇게 설교했다.[26]

또 '거짓 맹세를 하지 마라. 그리고 주님께 맹세한 것은 다 지켜라' 하고 옛사람들에게 하신 말씀을 너희는 들었다. 그러나 나는 이렇게 말한다. 아예 맹세를 하지 마라. 하늘을 두고도 맹세하지 마라. 하늘은 하느님의 옥좌이다. 땅을 두고도 맹세하지 마라. 땅은 하느님의 발판이다. 예루살렘을 두고도 맹세하지 마라. 예루살렘은 그 크신 임금님의 도성이다. 네 머리를 두고도 맹세하지 마라. 너는 머리카락 하나도 희게나 검게 할 수 없다. 너희는 그저 '예' 할 것은 '예' 하고 '아니오' 할 것은 '아니오'만 하여라. 그 이상의 말은 악에서 나오는 것이다.(「마태오의 복음서」 5:33~37)

이 내용을 놓고 학자들은 논쟁을 벌였다. 이 구절이 씌었다고 추정되는 시기(80년이나 90년 무렵)부터 논쟁은 시작되었다. 과연 진정으로 그리스도는 이전의 성서 내용을 부인하고 청중들에게 맹세를 절대 하지 말라고 가르쳤을까? 정녕 그는 하느님이 자신의 지배력을 확립하기 위해 이용한 바로 그 수단을 버리라고 사람들에게 충고한 것일까? 아니면 덜 혁명적인 무언가를 주장했을까? 가령 '법정 소송이나 특정한 권위자의 요구로 정말이지 꼭 **필요한** 경우에만 맹세하라고' 역설한 것은 아닐까?

논쟁은 다름 아닌 신약에서 시작되었다. 야고보는 그 어떤 경우에도 맹세는 허용되지 않는다고 주장했다. "내 형제 여러분, 무엇보다 명심해야 할 것은 맹세하지 않아야 한다는 것입니다. 하늘이나 땅이나 그 밖에 무엇을 두고도 맹세하지 마십시오."(「야고보의 편지」 5:12) 야고보와 비슷한 덕망을 갖춘 다른 권위자들은 그리스도가 모든 서약을 금하지는 않았을 것이라고 주장했다. 서약은 사회가 기능하는데 있어 매우 중요하기 때문이다. 성 아우구스티누스(4세기)와 토마스 아퀴나스(13세기)는 그리스도가 오직 거짓되거나 공허한 맹세만을 금지했다고 주장했다. 완전히 없애버리기에 서약은 너무도 중요하다는 것이다. 마르틴 루터와 힘을 합쳐 종교개혁에 앞장섰던 필리프 멜란히톤도 비슷한 관점이었다. 그의 밀도 있는 설명에 따르면 맹세를 금한다는 것은 "세속적 정부와 정의를 파괴하는 것"이나 마찬가지였다. "정부와 정의는 서약을 근거로 존재하기 때문"이다.

이것은 추상적이고 학술적인 논쟁이 아니었다. 15세기에 프로테스탄트의 원형으로 평가되는 롤러드Lollards는 맹세할 때 성서에 손을 얹지 않으려 한다는 이유로 처형당했다. 오직 하느님만을 두고 맹세했는데도 말이다.• 많은 이가 감옥에 갇혔고 일부는 형장의 이슬로 사라졌다. 합당한 형태의 맹세가 있는가 하면 합당하지 않은 형태의 맹세도 있다고 믿는다는 이유에서였다. 반대로 퀘이커교도들은 모든 형태의 맹세를 금지해야 한다고 믿었다(그리고 지금도 그렇게 믿고 있다).27 17세기 말엽 교파의 창시자 조지 폭스는 그리스도의 그 말이 글자 그대로, 맹세를 하지 말라는 뜻이라고 주장했다. "이보다 더 분명한 말씀은 성서에 있을 수 없다"28는 것이다. 맹세를 거부함으로써 퀘이커교도는 끝없는 골칫거리를 떠안게 되었다. 그들은 왕에게 충

• 후기 프로테스탄트들처럼 롤러드도 성체성사에서 하느님 몸의 물리적 실재에 대해 부인했고, 성서를 번역했으며, 개개인의 성서 읽기를 독려했다. 또한 가톨릭교회의 이른바 물질적 과잉에 저항했다. (롤러드에 대해서는 다음 장에서 좀더 자세히 다룰 것이다.)

성 선서를 할 수 없었다. 국왕이 영국국교회 수장임을 인정하는 지상권 승인 선서도 할 수 없었다. 그로 인해 퀘이커교도들은 처벌을 받아야 했다. 누범 가중 원칙에 따라 그들은 5파운드 벌금을 내기도 하고 미국으로 유배되기도 했다. 법정에서 증언할 수도 없었다. 형사 재판의 증인으로서도 피고인으로서도 증언은 불가능했다. 마음에 들지 않는 퀘이커교도는 간단히 없앨 수 있었다. 그가 불법적인 일을 저질렀다고 고소하면 그만이었다. 유죄이건 무죄이건 그는 선서를 거부할 테고, 그로 인해 법정모욕죄로 재산을 몰수당한 뒤에 투옥될 테니까.

과연 어느 쪽이 옳을까? 퀘이커교도들의 삶은 폐허가 되었다. 그리스도가 맹세를 금지했다고 주장했기 때문이다. 롤러드는 맹세를 아예 거부하지는 않았지만 성서에 손을 얹지 않았다. 오랜 세월 많은 신학자가 어떤 상황에서건 맹세해도 아무런 문제가 없다고 주장했다. 도대체 누가 옳은 걸까? 조지 폭스의 말은 일리가 있었다. 성서의 어떤 구절도, 맹세를 절대 하지 말라는 그리스도의 명령보다 더 명확할 수는 없을 테니까. 그러나 하느님의 명령도 그에 못지않게 명확했다. 하느님의 뜻에 따라 모세는, 하느님의 이름을 걸고 맹세해야 한다고 이스라엘 사람들에게 말했다. 그런가 하면 그리스도는 자신이 "없애러 온 것이 아니라 오히려 완성하러 왔다"(「마태오의 복음서」 5:17)고 천명했다. 복음서 곳곳에는 서약을 반대하는 쪽과 찬성하는 쪽의 주장이 골고루 등장한다. 「야고보의 편지」는 맹세하지 말라는 그리스도의 명령을 심지어 더 명확하게 고쳐 말했다. 하지만 그리스도 역시 올바른 서약에 관해 조언한 적이 있다. 「마태오의 복음서」 23장 16~22절에서 그는 구속력이 있는 서약과 그렇지 않은 서약에 대한 궤변을 늘어놓는다는 이유로 율법학자와 바리사이파 사람들을 책망했다. 그때 그리스도는 맹세를 하지 말라고는 이야기하지 않았다. **올바르게 맹세하라고 이야기했다.**

정답은 없다. 우리는 오류의 광야를 헤매고 다닌다. 그러나 일면 논쟁은 논쟁일 뿐이다. 역사는 맹세를 허용하기로 결정했다. 사실 허용한 정도가 아니다. 맹세는 반드시 필요했으니까. 영국의 정부와 사법 체계는 서약 없이 제대로 기능하기가 어려운 구조다. 다만 그리스도에게는 맹세가 그리 중차대한 문제가 아니었다. 적어도 그의 아버지만큼은 확실히 아니었다. 야훼가 다른 누구도 아닌 하느님만을 걸고 맹세하라고 사람들을 다그쳤을 당시만 해도, 앞서 보았다시피 수백의 신이 다신교도 이스라엘 민족의 애정을 차지하려고 경쟁 중이었다. 그로부터 천 년이 넘는 세월이 지나 그리스도가 등장했을 때 이미 다른 신들은 걱정거리에서 제외된 상황이었다.[29] 유대인들은 일신교도였으니까. 야훼는 전투에서 승리하여 이스라엘 민족의 유일한 하느님이 되었다. 그리고 그리스도는 자신의 아버지가 휘두르던 무기를 비로소 내려놓을 수 있었다.

벽에 오줌 싸지 마라: 성서의 외설어에 관하여

히브리어 성서에는 서약어뿐 아니라 외설어도 제법 등장한다. 아시리아의 왕 산헤립은 예루살렘을 포위하려는 계획을 세우고 그 도시에 사절을 보내 항복을 요구했다. 사절은 포위 공격이 가져올 공포에 대해 유대의 지도자들과 예루살렘의 일반 백성, 그러니까 "성 위에서 너희와 같이 제 오줌과 제 똥을 먹고 앉아 있는 자들"(「열왕기하」 18:27)에게 최대한 생생하게 들려주었다. 아시리아인은 예루살렘 사람들이 굶주리게 될 거라고, 그러다 결국 너무 배고프고 목마른 나머지 자신들의 배설물을 먹고 마시며 절망하게 될 거라고 경고했다. 단도직입적이고 통속적인 언어를 동원해 강렬한 이미지를 전달했지만, 일은 뜻대로 풀리지 않았다. 유대인들은 항복하지 않았고, 야훼는 아시리아인 18만5000명을 죽여 전투를 종결지었으니까. 산헤립은 야훼에 쫓겨 아시리아의 수도 니네베로 퇴군해 있다가, (명백히 무력한) 이스록 신에게 예배하던 중 자신의 두 아들의 손에 살해되었다.

고대 이스라엘 민족은 정액이나 생리혈 같은 신체 배출물과 배설물을 부정하다고 여겼다.[30] 성서는 다양한 배출 물질을 정화하는 의식을 정교하고도 세세하게 설명하는데, 이는 사람들이 부정한 상태로 하느님의 예배당에 들어가 그곳의 명예를 더럽히는 실수를 미연에 방지하기 위함이었다. 그 규칙들 중 일부를 소개한다.

어떤 남자의 성기(히브리어 성서에는 '살갗'으로 나와 있다)에서 고름이 흘러나오면, 그 나온 것은 부정한 것이다. 이렇게 고름이 흘러나옴으로써 부정하게 되는 경우에는, 고름이 계속 나오고 있든지 나오고 있지 않든지, 그는 부정하다. (…) 누구든지 고름이 나왔을 경우에는 온몸을 물에 씻어야 한다. 그는 저녁때가 되어야 부정을 벗는다. (…) 여인이 피를 흘리는데, 그것이 월경일 경우에는 칠 일간 부정하다. 그 여인에게 닿은 사람은 저녁때가 되어야 부정을 벗는다.(「레위기」 15:2~19)

또한 하느님은 이스라엘 민족에게 변을 볼 수 있는 방법과 장소를 일러주었다. 무기 외에 꼬챙이를 가지고 진陣 밖에 나가 땅을 파고 뒤를 본 다음, 그 뒤 본 것을 도로 묻으라고 일러준 것이다. 배설물을 진 안에 두는 것은 더럽다고, 그러니까 외설하다고 여겨졌다. 하느님은 이스라엘 민족 가운데 머물렀으므로 "그들의 진지는 깨끗해야 했다. 그들 가운데 더러운 것이 있는 것을 하느님이 보지 않도록"(「신명기」 23:14~15) 해야 마땅했다. 야훼는 질투하는 신인 동시에 정결한 신이었다. 그에게 청결함은 경건함 다음으로 중요했다.

성서를 번역하는 이들은 이 모든 배설물을 빛 가운데 온전히 드러내기를 부담스러워했다. 가령 "제 똥과 제 오줌을 먹고 앉아 있는 자들"이라는 구절을 옮길 때 대개의 번역자는 '똥dung'처럼 조금 통속적인 단어는 원문의 느낌을 그대로 살린 반면, '오줌piss'은 '소변urine'으로 옮겨 수위를 더 점잖게 조절했다(영역 성서인 『새영어개역표준판성서』와 『영어표준판성서』 『미국표준신판성서NASB』 『두에이Douay-Rheims』가 그랬고,[31] 『두에이』의 원문 격인 라틴어 성서 『불가타Vulgáta』 역본은 '대변'을 stercus, '소변'을 urina로 옮겨놓았다). 좀더 격식을 갖춰 '대변excrement'을 먹고 자기 몸에서 나온 '물water,'을 마시는 이스라엘 민족이라고 번역한 사례도 있다(『영스리터럴Young's Literal』『워드잉글리시Word English』,『영어개역성서 ERV』). 독자적인 길을 걸은 사례도 있다. 『웹스터 성서』는 "불쾌하기 짝이 없는 배설물"을 게걸스레 먹는 이스라엘 민족이라고 옮겼고, 『메시지The Message』는 난데없이 무대를 화장실에서 유아용 침대로 옮겨, "그들은 제 똥 덩어리turds를 먹고 제 쉬pee를 마실 것이다"라고 번역했다.

똥을 먹고 소변을 마신다는 구절이 번역자를 주저하게 만들었다면, 이번에 소개할 구절은 번역할 맛을 아예 뚝 떨어뜨리는 난제 중의 난제라 하겠다. 여러 차례 하느님은 이런 무시무시한 위협을 가했다. "그러므로 이제 내가 여로보암 왕가에 재난을 내리리라. 여로보암 가문에 속한 남자는 자유인이든 종이든 가리지 아니하고 모두 씨도 남기지 아니하리라."(『열왕기상』 14:10)

여기서 "남자는 자유인이든 종이든 가리지 아니하고"에 상응하는 대목을 『킹제임스 성서』는 "him that pisseth against the wall", 즉 "벽에 대고 오줌 싸는 남자는"이라고 영역했다. 일부 학자들은 이 표현이 단지 '모든 남자'를 강력하게 이르는 방식일 뿐이라고 주장한다. 성서 시대에는 (그리고 빅토리아 시대까지 줄곧) 남자들이 공공장소에서 소변보는 행위가 사회적으로 용인되는, 지극히 당연한 행동이었기 때문이다. 모든 남자는 급할 때면 벽에든 나무에든 아무 곳에나 오줌을 누었다. 이런 관점에서 볼 때 하느님은 비속한 언어를 사용하지 않았다. 『킹제임스 성서』의 번역자들은 '소변을 보다'라는 뜻의 히브리어를 pisseth[오줌 싸다]로 옮겼다. 조금은 통속적이지만 흔히들 쓰는 단어였기 때문이다. 고대 히브리 남자들은 배변활동을 부끄러워하지 않았고, 1611년의 영국 남자들은 그러한 감성을 공유했다. 자신들이 부끄럽게 느끼지 않는 그 주제를 스스럼없이 입에 올렸다는 얘기다.

다른 학자들은 "him that pisseth"가 경멸적인 표현이라고 주장한다. 외설한 언어를 의도적으로 사용함으로써 문제의 그 남자들이 하느님의 심기를 건드렸음을 암시한다는 것이다. 다시 말해 여로보암 왕가를 규정짓는 특징으로 일종의 저급한 생리작용을 내세움으로써 하느님은 그 왕가 구성원들을 마치 그녀들이 아는 유일한 방식으로 영역을 표시하는 개처럼 보이게 만들었다.

어느 쪽이건 간에 두 가지는 명확하다. 이 구절은 여성들과는 관계가 없다. 여성에게는 정숙함의 기준이 더 엄격하게 적용되었기 때문이다(벽에 대고 오줌을 누기도 녹록하지 않았을 테다). 『킹제임스 성서』의 번역자들은 piss의 사용역에 대해 오늘날의 영어 사용자와는 좀 다른 감수성을 지녔던 것 같다. 아니면 그저 통속성에 대한 기준이 굉장히 너그러웠거나. 현대의 영역 성서들은 "him to pisseth"의 강렬함을 마치 약속이나 한 듯이 기피해서, "한 남성도 빠짐없이every last male"(『새국제성서NIV』)라든가 "모든 남자every male person"(『미국표준신판성서』), "모든 남성every male"(『영어표준판성서』) 등으로 대체했다.

다양한 영역 성서에서 알 수 있듯이 오늘날의 영어 사용자들은 성서에 쓰인 나쁜 언어를 묵살하려는 경향이 있다.[32] 한데 고대 히브리인들에게 이 언어는 어느 정도로 충격적이었을까? 히브리어 성서 속 단어가 애초에 외설했기 때문에 shit과 piss로 영역하는 것이 최선이었을까? 아니면 『킹제임스 성서』가 출간될 당시에는 shit 과 piss가 점잖지 못한 배설 행위를 지칭하기에 defacate[뒤보다]나 urinate[소마보다]보다 더 정중한 어휘였던 것일까? 이를 설명하기란 불가능에 가깝다. 히브리어는 라틴어처럼 본래 토착 언어였다가 끝 내는 종교적이고 학술적인 용어로 굳어지게 되었다.[33] 수백 년간 사 람들은 히브리어를 읽고 연구했다. 하지만 19세기에 팔레스타인 지 방 유대인들이 링구아프랑카°로 되살리기 전까지는 누구도 히브리 어를 말하지 않았다. 한편 라틴어는 어마어마하게 많은 문헌이 오 늘날까지 전해져 내려왔다. 가장 기초적인 그라피토부터 가장 과장 된 웅변까지 범위도 다양하다. 이러한 문헌들 덕분에 우리는 라틴어 의 장르적 계급을 재구성하는가 하면 단어의 사용역을 평가할 수 있 었다. 하지만 고대 히브리어는 그런 기록이 남아 있지 않다. 히브리 어는 성서와 「미쉬나」(200년경)를 통해 우리에게 전해 내려왔다. 「미쉬 나」는 성서와 관련된 이야기를 모은 책으로, 탈무드의 첫 부분을 구 성한다. 이러한 문헌들은 목적과 어휘가 워낙 비슷해서 기록될 당시 단어들의 사용역에 관한 정보를 여간해서는 드러내지 않는다.

아닌 게 아니라 성서 속 이야기의 외설함은 단어만으로는 가늠할 수 없다. 노골적이기 이를 데 없는 '매춘' 행위—『킹제임스 성서』가 애용하는 표현에 따르면 갈보짓whoredom—를 묘사할 때도 언어 자 체는 굉장히 순결할 때가 종종 있기 때문이다. 일례로 『새영어개역표

○ lingua franca, 모국어를 달리하는 사람들이 상호 이해를 위하여 습관적으로 사용하는 언어.

준판성서』는 포르노 영화에나 어울릴 법한 상황을 묘사하면서도 언어만은 전체관람가(또는 부모 지도하 관람가) 영화에 적합한 용어를 구사한다. "오홀리바는 이렇듯이 놀아나면 놀아날수록 이집트에서 소녀의 몸으로 놀아났던 그 시절이 그리워졌다. 물건이 나귀의 그것만큼 크고 정액을 말처럼 쏟는 이집트의 정부들과 열을 올리던 일을 잊지 못하였다"(『에제키엘』 23:19~20)라는 구절을 『새영어개역표준판성서』는 "Yet she increased her whorings, remembering the days of her youth, when she played the whore in the land of Egypt and lusted after her paramours there, whose members were like those of donkeys, and whose emission was like that of stallions"라고 옮겼다. 성서 속 히브리어는 지극히 완곡하다.[34] 직설적이고 거북한 내용을 간접적이고 무난한 용어로 대체한 구절이 많다는 뜻이다. 각종 '생식기'가 들어갈 자리는 모두 '손'이나 '발' '옆구리' '뒤꿈치' '수치스러운 것' '다리' '가랑이'처럼 완곡한 용어가 차지했다. '성관계를 갖다'라고는 절대 쓰지 않는 대신, 한 남자가 한 여자를 '알다', 그녀 '안으로 들어가다', 그녀에게 '접근하다', 그녀와 '접촉하다', 그녀와 '함께 눕다'라고 쓰거나 그냥 '침상에 들다' 정도로만 표현했다. 그중에서도 두 사람이 함께 '빵을 먹다'라는 표현은 특히 육감적이다. 대변은 '발 덮기'라고 에둘러 표현했다. 여기서 '발'은 생식기가 아닌 실제 발을 의미한다. 대변을 볼 때는 누구라도 바지든 치마든 원피스든 발목까지 내려 두 발을 덮게 마련이니까.

간혹 성서에는 이 같은 완곡어법이 확연히 드러나는 구절들이 있다. 가령 「아가」의 한 대목을 보자.

나의 임이 문틈으로 손을 밀어 넣으실 제
나는 마음이 설레어
벌떡 일어나 몰약이 뚝뚝 듣는 손으로
문을 열어드렸네.
내 손가락에서 흐르는 몰약이
문고리에 묻었네.(「아가」 5:4~5)

만약 이 구절에서 "손"과 "손가락"이 "생식기"를 뜻한다면, "흐르는"이 무엇을 뜻하는지는 굳이 말하지 않아도 짐작할 것이다. 이 구절이 섹스와 전혀 무관하다고 주장하는 학자들을 볼 때면 고통스러운 기분마저 들 정도다. 아니다. 이 구절이 진정으로 의미하는 바는 오직, 이스라엘을 향한 하느님의 사랑이거나 교회를 향한 그리스도의 사랑, 하느님과 인간의 영적인 결합이다. 예컨대 18세기의 고매한 주석자 매슈 헨리는 이 구절에 대해 "이 장에서 우리는…… 교회의 초대에 우아하게 응하시고 다정하게 방문하시는 그리스도를 만나게 된다"고 해설했다.[35]

완곡어법을 애호하는 히브리어 성서의 특징은 익숙한 구절들의 놀라운 재해석으로 이어지기도 한다. 잘 알려져 있다시피 이브는 아담의 갈빗대를 취하여 만들어졌다. 하지만 히브리어 성서 어디에도 갈빗대는 등장하지 않는다. 갈빗대라는 단어는 『칠십인역성서』, 그러니까 히브리어 성서의 초기 그리스어 역본에 등장한다. 히브리어 성서에서는 사실 '옆구리'라는 단어를 사용했다. 그리고 앞서 보았다시피 옆구리는 생식기를 완곡하게 이르는 용어이기도 했다.(「창세기」2:20~23) 성서학자 지오니 제빗은 이 완곡어법적 해석을 밀어붙였다.[36] 「창세기」에서 이야기하는 이브가 사실상 아담의 음경으로부터, 구체적으로는 그의 음경 뼈로부터 만들어졌다고 주장한 것이다. 포유류의 음경에는 대개 음경골이라는 뼈가 있어 발기를 돕는다. 음경골이 없는 포유동물은 인간과 거미원숭이, 고래, 말을 비롯한 소수의 종에 불과하다. 이들 포유류는 오직 혈압을 통해서만 발기한다. 제빗은 고대 이스라엘 민족이 비교해부학에 일가견이 있었으리라고 짐작했다. 들판의 동물들과 무덤에 안치된 인체에서 수많은 뼈를 보았으리라는 추측에서다. 고대 이스라엘 민족은 남성과 여성의 갈비뼈 수가 같다는, 갈빗대 이론을 반박하는 또 하나의 사실을 알았을 것이고, 인간 남성에게 모자라는 뼈는 사실 음경골이라는 사실 또한 발견했을 것이다. 하느님이 이브를 아담의 음경골을 취해 만들었다는 주장은 일면 설득력이 있다. 이 가설은 인류의 몸에서 음경골이 사라진 현상에 대해 설명하는 한편, 이브를 본 아담이 했다는 그 유명한 환영사를 참신하게 해석할 여지를 제공한다. "드디어 나타났구나! 내 뼈에서 나온 뼈요, 내 살에서 나온 살이로구나"에서 살은 당연하게도 음경을 완곡하게 표현하는 또 하나의 방편일 수 있다는 뜻이다.

성서가 단어를 보편적인 의미로 사용할 때는 언제이고, 완곡어법의 의미로 사용할 때는 언제인지 단정하기란 때때로 그리 녹록하지 않다. 가령 「신명기」 25장 11~12절을 보자. "두 사람이 맞붙어 싸우는데 한 사람의 아내가 얻어맞는 남편을 도울 셈으로 손을 내밀어 상대편 불알을 잡았을 경우에는 그 여자의 손을 잘라버려야 한다. 조금도 애처롭게 여기지 마라"라는 법문에서 우리는 이런 식의 다툼이 자주 벌어졌으리라고 상상할 수 있다.[37] 남자들이 몸싸움을 벌인다. 먼지가 풀풀 날린다. 여자들은 달려들어 남자들의, 그 뭣이냐, 발을 인정사정없이 틀어쥔다. 아니면 이렇게 상상할 수도 있을 것이다. 그 구절의 저자가 마침 그 비슷한 다툼에 휘말린 적이 있어서, 그 어떤 남자도 다시는 그러한 수모를 겪어서는 안 된다는 점을 분명히 해둘 작정으로 그 구절을 적어 넣었다고. 어느 쪽이건 이 구절에 완곡어법이 쓰였다는 사실만은 명백하다. 사실 히브리어 성서에서는 '생식기'를 직접 언급하는 대신에 "수치심을 자극하는 것"이라는 표현을 사용하여 문장을 완성했다.

그렇다면 손은 어떨까? 가끔은 손도 생식기를 뜻하는 완곡어로 사용된다. 하지만 위 구절에 등장하는 손에도 완곡어법을 적용할 수 있을까? 학자들 대부분은 문장을 액면 그대로 해석한다. 법문에는 사건에 연루된 여자의 손을 잘라버려야 한다고 명기되어 있다는 것이다. 눈에는 눈으로, 손에는 손으로. 성서학자 제롬 월시는 다른 시각을 취한다. 이 문장의 손이 실제로는 생식기를 표현하는 완곡어라는 것이다. 그러나 법문은 법을 위반한 여성의 음핵을 절제하라고 명령하는 것이 아니다. 월시는 흔히 '잘라내다'라고 번역하는 히브리어의 의미가 사실은 '깎다'에 더 가깝다고 생각했다. 그리고 문제의 형벌 부분을 '그 여자의 치모를 깎아야 한다'라고 번역했다. 여성이 남성의 생식기를 만져 그에게 수치심을 주었으니, 거꾸로 그 여성도 음모를 제거당하는 치욕을 겪어야 마땅하다나. 고대 이스라엘 민족이 이 같은 상황을 실제로 어떻게 처리했는지 보여주는 역사적 증거는 남아 있지 않다(혹시라도 그런 상황이 정말로 벌어졌다면 말이다). 그런고로 그 법문의 의미를 명지明知할 길이란 없다. 하지만 그 논쟁은 흥미로운 질문을 촉발한다. 특정 언어로 적힌 모든 단어가 다른 무언가를 지칭하는 완곡어일 수 있다면, 그러니까 때로 그런 느낌이 든다면, 그 언어를 번역한 책은 과연 어떻게 읽을 것인가?

너희는 음행이라는 말을 입에 담지 말라

외설어에 관한 한 신약성서는 히브리어 성서에 비해 오히려 더 엄격하다. 신약성서에 등장하는 말하기 지침은 심지어 완곡어법의 사용마저 제한하는 분위기를 드러낸다. 「에페소인들에게 보낸 편지」에서 작자로 추정되는 바울은 "음행이나 온갖 추행이나 탐욕에 찬 말은 입에 담지도 마십시오. 그래야 성도로서 부끄럽지 않을 것입니다. 추잡한 말과 어리석은 이야기나 점잖지 못한 농담 따위도 하지 마십시오. 성도들에게는 어울리지 않습니다. 성도들에게 어울리는 것은 하느님께 대한 감사의 말입니다"(「에페소인들에게 보낸 편지」 5:3~4)라고 가르쳤다. 편지는 그리스도인들에게 단지 이런저런 나쁜 짓을 하지 말라고 명령하는 데 그치지 않았다. 그런 나쁜 짓에 관해 이야기하지도 말라고 조언했다. 음행을 피하는 것으로는 충분하지 않았다. 음행에 관해 말하는 것도 피해야 했다. 이는 그리 지나친 처사가 아니었다. 악행에 연루된 단어들은 그 자체로 불결했기 때문이다. 가령 '욕심'은 나쁜 단어가 아니지만, 그 단어를 입에 올리면 자연스레 그 단어가 표현하는 대상을 떠올리게 되고, 이는 너무도 쉽사리 행동으로 이어질 수 있었다. 하느님은 사람들이 다른 신들의 이름을 언급조차 하지 못하게 했다. 행여 그들이 다른 신들을 숭배할 마음을 품게 될까 염려했기 때문이다. 그와 마찬가지로 「에페소인들에게 보낸 편지」를 쓴 사람들은 일종의 연쇄반응을 우려했던 것 같다. 음행이라는 단어를 언급했다가 음행에 대해 생각하기 시작하고 급기야는 이내, 16세기 스코틀랜드 시인 데이비드 린지 경이 남긴 불멸의 구절을 빌리자면, "마치 격정적인 음행을 일삼는 사람처럼 씹하는"[38] 지경에 이르고 마는 상황을 걱정했던 것이다. 이러한 두려움을 유발하는 언어 이론은 언어학을 비롯한 여러 분야의 학자들이 상소리를 이해하기 위해 종종 사용하는 이론과 정확히 일치한다. 일반 단어들에 비해 비속어는 그것이 표현하는 대상과 좀더 깊이 연결되어 있다고 인식된다는 뜻이다. 또한 「에페소인들에게 보낸 편지」는 모든 단어에 관해 이와 유사한 관점을 넌지시 드러낸다. 「에페소인들에게 보낸 편지」에서 단어와 지시 대상 사이의 연결성은 가히 마술에 가깝다. 어찌나 강하게 연결되어 있는지 단어를 입에 올리기만 해도 십중팔구 그 단어가 지칭하는 행동을 실천하지 않고는 못 배기게 돼버린다는 것이다.

이어 그 구절은 "추잡한 말과 어리석은 이야기나 점잖지 못한 농담 따위"도 하지 말라고 권고한다. 그러한 이야기에는 화자나 청자를 죄악으로 이끌 법한 단어들이 들어가기 십상이라는 것이다. 외설적이고 통속적인 언어는 대개 섹스와 관련해서든 배설물과 관련해서든 다양한 불순함을 표현하는 단어들로 구성되게 마련이니까. 즉 「에페소인들에게 보낸 편지」를 쓴 사람이 그런 단어의 사용을 억제하려 한 데는 꽤 명백한 이유가 있었다. '어리석은 이야기'의 정의는 상대적으로 불분명하지만, 성서 연구자들은 이를 위험한 화제를 끌어오는 거친 익살과 농담 정도로 해석한다. 그런가 하면 이 구절은 '성인 聖人들'의 언어에 관한 신약 특유의 엄격한 요구 사항과도 맥을 같이 한다. 여기서 '성인들'은 오늘날의 상식과 달리, 특히 성스러운 인물뿐 아니라 그리스도인 전체를 가리킨다. 그리스도는 추종자들에게 말했다. "심판 날이 오면 자기가 지껄인 터무니없는 말을 낱낱이 해명해야 될 것이다. 네가 한 말에 따라서 너는 옳은 사람으로 인정받게도 되고 죄인으로 판결받게도 될 것이다."(「마태오의 복음서」 12:36~37) '터무니없다'는 종종 '쓸데없다'로도 번역된다. 즉 그리스도는 사람이 입에 올리는 모든 단어가 유용하기를 바랐다. 외설한 언어나 마음을 다치게 하는 말, 거짓말을 삼가는 정도로는 부족했다. 만약 자신이 하는 말이 자신 혹은 듣는 사람을 더 나은 방향으로 이끌거나 고양시키지 못할 거라면, 그런 말은 애초에 입에 담지 말아야 했다. 성 히에로니

무스는 같은 구절을 이렇게 해석했다. "쓸데없는 단어란, 진지한 문제들은 덮어둔 채 하찮은 사안을 논할 때나 미신을 이야기할 때 쓰는, 화자에게도 청자에게도 무익한 말이다."[39] 이는 신약성서에서 모든 언어를 질책하는 기준이다. 그리스도와 사도들은 외설한 언어 자체에 대해, 진지하거나 유익하지 않은 말에 대해서와 미찬가지로, 그것이 실없는 문답식 익살이건 성행위에 대한 선정적 서술이건 그다지 개의치 않았다. 그럼에도 개중에 유독 더 나쁜 단어들은 존재했다. 단순히 주의를 분산시키는 정도를 넘어 실제로 나쁜 짓을 하도록 충동질하는 언어는 특히 피해야 했다. 같은 지시 대상을 놓고 '씹하기'처럼 외설한 단어를 쓰느냐 '음행'처럼 정중한 단어를 쓰느냐는 크게 중요하지 않았다.

신약이 언어에 대해 취한 입장은 로마 시대나 현대에 비해 중세의 언어 습관에 근본적인 영향을 끼쳤다. 중세 사람들은 금단의 화제를 표현하는 단어들을 일반 단어들보다 더 비속하게 인식함으로써 그 단어들에 더 강력한 힘을 부여했다. 중세의 의학 문헌이 오늘날의 『랜싯Lancet』 지나 『뉴잉글랜드저널오브메디신New England Journal of Medicine』 지라면 절대로 싣지 않을 단어들을 사용한 이유가 어쩌면 여기에 있는지 모른다. 『캔터베리 이야기』에 등장하는 순례자들이 발기한 음경이나 날개 달린 질 형상의 작은 배지를 단 채 묵묵히 길을 걸은 이유도 같은 맥락에서 설명할 수 있을 것이다. 이 내용은 다음 장에서 좀더 자세히 다룰 예정이다. 구약이 언어에 대해 취한 입장은 중세 사람들이 충격적이고 거북한 단어나 위험하다고 여겨지는

단어를 결정하는 실제적 기준이 되었다. 그들이 보기에는 서약어가
바로 그런 단어였다.

3장

상소리, 신을 조각내다

중세

715년 수도승 이드프리스는 경이롭고 야심찬, 이른바 사랑의 수고를 시작했다. 춥고 습하며 바람이 세찬 잉글랜드 동북부 해안의 한 소수도원에서 그는 하느님의 영광을 드높일 선물, 세계에서 가장 아름답고 빛나는 필사본으로 통하는 『린디스판 복음서Lindisfarne Gospels』를 제작하는 일에 자신의 모든 에너지와 장인적 솜씨를 쏟아부었다.[1] 이 정교한 필사본에는 라틴어 성서 『불가타』에 실린 마태오, 마르코, 루가, 요한의 복음서 내용에, 켈트족과 앵글로색슨족의 양식을 조합한 독창적 삽화들이 곁들여져 있다. 약 250년 후에 같은 수도사 공동체에 소속된 사제 앨드리드는 라틴어 텍스트에 영어 주석을 달았다. 현존하는 복음서 가운데 가장 오래된 영역본이 탄생하는 순간이었다.[2] "Liber generationis Iesu Christi filii David Φilii Abraham"이라는 「마태오의 복음서」 첫 구절을 앨드리드는 이렇게 영역했다. "Bóc cneuris haelendes cristes dauides sunu abrahames sunu."

이는 고대 영어다. 현대의 영어 사용자가 이를 온전히 이해하기란 불가능에 가깝다. (『킹제임스 성서』는 이 구절을 "The book of the generation of Jesus christ, the son of David, the son of Abraham"이라고 옮겼다.°) 어쨌건 앨드리드는 작업을 이어나갔다. 라틴어 원문에 그야말로 한 자 한 자 주석을 달아나간 것이다. 이윽고 그는 「마태오의 복음서」 5장 27절, 즉 "'간음하지 마라' 하신 말씀을 너희는 들었다"라는 구절에 접어들었다. 라틴어 원문은 "Audistis quia dictum est antiquis non moechaberis"이고, 『킹제임스 성서』에는 "Ye have heard that it was said by them of old time, Thou shalt not commit adultery"라고 영역된 이 구절을, 앨드리드는 조금 색다르게 번역했다. "Geherde ge forðon acueden is to ðæm aldum ne gesynnge ðu (vel) ne serð ðu oðres mones wif." 즉 "죄짓지 말고, 다른 남자의 아내와 붙어먹지sard 말라고 옛적에 하신 말씀을 너희는 들었다"[3]라고 옮긴 것이다.

이로부터 한참 뒤인 영국 르네상스 시기에 sard의 위상은 오늘날의 fuck보다 아주 조금 나은 정도였다. 예컨대 1530년의 한 영불사전은 sard를 프랑스어로 fuck을 뜻하는 foutre로 정의했으니 말이다.[4] 그렇다면 의문이 생긴다. 어쩌다 sard와 같은 단어가 하필 그

° 국역본 『공동번역성서』는 "아브라함의 후손이요, 다윗의 자손인 예수 그리스도의 족보는 다음과 같다"라고 번역했다.

『린디스판 복음서』에 실리게 된 걸까? 하느님의 영광을 드높이기 위해 그토록 아름답게 공들여 제작한 성서의 라틴어 원문을 사제 앨드리드는 도대체 왜, 요즘 말로 "너희는 너희 이웃의 아내와 씹하지 마라"라는 문장으로 옮겨놓았을까?

그런데 영역 성서에 외설어를 실은 사람은 비단 앨드리드만이 아니다. 그가 번역어로 sard를 선택한 것은 예외라기보다 사실상 규칙에 가까웠다. 가령 그로부터 4세기가 지난 1370년대에 편찬된 『위클리프 성서Wycliffe's Bible』에도 외설어가 심심찮게 등장한다. 라틴어를 모르는 평민이 하느님의 단어를 사제의 도고禱告, 즉 개입 없이도 직접 이해하게 할 목적으로 존 위클리프와 동료들이 제작한 그 영역 성서 덕분에 신자들은 오늘날의 교회에서라면 섣불리 외치기 난감했을 구절들을 몸소 익힐 수 있었다.[5] 가령 "A geldynge, þe ballogys brusyd of kut off, & þe ʒarde kut away, shal not goon yn to þe chirche", 즉 "불알이 터진 사람이나 자지가 잘린 사람은 야훼의 대회에 참석하지 못한다"(「신명기」 23:2)라는 구절이 그러하다. 번제물의 조건을 다룬 「레위기」 22장 24절도 당혹스럽기는 마찬가지다. "너희는 불알이 터졌거나 으스러졌거나 빠졌거나 잘라진 짐승을 야훼께 바치면 안 된다"라니. 미국 영어에서 불알을 뜻하는 balls는 정중한 단어가 아니지만, 그렇다고 특별히 나쁜 단어도 아니다. 반면 영국 영어에서 불알을 뜻하는 bollocks는 예나 지금이나 굉장히 외설스러운 단어로 취급된다. 2000년에 영국인이 뽑은 비속어 순위에서 bollocks는 무려 8위를 차지했다.[6]

또한 『위클리프 성서』를 통해 사람들은 하느님이 자신을 거역하고 불경하게 행동하는 이들에게 어떤 재앙을 예고했는지도 알게 되었다. "야훼께서는 이집트의 악질 종기와 치질과 옴과 습진을 내려 너희를 치시리니 너희가 낫지 못하리라"로 번역돼 있는 「신명기」 28장 27절을 『위클리프 성서』는 라틴어 원문에 충실하게 옮기는 한편, 통속어 하나를 피하기 위해 통속적인 단어 두 개를 추가하는 기묘한 완곡어법을 사용했다. 항문을 비속하게 이르는 영어 단어 arse의 사용을 피하기 위해 "똥 덩어리turds를 싸지르는shat out 신체 기관"이라고 번역함으로써 오히려 turds와 shit이라는 두 비속어를 첨가한 꼴이 되고 만 것이다. 위클리프파는 arse를 써 넣을 베짱이 없었던 걸까? 한데 그게 또 그렇지는 않다. 뒷부분인 「사무엘상」 5장 6절에는 arse가 보란 듯이 등장하니까. "야훼께서는 아스돗 백성을 호되게 치시어 (…) 아스돗에 종기가 돌고 (…)"라는 구절을 그들은 "the Lord (…) smote Azothe and its coasts in the more private / secret part of arses"라는 문장으로 영역했다.

위클리프파가 성서를 자국어로 번역하며 써 넣은 외설어는 이게 전부가 아니다. 그들의 성서는 완곡한 표현을 애용한 히브리어 성서나 (그들이 라틴어 원문으로 활용한) 『불가타』 역본에 비해 오늘날의 기준으로 보아도 훨씬 더 외설스럽다. 문제의 「신명기」 28장 27절의 라틴어 원문은 "Parte corporis per quam stercora digeruntur"다. 따라서 굳이 직역하자면 '변을 퍼뜨리는 신체 기관'이라는 뜻의 'the part of the body by which dung is spread' 정도가 적당할 터였다. 1장에서 살펴보았듯이 라틴어 stercus는 대변을 제법 정중하게 지칭하는 단어이고, 싸지르다shit보다는 퍼뜨리다spread가 더 점잖은 표현이니까. 하지만 위클리프와 동료들은 라틴어에서 고도의 완곡어법을 구사하거나 대상을 굉장히 모호하게 묘사할 목적으로 사용되는 단어들을 구체적이고 위악적인 영어 표현들로 옮겨놓았다. arse와 bollocks라는 단어를 원문에는 없던 자리에 고집스레 끼워 넣으면서까지 이런 과정을 반복하고 또 반복한 것이다.

엄연한 진실을 말하자면, bollocks와 sard는 물론이고 cunt 같은 단어조차도 중세에는 외설어가 아니었다. 일반적으로 중세 잉글랜드 사람들이 생각하는 외설어는 현대의 영어 사용자들이 생각하는 외설어와 같지 않았다. 오늘날 금기시되는 생리작용을 표현하는 단어들은 문자적 의미를 초월하는 힘을 보유했다고, 정중한 대화에는 사용되지 않아야 마땅하다고 여겨진다. 일례로 오늘날의 기준에서 cunt는, 예의 그 스티븐 핑커가 "인간의 주의력을 낚아채고, 불쾌한 함축적 의미들을 고려하도록 강요"한다고 규정한 비속어에 속한다.7 하지만 중세의 기준에서 cunt는 평범한 단어였다. 분명 직설적이었을지언정, 사람들에게 분노와 불쾌감을 안기기에는 역부족이었다는 얘기다. 요컨대 중세 사람들은 현대인이 보기에 상스러운 것들에 놀라 우리만치 무심했다.

그렇다고 중세 사람들에게 비속한 언어라는 개념이 없었다는 뜻은 아니다. 쓸데없는 말에 관한 한 그들은 신약성서의 입장을 견지했다. 중세 사람들이 이른바 '불결한 단어'와 '사악한 단어'에 관해 특히 우려했던 것은 사실이지만, 그들이 생각하는 비속어는 오늘날의 외설어와는 차원이 사뭇 달랐다. '불결한 단어'는 사람을 죄악으로 이끌 수 있는 모든 단어를 의미했다. 앞 장에서도 언급한 바 있는, 도덕적으로 나쁜 영향을 미치는 단어들 말이다. 화자와 청자를 색정, 도둑질, 살인, 도박 등의 사악한 행동으로 이끌 법한 단어들은 모조리 불결한 언어일 수 있었다.

중세의 시각에서 가장 비속하고 위험한 언어는 서약어, 즉 맹세의 말이었다. 중세 시대에는 맹세라는 용어에 매우 특수한 의미가 깃들어 있었다. 그것은 바로 성서적 의미다. 그들에게 맹세란, 하느님을 걸고 하는 서약만을 지칭했다. 신실한 맹세는 안정적인 정부와 사회적 질서의 근간이었다. 반면 그릇되거나 경솔한 맹세, 즉 공허한 맹세는 사회의 안정을 해칠 뿐 아니라 하느님을 다치게 할 수도 있었다. 그리고 성스러움에 대한 이 강박은 가장 지독한 금기들과 가장 자극적인 언어의 출현으로 이어졌다.

이쯤에서 명확히 해두어야 할 부분이 있다. 이 책에서 말하는 중세란 과연 무슨 의미이고, 이 시기에 잉글랜드의 언어학적 상황은 어떠했는가 하는 부분이다.[8] 수백 년 동안 영어는 잉글랜드 사람들이 구사하는 세 가지 언어 중 하나에 불과했다. 게다가 가장 중요한 언어도 아니었다. 잉글랜드에는 세 언어가 공존했다. 언어마다 사용하는 사회계층이 달랐고, 덩달아 언어의 지위 또한 제각각이었다. 라틴어는 배운 사람들의 언어였다. 잉글랜드를 비롯한 유럽 전역의 여러 문학 작가들과 수도승, 서기관, 의사, 철학자 들이 사용하는 국제적인 링구아프랑카였다는 얘기다. 앵글로색슨어, 그러니까 앨드리드가 성서를 번역하며 사용한 바로 그 고대 영어는 6세기부터 노르만족이 잉글랜드를 정복한 1066년까지 나머지 계층이 사용한 주요 언어였다. 노르만족의 정복 이후에는 노르만프랑스어가 권력을 획득했다. 귀족들의 일상어였고, 법정에서도 사용됐으며, 문학적 표현을 풍성하게 하는 언어로도 귀한 대접을 받았다. 반면 영어는 짓밟히고 가진 것 없는 자들의 언어였다. 사자왕 리처드 1세는 셔우드 숲에서 억압받던 용감한 색슨족을 구해낸 인물로 이야기나 영화 속에서 그려지지만, 사실 그는 색슨족과 대화하지 못했을 가능성이 높다.9 구태여 영어를 배운 적이 없었을 테니까.

13세기 말엽, 상황은 바뀌었다. 통치자들은 여전히 프랑스어를 사용했지만, 귀족들에게 프랑스어는 더 이상 일순위로 배워야 할 언어가 아니었다. 성장기에는 영어를 구사하다가 나중에 가정교사를 고용해 프랑스어를 배우는 귀족들도 생겨났다. 권력을 확보하려면 여전히 프랑스어가 필요했기 때문이다. 이 시점부터 영어는 현대 영어와 훨씬 더 유사한 형태를 띠어갔다. 프랑스어의 대거 유입으로 인해 고대 영어가 중세 영어로 탈바꿈한 것이다. 가령 예의 그 "Bóc cneurise haelendes cristes dauides sunu abrahames sunu"라는 950년의 문장이 1370~1380년대에는 "The book of the generacioun of Jheus Crist, the sone of Dauid, the sone of Abraham"이라는 문장으로 바뀌어 있었다. 여전히 쉽게 읽히지는 않지만, 현대 영어의 기원이라고 인정하기에 손색없는 문장인 것이다.

이 책에서 '중세'라고 일컫는 시대는 이 놀라운 변화가 일어난 바로 그 시기다. 어림잡아 천 년에 달하는 이 기간 동안 잉글랜드에는 문화적으로나 언어적으로나 커다란 변화가 있었다. 앨드리드가 살던 시기는 중세 초기가 끝나가던 무렵이다.[10] 전통적으로 중세 초기는 로마 제국이 몰락한 476년부터 1000년까지의 기간을 가리킨다. 그리고 중세 절정기는 1000년부터 대략 1300년까지, 초서의 시대인 중세 말기는 1300년부터 1500년 무렵까지의 기간을 가리킨다.

이 장에서는 중세 전반의 문화적 경향에 대해 다룰 것이다. 하지만 천 년은 기나긴 세월이고, 자료는 턱없이 부족하다. 특히 중세 초기의 자료를 구하기란 그야말로 하늘의 별따기다. 이 장에서 논하는 텍스트의 대부분은 중세 말기로부터 전해진 자료들이다. 르네상스 시대(1500~1660년 무렵)의 자료를 근거로 과거를 유추해야 할 때도 있었다. 시기적으로 현대와 가깝다 보니 남은 자료도 더 풍부하기 때문이다. 그렇게 얻어진 텍스트를 통해 우리는 오늘날 외설어로 분류되는 영어 단어들이 중세 잉글랜드에서는 외설한 언어가 아니었다는 사실을 파악하게 될 것이다. 그러나 중세가 이어진 천 년 동안에도 이미 변화는 일어나고 있었다. 외설에 대한 관념이 오늘날의 그것과 조금씩 닮아가고 있었다는 이야기다. 이른바 '문명화 과정'[11]은 14세기부터 투박하게나마 시작되었고, 역사학자 노르베르트 엘리아스의 말을 빌리면, 문명화 과정에 놓인 사회에서는 에티켓과 예의에 대한 관심이 점차 증가하는 동시에, 신체와 신체의 생리작용을 좀더 철저하게 제어하고 강력하게 금기하려는 경향이 생겨나게 마련이었다. 프로테스탄티즘의 출현과 더불어 청교도주의라는 종파가 생겨났고, 이에 발맞춰 문명화 과정이 전개되면서, 전에는 무해하게 여겨지던 단어들이 점차 외설한 단어로 인식되기 시작했다. 외설어를 인식하는 관점이 점차 현대적으로 변화해간 것이다. 다만 이러한 변화에 대해서는 다음 장에서 자세히 다룰 것이다.

한 물의 사자, 한 믈의 까마귀, 한 주비의 똥줄: 중세의 외설어에 관하여

현대인의 눈에는 외설스러워 보이는 단어들이 중세 영어에서는, 흔한 식물과 동물의 이름에서부터 문법학교의 교과서와 의학 지침서, 문학에 이르기까지 그야말로 온갖 곳에서 얼굴을 내밀었다.

이쯤에서 잠시 숨을 돌리자. 그리고 자연이라는 풍요로운 상점을 가만히 머릿속으로 그려보자. 경이로울 정도로 많은 동식물이 당신의 눈과 지각을 흐뭇하게 할 것이다. 이제 한 연못의 소박한 생태계로 시야를 좁혀보자. 왜가리가 지느러미 달린 먹이를 찾아 긴 다리를 뽐내며 물을 콕콕거린다. 황조롱이가 하늘로 솟구쳐 공중을 떠다니고, 버들여뀌와 현호색은 앙증맞은 분홍빛 꽃송이들로 숲속 연못의 가장자리를 아름답게 장식한다. 키 작은 서양민들레는 환한 꽃송이와 깃털처럼 맺힌 씨앗들로 젊은이들을 기쁘게 한다.•

이 모든 문학적 표현은, 그러나 훗날의 것이다. 중세의 연못은 설혹 시각적 풍경은 같았을지 모르나 청각적 풍경은 위에 묘사한 내용과 사뭇 달랐을 테니 말이다. 물고기를 잡는 현장에는 똥줄shiterow 한 마리가 있었을 것이고, 하늘에는 바람씹꾼windfucker이 날아다녔을 것이다. 영리한똥구멍arse-smart과 씹과갈보cuntehoare는 연못 가장자리를 감싸 안았을 것이고, 잔디밭에는 침대속오줌pissabed이 피어났을 것이다. 소풍 도시락을 가져와 열린똥구멍open-arse(서양모과) 나무 그늘에서 먹을 때면, 발 위로는 오줌진창piss-mire(개미) 몇 마리가 기어 다녔을 것이다. 한데 이 단어들은 외설스럽거나 나쁜 말이 아니었다. shiterow는 왜가리의 흔하고도 평범한 명칭이었고, pissabed는 서양민들레를 뜻했다. 다른 단어들도 마찬가지였다. (왜가리라는 뜻의 영단어 heron은 프랑스어에서 왔다. 1300년대에 앵글로노르만어로 된 단어나 문구들을 영어로 번역한 시인 노미날 시브 베르발[13]은 "un beuee de herouns(a bevy of herons[왜가리 한 무리])"라는 문구를 "a hep of schiterowys(a heap of shitrows[똥줄 한 무더기])"라고 옮겨놓았다. 이러한 그의 번역은 일면 영국의 문화적 열등감이 수 세기 동안 지속된 배경을 설명해주는 듯하다.)

중세에는 거리와 사람들의 이름에도 오늘날 외설하다고 여겨지는 단어들이 포진해 있었다. 13세기의 런던과 옥스퍼드에는 씹더듬는

● 이게 다 알렉산더 포프 탓이다.[12] 아니면 적어도 "지느러미 달린 먹이finny prey"라는 구절 때문이다. 그가 번역한 호메로스의 『오디세이아』에서 우리는 "지느러미 달린 먹이"와 "비늘 달린 족속scaly tribe"이라는 글귀를 만나게 된다. 더불어 우리는 예의 그 족속이 "태양의 밀물을 놓치고 애통해하는" 동안에 "태양이 그 격정적인 광채로 각각의 물고기에게 / 죽음의 형벌을 내리는" 과정을 설명하는 감동적인 글귀들도 만난다. 이런 감수성과 관념에서 비롯된 문학 어법이 상소리에 영향을 끼친 경위에 관해서는 5장에서 자세히 다룰 것이다.

샛길Gropecuntelane이란 이름의 거리가 여봐란듯이 자리했고, 워릭셔에는 똥잘싸는길Schetewellwey(Shitwell way)이라는 거리가 있었다. 몇몇 소도시에는 오줌싸는골목Pissing Alleys도 존재했다. 이러한 거리 이름은 서술적일지언정 경멸적이지는 않다. 옥스퍼드의 Gropecultelane은 실제로 사창가였고, 나머지 거리 역시 이름에 충실했으니까. 게다가 그 이름들은 공식 명칭으로서 지도나 교구 목록, 유서와 같은 법률 문서에 정식으로 기재되었다. 1202년 링컨셔의 법원 기록에는 얼핏 "랜들, 똥을 사랑하는 자"로 읽히는 랜덜푸스 블라 데 사이테브록Randulfus Bla de Scitebroc이라는 이름이 등장하며,[14] 1357년 캔터베리에는 똥 덩어리 토머스Thomas Turd가 살았다. 또한 사방이 후레자식Bastard 천지였다. 심지어 엘리자베스 1세 시대의 제법 유명한 시인 중에는 후레자식 토머스Thomas Bastard 목사도 있었다. (1611년 그의 친구 존 데이비스John Davies가 그에게 보낸 어느 시의 첫 행은 "후레자식Bastard이여, 자네의 그 장난스런 경구시는"[15]이라는 구절로 시작된다.) 어디 그뿐인가. 1장에 등장한 인명들도 잊어서는 안 될 것이다. 씹이 없다는 뜻의 그노카 컨틀리스Gunoka Cuntles도, 씹이 넓다는 뜻의 벨 와이드컨트Bele Wydecunthe도, 씹이 발톱 같다는 뜻의 고드윈 클로컹크트Godwin Clawcuncte도, 씹이 영리하다는 뜻의 로버트 클레브컨트Robert Clevecunt도 모두 잊기엔 섭섭한 이름들이다.

각종 사전과 어린이 라틴어 회화 교과서 『불가리아Vulgaria』도 같은 부류의 단어들로 가득하다.[16] 1500년에 출간된 사전 『어휘의 탄생Ortus Vocabulorum』은 라틴어 vulva를 "anglice a conte", 즉 "영어의 씹cunt에 해당"된다고 정의했다. 옥스퍼드 영어사전에 cunt가 수록된 시기는 그로부터 수백 년이 지난 뒤인데 말이다. 실제로 15세기에는 'cunt'가 vulva를 정의하는 표준 용어였던 듯하다. 필사본으로 제작된 사전 『그림 어휘집Pictoral Vocabulary』에도 vulva가 같은 방식으로 정의돼 있으니 말이다. 15세기의 명사 사전 『명사집Nominale』도 마찬가지다. 어느 교사가 소장하던 이 사전은 들고 다니기 편하게 말려 있었다는 사실로 짐작건대 교실에서 수업 교재로 활용된 듯하다.

arse(또는 ers 또는 ears)도 엉덩이를 지칭하는 표준 용어였다. 가끔 사람들은 외설어가 마치 '앵글로색슨'의 단어인 것처럼 이야기한다. 외설어란 사람들이 지금보다 거침없이 말하던 시기의 속된 유물이라는 생각을 넌지시 내비치는 것이다. 하지만 실제로 앵글로색슨 시대나 중세 초기에 쓰이기 시작한 외설어는 arse와 shit, fart, bollock이 전부다. 영어의 다른 외설어들은 하나같이 더 가까운 과거로부터 전해졌다. 수도원장 앨프릭의 10세기 라틴어–영어 어휘 모음집은 궁둥이를 뜻하는 라틴어 natis를 "ears-lyre(arse-muscle[밑근육])"이라고, 항문을 뜻하는 anus를 "ears-perl(arse-hole[똥구멍])"이라고 설명해놓았다. (앨프릭은 verpus도 똥구멍arse-hole과 동의어라고 간주했는데, 1장에서 보았다시피 verpus는 '발기하거나 할례를 받은 음경'을 뜻한다. 어쩌면 그 성스러운 남자는 자신의 전문 영역을 벗어났는지도 모를 일이다.) 또 다른 초기 어휘집은 항문을 일컫는 라틴어 anus와 culus를 'aners'라고 정의했다. 1483년에 출간된 영어–라틴어 사전 『영어 전서Catholicon Anglicum』에는 심지어 arse와 erse가 나란히 표제어로 실려 있는데,

의미는 같지만 철자가 다른 두 단어를 맞닥뜨렸을 때 독자들이 당황할 것을 우려해서였다. erse wyspe(arse-wisp[밑짚솔])라는 단어가 실린 사전도 있다. arse-wisp는 뒤를 닦을 때 사용하던 지푸라기나 풀 묶음을 가리킨다. 사전 편찬자들은 이 영어 단어의 개념을 라틴어로 번역하는 데 애를 먹었다. 그도 그럴 것이 로마인들은 대개 지푸라기를 쓰지 않았기 때문이다. 그들은 예의 그 막대기 끝에 달린 해면 조각으로 뒤를 닦았다. 하는 수 없이 그들은 erse wyspe를 정의하는 라틴어 단어를 따로 만들어야 했다. 1440년 편찬된 라틴어-영어사전 『어린이를 위한 단어집Promptorium Parvulorum』은 menperium과 anitergium이라는 라틴어 신조어를 소개하며 뜻을 "묶음; 항문닦개anus-cleaner"라고 밝혀두었다.● 모르긴 해도 '컴퓨터'에 해당되는 히브리어 단어를 정하는 작업만큼이나 난감했으리라. (14세기 말의 한 어휘집은 친절하게도 menperium이 들어가는 예문을 제시해놓았다. "Dum paro menpirium, sub gumpho murmurat anus",[18] 해석하자면 "내가 닦개를 마련하는 동안 내 똥구멍은 변소 좌석 아래서 아우성친다"는 문장 되시겠다.)

『불가리아Vulgaria』는 이름값을 해내지 못한 듯하다.[19] 비속한 언어 모음집이 아니었으니 말이다. 사실 오래전 vulgar는 '보통의' 또는 '지방 고유의'라는 뜻이었다. 영어 단어와 구문 들을 조목조목 정리해

● 1976년 로버트슨 데이비스는 자신의 소설 『맨티코어The Manticore』에서 anitergium을 "소품"이라고 창의적으로 잘못 정의했는데,[17] 그로 인해 1988년 피비 네빌이라는 안무가는 무심코 공연 제목을 「Anitergium II Hohodownhownho」, 그러니까 "똥닦개 2, 경쾌한 스퀘어댄스"라고 정하고 말았다.

라틴어 번역과 함께 실은 이 책은, 중세와 르네상스 시대에 7세에서 12세 소년들이 다니던 문법학교에서 교재로 사용되었다. 비록 당시에는 외설하지 않았다 해도 책에 실린 단어의 대다수는 현대로 넘어오면서 통속어로 위상이 바뀌었다. 『불가리아』는 옥스퍼드대 교수 존 스탠브리지가 1509년 무렵에 편찬했다. 책의 첫 부분은 신체의 각 부위를 훑어나가는 것으로 시작된다. 가령 podex는 arse hole로, urina는 piss로, penis는 yard로 정의했는데, 여기서 라틴어 podex와 urina, penis는 모두 입에 올리기 난감한 신체 부위를 정중하게 일컫는 단어들이다. 어쩔 수 없이 말해야 하지만 상대에게 불쾌감을 주고 싶지는 않을 때 사용하는 어휘라는 뜻이다.

　『불가리아』에는 남학생이라면 응당 알아야 할 다양한 문구가 그다지 정연하지 않은 순서로 잇달아 등장한다. 이를테면 이런 식이다. "공부라면 지긋지긋하다. 사는 게 지긋지긋하다. (…) 내 몸은 거의 똥투성이beshitten다. (…) 당신 잇새에 똥 덩어리turd가 (…) 내 칼로 너를 죽이겠다. 그는 한 번이라도 오줌을 싸본pissed 사람 중에 제일 심각한 겁쟁이다." 스탠브리지는 분명 어린 소년들의 흥미를 돋울 만한 화제들을 선정했을 것이다. 비속한 단어로 아이들을 자극하려 들지는 않았으리란 뜻이다. 이 시대의 학교 교육은 도덕성 발달에 초점이 맞춰져 있었다. 라틴어 학습의 일차적 목적 중 하나는 고대의 권위서들을 읽고 그 책들의 미덕을 흡수할 능력을 기르는 것이었다. 따라서 아이들이 덕성을 기르는 데 방해가 될 만한 어휘를 교과서에 실었을 가능성은 희박하다.

'예의범절' 또한 학교 교육에서 중요한 부분을 차지했다.[20] 다양한 상황에 걸맞은 언어와 행동이 무엇인지 학생은 이해해야 했다. 교과 과정의 일부분이 학생에게 예절 감각을 불어넣는 일에 할애된 마당에 굳이 본연의 사명을 저버리고 거북한 언어가 담긴 책을 교재로 활용하는 일은 드물었다. 학교는 종종 공개적으로 비속한 언어에 대한 거부감을 드러냈다. 일례로 더비 소재의 드론필드 문법학교가 작성한 학칙 초안에서는 '거짓말하기, 상말하기, 추잡한 말하기'에 대한 벌로 매질과 추방을 권고했다.[21] 중세의 교사들에게 '비속한 언어'는 걱정거리였다. 하지만 스탠브리지의 『불가리아』로 분명히 알 수 있는 사실은 beshitten이나 turd, piss, yard, arse-hole 같은 단어들이 당시에는 비속한 언어에 속하지 않았다는 것이다. 스탠브리지가 『불가리아』에서 사용한 어휘는 외설어가 아니었다. 오히려 도덕성을 세심하게 발달시키고 기본적 예의범절을 배워나가는 어린 소년들이 쓰기에 적합한 단어였다.•

의학서도 사정이 다르지 않았다. 현대인의 눈에는 외설해 보이는 단어들이 문헌 작성 당시에는 직접적일지언정 튀지는 않는 용어로 간주되었다. 1400년경의 번역본인 『란프랑코의 외과학Lanfranc's Science of Cirurgie』에는 이런 문장이 나온다. "여성의 방광은 경부가 짧고 씹cunt에 단단히 고정되어 있다."[22] 책은 그 밖에도 다양한 의학적 수수

• 스탠브리지가 **실제로** 기피한 어휘는 서약어였다. 그의 기준에서 남학생들이 삼가야 하는 문구는 '당신 잇새에 똥 덩어리turd in your teeth'라기보다는 '하느님의 **뼈**를 두고by God's bones'와 같은 부류였던 것이다.

HOLY SHIT

께끼에 대해 설명한다. 이를테면 남자의 '슈신yard'은 어떻게 두 개의 구멍을, 그러니까 소변용 구멍 하나와 정자용 구멍 하나를 갖게 됐는지, '불알bollocks'은 어떻게 혈액을 모아 정자를 생성하는지, 사고로 음경이 잘렸을 때는 어떻게 해야 하는지 등에 대해서 말이다. (참고로 음경이 잘렸을 때는 장미기름을 "똥구멍ass 주변과 슈신yard 부위에" 바른 다음, 뜨거운 인두로 상처 부위를 지져 출혈을 멈추라고 책은 조언한다.[23] 장미기름이 통증을 완화시킨다나.)

당연한 이야기지만, 중세문학 또한 외설스럽기로 유명하다. 초서의 『캔터베리 이야기』는 야하고 지저분하다. 앞서 살펴보았다시피 소설 속 여관 주인은 한 손님에게 그가 읊는 시의 운율이 "똥 덩어리turd만도 못하다"고 통보한 바 있고, 똥투성이shitten이나 똥구멍arse, 불알coillons('balls'를 지칭하는 또 다른 단어) 등의 어휘도 등장한다. 또한 초서는 '교접하다swive'나 '붙어먹다sard' 같은 단어도 거침없이 사용했다. 두 단어는 1500년대에 fuck이 나타나기 전까지 성교를 직접적으로 지칭하는 대표적 단어였다. 같은 소설의 한 편인 「식료품 조달원 이야기Manciple's Tale」에서 한 등장인물은 다른 등장인물에게 "당신 침대에서 당신 아내가 교접swive하는 것을 내가 봤으니"[24]라고 귀띔한다. 후에 식료품 조달원은 이 이야기의 도덕률을 다음과 같이 설명한다. "사는 동안 그 어떤 남자에게도 절대 말하지 말 것은, 그의 아내가 외간 남자와 어떻게 통정하였는가dight 하는 부분이다." 이 문장에서 '통정하다dight'는 '교접하다'보다는 조금 더 정중한 표현으로, 오늘날의 '놀아나다screw'와 유사하다 하겠다.

이른바 기적극은 어떠했을까? 기적극은 성서 속 이야기를 바탕으로 종교 휴일에 공연하는 연극이지만, 그 안에도 오늘날의 기준으로는 꽤 속된 구절들이 심심찮게 등장했다. 예를 들어 경건한 가장 노아는 아내에게 이렇게 말한다. "입을 다무시구려. 숫양의 물찌똥이여, 안 그러면 내 손으로 직접 다물이주겠소."[25] 그런가 하면 한 목동은 이렇게 말한다. "그 남방식 이빨일랑 빼버리고(남방인처럼 말하는 건 그만두고), 그 자리에 똥 덩어리나 넣으시구려!"[26] 이 모든 사례는 위 단어들이 전통적 관점에서는 도무지 '외설스럽게' 보이지 않았다는 방증이다. 그러한 단어들은 숱한 곳에서 등장한다. 오늘날에는 절대 그 단어들을 찾아볼 수 없을 법한 장소에서 말이다. 더욱이 그 단어들은 누군가에게 충격이나 불쾌감을 안길 의도 없이 무심결에 사용된 듯 보인다. 그저 특정 대상을 지시하는 평범한 단어에 불과했다는 뜻이다.

외설한 '외설어들'

지금까지 논한 단어의 대부분은 오늘날에도 빈번히 사용된다. 하지만 중세 잉글랜드인들은 현대의 영어 사용자들이 볼 때 다소 낯선 단어들도 제법 사용했다. 이 단어들이 오늘날까지 남아 있다면 아마 외설어로 치부될 것이다. 대개가 금기시되는 신체 부위나 생리작용을 지칭하는 토착어이기 때문이다. 그러나 중세 시대에 그런 단어들은 그저 무난한 대화 주제를 직접적으로 지칭하는 용어에 불과했다.

우리는 이미 sard와 swive라는 단어를 마주한 바 있다. (엄밀히 말하면 swive는 외설한 단어가 아니다. 요즘 들어 그 단어는 뭔가 아이러니하게 부활하는 중인데, 특히 인쇄 매체에서 swive는 fuck의 익살스러운 대안으로 활용된다.) kekir와 bobrelle은 짐작건대 음핵을 지칭하던, 지금은 잊힌 단어들이다.[27] bobrelle에 대한 기록은 15세기 『그림 어휘집』에 라틴어 hec caturda에 해당되는 영어 단어로 딱 한 번 소개된 게 전부다. caturda는 15세기 라틴어에서 질의 대음순labia majora과 소음순labia minora, 음핵을 가리키는 용어로 사용되었다. 고로 bobrelle이 여성의 생식기에서 정확히 어떤 부분을 지칭하는지를 정확히 알아낼 길은 참으로 요원하다.

kekir는 음핵의 동의어라는 것이 좀더 분명하게 확인된다. 『그림 어휘집』(제목이 무색하게도 이 책에는 어휘를 그럴듯하게 묘사하는 그림이 단 한 점도 등장하지 않는다)에서는 kekir를 라틴어 "hic tentigo"라고 정의해놓았다. 요검사에 관한 1425년의 한 논문에서도 kykyre를 tentigo를 이르는 토착어라고 소개한다. '못 배운' 이들이 tentigo를 "씹 속의 kykyre"라 칭했다는 것이다. 왜 하필 '못 배운' 이들일까? 조금만 생각해보면 이는 당연한 현상이다. 당시의 식자층은 라틴어 단어를 원어 그대로 구사했을 테니 말이다. 라틴어에서 tentigo는 단단함이라는 뜻을 내포하며, 음핵과 발기한 음경을 동시에 지칭한다.

○ biological homology, 새의 날개와 짐승의 앞다리처럼 생물의 기관이 기능은 달라졌을 수 있으나 발생 기원과 기본 구조가 서로 같은 것.

kekir가 '발기한 음경'을 뜻했을 가능성도 있다는 증거는 종종 발견된다. 1450년의 라틴어-영어 어휘 목록에는 kekyr가 "extensio vel arrectio virilis membri", 즉 "음경의 확대 혹은 발기"라고 정의되어 있다. kekir는 자신의 기괴한 음핵을 삽입에 사용하는 여성에 대한 아리스토텔레스의 두려움을 구현하는 동시에, 진정한 생물학적 상동º을 암시한다. 요컨대 kekir는 여성과 남성 모두의 몸 안에서 발기하는 무언가를 의미했다.

pintel, tarse, ȝerde는 모두 음경을 가리키는 중세의 영어 단어였다.[28] 그중에서도 tarse(또는 ters)는 가장 오래된 단어로 앵글로색슨 시대에 최초로 등장했다. ȝerde(또는 yard)는 본래 완곡어였다. 처음에는 '지팡이'나 '막대기'를 지칭하다가 자신이 에둘러 표현하던 대상을 직접적으로 지칭하는 단어가 되어버린 것이다. 라틴어의 penis처럼. 15세기 초 해부학 교재에 따르면 "yard는 공식적으로 (손가락이나 발처럼 나머지 신체 부위에 봉사하는) 신체 기관"이었다. 또한 "남자들은 ters라는 용어를" 사용했지만 "여자들은 예의상 yard를" 사용했고, "ters의 본기능은 오줌과 고환 내 물질을 배출하는 일"이었다. pintel은 14세기 중엽에 보편적으로 사용된 듯하다. 대개는 ters의 대체어로 쓰였는데, 그로부터 200년 전에는 사람 이름—로베르투스 핀텔 Robertus Pintel, 요하네스 스윗핀텔Johannes Swetpintel—에도 들어가던 단어라는 점을 고려하면 다소 이례적이라 하겠다.

15세기 중엽의 시 「남편들의 물건에 관한 부인 열 명의 대화A Talk of Ten Wives on Their Husbands Ware」에는 pintel과 tarse뿐 아니라 음경을

은유하는 단어들도 더러 등장한다. 시에 나오는 부인 열 명 중에 남편의 음경을 만족스러워하는 이는 아무도 없다. 그녀들은 제각각 신랄한 불만을 토로한다. 남편의 '알맹이meat'가 달팽이만 하다고 말하는 부인이 있는가 하면, 남편의 '물건ware'이 콩 세 알만 하다고 말하는 부인도 있다. 이에 질세라 한 부인은 "내가 가진 것은 정작 필요할 때는 쓸모가 없답니다. '우리집 종마our sire'의 바지가 찢어질 때, 그이의 남근은 구더기처럼 빼꼼 이마만 내미니까요"라고 말한다. 다섯 번째 부인은 한술 더 떠서 이렇게 불평한다. "'우리집 종마'는 사슴처럼 새끼를 낳는답니다. 수사슴처럼 한 해에 딱 한 번만 tarse를 적시거든요(사정하거든요)." 이 시구들은 확실히 모욕적이다. '남근이 구더기 같다'라니. 그러나 이러한 어휘도 당시에는 외설적이라고 간주되지 않았다. 물론 pintel과 tarse가 직접적인 표현임에는 틀림없다. 선술집에 다니는 이 여인네들이 말을 돌려했을 리 만무하니까. 하지만 이 두 단어가 다른 부인들이 남편의 음경을 은유하며 사용한 meat이나 ware보다 더 심한 표현이라는 단서는 이 시 어디에서도 발견되지 않는다. 특히 pintel은, 앞서 보았다시피 의학 용어이기도 했다. 요컨대 pintel의 지시 대상을 비난할 수는 있을지언정 단어 자체를 비난할 수는 없다는 이야기다.

중세의 말싸움

오늘날 우리가 외설하다고 규정하는 단어의 대다수가 중세 잉글랜드에서는 그저 시원시원하고 직접적인 표현에 불과했다면, 그 시대의 사람들은 대체 어떤 말로 서로를 모욕했을까?[29] 700년 전 사람들은 서로에게 모멸감과 불쾌감을 주기 위해 무슨 말을 했는지 궁금하다면, 명예훼손defamation이나 구두명예훼손slander과 관련된 법정 기록을 찾아봐도 좋을 것이다. 그들이 오만불손한 단어(contumelius words, 옥스퍼드 영어사전의 정의에 의하면, "비난받아 마땅한, 망신과 굴욕을 수반하는 경향이 있는" 단어), 욕지거리, 소송 교사(거짓으로 소송을 제소하는 것, 그리고 더 일반적으로는 사회적 물의를 일으키는 행동)로 타인을 공격한 기록을 살펴보는 것이다. 이는 모두 말로써 저지르는 범죄들이다. 권위를 모욕하거나 누군가의 개인적 평판을 깎아내리는 행위인 것이다. 문서명예훼손libel도 있다. 대개 법정 기록은 프랑스어나 라틴어로 작성됐고, "얼리셔 갈렉Garlek이 윌리엄 와이프테일Wipetail에게 욕지거리를 했다"라든가 "로저러스 프라이크프라우드Prikeproud는 '천박한 소송 교사자'다"처럼 단순하게 진술하는 사례도 적지 않았다. (셋 다 중세에 실제로 존재했던 이름들이다. 군이 해석하자면 얼리셔의 성은 '마늘', 윌리엄의 성은 '좆을 닦다', 로저의 성은 '자지의 자부심' 되시겠다. 참고로 중세 영어에서 tail은 음경과 질을 동시에 일컫는 용어였다.) 그러나 가끔은 소송의 원인이 된 단어들을 서기들이 기입해두는 경우도 있었다. 이를 단서로 우리는 중세 잉글랜드 사람들이 사용하던 모욕의 언어를 조금이나마 짐작할 수 있다. 가령 여성을 모욕할 때는 갈보whore처럼 성적인 부도덕성을 비난하는 단어가 주로 사용되었다. 남성을 모욕할 때에는 거짓된false, 도둑thief, 강도robber, 파렴치한knave처럼 상대의 부정직성을 비난하는 단어가 주로 사용됐다. 빅토리아 시대의 법학자 프레더릭 윌리엄 메이틀랜드는 13세기 영주 재판소의 수많은 소송 기록을 책으로 출간했고, 라틴어로 된 소송 기록 원본을 중세 영어로 번역했다.[30] 그가 남긴 자료들 속에는 1249년에서 1294년의 구두명예훼손 관련 소송 기록도 포함돼 있는데, 그중 여섯 건은 절도나 그 밖의 부정행위를 했다고 매도당한 남자들이 제기한 소송이었고, 한 건은 meretrix(매춘부)라 불린 한 여인이 제기한 소송이었다. 구두명예훼손의 내막이 정확히 밝혀져 있지 않은 소송도 한 건 포함돼 있다.

중세 후기의 문서들은 욕설에 관한 좀더 생생한 기록을 담고 있다.[31] 사건의 내용을 라틴어나 법률용 프랑스어 대신 영어로 기술하기 시작했기 때문이다. 한 가지 예를 들어보자. 1497년 런던에서는 조앤 로커가 명예훼손 혐의로 기소되었다. 사람들이 보는 데서 조앤 세바에게 이렇게 말했다는 이유에서였다. "너는 지독한 갈보whore에 지독한 창녀harlot야……. 집에 가, 이 지독한 갈보야. 가서 너희 집 아주머니한테 기저귓감이나 준비하라고 해. 나는 뱃속에 애가 있지만 어쨌거나 넌 하나 낳았잖아. 너 여기서 통정했지dight(놀아났잖아screw), 다리는 여기, 발을 여기 놓고 말이야."[32] 유사한 사건으로, 1496년에 엘리자베스 와인스는 재산 문제로 이웃 에드워드 해리슨과 다투다 그에게 이렇게 독설했다고 한다. "내가 보니 당신은 거짓된 인간에 거짓된 부랑자harlot로군요." (창녀라는 뜻의 harlot은 본래 '거지나 방랑자'를 뜻하는 단어였다. 가령 1360년경에 출간된 『아서의 죽음Morte Arthure』에는 다음과 같은 구절들이 등장한다. "부랑자harlot와 하인 들은 거의 보탬이 되지 않을 것인즉 — / 그러므로 사람들은 그들을 재촉할 것이다." 1400년 무렵에는 harlot이라는 단어에 남성 예능인, 어릿광대, 이야기꾼이라는 의미가 추가되었다. 두 경우 모두에서 harlot은 낮은 사회적 지위를 가리키는 용어이자 오직 남성에게만 적용되는 용어였다. 문학평론가이자 작가인 C. S. 루이스는 이러한 현상을 "지위어의 교화the moralisation of status words"라고 일컬었다.33 "본래 사람의 신분—법적 혹은 사회적 혹은 경제적 지위, 그리고 이들 지위에 부여된 자격—을 지시하던 단어들은 특정 기질과 행동 유형을 대표하는 단어로 변화하는 경향"이 있어서, "우월한 지위를 암시하는 단어들은 찬사의 용어로, 열등한 지위를 암시하는 단어들은 반감의 용어로 변화할 수 있다"는 것이다. 루이스가 지적한 것처럼, 과거에 높은 사회적 지위를 대변하던 noble이나 gentle과 같은 단어들은 현대로 넘어오면서 도덕적으로 선한 기질을 가리키는 단어로 변화했다. 반면에 villein(토지 자유 보유권이 없는 차지인)이나 churl(귀족이나 성직자가 아닌 사람), knave(사내아이), caitiff(포로나 노예), wretch(유배자) 같은 단어들은 악한 기질을 가리키는 단어로 변화했다. 이러한 단어들은 문헌학자들의 말을 빌리자면, 타락의 길을 걸었다. 모멸이나 맹비난의 용어로 변화해간 것이다. 비슷하게 harlot은 부정적인 의미를 갖게 되었다. 14세기 중엽에 harlot은 『중세 영어 사전Middle English Dictionary』에도 적혀 있듯이, 방탕한 습관을 지닌 남성을 지칭하는 용어로 쓰이기 시작했다. 그러다 차츰 부정적인 뜻이 더해지면서 여성을 모욕하는 용어로 변질된 것이다.)

가끔은 남성을 모욕할 때도 성적인 용어들을 사용했다. 바람난 아내를 둔 남편을 지칭하는 cuckhold나 사생아whoreson, 뚜쟁이 whoremonger가 바로 그런 용어들인데, 가령 토머스 와이버드라는 사람은 "사생아에 뚜쟁이 사제"라는 말로 윌리엄 리처드슨이라는 남성을 공격했다. 짐작건대 와이버드는 리처드슨이 문자 그대로 행실이 나쁜 여자의 아들이라거나 매춘부 여럿을 거느리고 있다는 뜻으로 그런 말을 내뱉지는 않았을 것이다. 그저 상대를 깎아내리기에 가장 효과적인 방법을 찾다가 저 표현을 떠올렸을 공산이 크다. 와이버드가 살던 사회는 혈통과 여성의 순결, (적어도 원칙적으로는) 남성의 성적 금욕을 중시하는 사회였고, 매춘이라는 개념은 모멸적 용어의 난잡한 기원을 증명하기에 안성맞춤이었을 테니까. 어쩌면 사소한 외설어조차 사용하지 않고 오만불손한 단어만으로 남을 공격한다는 발상이 오늘날의 영어 사용자들에게는 무척 생소하게 느껴질 것이다. 하지만 1200년부터 1500년까지의 법정 기록들에서 알 수 있듯이 중세 잉글랜드 사람들에게 "당신은 매춘부의 거짓된 호색가 아들이오" 정도면 상대방이 소송을 걸기에 충분할 만큼 모욕적인 말이었다.[34]

사생활과 음경들

다음 쪽의 사진은 14세기 말 순례자 배지의 모습이다. 이와 같은

왕관을 쓴 여성 외음부를 남근 셋이 가마에 태우고 가는 상.

HOLY SHIT

배지를 순례자들은 성지를 방문했을 때 기념으로 구입해 모자나 의복에 달고 다녔다.[35] 이 배지들 중에는 성인의 이미지라든가 종교적인 모토, 그리스도가 못 박힌 십자가상처럼 성스러운 여정에 더 걸맞아 보이는 모티프를 구현한 것들도 더러 있다. 하지만 대부분은 사진 속 배지와 더 닮아 있다. 날개 달린 남근상이 있는가 하면, 여성의 외음부가 말을 타고 사냥을 하거나 사다리를 오르는 상도 있고, 여성의 외음부나 남근이 날개를 단 채 'pintel in'이라는 글자가 새겨진 왕관을 쓰고 있는 상도 있다. 이처럼 대조적인 외형에도 불구하고 이 모두는 기독교의 성스러운 물건이었다. 그러한 배지들은 액막이의 힘이 있어, 로마 소년들이 착용하던 남근상 목걸이처럼 시기와 악의 시선으로부터 사람을 보호하는 기운을 품고 있다고 여겨졌다. 고대 이탈리아 전원의 결혼 축제에서 불리던 노래들과 마찬가지로 그 배지들은 조롱을 통해 순례자들과 그들을 순롓길로 이끈 신성한 유물을 보호했다. 가령 위 사진 속 배지는 성모 마리아의 성상들을 가마에 태우고 가는 행렬을 패러디한 것이다. 12세기 무렵 세워진 교회들에서도 유사한 상들을 발견할 수 있다. 실라나기그sheela-na-gig라는, '벌거벗은 채 자신의 생식기를 드러낸 여성들을 조각한 석상'과 더불어, 커다랗게 발기한 음경을 가진 남성들의 조각상도 찾아볼 수 있다. 여기에는 외설에 대한 로마 제국 특유의 감각이 깃들어 있다. 외설을 종교적 기능과 연계함으로써 상스러움과 성스러움을 결합시킨 것이다.

로마 시대 종교에 내재하는 외설성이 무색하게 14세기의 순례자 배지들은 공식적인 인가를 받지 못했다. 예컨대 14세기 말 파리 대학의 총장은 "교회에서나 교회 축제 기간에 판매를 위해 전시되는 뻔뻔하게 벌거벗은 조각상들"[36]이라며 그러한 배지들을 폄하했다. 그 배지들은 '정통' 종교와 배치되는 대중 종교의 표상이었다. 가령 이스라엘 민족의 아세라 숭배처럼 말이다. 게다가 교회는 중세 잉글랜드 사회에서 '사적인' 신체 부위를 전시하는 유일한 장소로는 어울리지 않았다.

앞 장에서 우리는 '사람들 앞에서 행하기에 부끄러운' 것과 '대놓고 말하기에 부끄러운' 것 사이의 연결성에 대해 논한 바 있다. 르네상스의 위대한 인본주의자 에라스뮈스의 글에도 그런 내용이 등장한다. 그렇다면 중세 시대에는 과연 무엇이 사람들 앞에서 행하거나 보여주기에 부끄러운 것으로 취급되었을까?

간략하게 말하자면, 그런 것들은 그리 많지 않았다. 우리가 아는 식의 사생활은, 심지어 부유한 이에게조차 전무하다시피 했다.[37] 가장 이른 시기에 지은 집들은 중앙의 대형 홀과 몇몇 별채로 구성돼 있었다. 생활의 대부분이 그 대형 홀에서 이루어졌다. 이를테면 방문객들은 그곳에서 연회를 즐겼고, 음식은 그곳에서 (방 중앙에 크게 피운 모닥불 위에서) 조리해 먹었으며, 재판은 저택 내 법정에서 치러졌다. 또한 듣자하니 그 대형 홀은 사람들이 오늘날에는 대개 기를 쓰고 감추려 드는 생리작용을 공개적으로 수행하는 장소이기도 했다. 에라스뮈스는 『소년들의 교양에 관하여De civilitate morum puerilium』라는 저서에서 "소변이나 대변을 보는 사람에게 인사를 건네는 행동은 예의에 어긋난다"[38]는 의견을 밝혔다. 이는 곧 1530년이라는, 헨리 8세가 권좌에 있던 제법 느지막한 시기에도 대소변 용무에 힘쓰는 사람들을 행로에서 마주치거나 그들과 대화를 나누는 일이 다반사였음을 암시한다. 16세기에 유래된 다음 두 가지 법규는 이와 같이 입심 좋은 해우인解憂人들이 맞닥뜨렸을 법한 상황을 구체적으로 설명해놓았다. "대저택에 출입한 경험이 없거나, 세련되고 고결한 이들과 더불어 살고 있지 않은 시골뜨기처럼 숙녀들 앞이나 대저택의 크고 작은 방들의 문과 창문 앞에서 수치심이나 자제심을 잃고 용변을 보아서는 안 된다."[39] 또한 "누구든지 식사 전이나 도중이나 후에는, 때가 이르건 늦건, 소변을 비롯한 오물로 계단이나 복도, 벽장을 더럽히지 말고 오직 적절하게 지정된 장소에서만 용변을 해결해야 한다". 이러한 법규들은 1500년대의 것들로, 당시의 사람들이 여전히 바닥과 구석을 용변 장소로 애용하고 있었고, 그러한 행동이 점차 사회문제로 대두되기 시작했음을 단적으로 보여준다. 이전까지만 해도 사람들은 그런 행동을 대수롭지 않게 생각했다.

중세 전성기인 1100년에서 1300년까지 대형 홀에서 열린 만찬회의 풍경을 중세의 이런저런 품행 지침서에 나오는 구절들을 단서로 재구성해보겠다.[40] 우선 음식을 집을 때는 대개 손가락이나 칼을 이용했다. 포크는 알려지지 않았거나 동부 사람들의 허식쯤으로 여겨졌다. 요리를 식탁에 돌리면 사람들은 주어진 쟁반에, 그러니까 두껍게 썰린 묵은 빵 조각 위에 저마다 음식을 담아 손으로 즐겼다. 수프와 음료는 식탁 아래로 돌려졌는데, 사람들은 그것을 입에 대고 홀짝이거나, 더러는 숟가락으로 떠 마셨다. 또한 보아하니 당시 사람들은 침을 뱉고자 하는 욕구를 현대인보다 훨씬 더 자주 느꼈고, 그런 욕구에 사로잡힐 때면 어디에든, 세숫대야든 식탁 위든 식탁 너머든 가리지 않고 침을 뱉었던 것 같다. 하지만 실제로 침을 뱉어도 예의에 어긋나지 않는 유일한 장소는 바닥뿐이라고 품행 지침서들은 주장했다. 1430년에 발행된 『품행의 서Boke of Curtasye』 속 경고에 따르면, "식탁 너머나 식탁 위에 침을 뱉는 행위는 예의 없는 처신으로 인식"되었고, "식사를 마치고 씻을 때는 대야에 침을 뱉거나 주변에 물을 튀지 말아야" 했다.[41] 몸 안에 '바람'을 담아두면 건강에 해롭다고 여긴 탓에, 식탁에는 짐작건대 방귀와 트림 소리가 난무했다. "사람 얼굴 근처에 대고 썩은 술 냄새를 풍기며 트림을 해서는 절대로 안 되며, 그런 식으로 냄새 고약한 바람을 내뿜는 행위는 근절해야 한다"는 인식이 비로소 생겨난 시기는 1577년, 그러니까 셰익스피어가 『뜻대로 하세요As You Like It』에서 "좋은 매너에 도움이 되는 책"이라고 언급한 서적 중 하나로 추정되는 지침서 『양육의 책Book of Nurture』을 휴 로즈가 발표한 이후부터였다.[42] 대부분의 홀 바닥에는 골풀을 흩어놓았고, 골풀은 매주, 심지어는 매일 교체하여 깨끗하고 신선한 냄새가 나도록 유지해야 했지만, 이상과 현실은 달랐다. 1500년대 초 네덜란드에서 잉글랜드로 이동할 때 에라스뮈스가 쓴 글에는 "바닥도 일반적으로는 진흙을 깔고 그 위에 습지에서 채취한 골풀을 덮어두었다가 때때로 새것으로 갈아준다고 하지만, 기층은 때로 20년 동안 그대로 놓아두는 탓에 그 아래에는 침과 토사물, 개의 오줌과 사람의 소변, 맥주 찌꺼기, 버려진 생선 부스러기를 비롯해 차마 입에 담기 곤란한 오물들이 부패한 채 남아 있다"[43]고 적혀 있다.

저녁이면 대부분의 가정에서는 역시나 그 홀에서 잠을 청했다. 예의 그 달큰한 냄새를 풍기는 골풀에 파묻힌 바닥에서, 혹은 800년경 앵글로색슨의 서사시『베어울프Beowulf』의 다음 구절들에 묘사된 벤치 위에서.

오래지않아 베어울프는
침상을 갈망하여 그의 홀 벤치에 몸을 맡긴 채
혜오롯(홀)에서 기꺼이 잠에 빠져들었다
다시 한번 그 웅장한 방의 밤손님이 되어
그 데인인들의 근시 무사는 그들의 욕구를 배려해
마지막 여러 잔을 견뎌낼 벤치 덮개를 깔아
넓은 홀에 밤의 휴식을 준비했고
고결한 이는 잠이 들었다, 지붕이 뾰족한 홀에서[44]

영주 부부의 방은 홀의 맨 앞쪽에 따로 마련되었고, 처음에는 커튼으로만 가려진 구조였다가, 13세기 무렵부터는 햇빛이 드는 독립된 침실 겸 거실로 변모한 듯하다. 하지만 그때까지도 이런 방들은 오늘날 우리가 생각하는 사적인 공간이 아니었다. 하인들은 대개 남녀가 같은 방에서 잤고, 주인들도 마찬가지였다. 또한 대부분의 사람이 벌거벗은 채 잠을 잤다는 사실과 한 역사학자의 글을 감안하면, "사람들이 완전히 벌거벗은 장면은 16세기까지만 해도 일상적인 풍경이었다".45 여자 하인들은 남자 주인의 목욕을 도왔고, 남자 하인들은 여자 주인의 목욕을 거들었다. 이렇듯 여러 사람이 함께 벌거벗은 채 있는 광경은 중세 잉글랜드인들이 타인의 성관계 장면을 현대인보다 더 자주 목격했으리라는 짐작을 가능케 한다. 그리고 이러한 짐작은 아마도 사실인 듯하다. 역사학자 루스 매조 캐러스는 "중세인들이 성행위를 재현한 장면을 보았을 가능성은 현대인보다 훨씬 더 낮을지 몰라도 실제 성행위가 이뤄지는 광경을 목격했을 가능성은 훨씬 더 높을 것"46이라고 썼다. 간음죄 입건은 목격자에 의해 입증되었고, 비밀 결혼은 당사자들의 성관계 장면을 본 누군가로 인해 법적으로 유효한 관계로 판결되었으며, '매춘 행위'에 대한 명예훼손 소송은 피고의 범행 현장을 목격한 사람이 있는지 여부에 따라 범죄 사실의 인정 여부가 결정되었다. 한 노인과 상속녀—성인이었는지는 확실치 않다—사이의 비밀 결혼에 관한 1366년의 소송47에서는 두 사람이 육체적으로 부부의 연을 맺었다는 판결이 내려졌는데, 그것은 여자 쪽의 친구 조앤이 두 사람과 한 침대에 누워 있다가 "그들이 함께 사랑을 나누는 듯한 소음을 들었고, 앨리스가 존의 육체노동으로 인해 자신이 다쳤다는 식으로 조용하지만 강한 어조로 두세 번 불평하더라" 하고 진술했기 때문이었다. 이는 변태적인 상황이 아니었다. 그만큼 중세 커플의 사생활에는 제약이 따랐던 것이다. 두 여인은 한 침대를 공유했고, 부부에게는 단둘이 함께할 장소가 따로 없었다.

이러한 행동들—무분별한 침 뱉기, 용변, 사람들 앞에서 음행하기—은 역사학자 노르베르트 엘리아스가 "수치심과 반감의 낮은 문지방"이라고 규정한 것과 밀접한 관련이 있다.[48] 엘리아스에 의하면 중세에는 "오늘날 인간의 몸과 몸 사이에 높이 솟아올라 인간을 인간으로부터 밀어내고 가르는 듯한, 보이지 않는 정서의 벽이 결여돼 있었다". 중세 사람들에게는 현대인이 "타인의 이런저런 생리작용을 쳐다보는 것만으로, 또 가끔은 그저 언급하는 것만으로도 느끼는 당혹감이나, 자신의 생리작용이 타인의 시선에 노출될 때 느끼는 수치심"이 결여돼 있었다. 당시 사람들은 지금 우리가 (정중하게 보이기 위해) 되도록 감추려 드는 스스로의 행동이나 언어를 자유롭게 실행하고 말할 수 있었다. 오늘날 외설한 단어들이 중세에는 외설하지 않았던 이유가 주로 여기에 있다. cunt와 sard와 shit의 지시 대상들이 긴장을 유발하는 정도가 훨씬 덜했던 것이다. 딱히 금기시할 필요가 없었다고 할까. 그러니 단어 자체의 힘도 더 약할 수밖에 없었다.

하지만 그렇다고 이런 단어들이 모욕이나 농담의 용어로 결코 쓰이지 않았다는 뜻은 아니다. 가령 배설물은 700년 전에도 지금과 똑같이 불쾌감을 유발했고, 싫은 감정을 전달하기에 더없이 유용했다. 부패한 사제들을 비판하고 싶을 때면 초서는 "똥투성이 목자와 깨끗한 양"[49]을 보기가 부끄럽다고 썼다. 앞서 우리는 기적극 속의 인물들이 배설물을 사용해 서로를 모욕하는 대목을 살펴보았다. 극 속에서 노아는 아내를 "숫양의 물찌똥"이라고 불렀다. 초서의 『캔터베리 이야기』중 「방앗간 주인 이야기」에 나오는 한 유명한 희극적 에피소드에서는 니컬러스와 앨리슨이 교회 서기 압솔론을 속여 앨리슨의 "벌거벗은 똥구멍"에 입을 맞추게 만들었다.[50] 압솔론은 자신이 엉뚱한 부위에 키스했다는 사실을 '거웃'의 감촉을 단서로 알아챘다. 하지만 이야기의 해학은 굴욕이나 인과응보에 있지, 외설어에 있지 않다. 똥구멍arse 자체는 농담의 핵심 단어가 아니다. 초서는 엉덩이buttocks나 꽁무니tail라는 단어로도 비슷한 웃음을 유도할 수 있었다. 물론 arse를 사용함으로써 글이 단순명쾌해지기는 했지만. 마찬가지로 초서는 "똥투성이shitten 목자"라는 구절을 '더럽혀진befouled 목자'나 '지저분한filthy 목자'로 간단히 대체할 수 있었고, 노아의 아내는 남편이 자신을 거짓말쟁이나 갈보처럼 진정으로 거북한 용어로는 부르지 않았다는 사실에 감사해야 했다.

그렇다고 중세에 모든 단어의 사용역이 같았다거나, 작가들이 표현하고자 하는 바에 따라 다양한 동의어 중에서 어감이 남다른 단어를 골라 쓸 수 없었다고 말하려는 것은 아니다. 초서는 그럴 수 있었고 실제로 그렇게 했기에 초서의 작품은 그토록 풍요로울 수 있었다. 사실 『캔터베리 이야기』에서 단연 눈에 띄는 단어는 「배스 부인의 이야기」에 등장한다.[51] 이야기 속에서 부인은 자신의 여성성을 상징하는 신체 부위를 "queynte(괴짜quaint)"라고 일컫는다. 저명한 초서 연구가 래리 벤슨은 유수의 학자들이 밝혀낸 내용을 근거로 queynte가 "현대어에서 씹cunt에 해당되며", 당시에 "질을 일컫는, 통속적이지만 평범한 단어"였다고 이야기한다. 배스 부인의 언사는 뻔

뻔하고 외설스러웠다. 질을 가장 거북하게 지칭하는 이름 queynte를 입에 올렸으니까. 하지만 이미 살펴본 바와 같이 설령 그녀가 cunt라고 말하고 싶었다 해도 쉽게 그럴 수는 없었을 것이다. 『캔터베리 이야기』가 집필될 당시에는 단연 queynte가 보편적인 용어였으니 말이다. (다만 한 필사본에서는 그녀가 queynte 대신 conte라고 말하고 있다.52) 하지만 무엇보다 배스 부인은 자신의 말이 세련되게 들리기를 원했다. 그래서 프랑스어에서 유래한 완곡어법을 구사한 것이다. '괴짜'를 뜻하는 queynte뿐 아니라 '우아하고 기분 좋은 것'을 뜻하는 bele chose라는 표현도 사용했으니까. 벤슨은 많은 이의 믿음과 달리 queynte가 "cunt라는 현대 외설어의 전신"이 아니었다고 주장한다. 심지어 질을 일컫는 평범한 단어도 아니었다는 것이다. 벤슨의 견해에 따르면, 배스 부인은 "더럽게 이야기"하고 있지 않았다. 그녀는 "귀엽게 이야기"하고 있었다. cunt를 입 밖에 내지 않고 문제의 비속어를 수줍게 피해갔던 것이다.

　queynte가 외설어였다고 학자들이 믿고 싶어하는 이유는, 그 단어가 중세에 대해 우리가 가진 이미지들, 앞서 살펴본 상당한 진실을 내포하는 그 이미지들과 근사하게 어울린다는 데 있다. 실제로 작가들은 오늘날 외설스럽다고 간주할 법한 단어들을 숱하게 사용했고, 이야기의 줄기는 우리에게 충격과 끝내주는 재미를 번갈아 안기기에 부족함이 없었다. 그러나 중세 작가라고 해서 항상 '더럽게 이야기'하지는 않았다. 고급한 용어와 저급한 용어를 저울질해가며, queynte와 cunt 사이에서 적절한 단어를 선택한 것이다.

더럽게 더러워서 더러운 말

그렇다면 중세 잉글랜드에서 '비속한 언어'란 과연 무엇이었을까? 당시의 종교 작가 중에는 비속한 언어 몰아내기 운동을 주도한 이들이 있었다. 그들은 '불결한 말'이나 '악랄한 말' '음란한 말'에 혐오감을 드러냈다. '불결한 말'이 정확히 외설어를 뜻하지는 않았다. 사람들을 죄악으로 이끌 가능성이 잠재된 낱말은 모두 불결한 단어였다. 중세 잉글랜드 사람들은 '더럽게 말하기'에 대해 신약성서적인 태도를 보였다. 「에페소인들에게 보낸 편지」에 나와 있듯이 "불결한 언어"의 문제는 그것이 충격적이라거나 거북하다는 데 있지 않았다. 사람들을 지옥으로 향하는 내리막길의 초입으로 이끈다는 데 있었다.

당연하게도, '불결한 언어'가 무엇이었고 왜 위험했는지에 관한 설명은 이른바 목회자 교재에서 심심찮게 찾아볼 수 있다.[53] 목회자 교재란 박식한 성직자들이 작성한 일종의 설명서로, 자칫 죄악으로 이어질 수 있는 다양한 방법을 분류하는 한편, 구원을 받는 유일무이한 방법을 정확히 알릴 목적으로 고안되었다. 개중에는 이를테면 적그리스도의 본성에 관한 철학적 주장을 거창하게 담은 글도 더러 있었지만, 대부분은 교구민들의 영혼을 보살피고 싶으나 학식이 부족한 사제들이 읽으면 도움이 될 만한 내용으로 채워져 있었다. 교재들은 충만한 고해성사에 관해 논하는가 하면, 천국의 기쁨과 지옥의 공포를 묘사했다. 그리고 보통은 간음과 절도, 살인부터 푹신한 침대에서 즐거워하기, 무릎 꿇을 때 푹신한 자리를 지나치게 밝히기에 이르기까지, 치명적인 죄와 가벼운 죄를 조목조목 나열했다. 또한 상당 부분을 '혀로 짓는 죄'에 관해, 그러니까 어떻게 하면 단어 자체가 죄가 될 수 있고, 어떻게 하면 그 단어들을 입 밖에 내뱉었을 때 훨씬 더 나쁜 죄를 짓게 되는지에 대해 설명하는 데 할애했다.

만약 목회자 교재의 작가들이 외설어를 각별히 신경 써야 할 문제라고 생각했다면 그 부분을 어떻게든 명확히 해두었을 것이다. 그들은 성 아우구스티누스를 알았고 공경했다. 그 로마의 (좀더 정확하게는 로마 제국 말기인 354~430년의) 종교학자는 저서 『신의 도성City of God』에서 외설어가 에덴동산에서 인간이 추방당한 결과로 발달했다고 주장했다. 하느님이 선악과를 먹은 아담을 벌했을 때 아담은 음경을 손발 다루듯 의지에 따라 제어하는 능력을 상실했다.[54] (어떤 사람들은 다양한 신체 부위를 거의 자유자재로 다룰 수 있어, 마음먹기에 따라 냄새나지 않는 방귀 소리로 "노래"할 수도 있다고 아우구스티누스는 적었다.) 대신에 아담은 욕망에 굴복해야 했다. 때로 그의 몸은 그가 원하지 않아도 발기했으며, 그가 원해도 협조를 거부했다. 성 아우구스티누스가 보기에 이는 수치심의 기원이었다. 바로 그 수치심이 특정 단어들을 외설스러운 언어로 만들었다는 것이다. 에덴동산에는 "외설하다obscena고 할 만한 단어가 존재하지조차 않았거니와, 이처럼 은밀한 주제에 관한 모든 대화는 다른 신체기관에 관한 대화만큼이나 점잖은 축에 속했을 것"이라고 그는 추측했다.

이 고분고분하지 않은 신체기관에 대한 아우구스티누스의 희망 섞인 견해를 아는지 모르는지 목회자 교재들은 외설어에 대해서는 논의하지 않았다.[55] '혀로 짓는 죄'의 목록에 포함시키면 알맞을 듯싶은데 말이다. 15세기 초에 출간된 『기독교도의 거울Speculum Christiani』은 인간이 혀로 인해 곤경에 처할 수 있는 상황들을 지나치리만치 꼼꼼하게 정리해놓았다. 하지만 외설어에 관해서는 단 한 마디도 적혀 있지 않다.

이것들은 입으로 짓는 죄악의 목록이다. 무절제하거나 불법적으로 시음하거나 식사하거나 음주하기, 한가하게 잡담하기(수다 떨기), 매춘과 관계된 용어로 말하기, 하느님의 거룩한 이름을 무의미하게 입에 올리기, 거짓말, 거짓(약속), 무의미한 맹세하기, 거짓으로 맹세하기, 모략하거나 멸시하기, 저주하기(악담하기), 험담하기, 불화의 씨 뿌리기, 그릇되게 판단하기(판결하기), 잘못된 비난하기, 비밀이나 조언을 어리석게 들춰내기, 책망하기, 위협하기, 과시하기, 위증하기, 유해한 충고 건네기, 아첨하기, 악행을 찬양하기, 선행을 왜곡하기, 그리스도나 그리스도의 말이나 그리스도의 종들을 멸시하거나 모략하거나 경멸하기, (법정에서) 서투르게 변론하기, 부질없이 언쟁하기, 바보처럼 소리 내 웃기, 멸시조로 조롱하기, 오만하게 지레짐작하여 말하기, 즐겁고 명랑하게 찬송하기(제멋대로 행복하게 노래하기), 노래로 하느님보다 인간을 더 찬양하기.[56]

목회자 교재들은 죄에 대해 철저히 검토한다는 명분하에 죄의 종류를 거의 강박적으로 분류하고 펼쳐놓았다. 가령 15세기 초 『야곱의 우물Jacob's Well은 이른바 "죄의 수렁wose of synne"[57]을 이런저런 하위 수렁으로 나누어 설명한다. 그 첫 번째는 오만의 수렁이다. 오만의 수렁은 여덟 모서리로 이뤄져 있는데, 그중 첫 번째는 지레짐작의 모서리다. 지레짐작의 모서리 한 폭에는 각각 아집, 사치, 소송 일삼기 따위를 상징하는 발이 여섯 개 달려 있다. 14세기의 교재『양심의 가책The Ayenbite of Inwyt』은 죄를 "지옥 야수의 일곱 머리"[58]에 빗대었다. 첫 번째 머리는 오만이다. 죄의 수렁의 첫 번째도 오만이었다. 야수의 머리 위로는 (뭔가 찜찜하기는 하지만) 굵은 나뭇가지들이 일곱 갈래로 자라나는데, 각각은 허위와 경멸, 지레짐작 따위를 상징한다. 허위를 상징하는 첫 번째 가지에는 각각 불결함, 어리석음, 배교를 상징하는 가느다란 나뭇가지가 세 갈래로 돋아나 있다. 간혹 더 아래 단계까지 분류한 죄목도 있다. (야수의 머리에) 큰 가지가, 큰 가지에 작은 가지가, 작은 가지에 나뭇잎이 돋아 있는 꼴이랄까? 하느님과 소원해지거나 그의 노여움을 사기 위해 인간이 저지를 수 있는 모든 잘못을 차곡차곡 단계별로 정리해둔 셈이다. 만약 '외설어'라는 카테고리가 있었다면, 아니 다른 단어들에 비해 특히 비속하다고 사람들 대부분이 여기던 단어들을 뭉뚱그리는 카테고리가 하나라도 있었다면, 그런 단어들을 위한 자리가 수렁 속에, 혹은 야수의 머리 위에 따로 마련되었을 것이다. 오늘날의 '6대 비속어'에 상응하는 개념이 중세에도 존재했더라면, 외설어는 이 죄악의 흐름도상에서 완벽한 안식처를 찾아냈을 것이다.

그보다 목회자 교재들은 인간을 죄악으로 이끄는 온갖 단어에 우려를 나타냈다. 『양심의 가책』에는 「에페소인들에게 보낸 편지」에 나온 것과 유사한 연쇄반응, 그러니까 불결한 단어가 불결한 행동으로 이어지는 과정이 다음과 같이 묘사돼 있다.

성 그레고리의 말씀처럼, 악마가 죄로 유혹하는 방법은 다섯 가지다. 처음에는 불결한 광경으로, 다음에는 불결한 단어들로, 그다음에는 불결한 접촉으로, 또 그다음에는 불결한 입맞춤으로, 그리고 이후에는 그 행위로까지. 불결한 광경 때문에 말하게 되고, 말하다 보면 손으로 만지게 되고, 만지다 보면 입 맞추게 되고, 입 맞추다 보면 그 행위를 하게 되는 것이다. 그리고 이는 (사람들을) 한 단계에서 다른 단계로 옮겨가게 만드는 악마의 교묘한 수작이다.[59]

불결한 단어들은 사람들을 음욕이라는 죄악의 구렁텅이로 데려갔다. (가끔은 폭식의 구렁텅이로 데려가기도 하지만, 육체의 쾌락에 과도하게 몸을 맡긴다는 점에서는 음욕과 일맥상통했다.) 이런 식의 말하기가 위험한 이유는 "중세 작가들이 거듭거듭 말하듯, 점잖지 못한 단어가 점잖지 못한 행동으로 이어진다는 점에 있다"[60]라고 문학 평론가 R. 하워드 블로흐는 썼다. 말은 접촉으로 이어지고, 접촉은 입맞춤으로, 입맞춤은 성행위로 이어진다는 것이다. cunt처럼 외설스런 단어들이 사람들을 죄악으로 이끌 수 있는 것과 마찬가지로, 현대인의 귀에는 무해한 시 한 편도 같은 결과를 불러일으킬 수 있었다. 이를테면 앤드루 마벌의 시 「그의 수줍어하는 정부에게To His Coy Mistress」를 보자. "우리에게 오직 넉넉한 세상이, 그리고 시간이 주어졌더라면 / 숙녀여, 이러한 수줍음은 범죄가 아니었으리."61 목회자 교재에 정리된 내용을 기준으로 보자면, 이 시에 쓰인 단어들은 하나같이 비속한 언어였다. 기실 "우리에게 오직 넉넉한 세상이 주어졌더라면"은 더 비속한 언어로 간주될 수도 있었다. 만일 한 여인을 "추잡한 씹"이라고 부른다면, 그녀와 잠자리를 같이하리라는 기대는 애저녁에 접어야 할 테지만, 이 아름다운 시의 도입부는 실제로도 굉장히 효과적인 유혹의 수단이 될 수 있을 테니 말이다.

이렇듯 비속한 언어를 판단하는 도덕적 기준이 다르다 보니, 중세 작가들이 섹스나 배설물을 지칭하는 단어를 쓰는 방식 역시 오늘날과는 다를 수밖에 없었다. 이러한 차이는 존 스탠브리지의 『불가리아』 속 어휘 목록에 여실하게 드러나 있다. 알다시피 스탠브리지는 신체 부위를 일컫는 라틴어 명칭을, 뜻이 같은 영어 단어 중 가장 직접적인 것으로, 그러니까 podex는 'arse hole'로, urina는 'piss'로 번역했다. 하지만 hec vulva라는 단어를 맞닥뜨렸을 때는 이를 'cunt'라고 옮기는 대신, 사실상 번역 자체를 포기해버렸다. "locus ubi puer concipitur", 그러니까 '사내아이가 임신되는 자리'라는 뜻의 라틴어 해설만 남겨둔 채 겁을 먹고 도망친 것이다. 불과 몇십 년 전에 발행된 『어휘의 탄생』 등의 사전만 해도 vulva를 간단명료하게 'cunt'라고 번역했지만, 스탠브리지는 cunt가 어린 제자들이 감당하기에 버거운 용어라고, 교과서에 싣거나 교실에서 쓰기에는 부적절하다고 생각한 것이다.

섹스나 섹스와 관련된 신체 부위를 일컫는 단어들은 비속한 언어 중에서도 특히 심각한 위험성을 내포하고 있다고 중세 사람들은 생각했다. 배설물에 관한 대화는 죄악의 길로 단 한 사람도 꾀어내지 못할 가능성이 매우 높지만, cunt나 pintel, sard와 같은 단어를 사용하면, 혹은 그저 끝내주는 드레스나 잘 빠진 다리를 묘사하기만 해도 자칫 불결한 생각을 품게 될 위험이 있었고, 그 불결한 생각은 불결한 행실로 이어지게 마련이었다.

초서 역시 이러한 가능성을 의식하고 있었다. 그 자신도 목회자 교재를 집필했으니까. 캔터베리 성지로 향하는 순례자들이 마지막으로 들려주는 「교구 목사 이야기」는 전형적인 목회자 교재로서 조금도 손색이 없다. 이야기는 진정한 참회의 중요성과 일곱 가지 대죄의 위험성을 다루는데, 그 안에는 혀로 짓는 죄도 포함된다. 이어지는 「초서의 철회」에서 그는 『캔터베리 이야기』를 포함하여 자신의 "세속적 허영심"에 대해 그리스도의 용서를 구한다. 바로 그런 허영심이 "죄악을 지향하고, 조장한다"는 이유에서다. 초서가 자신의 대중적 운문을 두고 한 사죄가 본심이건 아니건 간에 한 가지 사실만은 분명하다고 비평가들은 입을 모아 이야기한다. 초서는 음탕한 부인들과 화난 수도사들, 엉덩이에 입 맞추는 학생들에 관해 자신이 쓴 시들이 '불결한 말'로 해석될 여지가 있다는 점을 스스로 인정했다.

하느님의 뼈를 두고

현대의 외설어에 해당하는 중세 시대의 언어는 '불결한 단어'라기보다는 서약어였다. 옛사람들에게 상소리란, 앞 장에서 살펴본 바와 같이 오직 서약어만을 의미했다. 오늘날에는 알다시피 서약어와 외설어 두 가지를 의미한다. 그러나 최초의 고대 영어 텍스트가 작성된 시점부터 19세기 말에 이르기까지 상소리는 줄곧 서약어, 즉 맹세의 언어만을 지칭했다.

맹세에는, 앞서 성서를 통해 살펴본 바와 같이 과거에나 지금이나 두 가지가 존재한다. 우선 신실한 맹세가 있다. 자신이 하는 말이 진실이라고, 혹은 자신이 하겠다고 말한 무언가를 정말로 하겠노라고 하느님 앞에서 서약하는 것이다. 그런가 하면 공허한 맹세는, 나쁜 종류의 맹세를 모조리 지칭한다. 습관적 맹세는, 하느님의 이름과 힘을 하찮아 보이게 만든다. 거짓된 맹세는 하느님으로 하여금 거짓말을 목도하게 만든다. 그릇된 맹세를 하며 '하느님의 뼈를 두고by God's bones'와 같은 표현을 쓰는 행위는 하느님의 몸에 재앙을 불러오는 짓이었다. 공허한 맹세의 언어는 사실상 중세의 외설어였다. 금기시되는 화제의 공공연한 발언이 갖는 모든 힘을 수반한다는 면에서, 외설한 언어의 조건에 부합했던 것이다. 공허한 서약어를 들을 때 사람들은 충격과 불쾌감을 느꼈다. 사람들은 누군가에게 충격과 불쾌감을 줄 목적으로, 모욕감이나 상처를 주기 위해 공허한 서약어를 내뱉었다. 강의어intensifier로도 사용했다. 발언의 특정 측면을 부각시키는 도구로 이용한 것이다. 논쟁가들도 뒷짐 지고 있지 않았다. 물 만난 고기처럼 그들은 공허한 서약어가 꽃피는 세태를 보며 문명사회의 종말을, 그리고 어쩌면 세계의 종말까지도 읽어냈고, 지금도 읽어내고 있다.

신실한 맹세는 중세 문화에서 지극히 중요한 부분을 차지했다. 중세 초기와 절정기에 잉글랜드는 봉건사회였고, 서약은 영주와 봉신 간의 필수불가결한 정치관계를 보장했다.[62] 왕정 이래로 남자들은 복잡하게 얽히고설킨 충성 서약을 통해 인맥을 구축함으로써 토지 소유권과 군사적 지원, 농업 노동력의 확보를 도모했다. 왕은 드넓은 토지를 상급 귀족들에게 하사했고, 상급 귀족들은 하급 귀족들에게 자그마한 땅을 하사했으며, 하급 귀족들은 소작농에게 일부를 하사했다. (계층 사다리의 맨 아래에는 앞서 언급한 농노가 자리했다. 그들은 토지 보유권이 없는 소작농으로, 영주의 허락 없이는 결혼을 할 수도, 영지를 떠날 수도, 목사를 만날 수도 없는 등 활동에 제약이 많았다.) 그때마다 윗사람은 봉신을 보호하겠노라고, 봉신이 사회적 위치를 유지하기에 충분한 땅을 그에게 내려주겠노라고 맹세했다. 그런가 하면 아랫사람은 군역을 이행하고 조언을 제공하고 받은 땅을 성심껏 관리하겠다고 맹세했다. 이러한 관계에 강제력을 부여할 서면 계약서는 생략하는 경우가 태반이었고, 사법 체제에 의존하는 경우도 드물었다. 하느님은 강력한 집행자였다. 만약 누군가 서약을 어기면, 하느님이 그를 벌할 것이었다. 직접적으로는 서약 위반자의 자녀나 가축에 (아니면 그가 똥덩어리를 싸지를 때 쓰는 신체 부위에) 전염병을 내릴 수 있었고, 간접적으로는 그가 신뢰를 저버린 바로 그 사람의 완력을 이용할 수도 있을 터였다.

바로 그런 식으로 깨진 서약을 명분—혹은 구실—삼아 노르만 족은 잉글랜드를 정복했다.[63] 1064년 색슨족 웨섹스 백작 해럴드는 어쩌다 보니 노르망디 공작 사생아 윌리엄의 대저택에 가 있었다. (정복자 윌리엄은 잉글랜드를 정복한 뒤에 스스로 그 호칭을 금지시키기 전까지 사생아 윌리엄이라고 불렸다.) 해럴드는 길을 잘못 들었는지도 모른다. 아니면 후사도 없이 병이 든 고해왕 에드워드가 잉글랜드의 왕위 계승자로 윌리엄을 선택했다는 사실을 알리려 파견한 전령이었거나. 우연이건 필연이건 해럴드는 윌리엄의 대저택에 도착했고, 공작에게 충성 서약을 했다. 윌리엄이 잉글랜드 왕위를 무사히 물려받을 수 있도록 보좌하겠다고 맹세한 것이다. 몇몇 자료에 의하면 그는 이 서약에 무게를 더하기 위해 성스러운 유물로 가득한 궤에 손을 얹고 의식을 치렀다고 전해진다. 하지만 맹약이 있은 지 채 2년이 되기도 전에 해럴드는 잉글랜드로 돌아갔고 에드워드 왕이 사망하자 왕위를 수락했다. 윌리엄은 해럴드의 충성 서약 위반에 분개하여 그가 봉신이 되기를 맹세할 때 손을 얹었던, 예의 그 유물이 든 궤를 싣고 쳐들어갔다.

해럴드의 서약 위반은 윌리엄이 그토록 원하고 갈망하던 왕위를 찬탈하기 위한 핑계에 불과했는지 모른다. 하지만 역사학자 사이먼 샤마도 지적했듯이 "중세 유럽에서는 서약이 목숨을 좌지우지할 정도로 진지하게 받아들여졌다"는 사실을 간과하지 말아야 한다. 모르긴 해도 윌리엄은 해럴드의 서약 위반에 **실제로** 분개했을 것이다. 해럴드 같은 인물이 맺은 서약의 신뢰성이 무너진다면, 봉건 사회를 지탱하는 기반 역시 무너지고 말 테니까. 또한 윌리엄은 이때야말로 하느님의 지지를 등에 업고 잉글랜드를 침략할 호기라고 계산했을 것이다. 해럴드가 하느님의 명예를 더럽혔으니, 이에 대한 복수로 하느님은 그에게 벌을 내려야 마땅했다. 심지어 윌리엄을 복수의 도구로 삼는다 해도 이상하지만은 않은 상황이었다. (바이외 태피스트리Bayeux Tapestry°에는 해럴드가 말들에게 짓밟혀 죽기 전 자신의 눈에서 창을 뽑아내려고 애쓰는 모습이 담겨 있다. 판단은 여러분의 몫이다.)

신실한 서약은 중세 사법 체제의 근간이기도 했다. 오늘날처럼 중세에도 증인들은 법정에서 진실만을 말하겠다고 으레 맹세해야 했다. 그런가 하면 면책선서라는 과정도 있어, 한 사람의 유무죄 여부가 선서만으로 가려지기도 했다.[64] 범죄 혐의로 고소를 당한 사람이 스스로 자신의 무죄를 선서할 수 있었다는 얘기다. 만약 일정 수의 면책선서자 혹은 '선서조력자'가 나서서 피고의 무죄 선언이 진실임을, 즉 피고의 맹세가 신실함을 신뢰한다고 맹세하기만 해도 피고는 풀려날 수 있었다. 가령 1276년 런던에서 크리스티애나 드더닐미아는 남편을 독살한 혐의로 고소되었다.[65] 그녀는 자신이 한 짓이 아니라고 맹세하고는 수완을 발휘해 필요한 36명을 찾아냈고, 모집된 사람들은 그녀가 훌륭한 성품을 지녔으며 그녀가 한 선서라면 믿을 만

○ 프랑스 바스노르망디의 역사 도시 바이외에서 발견된 중세 직물 벽걸이로, 11세기 제작됐으며 정복왕 윌리엄 1세의 업적과 중세 신화 등이 상세히 기록되어 있다.

HOLY SHIT

하다고 맹세했다. 그녀는 석방되었다. 그보다 덜 심각한 범죄에 필요한 선서조력자 수는 대개 12명 이내로 더 적었다.

면책선서자를 모집하지 못한 사람들은 경우에 따라 신성재판°에 처해졌다. 뜨겁게 달궈진 철판을 진 채 정해진 거리만큼 걸어야 하는 이도 있었고, 냄비에서 펄펄 끓는 물속에 담긴 무언가를 꺼내야 하는 이도 있었다. 연못에 던져져 가라앉는 이도, 요행히 떠오르는 이도 있었다. 앞의 두 경우에는 사흘 후에 상처를 확인했다. 상처가 낫는 기미가 보이면 무죄로 판결했고, 상처가 곪으면 유죄였다. 연못에 던져졌다가 떠오른 자는 무죄요, 가라앉은 자는 유죄였다. (16세기와 17세기의 마녀재판에서는 판단의 기준이 정반대였다. 결백한 자는 가라앉았고, 대개는 익사했다.) 신성재판에서 피고의 유무죄를 가려내는 주체는 하느님이었다. 피고가 결백하다면, 그가 뜨거운 철판에 화상을 입거나 끓는 물에 손을 넣었다 피부가 벗겨지지 않도록 하느님이 어떻게든 개입할 것이었다.

면책선서의 작동 원리도 이와 같았다. 피고나 피고의 선서조력자가 하는 선서가 진실인지 거짓인지는 하느님이 판단할 문제였다. 누구라도 거짓된 맹세를 감행한 사람에게는 무시무시한 형벌이 처해져야 마땅했다. 오늘날의 시각에서 면책선서는 다소 우스꽝스러운 절차로 보인다. 하느님 앞에서 결백을 맹세하기만 하면 방면될 수 있다는데 그 기회를 마다할 범죄자가 있을지 의문인 데다, 현대의 살인범

○ 육체적 위해危害를 가해서 그것을 이겨내는 사람은 무죄로 한 시죄법試罪法.

이 고작 위증죄에 전전긍긍할 리도 만무하기 때문이다. 그러나 중세 잉글랜드 사람들에게 거짓 맹세는 사소한 문제가 아닌 살인죄에 비견되는 대죄였다. 성 아우구스티누스의 견해에 따르면, "타인이 거짓으로 맹세하리라는 것을 알고도 그에게 맹세를 강요하는 행위는 살인보다 더 나쁜 죄악"[66]이었다. "살인은 육체만을 죽이지만, 그러한 행위는 영혼을, 그것도 두 사람의 영혼을 죽이기 때문이다." 또한 그것은 위험한 행위였다. 하느님은 서약을 위반한 자에게 복수할 테고, 그 복수는 정해진 형기를 채우면 끝나는 게 아니라 영원토록 지속될 테니까.

앞 장에서 언급한 롤러드를 기억하는가? "나는 이렇게 말한다. 아예 맹세를 하지 마라"로 시작하는 「마태오의 복음서」 5장 34~37절에 대해 특정한 태도를 취했다는 이유로 박해를 받았던 이들 말이다. 이제 그들의 이야기를 좀더 자세히 다루려 한다. 그들의 이야기 속에는 중세 사람들이 서약을 정확히 얼마만큼 심각하게 인식했는지가 선명하게 드러나 있기 때문이다. 롤러드파Lollardy는 14세기 말 잉글랜드에서 시작되었다.[67] 롤러드는 프로테스탄트의 원형이라 해도 과언이 아니다. 그만큼 롤러드파 사상의 대부분이 훗날 종교개혁의 중심 교리로 편입되었다. 그들은 성서를 모든 사람이 읽을 수 있도록 영어로 번역했고(turds와 bollocks가 등장한다는 『위클리프 성서』가 바로 롤러드의 작품이다), 교황의 권위를 인정하지 않았으며, 면죄부 판매처럼 기존 가톨릭교회가 자행하던 부패를 자신들의 관점에서 조목조목 비판했다. 면죄부 판매는 1517년 마르틴 루터가 프로테스탄트 종교개혁의 불씨를 댕기며 비텐베르크 성의 한 교회 문에 못 박았다는 항의서 「95개조의 반박문」에도 포함된 항목이다. 롤러드파에서 가장 유명한 사람은 아마도 존 올드캐슬 경이리라. 그는 셰익스피어의 희곡 『헨리 4세』의 1부와 2부, 『헨리 5세』에 등장하는 폴스타프의 실제 모델이었다. (그의 실제 인생은 폴스타프와는 조금 달랐다. 초록빛 들판에 대해 지껄이며 침대에서 평화로운 죽음을 맞는 대신, 올드캐슬은 이단으로 몰려 재판에서 유죄를 선고받았다. 하지만 탈옥하여 일련의 혁명을 이끌었고, 한때 친구였던 핼 왕자°에 대항하는 음모를 꾀하다 결국 붙잡혀 교수형에 처해진 다음, 교수대와 함께 불태워졌다.) 롤러드교도는 결코 수가 많지도, 널리 퍼져 있지도 않았다. 그 이유는 부분적으로 그들이 종교적 관행에 반대해 혁명을 일으키려 한 시점이 이동식 활자 인쇄술이 발명되기 이전이었다는 사실에서 찾을 수 있다. 모든 성서를 일일이 필사해야 했던 시절 개개인이 롤러드교도의 바람대로 영어 성서를 구해 읽기란 여러모로 무리였을 테니까. 그들은 값싸고 손쉽게 구할 수 있는 인쇄본 없이는 자신들의 생각을 원하는 만큼 널리 전파할 수 없었다. 결국 롤러드 운동은 잉글랜드 전역에서든 국경 너머에서든 사람들의 마음을 얻는 데 실패했다.

하지만 14세기와 15세기 초의 가톨릭 지도자들은 롤러드파가 힘없이 주저앉으리라고는 예상치 못했다. 가톨릭 지도자들은 롤러드의 개혁 정신이 널리 퍼져, 금실로 수를 놓은 예복과 보석으로 장식한

○ 헨리 5세의 별명 중 하나.

성배를 빼앗기고, 급기야는 직위에서 쫓겨나게 될까 봐 두려워했다. 1401년 의회는 De Haeretico Comburendo, 그러니까 '이교도의 화형에 관한' 신법을 제정했다.[68] 누구라도 "설교자의 직위를 찬탈하는 자", 이단의 교리에 관한 책을 가르치거나 쓰는 자, 성사에 대한 의심을 불어넣는 자, 그 밖에 롤러드처럼 행동하는 자는 발각 즉시 체포할 것이며, 만약 잡힌 뒤에도 주장을 철회하지 않으면, 화형과 같이 무거운 형벌에 처하겠다는 내용을 명문화한 것이다. 이 법이 제정되면서, 변칙적인 종교적 견해를 품었다고 의심되는 사람은 누구라도 고위 성직자의 심문을 받을 수 있었다. 15세기 스페인 이단 심문을 잉글랜드로 옮겨놓은 격이랄까. 조사과정에서 나오는 질문의 대부분은 롤러드교도의 신념 중에 가장 논쟁적이라 할 수 있는 주제, 그러니까 성체성사에 초점이 맞춰졌다. 가톨릭 정교orthodox의 교리에 따르면, 성찬식에 쓰이는 빵은 일단 사제의 축성을 받고 나면 더 이상 빵이 아닌 온전히 그리스도의 육신이었다.• '우유성偶有性'은 축성 전과 다름없이 빵처럼 보이지만, 그 '실체'는 달라졌다는 것이다. 즉 제병은 실제로 하느님이었다. 반면에 대부분의 롤러드교도는 제병의 일부분이 여전히 빵으로 남아, 하느님의 몸과 공존한다고 믿었다. 심지어는 제병이란 빵에 불과하고 성체성사의 중요성은 하느님과 나누는 영적 교감에 있다고 주장하는 과격파도 있었다. 1429년 마저리

• 여기서 정교란, 전통적인 가톨릭, 교회가 인증하는 견해를 고수하던 이른바 정통 가톨릭을 의미한다. 일부 교리에 의문을 품는 이단적 그룹의 반대 개념이라고 보면 된다. 동방 정교회로 착각하지 말 것.

HOLY SHIT

백스터는 제병 안에 하느님의 육신이 존재하지 않는다고 자신이 확신하게 된 경위를 피고석에서 소상히 밝혔다.[69] "만약 그 모든 성체가 하느님이고, 그리스도의 실제 몸이라면, 세상에는 무한하게 많은 신이 존재해야 합니다. 왜냐하면 천 명이 넘는 사제가 매일 그런 식으로 천 분의 신을 만들고, 먹은 다음, 여기저기에 배설하니까요. 그러니 누구라도 찾으려고 마음만 먹는다면 그런 신을 숱하게 찾아낼 수 있지 않겠어요?" 그녀의 주장대로라면, 제병은 하느님의 몸일 수 없었다. 그 말은 곧 하루에도 수천 위의 하느님이 똥으로 빠져나온다는 뜻이니까.

마저리 백스터처럼 직설적인 누군가를 상대하지 않는 한 이 주제는 심지어 15세기에도 난해하고 혼란스러운 것이었다. 가령 한 롤러드교도는 성체성사에 대해 다음과 같은 입장을 밝혔다. "제단 위의 성체는 빵의 형태를 띤 하느님의 실제 몸이지만, 제단에 계신 하느님의 몸은 천국에서와는 다른 방식으로 존재합니다."[70] 자, 그는 이단일까, 아닐까? 과연 그는 화형에 처해져야 마땅할까, 아닐까? 가톨릭 정교의 권위자들은 우유성과 실체라는 탁한 물속에서 허우적대기보다는 더 간단한 테스트로 이단을 가려내기를 선호했다. 롤러드로 의심되는 자에게 성서에 손을 얹고 맹세해보라고 요구한 것이다. 그 사람이 요구에 응하면 이단이 아니어서 좋고, 응하지 않으면 나뭇단을 쌓으면 그만이었다.

형벌을 내리거나 죽이겠다는 위협에 성서에 손을 얹고 맹세한 롤러드도 더러 있었다. 존 스카일리도 그들 중 한 명이었는데, 1428년에 그는 그간의 신념을 철회하고 이렇게 주장했다. "나는 그동안의 신념을 맹세코 포기하고 부정하며 이 성스러운 복음서를 몸에 대고 맹세하건대, 이제부터는 절대로 오류를 범하지 않겠습니다."[71] 정교 권위자들은 스카일리에게 재량권을 부여할 마음이 없었다. 그는 가톨릭 정교 권위자들이 명시한 그대로 성서를 '몸에 대고' 맹세해야 했다. 같은 상황에서 수많은 롤러드가 맹세를 거부한 대가로 사형 선고를 받았다. 대부분은 윌리엄 화이트와 휴 파이, 존 워던처럼 말 뚝에 묶인 채 화형을 당했고, 가끔은 존 배드비처럼 좀더 참신한 형벌에 처해지기도 했다. 1410년에 그는 큰 통에 들어간 상태로 불태워졌다.

기이한 점은 이것이다. 맹세를 시험의 도구로 삼았다는 사실이 무색할 만큼 일반적으로 롤러드파는 맹세에 조금도 반대하지 않았다. 롤러드파와 가톨릭 정교 모두, 맹세는 정당하며 그리스도가 모든 서약을 금하지는 않았다는 의견에 동의했다. 서약을 공허하거나 경솔하게 맺어서는 안 되며 오직 하느님이 예레미야에게 제시한 규칙에 따라야 한다는 의견에도 동의했다. 또한 그들은 피조물을 두고, 그러니까 하느님의 영광을 드러내기 위해 창조되었지만 그의 일부분이 아닌 것들을 두고 맹세해서는 안 된다[72]는 의견에도 동의를 표했다. 산상수훈에서 예수는 천국을 두고도, 땅을 두고도, 예루살렘을 두고도, 자신의 머리를 두고도 맹세하지 말라고 가르쳤다.

두 종파의 의견은 성서를 과연 '피조물'로 보아야 하는가, 아닌가 하는 대목에서 갈렸다. 가톨릭 정교 측은 성서를 하느님의 일부분으로 간주해야 한다고 생각했다. 성서는 하느님의 말씀이니까. 롤러드 파는 성서가 인간의 손으로 만든 물질적인 책으로, 속된 것이니 서약에 사용해서는 안 된다고 주장했다. 만약 정교 권위자들이 하느님이나 하느님의 신성, 하느님의 위대한 이름을 두고 맹세하라고 롤러드교도에게 요구한다면 그 요구에는 응하겠지만, 성서에 손을 얹고, 그러니까 자신들이 피조물이라고 믿는 것을 만지며 맹세하지는 않겠다는 것이었다. 가령 1407년 재판을 받을 때 윌리엄 소프는 맹세할 준비가 되어 있었다.[73] "맹세를 통하지 않고서는 제 말을 도무지 믿을 수 없다고 하시니…… 그렇다면 해보겠습니다. 하느님의 말씀을 두고 (주님께서 그의 말씀을 두고 제게 명하신 것처럼) 맹세하겠습니다." 그러나 조사관들은 성서를 내밀며 그에게 말했다. "그렇다면 그대의 손을 성서에 얹고, 하느님의 성스러운 복음을 만지시오." 그러자 소프의 태도는 돌변했다. 그 대쪽 같던 윌리엄 소프의 운명에 대해서는 잘 알려져 있지 않지만, 아마도 종신형에 처해졌을 가능성이 높다. 정교 권위자들은 수백 명에 달하는 사람을 수감하거나 사형에 처했다. 「마태오의 복음서」 5장 34~37절에 대한 해석 중 하나에 관한 해석 중 하나에 대해 의견이 부분적으로 달랐다는 이유로.

중세 잉글랜드 사회에서 맹세가 차지한 중심적 역할을 감안하면, "거짓 맹세가 중세 시대에 가장 흔하게 (그리고 격렬하게) 비난받는 죄악처럼 되어버렸다"[74]는 사실이 전혀 이상하지 않다고, 문헌학자 제프리 힐은 말했다. 설령 거짓되게, 혹은 사악한 이유로 맹세한다 해도, 하느님은 천국에서 내려다보며 그 맹세를 목격하고 있었다. 하느님은 어린 소녀들을 유혹해 파멸로 이끌기 위해 하는 서약을 보증했고, 사람들을 속여 그들의 합법적인 재산을 빼앗기 위해 하는 서약을 보증했으며, 살인에 대한 책임을 비열하게 부인하기 위해 하는 서약을 보증했다. 성서에서 인류와 맺은 협약 때문에 본질적으로 하느님은 이렇듯 자신이 혐오해 마지않는 서약들을 목도할 밖에 다른 도리가 없었디. 그러나 하느님은 이렇게 맹세한 이들을 벌할 수 있었다. 그리고 실제로 그렇게 했다고 종종 여겨졌다. 예의 그 목회자 교재는 거짓 맹세를 하는 바람에 하느님의 격노를 초래한 이들에 관한 이야기로 넘쳐난다. 1303년의 일화 하나를 소개한다.[75] 어느 부유한 남자와 가난한 남자가 땅 한 뙈기 문제로 다투고 있었다. 부유한 남자는 그 땅의 실제 소유자가 가난한 남자임에도, 자신이 그 땅의 임자라고 맹세할 의향이 있고, 그의 선서가 타당하다고 기꺼이 맹세해줄 면책선서자를 여럿 구해올 수 있다고 목소리를 높였다. 언뜻 봐서는 부유한 남자가 승리를 거두었을 것 같지만, "그가 모두 보는 앞에서 신께 맹세하며 성서에 입을 맞추었을 때 그의 심장은 멎어버렸고 그는 다시 일어나지 못했다". 하느님은 그 부유한 남자가 거짓으로 맹세했다는 사실을 알았고, 갑작스런 죽음으로 그를 벌했기 때문이다. 이야기의 결론은 이렇다. "보라, 거짓 증인에 대한 그의 보답은 복수였으니, 전능하신 하느님, 그는 진리로다."

가끔은 신의 뜻을 헤아리기 어려울 때가 있었다. 하느님은 거짓 맹세를 한 이들을 벌하지 않을 때도 있었으니까. 그때 거짓 맹세는 하느님의 명예와 명성을 손상시켰다. 말로써 찬양하고 영광을 돌려야 할 성스러운 이름을 더럽힌 것이다. 혹은 스티븐 핑커의 말을 빌리면, "누군가 서약을 어기고도 저 높은 곳의 큰 어른으로부터 벌을 받지 않을 때마다 사람들은 그의 존재나 능력을, 혹은 적어도 그가 과연 세심하게 살펴보고 있는가 하는 부분을 의심할 수밖에"[76] 없었다. 앞 장에서 살펴보았다시피 야훼가 천상계에서 최고의 신으로 우뚝 서게 된 데는 그가 다른 신에 비해 높은 녕성을 지녔다는 점이 필연적인 원인으로 작용했다. 야훼를 두고 하는 맹세는 야훼의 전지전능함을 그에게 고백하는 행위였다. 야훼는 인간에게 필요한 유일한 하느님이었다. 거짓 맹세는 그에게 이를 증명하고, 또 증명하라고 도전장을 내미는 꼴이었다. 거짓된 맹세를 하고도 벌을 면하는 사람이 많아질수록 하느님의 능력은 신뢰성을 잃어갈 수밖에 없었다.

공허한 맹세, 즉 습관적으로 혹은 사소한 목적으로 하는 맹세는 비슷한 이유로 중세 잉글랜드에서 또 다른 골칫거리로 여겨졌다. 하느님은 합의를 충실히 이행해야 했고, 누군가 짐짓 으스대며 판에 박힌 문구를 입에 올릴 때마다 그 서약의 옳고 그름을 판단해야 했다. 그 사람이 정녕 생사의 갈림길에 놓여 있는지, 그저 카드놀이를 하다가 짜증이 났을 뿐인지는 중요하지 않았다. 초서의 글을 읽다 보면, 아니 그보다 중세의 거의 모든 문학을 읽다 보면, 당시에 공허한 맹세가 만연했다는 사실이 분명히 드러난다. 초서의 글 속에 등장하는 인물들은 이야기의 운을 뗄 때마다 거의 항상 "하느님의 영혼을 두고"라든가 "그리스도의 수난을 두고" "하느님의 고귀한 심장을 두고" 같은 표현을 입에 올린다. 면죄부 관리인은 자신의 이야기를 시작하기에 앞서 이런 말버릇에 대해 일장연설을 한다.[77] 이렇듯 공허한 서약어를 내뱉는 자들에게는 하느님의 복수가 뒤따를 거라고 경고하는 것이다. "잦은 맹세는 고약한 짓이외다"라고 말하며 그는, 공허한 맹세를 하느님이 얼마나 심각한 문제로 여겼으면, 십계의 무려 두 번째 계율에 올리며, "살인이나 다른 여러 저주스러운 짓"보다 먼저 금힐 정도로 챙겼겠느냐고 지적한다.

공허한 맹세 중에서도 중세의 호사가들을 가장 걱정시킨 부류는 단연, 하느님의 신체 일부분을 두고 하는 맹세였다. 초서의 이야기 속 면죄부 관리인은 부적절한 맹세를 맹비난하는 과정에서 "그리스도의 피를 두고"라든지 "하느님의 팔을 두고" "하느님의 손톱을 두고" 따위의 표현을 부적절한 서약어의 예로써 제시한다. 이런저런 소책자 속에서 작가들은 하나같이 위와 같은 서약어를 금지해야 한다고 콕 집어 말했다. 『25권의 소논문에 대하여On the Twenty-Five Articles』 (1388년경)에도 같은 내용이 반복되는데, 그 무명작가는 "피조물을 두고 하는 맹세는 불법이요, 하느님의 뼈, 옆구리, 손톱을 두고 하는 맹세도 불법이요, 하느님의 팔이나 다른 신체 부위를 두고 하는 맹세도 불법이다. 흔히들 그런 식으로 맹세하지만, 이는 성서와 성스러운 박사들, 관습법의 뜻에 어긋나며, 크나큰 벌을 자초하는 행위다" [78]라고 썼다. 『야곱의 우물』은 이러한 서약을 (폭식의 수렁 어디쯤에서 자라는 사악한 혀의 나무에 난 여섯 번째 가지인) 거짓 맹세의 가지 위에 난 다섯 번째 잎으로 묘사하는 한편,[79] 그것이 그토록 위험한 이유에 대해 이렇게 설명한다. 그런 식의 서약어를 남발하는 사람은 "하느님의 사지를 찢는 자이며, 유대인보다도 더 악질이다. 유대인들은 그분의 몸을 단 한 번 찢었을 뿐이지만, 하느님의 신체 부위를 두고 맹세하는 자들은 그분을 매일매일 새롭게 찢어발기기 때문이다. 또한 유대인들은 그분의 뼈를 부러뜨리지 않았지만, 하느님의 신체 부위를 두고 맹세하는 자들은 그분의 뼈를 부러뜨리고 팔다리를 하나하나 부러뜨리다가 급기야는 온몸을 부러뜨리고 만다". 하느님의 몸을 두고 하는 서약의 문제점은, 하느님을 '찢는다'는 데 있었다. 신의 몸을 조각조각 해체하는 것이다. 가톨릭 교리에서 그리스도는 물질적 육신을 그대로 간직한 채 하늘에 올라 하느님의 오른편에 앉아 계시다가 영광 속에 산 자와 죽은 자를 심판하러 다시 오실 분이었다. (한 롤러드교도가 취득한, 출처 미상의 정보에 따르면 "하늘에 계신 그리스도의 몸은 (…) 살과 피로 이루어진 7피트의 형상"[80]이라고 한다. 그 말인즉, 그리스도는 키가 213센티미터라는 얘기다.) 이렇듯 신성한 몸을 서약어는 위협한다. '하느님의 손톱을 두고' 하는 맹세는 하늘 보좌에 앉아 계신 그리스도의 손에서 손톱을 뜯어내는 짓이나 마찬가지였다. 영어로 쓰인 최초의 구체시에도 그런 식의 맹세가 초래하는 결과를 묘사하는 구절이 나온다.[81] 구체시란, 종이 위에 구체적인 모양이 그려지도록 시구들을 배열한 시를 말하는데, 일반적으로 추구하는 형태는 달걀이나 날개, 제단, 십자가 모양이었다. 하지만 스티븐 호스의 1509년 작 『맹세자들의 개심The Conversion of Swearers』에서 종이 전체에 흩어진 시구들은 그리스도의 뼈들을 연상시킨다. 또한 인쇄업자가 더한 장식은 시신 위에 뿌려진 꽃을 닮았다. 그리스도는 호소한다. "나를 보아

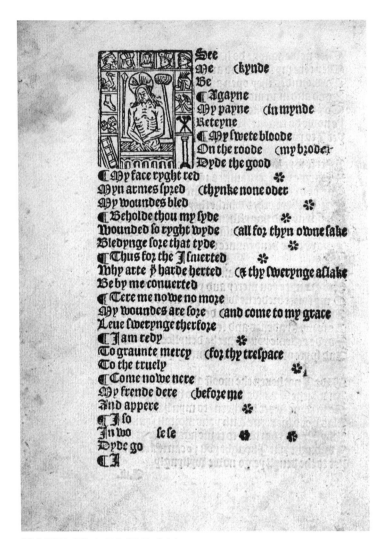

See
Me ckynde
Be
¶ Agayne
My payne (in mynde
Reteyne
¶ My swete bloode
On the roode (my broder
Dyde the good
¶ My face ryght red ❀
Myn armes spred (thynke none oder
My woundes bled ❀
¶ Beholde thou my syde ❀
Wounded so ryght wyde (all for thyn owne sake
Bledynge sore that tyde ❀
¶ Thus for the I suuerted ❀
Why arte þ harde herted (& thy swerynge aslake
Be by me conuerted
¶ Tere me nowe no more
My woundes are sore (and come to my grace
Leue swerynge therfore
¶ I am redy ❀
To graunte mercy (for thy trespace
To the truely ❀
¶ Come nowe nere
My frende dere (before me
And appere ❀
¶ I so
In wo se se ❀ ❀
Dyde go
¶ I

「맹세자들의 개심」 속 구체시의 첫 페이지.

HOLY SHIT

라 / 친절을 베풀어라" "나를 더는 찢지 마라 / 내 상처는 아프다 / 그러니 맹세를 그만두어라"라고. (옆쪽의 사진을 보라.)

하느님의 피조물들은 어떻게 자신들의 창조주에게 그러한 힘을 휘두를 수 있었을까? 답은 성체성사에 숨어 있다. 하느님을 두고 하는 맹세는 사실상 성체성사의 뒤틀린 버전이니까. 성체성사 중에 사제는 제병을 하느님의 몸으로 만들기 위해 '축성문'을 낭독한 뒤, 성체를 손으로 부러뜨린다. 맹세 중에 사람들은 전형적인 서약어를 중얼거림으로써 하느님의 몸을, 오직 말로써 부러뜨릴 수 있었다.

가톨릭교도들에게 성체성사는 신성한 의식이다. 하느님의 육신을 그의 사람들에게 보이고 먹임으로써 그들의 구원을 효과적으로 암시하는 것이다. 예배 참석자들이 빵을 먹어 치우는 것처럼 보이겠지만 실제로 그들은 성변화聖變化한 제병, 즉 하느님의 신체, 마리아에게서 태어났고, 십자가에 못 박혔으며, 이제 하늘에 앉아 있다는 바로 그 몸을 먹는다. 14세기 부활주일에 한 설교자는 성체가 무엇으로 구성되었고, 어떻게 구원 은총의 유일한 도구가 되었는지에 대해 다음과 같이 설명했다. "십자가에서 돌아가셨다가 오늘 부활하신 바로 그 몸, 진정한 하느님이자 사람이신 바로 그분의 몸이 지금 빵의 형상으로 성찬식 제단 위에 있습니다. (…) 그리고 누구든 그것을 먹으면, 그 사람은 영원히 살 것입니다."[82] 이 기적이 작동하는 원리는 아리스토텔레스의 물질 이론에 근거한다.[83] 롤러드에 관해 다룰 때 나온 이야기를 떠올려보아도 좋겠다. 제병은 얼핏 빵처럼 보이지만 그리스도의 몸이다. 축성 이후에도 빵은 '우유성'이 남아 여전히 희고 둥그렇지만, 그것의 '실체' 혹은 '주체'는 바뀌거나 소멸되어 그리스도의 몸으로 대체되었으니까. 미사 중에 사제는 축성문을 낭독함으로써 기적을 일으킨다. "이것은 내 몸이다 Hoc est enim corpus meum"라는 문장은 말 그대로, 제단 위의 빵을 그리스도의 몸으로, 그리스도의 실재로 변화시킨다.

중세 시대 문헌을 들추다 보면, 성체성사 동안에 정확히 무슨 일이 일어나는지를 지나치리만치 세세하게 설명하는 교훈적 일화들이 제법 눈에 띈다. 『죄를 다루다 Handlyng Synne』에 나오는 한 수도사는 성체 속에 그리스도가 물리적으로 실재한다는 말에 의심을 품었다.[84] 자신의 두 눈으로는 확인이 불가능했기 때문이다. 아무리 봐도 빵처럼 보이는 그것이 어찌 하느님의 몸일 수 있단 말인가? 그는 수도원장 두 명과 함께 하느님에게 기도했다. "진실을, 당신이 미사의 성체임을 보여달라"고. 그리고 '응답'을 받았다. 사제가 마법의 말을 읊을 때 실제로 무슨 일이 일어나는지 은밀하게 훔쳐볼 기회를 얻게 된 것이다. 축성문 낭독이 끝나자 제단 위에는 살아 있는 아이 한 명이 나타났다. 사제는 아이를 죽이고 몸을 여러 조각으로 나누더니, 제병 대신 피 묻은 인육 한 점을 수도사에게 내밀었다. 수도사는 "생각했다. 사제가 조금 전 살해되어 조각난 아이의 몸을 성반聖盤에 담아 가져왔고, 아직 피투성이인 살 한 점을 자신에게 주었다고". 아이는 그야말로 미사의 희생물이었던 셈이다. 수도사는 깨달았다. 그리스도의 몸이 빵이라는 '우유성' 안에 감춰져야만 하는 이유를. "만약 제병이 살덩이였다면, 사람들은 매스꺼움을 느끼고 역겨워하다 끝내는 성체 모시기를 단념할 것이었다."

이런 유의 이야기는 목회자 교재에도 단골로 등장한다. 이른바 맹세자에게 호소하는 글에서 저자들은 맹세가 하느님의 몸에 끼치는 영향을, 성체의 기적에 관한 이야기들 못지않게 생생한 용어로 설명한다. 『로마인 이야기Gesta Romanorum』는 14세기 초 수도사가 수집한 교훈적 설화집으로, 공허한 맹세의 결과를 대표적으로 보여주는 이야기를 하나 싣고 있다. 소개하자면, 옛날에 평생에 걸쳐 맹세를 밥 먹듯이 해온 사내가 있었다.[85] 그는 그리스도의 몸 구석구석을 모조리 들먹여가며 끔찍한 서약어를 남발했다. 이제 그만하라고 친구들은 그에게 경고했지만, 누가 뭐라고 하건 그는 멈추지 않았다. 어느 날 여태껏 그가 본 여인 중에 가장 아름다운 여인이 그를 찾아왔다. 그녀는 그리스도의 어머니 마리아였고, 그 사내에게 아들의 상태를 보여주기 위해 찾아온 참이었다. "내 아들을 보시오." 그녀가 입을 열었다. "내 무릎 위에 누운 채, 그의 머리는 산산조각 났고, 그의 두 눈은 몸통에서 뽑혀 나와 그의 가슴 위에 놓여 있소. 그의 두 팔은 무지러졌으며, 그의 두 다리와 두 발도 그런 신세요. 그대가 내뱉은 거창한 맹세의 언어들이 그의 몸을 이렇듯 찢어놓았소." 잉글랜드 브로턴의 세인트로런스 교회에 가면 바로 이 장면을 묘사하는 1400년경의 벽화를 만날 수 있다. 벽화에는 당대를 주름잡던 인사들이 포진해 있고, 각자의 손에는 그들이 서약어로 그리스도의 몸에서 찢어낸 이런저런 신체 부위가 들려 있다. 그리스도는 군데군데 훼손된 몸으로, 어머니의 무릎 위에 누워 있다. 그의 오른팔과 오른 다

「맹세자들을 향한 경고」, 브로턴의 세인트로런스 교회 내 벽화.

리를 뚫고 나온 뼈들에 주목하라. 성체의 기적에 관한 이야기들이 사제가 '축성문'을 낭독할 때 실제로 무슨 일이 일어나는지를 보여주 듯, 맹세자에게 호소하는 글은 사람들이 서약어를 남용할 때 실제로 무슨 일이 일어나는지를 보여준다.

이 두 가지 훈화 속에서 하느님은, 신자로서 우리가 보편적으로 이해해야 하는 진리를 물리적 감각을 통해 납득시킨다. 의심하는 사도 토마에게 예수가 그러했던 것처럼. 토마는 그리스도의 부활을 '믿으려 들지 않았다'. 「요한의 복음서」 20장 25절에서 그는 "내 눈으로 그분의 손에 있는 못 자국을 보고 내 손가락을 그 못 자국에 넣어보고 또 내 손을 그분의 옆구리에 넣어보지 않고는 결코 믿지 못하겠소"라고 말했다. 예수는 토마의 인간적 연약함을 너그러이 용서하고 자신의 몸을 내보여 토마가 만질 수 있도록 했다. 예수의 몸은 예수가 부활했다는 증거였다. 토마의 입장에서는 이러한 물리적 관찰과 접촉야말로 만족스러운 증거였고, 마침내 그는 하느님이 부활했음을 믿게 되었다.

맹세자에게 호소하는 글은 (우리처럼 타락한 인간들에게) 진실을 입증하는 가장 믿을 만한 수단이 물리적 감각임을 알리는 동시에, 중세에는 어째서 맹세로 하느님의 육신을 만질 수 있다고 여겼는지 짐작하게 한다. 서약어는 하느님을 증인으로 내세워 우리 발언의 진실성을 보증한다. 또한 우리 인간은 상황의 진실성을 물리적 증거로 입증하기를 선호한다. 따라서 서약의 효과를 극대화하려면, 서약의 말을 하느님의 몸에 단단히 묶어두어야 한다. 모든 서약은 사실상, 의심하는 토마 이야기의 재구성이다. 우리 목소리가 우리 몸에서 빠져나가 하느님의 몸을 만짐으로써 진실이 보장되는 것이다. 맹세에는 하느님으로 하여금 우리 말을 목격하게 만드는 힘이 있다. 이를 이해하고 뒷받침하기에, 맹세의 말이 하느님의 몸에 근거한다고 묘사하는 것보다 더 기막힌 묘수가 어디 있겠는가. 요컨대 맹세는, 하느님의 어깨를 두드리며 "여기 좀 보세요!"라고 말하는 것이나 거의 다를 바 없었다.

성체성사는 영적으로나 세속적으로나 복잡한 계급사회의 중심이었다. 성체 속에 존재하는 하느님의 몸을 둘러싸고 계급사회가 건설된 것이다. 사람들은 성체와 저마다 다양한 관계를 형성했다. 누군가는 그것을 만들어야 했고, 누군가는 그것을 함께 취할 수 있었으며, 누군가는 그것을 저 멀리서 경외의 시선으로 바라보아야 했다. 역사학자 에이먼 더피는 중세사회에서 성체성사가 지닌 의미에 대해, "그리스도의 몸은 (…) 중세 말기 종교의 모든 희망과 염원의 중심"[86]이었다는 말로 간결하게 정리했다. 더피가 지적한 바와 같이, 성체성사는 권력자들이 권력을 유지하는 방편이기도 했다. "공동체를 설립하는, (그리고) 권력 구조를 확인하는 과정에서 하나의 방편"으로 활용된 것이다.

이러한 사회에서 사제들은 계급사회의 꼭대기를 점령했다. 오직 그들만이 빵과 포도주를 그리스도의 몸과 피로 바꿀 힘을 가지고 있었다. 평신도들은 성별을 불문하고 의식에 참여할 수 없었을뿐더러 성체성사의 신비를 사제들만큼 완벽하게 이해한다고 여겨지지도 않았다. "심지어 맨손으로는 미사 용구를 만질 수조차 없었다."[87] 귀족 계급과 신사 계급은 성체에 접근할 만반의 준비가 되어 있었다. 그도 그럴 것이 그들 계급은 하루에도 몇 번씩 미사에 참석할 수 있었고, 성체도 거의 매달 영할 수 있었기 때문이다. 그러나 대부분의 사람은 오직 부활절에만 성체를 영할 수 있었고, 나머지 기간에는 미사 때 사제가 성체를 높이 들어올리면 먼발치에서 경배하는 정도로 만족해야 했다. 이렇듯 원거리에서 경외하며 바라보는 일조차 정해진 절차에 따라 신중하게 진행되었고, 신도들의 지극히 사소한 움직임에도 나름의 법도가 있었다. 가령 성체를 축성하기 전에 "제령이 울리면 저마다의 기도에 열중해 있던 예배 참석자들은 시선을 들어 올려야"[88] 했다. 그러고는 "두 손을 든 채 들릴 듯 말 듯한 목소리로 거양성체 기도문을 암송해야 했다. 누구도 예외는 아니었다. 이러한 절차를 거부하거나 생략하는 행위는 롤러드교도로 지목될 명분을 스스로 제공하는 꼴"[89]이었다. 예식의 규칙은 지나치리만큼 엄격하여, 여기서 한 치만 벗어나도 이단으로 몰릴 수 있었다. 성체는 강력한 힘을 품은 그리스도의 몸이니, 지극히 조심스럽게 다루어야 마땅했다.

성체성사와 더불어 합법적인 맹세도 중세 잉글랜드 사회를 지탱하는 기둥이었다. 맹세는 하느님을 증인으로 세움으로써 사람들이 맺은 약속의 정직성을 확보하는 방편이었다. 맹세 없이는 충성 서약의 근간이 흔들릴 터였고, 형사재판이나 종교재판도 제대로 진행될 수 없었다. 결혼의 엄숙함은 언감생심이었고, 세례 역시 불가능할 것이었다. 또한 어느 성직자의 말마따나 맹세 없이는 "그 어떤 국가도 지탱될 수 없었다".[90] 그러나 공허한 맹세는 암암리에 끔직한 혼돈을 유발할 수 있었다. 성찬식을 주관하거나 성체를 영하는 행위와 달리 맹세는 계급의 특권이 아니었다. 맹세는 그 영험한 주문을 조합할 수 있는 사람이라면 누구에게든 하느님의 몸에 접근할 권한을 부여했고, 이는 권력층이 성체성사를 통해 공들여 유지해온 계급 구조가 파괴될 위험에 처했다는 뜻이었다. 가톨릭 목회자 교재는 이렇듯 잠재된 민주화의 물결에 심심한 불안감을 표출했다.[91] 이는 15세기 설교의 전형적인 정서를 반영한 것이다. 당시의 설교자들은 십계의 두 번째 계율이 "배운 자와 못 배운 자, 젊은이와 늙은이, 부자와 빈자, 겨우 말을 뗄까 말까 하는 어린아이와 세월의 흔적으로 말이 어눌해진 턱수염 난 노인을 가리지 않고 어느 계층에서건 완전히 무너지고 말았다"며 우려를 표명했다. 『야곱의 우물』이나 『죄를 다루다』와 같은 목회자 소책자들은 맹세의 파괴적 잠재력에 대응하기 위해 서약어의 적절한 사용과 부적절한 사용을 가려내는 규칙들을 성체성사 예식에 관한 규칙들 못지않게 복잡하고 깐깐하게 지정해놓았다. 이처럼 엄격한 규칙에는 언어를 통제하려는 강렬한 욕망과 더불어, 궁극적으로는 통제가 불가능하리라는 두려움이 고스란히 드러나 있었다. 의구심은 사라지지 않았다. 계율이 아무리 엄격한들 서약어의 홍수를 막아내기에는 역부족일는지도 모를 일이었다. 맹세자에게 호소하는 글이나 일부 목회자 교재는 하느님과, 그의 몸을 둘러싸고 조직된 사회가 훼손되지 않도록 보호하기 위해 또 다른 수단에 의존했다. 그 수단이란 바로 동정심이다. 『로마인 이야기』에서 이미 살펴보았듯이 이러한 이야기들은 격노한 하느님을 묘사하는 데서 그치지 않는다. 신의 발을 뜯어내려 하는 사람들에게 화내는 하느님뿐 아니라 아이 같은 그리스도, 피투성이에 무력한 그리스도까지 묘사하는 것이다. 예수의 어머니는 맹세자들에게 자제할 것을 간청하곤 한다. 때로는 그리스도가 몸소 자비를 요청하기도 한다. 이러한 이야기들은 목회자 교재가 하느님의 몸을 두고 하는 맹세를 금지함으로써 제한하고 감추고자 하는 바를 오히려 도드라지게 했다. 맹세가 어느 정도까지 하느님을 우리 손 안에 둘 수 있는지, 어느 정도까지 소중히 하고 어느 정도까지 조각낼 수 있는지를 생생하게 들려준 것이다.

중세에 맹세는 성서에서 제시한 모범에 따라 이루어졌다. 성스러움을 상스러움과 분리한 것이다. 오늘날 우리가 사용하는 외설어의 대부분이 중세에도 이미 사용됐지만 당시에는 지금처럼 심기를 거스르고 감정을 자극하는 힘을 지니지 않았다. 물론 로마 문화는 중세에도 영향력을 발휘했다. 종교에서도 외설한 기운이 감지되었으니까. 중세 가톨릭에서 액막이로 사용했다는 여성 외음부와 남근상을 떠올려보라. 그러나 대개 우리가 이해하는 식의 외설어는 한동안 기를 펴지 못했다. 르네상스 시대가 되어서야 비로소 상스러움은 다시 날개를 꿈틀대기 시작했다.

4장
—
외설어의 출현
르네상스

로버트 사우스웰°은 7월 17일 아침 칼레를 떠나 잉글랜드로 향하는 배 안에서 다가올 죽음을 직감했다. 과거 호시절처럼 그는 단정하면서도 화려한 차림으로 포크스턴과 도버 사이의 남동부 해안에 발을 디뎠다. 첩보 기관에서는 그의 도착이 임박했다는 정보를 입수했다. 사우스웰은 위협적인 인물로 간주되었고, 잉글랜드 땅을 밟는 즉시 제거될 운명이었다. 그러나 여기에서 사우스웰은 작은 행운을 맞닥뜨린다. 잉글랜드는 아직 7월 7일이었던 것이다. 여전히 잉글랜드는 '가톨릭의' 그레고리력1을 사용하지 않겠다고 버티고 있었다. 또한 그날은 토머스 베킷 성인의 축일이었다. 프로테스탄트 정부의 뜻에 따라 휴일에서 제외되었음에도 불구하고, 거리에는 수백 명의 사

○ 1561~1595, 16세기 말 영국의 순수한 종교시인이자 순교자로, 엘리자베스 시대 영국 로마 가톨릭 문학을 대표하는 작가로 꼽힌다.

람이 나와 지역 축제를 즐기고 있었다. 정부에서 파견한 정보원들이 해안을 바라보는 동안 사우스웰은 흥청거리는 군중 속에 몸을 감춘 채 유유히 빠져나갈 수 있었다.

사우스웰은 스파이도 암살범도 아니었다. 그는 미사를 집전하고 성체성사를 주재하여 가톨릭교도들에게 영적 평안을 주기 위해 잉글랜드에 왔다. 다시 말해 그는 가톨릭 사제였으니, 1586년에는 가톨릭이 불법이었다.

비록 그날 아침에는 탈출에 성공했고 이후로도 6년을 더 살았지만, 결국 사우스웰은 잡혔고 사형을 당했다. 1585년에 예수회와 신학대학 사제 및 기타 불복종적인 사람들을 적대시하는 법률2이 제정된 이후로 가톨릭 사제의 잉글랜드 입국이나 체류는 심각한 반역죄로 간주되었다. 사우스웰은 예수회 신부였으니, 범법자임이 자명했다. 그러나 재판에서 그의 일차적인 혐의는 잉글랜드 불법체류가 아니었다. 그는 가톨릭교도들에게 조금은 색다른 선서 방식을, 그러니까 다의적 허위equivocation을 가르쳤다는 이유로 재판에 회부됐다. 다의적 허위란 거짓말을 하지 않고 이중의미double meanings와 심리유보心裡留保, mental reservation(말을 생각만 하고 입 밖에 내지는 않는 것)를 통해 청자를 기만하는 방법이다. 만약 어떤 사람이 "나는 저 여자와 성관계를 갖지 않았소"라고 큰 소리로 말하면서 속으로는 '당신들이 관여하게 할 목적으로는'이라고 덧붙인다면, 그는 심리유보를 통한 다의적 허위를 범하고 있는 셈이다.• 다의적 허위의 예를 한 가지 더 들어보겠다. 가령 당신이 "책 선물 고마워요. 이걸 읽으면서 일분일초도 낭비하지 않을게요"3라고 말했다고 하자. 당신에게 600쪽짜리 벽돌책을 선물한 사람은 생각할 것이다. 당신이 곧장 그 책 읽기에 돌입할 거라고. 반면 당신은 절대로 그 책을 열어보지 않을 생각이다. 이렇듯 이중의미를 활용하는 어법을 르네상스 시대에는 모호어법이라 일컬었다. (모호어법을 뜻하는 단어 amphibology의 어원은 '둘 다'를 뜻하는 그리스어다. 양서류를 뜻하는 amphibian도 어원이 같다.)

오늘날의 시각에서는 그저 말장난으로 보일지 모른다. 하지만 16세기와 17세기에 다의적 허위는 목숨이 왔다갔다할 정도로 심각한 문제였다. 다의적 허위 덕분에 가톨릭교도들은 거짓말 또는 위증이라는 끔찍한 죄를 저지르지 않고도 부당한 박해를 모면할 수 있었다. 정부의 취조를 받을 때 가톨릭교도들은 자신의 영혼을, 그리고 자신의 몸을 구원할 수 있었다. 즉 그들은 미사에 참석했거나 사제를 숨겨주었거나 묵주를 지니고 다닌 사실을 부정하고도, 하느님께 거짓말한 죄로 지옥에 떨어지는 운명을 피할 수 있었다. 프로테스탄트 정부에게 다의적 허위는 위법이었다. 법률의 정당한 권위를 무시하는 행위였던 것이다. 아이러니한 것은, 14세기와 15세기에는 가톨릭교도들이 맹세를 해석하는 관점이 다르다는 이유로 프로테스탄트

● 모니카 르윈스키와의 관계를 부인할 때 빌 클린턴은 16세기의 언어 감각으로 다의적 허위를 범하는 중이었을까? 애매모호한 진술을 펼치는 행태가 비단 어제오늘의 일은 아니지만, 다의적 허위라는 용어의 전문적인 의미는 문제의 그 스캔들이 터지기 전까지 약 400년 동안 사람들의 관심 밖으로 밀려나 있었다. 그러나 클린턴은 예수회 소속의 조지타운대에서 수학했고, 예수회의 창시자 팀 힐리로부터 깊은 영향을 받았다. 이러한 배경은 그가 "여러분의 관여를 부추길 만한 그 어떤 관계도"라는 결정적인 구절을 덧붙였을 때 심리유보를 의도했을 가능성을 높여준다. 십중팔구 그는 모호어법을 구사하며 성관계의 두 가지 다른 의미를 갖고 장난을 친 것이다. 예를 들어, 오럴섹스는 '섹스'가 아니라거나.

HOLY SHIT

의 전신 격인 롤러드를 박해했다는 점이다. 하지만 16세기 무렵에는 거꾸로 프로테스탄트가, 서약에 대한 생각의 차이를 빌미로 가톨릭을 박해하고 있었다.

로버트 사우스웰 재판은 올바른 맹세에 대한 중세의 개념이 담겨 있는 비교적 최근의 기록에 속한다. 핵심적 관념은 이것이다. 서약은 굉장히 신성하고 강력하므로 위증죄를 피하기 위해서는 다의적 허위와 같은 우회 기술이 필요하다는 것. 하지만 이러한 개념도 사우스웰 재판을 끝으로 달라지기 시작했다. 이후 르네상스 시대에 들어서고부터는 (그러니까 대략 1500년부터 1660년까지) 서약어의 힘이 차츰 약화되었다. 프로테스탄티즘의 성장과 더불어 하느님과 인간의 관계에 대한 정의가 변화한 데다, 자본주의의 성장과 더불어 맹약의 의미로 사람이 한 말과 계약서의 중요성이 부각되었기 때문이다. 동시에 앞 장에서 기술한 성격의 '문명화'도 차곡차곡 진행되었다. 이른바 수치심과 반감의 문지방이 높아지기 시작한 것이다. 중세 시대에는 공공장소에서 서슴없이 내보였고, 특별히 신경 쓰지도 않았던 신체 부위와 활동이 이제는 '사적인 것', 당연히 금기시해야 하는 것으로 분류되었다. 이를 지칭하는 단어들도 자연스레 금기시되었다. 이러한 '문명화의 발흥'은 중세 말기에 시작되었고, 17세기 말엽에 완성되었다. 그러나 과정은 점진적이었다. 중단과 출발, 진격과 후퇴를 반복하며, 지리적 위치와 사회계층, 텍스트의 장르에 따라 다양한 단계를 거쳐 조금씩 진행되었다. 결과적으로 외설어는 서약어에 빼앗겼던 힘을 서서히 축적해갔다. 가장 금기시되었던 언어는 하느님의 몸을 찢어발길 수 있는 단어들이 아니라 인간의 몸을 드러낼 수 있는 단어들이었다. 저울의 무게는 다시 성스러움에서 상스러움 쪽으로 기울었다.

예수회의 교의

1580년대 잉글랜드는 종교적인 소요 상태에 놓였고, 그 상태는 한동안 지속되었다. 헨리 8세는 자의 반 타의 반으로 프로테스탄트 개혁을 시작했다.[4] 1534년 가톨릭교회가 헨리 8세에게 첫 아내와의 이혼을 불허하면서 교회와 왕실의 관계가 틀어진 것이다. 그의 아들 에드워드 6세는 독실한 프로테스탄트였으나 어리고 병약했다. 프로테스탄트 성직자들은 그가 재위한 6년 동안 온 나라를 개종시키기 위해 부단히 노력했다. 하지만 1553년 에드워드의 이복 누나 메리 1세가 즉위하면서 가톨릭을 부활시켜 복수의 도구로 삼았다. 1558년 왕위를 물려받은 엘리자베스 1세는 국교를 다시금 프로테스탄티즘으로 돌려놓았지만, 가톨릭교도에게 대단한 관용을 베풀었다. 이 시기에 관용은 잉글랜드 국민 대다수의 환영을 받았다. 그도 그럴 것이 그들은 34년 동안 네 번의 종교적 변화를 수용해야만 했고, 그때마다 자신들이 사후에 연옥에 갈지 가지 않을지, 세례 전에 죽은 아이의 영혼이 고성소에 머무는지 하느님 곁에 머무는지 밝혀내느라 골머리를 앓아온 터였다.

엘리자베스 1세가 왕위에 올랐을 때 가톨릭교도의 다수는 전례와 교리가 다름에도 프로테스탄트교회에 출석하는 이른바 분립론자들이었다. 그러나 1564년 교황 비오 5세는 잉글랜드 가톨릭교도의 영국국교회 예배 참석을 분명히 금지했고, 1570년에는 대칙서Regnans in Excelsis를 발행했다.5 이 교령을 통해 교황은 엘리자베스 1세를 파문했고, 그녀가 잉글랜드의 합법적인 여왕이 아니라고 선언했으며, 그녀에 대한 잉글랜드 국민의 충성 의무를 면제했고, '감히 그녀의 명령과 지시, 법에 순종하는' 사람을 전부 파문했다. 잉글랜드 전역에는 엘리자베스 1세를 암살하는 사람은 누구인지를 막론하고 면죄된다는 (거짓) 루머가 나돌았다. 이후로 가톨릭교도에 대한 잉글랜드 형법은 갈수록 억압적으로 변해갔다.6 1571년 통과된 법령은 가톨릭교회로 타인을 복귀시키거나 스스로 복귀하는 행위, 교황 칙서를 발행하는 행위, 십자가상이나 묵주, 아그누스 데이Agnus Dei(십자가를 진 어린 양의 형상이 찍힌 초로 만든 메달로, 교황이 축성하며, 액막이 능력이 있다고 여겨진다. 날개 달린 남근상 순례자 배지의 좀더 정숙한 버전이라 하겠다)를 잉글랜드에 들여오는 행위를 반역죄로 규정했다. 1581년 잉글랜드 정부는 미사 예식을 금지했고, 미사 집전 신부나 참석자들에 대해서는 무거운 벌금을 부과하거나 1년의 징역형에 처하겠다고 엄포했다. 또한 이 법령은 영국국교회 기피 벌금—영국국교회 예배 참석을 거부한 가톨릭교도가 지불하는 벌과금—을 한 달에 20파운드까지 높였는데, 이는 목수나 재단사와 같은 장인들이 받는 임금의 40~50배에 달하는 액수였다. 1585년 법령은 잉글랜드에서 가톨릭 사제가 되는 것을 불법으로 규정했고, 그에 따라 사우스웰도 재판을 받았다. 또한 어떤 식으로든 사제를 숨겨주거나 돕는 사람은 사형에 처해질 수 있었다. 1587년 영국국교회 기피자들은 자신들에게 부과된 과중한 벌금 납부를 거부할 경우 수입의 3분의 2를 몰수당했다.

요컨대 잉글랜드의 가톨릭교도에게 이 시기는 시련의 나날이었다. 가톨릭교도에게 사제는 꼭 필요한 존재였다. 그들의 손길이 있어야만 성사를 통해 구원에 이를 수 있었다. 그런데 사제들을 도와주려면 죽음을 무릅써야 했다. 당사자뿐 아니라 가족까지 위험해졌다. 교황의 명령에 따라 이단의 예배에 참석하기를 거부하면, 벌금을 감당하지 못해 가난에 직면해야 했다. 하지만 그 시절 가톨릭 신자로서 이런 일들을 하지 않으면, 연옥에서 보낼 기나긴 세월을 각오해야 했다. 연옥은 가볍게 볼 대상이 아니었다. 지옥과 매우 흡사했고, 풀려날 희망이 있다고는 하나, 엄청난 고통을 겪은 뒤라야 가능한 일이었다. 죄질에 따라 연옥의 영혼들은, 역사학자 에이먼 더피의 말을 빌리면, "고기용 갈고리에 턱이나 혀, 성기가 걸린 채 매달려 있거나, 꽁꽁 얼려지거나, 뜨거운 용광로나 불구덩이 속에서 익을"7 수 있었다. 최악의 경우에는 끝없는 영벌이 기다리고 있었다. 지옥으로 직행해 고기용 갈고리에 걸린 채 영원토록 몸부림쳐야하는 것이다.

잉글랜드 왕실은 가톨릭 용의자를 색출해 재판에 넘기기 위해 갖은 방법을 동원했다. 그들은 추적꾼을 고용했다. 가톨릭교도 전문 사냥꾼들은 방방곡곡을 돌며 집에 함부로 쳐들어가 사제들을 붙잡았고, 십자가상이나 묵주와 같은 가톨릭 용품들을 찾아냈다. 그들은 사제들에게 고문을 가했다. 추적꾼 우두머리 리처드 톱클리프는 자신이 즐겨하는 고문을 통해 사제들로부터 자백을 받아내기 위해 자기 집 지하실에 특별 고문실까지 마련했다. (그의 고문 방식은 십자가 형과 살짝 비슷했다. 수감자의 양손을 쇠사슬로 매다는 것인데, 이 자세에서 수감자의 몸은 10분 이상 견뎌내지 못했다. 어마어마한 통증과 함께 곧 내상이 뒤따랐고, 결국에는 호흡이 매우 가빠지다가 이내 멈추고 말았던 것이다.)

그러나 왕실이 주로 사용한 비장의 무기는 겉보기에는 거의 무해한 것이었다.8 직권에 의한 선서oath ex officio가 바로 그 무기였으니까. 이단 혐의로 체포된 모든 사람은 가톨릭교도이건 청교도(영국국교회보다 더 개혁적인 프로테스탄트)이건 취조 전에 직권에 의한 선서를 해야 했다. 용의자들은 어떤 질문이 주어질지 전혀 알지 못하는 상황에서 모든 질문에 정직하게 답하겠노라고 맹세해야 했다. 이는 관습법의 원칙에 위배되었다. 피고에게 복죄를 강요해서는 안 되니까. 적어도 20세기 이후에 수립된 관습법의 원칙상으로는 그러했다. (미국 수정헌법 제5조에도 이 원칙이 명시되어 있다.) 한 청교도는 의회에 탄원하며 토로하기를, "하느님을 두려워하는 양심에게 호소합니다. (선서는) 그 어떤 고문대보다 더 폭력적입니다. 선서 당사자로 하여금 자신이 알고 있음을 언명하도록 강요하기 때문입니다. 그 언명이 자신의 뜻을 거스르고, 자신을 가장 고통스런 벌로 이끌게 돼 있는데도 말입니다"9라고 했다. 여기서 그 청교도는 선서를 일종의 고문으로 묘사했는데, 보아하니 이는 지나친 과장이 아닌 듯하다. 그가 속한 사회에서는 거짓 맹세가 하느님의 몸을 훼손할 수 있었고, 한 사람의 영혼이

지옥 불에서 타버리게도 할 수 있었으니까. 또한 그렇다고 선서 내용에 부합하게 답변해버리면, 선서 당사자의 육신은 물론이고, 자칫 타인의 육신까지도 징역형이나 사형에 처해질 형국이었다.

'피의 질문' 역시 튜더 왕조가 자주 활용한 강압적 선서 중 하나로, 잉글랜드 가톨릭교도들에게는 엄청난 두려움의 대상이었다.[10] 그 질문의 의도는 가톨릭 공동체의 분열이었고, 가톨릭교도는 여왕과 교황 중 누구에게 충성할 것인지를 선택해야만 했다. 체포된 가톨릭교도들은 만일 교황이 잉글랜드 여왕을 타도할 목적으로 군대를 보내고 모든 가톨릭교도에게 그 군대를 원조하라고 명령한다면 어떻게 하겠는가 같은 질문을 받았다. 여왕의 편에 설 것인가, 교황의 편에 설 것인가. 대부분의 가톨릭교도에게는 참으로 난감한 질문이었다. 그들은 엘리자베스 1세에게 충성하고 복종해야 했다. 잉글랜드의 현세적 군주였으니까. 하지만 그들은 교황의 모든 명령에도 복종해야 했다. 가톨릭교회의 영적 지도자였으니까. 설상가상으로 교황이 엘리자베스 1세는 잉글랜드의 합법적 여왕이 아니라고 선언하고 그녀와 그녀의 '추종자들'을 파문하면서 상황은 두 배로 복잡해졌다. 소수의 가톨릭교도는 확고히 여왕의 편에 섰고, 사우스웰도 그들 중 한 명이었다. 그러나 다수의 가톨릭교도는 교황을 선택했고, 피의 질문에 그 어떤 대답도 내놓지 않았다. 이는 그들을 반역 혐의로 기소하기에 적당한 구실이 되어주었다. 사제들이 잉글랜드 땅에 남아 있기만 해도, 또 누군가 그런 사제들을 도와주기만 해도 반역죄를 적용하던 1585년의 법령에, 피의 질문은 그럴듯한 색채를 덧입혔다.

대부분의 가톨릭교도에게 다의적 허위는 자신들로 하여금 유죄를 어쩔 수 없이 인정하게 만드는 강압적 선서에 맞서 활용할 수 있는 유일한 방어 수단이었다. 사우스웰 재판은 당시에 다의적 허위 기법이 어떻게 작동했는지를 엿볼 수 있는 단서를 제공한다. 사우스웰은 가톨릭교도들에게 만약 프로테스탄트 권위자들이 사제가 어디 있는지 아느냐는 질문을 받거든, 맹세코 아니라고 대답하되 "마음속으로는 '일부러 당신들에게 말해주려고 알고 있는 건 아니지요'라고 덧붙일 것"을 권했다는 혐의로 기소되었다.[11] 이는 앞서 언급한 심리유보다. 이 어법의 핵심은 밖으로 크게 내뱉은 발언과 안으로 조용히 삼킨 의도가 서로 다르다는 데 있다. 사우스웰의 가르침에 따르면, 가톨릭교도는 실제로 사제를 보았으면서도 보지 않았다고 큰 소리로 맹세할 수 있었다. 그런 뒤에 속으로 '당신들에게 말해줄 목적으로는' 이라고 덧붙이기만 한다면. 이리 하면 청자가 들은 내용은 거짓일지라도 하느님이 들은 내용은 진실이다. 하느님은 화자의 말을 온전히, 그러니까 말한 부분과 말하지 않은 부분 모두를 이해했기 때문이다. 문제의 가톨릭교도는 사제를 보기는 보았으되 프로테스탄트 권위자들에게 말해줄 의도로 보지는 않았다. 고로 그 교도의 증언은 진실이다. 여기에서 중요한 청자는 프로테스탄트 권위자들이 아닌 하느님이다. 다의적 허위가 아니었다면 그 가톨릭교도는 자신이 사제를 보았다고 울며 겨자 먹기로 실토했을 것이고, 결국 그와 그 사제는 막대한 벌금을 물어야 했을 것이다. 심지어는 사형에 처해질 수도 있었다. 그렇다고 선서를 거부했다가는 프로테스탄트 권위자들에게 유죄를 고백했다는 빌미를 줄 수 있었다. 숨겨야 할 비밀이 없다면 맹세를 거부할 이유도 없을 테니까.

속세의 권위자들은 다의적 허위를 싫어했다. 선서 탓에 할 수 없이 유죄를 인정해야 하는 상황을 범죄 용의자들이 벗어날 수도 있었기 때문이다. 다의적 허위를 이용해 남자는 사실상 자신과 혼인관계에 있는 한 여자를 저버리고 파멸시킬 수 있었다. 다의적 허위를 이용해 도둑은 훔친 물건이 실제로 자기 것이라고 주장할 수 있었다. 최악의 경우에는, 여왕에 반대하여 모반을 꾀하다 발각된 사람이 연루 혐의를 부인할 수 있었다. 다의적 허위는 이러한 범죄자들에게 검찰관을 기만할 자유를 주는 꼴이었다. 하느님의 눈앞에서만 진실하다면 인간의 눈앞에서는 마음껏 위증을 해도 괜찮을 테니 말이다. 아닌 게 아니라 다의적 허위는 모든 증언의 근간인 신의 형벌이라는 위협을 고려해야 할 상황에서 배제시켰다. (스코틀랜드 여왕 메리에게 사형을 선고한 바 있는) 수석재판관 포팸은 이에 대해 다음과 같이 일갈했다. "만약 이러한 교의가 허용된다면, 모든 정의는 설 자리를 잃을 것이다. 왜냐하면 우리는 인간이고, 신이 아니므로, 사람의 잘잘 못을 그들의 비밀과 내적 의도가 아닌 오직 그들의 외적 행동과 말만을 근거로 판단할 수 있기 때문이다."12 만약 하느님에게 위증하지 않는 한, 프로테스탄트 권위자들을 향해 내키는 대로 무엇이든 맹세할 자유가 사람들에게 주어진다면, 사법 체제는 기능할 수 없을 것이고 사법 정의를 이룰 수도 없을 것이었다. 법적으로 이러한 어법을 위증으로 규정할 필요가 있다고 포팸은 주장했다. 그러지 않으면 "모든 판결, 모든 증언은 왜곡될 수밖에 없다"는 것이다. 실제로 오늘날의 사법 체제에서는 다의적 허위를 위증으로 규정하고 있다. 사우스웰은 사형을 선고받았다.

다의적 허위는 결국 사우스웰 재판의 양쪽 당사자들에게 역효과를 불러일으켰다. 튜더 왕조의 권위자들이 다의적 허위에 치를 떨었던 반면, 일반 대중은 그다지 개의치 않는 분위기였다. 하지만 '죄'라고는 오로지 '현직 사제라는 점'이 전부인 한 남자를 사형하는 정부의 행태는 대중을 경악케 했다. 이들의 사형과정은 대개 매달기와 잡아 늘이기, 사지 찢기로 구성되었다. 수형자의 목에 올가미를 두른다. 그 상태로 매달아 기력이 다 빠질 때까지 기다린다. 죽기 직전에 쓰러뜨린다. 아직 숨이 붙어 있는 상태에서 음부를 잘라낸다. 장기를 꺼낸다. 심장을 도려내어 그를 죽인다. 그리고 심장을 불 속에, 창자와 함께 던져 넣는다. 마지막으로 그의 목을 자르고, 몸을 난도질한 다음, 런던브리지 문루에 못 박아, 반역자가 되려는 이들에게 경고한다. 잉글랜드 가톨릭교도가 엘리자베스 1세를 없애고 그 자리에 그녀의 사촌이자 스코틀랜드 여왕인 메리를 앉히고자 모의한 배빙턴 음모 사건의 전말을 다룬 17세기 초 어느 문헌에 적힌 표현을 빌리자면, 이러한 처형과정에는 "일련의 잔인한 기색과 기미가 없지 않았다".[13]

사우스웰이 그 전적으로 잔인하지 않다 할 수 없는 형벌을 받을 차례가 되었을 때 구경꾼들은 통상적인 방식으로 형을 집행하지 못하도록 막아냈다. 교수형 집행인이 사우스웰의 장기를 그가 살아 있는 상태에서 꺼내기 위해 밧줄을 자르려는 찰나, 군중이 큰 소리로 "그를 죽을 때까지 매달아두시오" 혹은 "그의 다리를 잡아당기시오"라고 외치며 저지한 것이다. 그 말을 듣고 사형 집행인은 사우스웰의 두 다리를 아래로 당겨 고통을 빨리 끝내주었다. 후에 형 집행인이 사우스웰의 머리를 쳐들고 평소처럼 "여기 반역자의 머리가 있소"라고 공표했을 때, 군중 가운데 누구도 여느 때처럼 "반역자, 반역자"라고 외치지 않았다. 대신에 사람들은 사우스웰의 피가 떨어져 고인 자리에 앞 다투어 천 조각을 담갔다. 유물로 간직하기 위해서였다. 사우스웰은 순교자였다. 다의적 허위를 주창했다는 이유로 그에게서 대중을 등 돌리게 하려던 권력자들의 시도가 실패로 돌아간 것이다.

그러나 다의적 허위에 대한 대중의 시큰둥한 반응은 그리 오래가지 않았다. 사우스웰과 예수회 수도원장 헨리 가넷을 비롯한 예수회 중요 인물들의 주창에 힘입어 다의적 허위는 예수회의 우선적 교의로 알려지게 되었고, 그로 인해 잉글랜드 사람들은 예수회가 반역자라는, 여왕의 전복을 위해 그 어떤 말과 행동도 서슴지 않는 스페인의 첩보원이라는 의심을 품게 되었다. 그러던 중 화약 음모 사건과 연루되면서, 다의적 허위가 훌륭한 교의라는 믿음은 마침내 무너졌다. 1605년에 일군의 가톨릭교도가 의회를 폭발시키려고 시도한 사건이었다. 의원들은 물론이고 제임스 1세와 여러 왕족까지 죽이려한 것이다. 헨리 가넷은 이 음모와 관련해 체포된 인물 중 한 사람이었고, 사우스웰 재판에서와 마찬가지로 다의적 허위는 재판의 주요 쟁점이었다. 그러나 이번에는 얘기가 달랐다. 화약음모사건에서 다의적 허위는 극악무도하기 이를 데 없는 계획과 연관돼 있었다. 왕을 죽이고, 왕의 프로테스탄트 상속자들을 죽이고, 잉글랜드의 프로테스탄트 귀족 대다수를 죽이려는 음모였다. 그때부터 다의적 허위에는 반역죄의 빛깔이 덧씌워졌다. 가장 부정직하고 가장 타락한 범죄자들만이 꾀하는 권모술수로 읽히기 시작한 것이다.

다의적 허위는 선서의 신성함을 지키기 위한 방책으로 고안되었다. 그런데 바로 그 부분에 있어서 예기치 않은 효과를 가져왔다. 종국에는 다의적 허위라는 교의가 대중의 상상 속에서 가톨릭주의와 지나치게 뒤엉키게 되었고, 그 바람에 가톨릭교도는 맹세를 한다거나 타인의 믿음을 얻는 것이 거의 불가능해지고 말았다. 심지어 잉글랜드의 가톨릭 작가들도 다의적 허위라는 관행을 비난하기 시작했다. 가령 1601년 가톨릭 사제 크리스토퍼 배그쇼는, 결론적으로 "저들은 내키면 아무 반역죄나 적용해 (…) 우리를 기소할 수 있다. 그리고 우리에게는 혐의에서 벗어날 방법이 하나도 남아 있지 않다"[14]고 호소했다. 심지어 "나는 내가 사제를 숨겨주지 않았다고 맹세합니다"처럼 간단한 선서조차도 심리유보를 포함하는 것으로, 그러니까 속으로 '당신들이 관여하게 할 목적으로는'이라고 덧붙여 프로테스탄트 권위자들을 속이는 행위로 여겨졌다. 기소된 가톨릭교도들이 뭐라고 말하건 간에 프로테스탄트 권위자들은, 그 교도들이 유죄이며 위기를 모면하려 예수회식 술수를 쓰고 있다고 생각했다. 다의적 허위는 가톨릭교도들을 골칫거리에서 구해낼 목적으로 만들어졌지만 의도치 않게 골칫거리 하나를 더하고 말았다. 어떻게 말해도 유죄로 추정되는 상황을 만들어버린 것이다. 또한 다의적 허위는 르네상스 시대에 서약어의 힘을 전반적으로 약화시킨 요인 중 하나였다. 만약 애매모호한 말로 언제든 서약을 기만할 수 있다면, 맹세의 의미는 퇴색될 수밖에 없기 때문이다. 맹세가 지닌 가치, 진실을 보장하는 수단이라는 가치가 위태로워지는 것이다.

영적인 육체가 #%&* 뭐길래

서약어의 약화와 가치절하를 부추긴 또 다른 핵심 요인은 다름 아닌 프로테스탄티즘 자체의 부흥이었다. 프로테스탄티즘은 성체성사에서든 맹세를 통해서든 하느님의 물리적 몸을 만지지 못하게 했는데, 이로 인해 사람들은 서약어의 효과가 예전만 못하다는 느낌을 갖게 된 것이다.

가톨릭주의와 프로테스탄티즘의 결정적 차이는 성체성사에서 하느님의 몸을 바라보는 관점이었다. 앞 장에서 살펴본 바와 같이, 가톨릭교도의 관점에서 하느님의 몸은 성체 안에 (혹은 성체로서) 실제적·물리적으로 현존한다. 언뜻 제병처럼 보이지만 성체는 실제로 온전하게 하느님의 몸으로 변화한 상태라는 이야기다. 축성을 거친 성체가 하느님의 몸인 건, 프로테스탄트의 관점에서도 마찬가지이지만, 물리적 의미가 아닌 영적인 의미에 한해서다. 루터주의자부터 칼뱅

주의자를 거쳐 영국국교회와 재세례파에 이르기까지 프로테스탄트의 각 분파는 세례의 시기와 역할이라든가 교회를 올바르게 꾸미는 요령, 심지어는 축성 후에 변화한 성체의 정확한 본질까지, 그야말로 다양한 종교적 이슈를 놓고 갖가지 의견 충돌을 드러냈지만, 사제가 제병을 하느님의 물리적 몸으로 성변화시킬 수 없다는 의견에는 한목소리로 동의했다. 영성체 예식에서 하느님은 가톨릭 정교의 주장과 달리, "육체로서도 자연으로서도 물질로서도 (…) 먹히지"[15] 않는다는 것이다. 대신, 영국국교회의 교의를 성문화한 39개의 신조 Thirty-Nine Articles는 성체성사를 다음과 같이 이해하라고 설명한다.[16] "그리스도의 몸은 성만찬에서 오직 신성하고 영적인 방식으로만 주고, 받고, 먹는 것이다." 제병은 어디까지나 빵이라는 물질이지만, 거기에는 또한 하느님의 몸이, 어떤 프로테스탄트가 묘사하느냐에 따라 '영적으로' 혹은 '성사적으로' 혹은 '비유적으로' 혹은 '가상적으로' 깃들어 있다. 신자들은 더 이상 하느님의 몸을 만질 자격이 없었다. 부러뜨리거나 먹는 문제는 차치하고서라도.

그러나 가톨릭교도들이 보기에 영적인 실제적 현존이라는 개념은 앞뒤가 맞지 않았다. 17세기 초 가톨릭 논쟁가 로버트 파슨스는 하느님이 "오직 영적이고 성사적인 의미에 한해서이기는 하나, 충만하게" 받아들여질 수 있다는 발상을 비웃었다.[17] 파슨스를 비롯한 신도들이 보기에 실제적 현존은 물리적 현존을 의미했다. 하느님은 제병으로 (그 안에) 존재했고, 그 사실이 무언가 중대한 의미를 내포하려면, 그의 몸을 영혼이나 성사로서가 아닌 육체로서 만지고 먹을 수 있어야 했다.

　서약어도 성체와 비슷한 변화를 겪었다. 물리적인 영역에서 영적인 영역으로 옮겨간 것이다. 맹세는 성체성사를 제외하고 사람이 하느님의 몸을 만지는 유일한 방법이었다. 앞서 보았다시피 중세 가톨릭교도들은 특정 종류의 서약어가 그리스도의 물리적인 몸을, 성체성사 때 성반 위에 놓이는 바로 그 몸을 글자 그대로 찢어발길 수 있다고 생각했다. 프로테스탄트에게 서약어는 그리스도의 **영적인 몸**을, 성체성사 때 성반 위에 영적으로 (얼마간 혼란스럽게) 놓이는 바로 그 몸을 갈기갈기 찢는 도구로 여겨졌다.[18] 1611년 프로테스탄트 윌리엄 본이 밝힌 견해에 따르면 "거짓 맹세를 할 때 (사람들은) (…) 하느님의 몸을 두고 하건 그의 피를 두고 하건 그의 상처를 두고 하건 간에, 각자의 피비린내 나는 무기를 들고 하느님의 옆구리를 영적으로 찌르는 것이나 마찬가지"였다.

　프로테스탄트도 가톨릭교도 못지않게 성체성사를 실제적이고 효과적인 것으로 여겼지만, 이는 영적인 의미에 한해서였다. 서약어에 대해서도 마찬가지였다. 서약어가 하느님으로 하여금 한 사람의 발언을 목도하고 그 발언의 진실성을 보증하게 하는 힘을 지닌다는 교리에 대해서는 가톨릭교도와 이견이 없었지만, 서약어가 하느님의 물리적 몸에 영향을 미친다는 교리에 대해서는 가톨릭교도와 의견을 달리했다. 하느님의 몸에 영향을 미치기는 하지만 영적인 몸에 한해서라는 것이다. 자연히 그 영향력은 물리적 강제력만큼 만족스러울 수 없었다. 중세 가톨릭교도들은 하느님의 몸이 하늘 위에 존재하다가 미사가 있을 때면 성반 위에 강림한다고 믿었고, 서약을 통해 하느님에게 손을 뻗어 신의 몸을 만지며 신이 관심을 기울이고 있음을 확인할 수 있다고도 믿었다. 그렇지만 하느님의 영적인 몸은 어디에 있다는 말인가? 하느님의 영적인 몸이란 도대체 **무엇인가**? 영성체를 통한 하느님의 영적인 실제적 현존이라는 개념은 가톨릭교도와 일부 프로테스탄트에게 인식론적인 난제를 가져다주었다. 물리적으로 존재하지 않는 하느님이 어떻게 **실제적**으로 존재한다는 말인가 하는 의문을 품게 한 것이다. 마찬가지로, 맹세가 작동하는 방식에 대한 프로테스탄트식의 해석은 맹세가 진실성을 보장하는 정도에 관한 의구심을 드리웠다. 비록 프로테스탄트 저술가들은 맹세가 하느님을 증인으로 세울 강제력을 여전히 발휘한다고 강조했지만, 하느님에 대한 '영적인' 접근이라는 새로운 개념이, 서약어가 과연 그런 식으로도 목적을 달성할 수 있을 것인가 하는 의문을 품게 한 것이다.

이 모든 상황은 종교 개혁 기간에 맹세의 힘을 약화시켰다. 이 시기에 사람들은 그야말로 가지각색의 맹세를 요구받았고,[19] 그 바람에 하느님을 두고 하는 맹세는 사람이 한 말의 진실성을 보증하는 신성한 문구라기보다, 무의미하고 장황한 표현에 불과하다는 문화적 인식이 퍼져나갔다. 논쟁의 여지는 있지만, 변화는 헨리 8세로부터 시작되었다. 1534년에 수장령을 발표하며 헨리 8세는 그를 영국국교회의 최고 통치자로 인정한다는 맹세the Oath of Supremacy를 다양한 직책의 남자 신하들에게 요구했다. 엘리자베스 1세도 신하들에게 비슷한 맹세를 요구했다. 제임스 1세는 1606년, 그러니까 화약 음모 사건이 발생한 이듬해에 충성 맹세the Oath of Allegiance를 추가시켰다. 신하들은 왕에 대한 충성을 맹세하는 한편, 교황에 대한 충성을 거부해야 했다. 영국 내전이 발발한 시점부터는 각종 맹세가 잇달아 쏟아졌다. 1641년에는 왕과 의회, 영국국교회에 충성하지 않겠다고 약속하는 불복 맹세the Protestation Oath가 등장했고, 1643년에는 개혁된 (프로테스탄트) 종교에 충성을 선언하는 엄숙 동맹the Solemn League and Covenant이 등장했으며, 1643년과 1656년에는 가엾은 교황에게 거듭 충성을 거부하는 철회 맹세the Oath of Abjuration가 등장했다. 왕이 죽은 뒤인 1650년에는 이제 공화국에 충성을 맹약하는 참여 맹세the Engagement가 새로이 등장했고, 1660년에는 왕정복고와 더불어 찰스 2세와 영국국교회에게 바치는 충성 맹세가 다시금 모습을 드러냈다. 역사학자 크리스토퍼 힐의 추산에 따르면, 1640년과 1660년 사이에 남성들은 도합 열 가지에 달하는 충성 맹세를 감당해야 했고, 이로 인해 맹세는 갖고 있던 대부분의 능력을 잃어버렸다. 권력자들의 의도와는 정반대로, 이런저런 맹세가 끊임없이 강요되는 상황이 맹세의 힘을 차츰 약화시킨 것이다. 더 이상 맹세는 한 인간의 충성이나 그가 한 말의 진실성을 실제적으로 보장하지 않았다. 서약어는 권력자를 위해 마음껏 읊어댈 수 있는 형식적 문구에 불과했다. 맹세자의 진정한 의도나 신념 따위는 중요하지 않았다. 1586년에 '하느님을 두려워하던 한 양심에게는' 고문대와도 같았던 무엇이, 1662년 즈음에 유행한 이 노래에서처럼 한낱 우스갯소리로 변해버린 것이다.

그들은 우리에게 두 맹세를 강요하네

그러나 우리는 세 번째를 택하려네

우리가 절대로 지키지 않을 맹세를[20]

영주부터 미소년까지

마지막으로 서약어의 쇠퇴에 영향을 미친 문화적 움직임은, 봉건주의의 종식과 그에 따른 자본주의의 급성장이었다. 중세의 봉건적인 사회구조는 수백 년 동안 서서히 침식되어갔고, 그 속에서 맹세는 거미줄처럼 얽혀 상호간에 의존하고 지원하며 더불어 살아가던 영주와 봉신과 영신, 토지 자유 보유권이 있는 소작농과 없는 소작농의 간의 관계를 설명하고 보증하는 역할을 담당했다. 봉건제도의 중심에는 이른바 '위대한 거물'이 있었다. 귀족 중에서도 막대한 영지를 소유하고 사병을 거느린 채 후원관계를 통해 더 낮은 귀족과 신사 계급으로부터 개인적 충성을 확보한 이들이었다. 그들은 사실상의 소군주로, 최고 군주인 왕이나 여왕에 반대하거나 그들의 삶을 적어도 곤란하게는 만들 정도의 힘을 갖추고 있었다. 엘리자베스 1세가 왕위에 오를 무렵 이 거물 귀족들의 권력은 이미 약해질 대로 약해진 상태였고, 여왕은 그들을 더 깊은 나락으로 떨어뜨리기 위한 계획을 실행에 옮겼다. 어쩌면 엘리자베스 1세는 프랑스의 루이 14세에게 영감을 주었는지도 모른다. 귀족들이 그보다 더 세련될 수는 없는 의상과 볼거리를 선보이다 스스로 파산하도록 독려했다는 점에서 말이다. 여왕의 등쌀에 귀족들은 많은 시간과 돈을 궁정에서 쓸수밖에 없었다. 궁정에 드나드는 횟수와 여왕에게 (겉으로) 보이는 개인적 충성도에 따라 귀족들은 수익성 좋은 전매 사업의 기회를 따내기도 하고 놓치기도 했다. 그러다 보니 자신의 영지에서 보내는 시간이 자연스레 짧아지면서 후원자로서 인맥을 다지기가 힘들어졌다. 엘리자베스 1세가 왕위를 차지했을 때 잉글랜드에는 세습 공작이 단한 명밖에 남아 있지 않았고, 여왕은 그를 처형했다(사실관계를 밝혀두자면, 그 공작은 그녀를 권좌에서 끌어내리려 했다). 그 후로 잉글랜드에 공작이 다시 생겨난 것은 조지 빌리어스가, 추정컨대 다리가 잘빠진 데다 제임스 1세의 연인이라는 이유로 제1대 버킹엄 공작 작위를 수여받은 1623년이었다. 위대한 거물들과 그들을 지탱하던 봉건제도는 그렇게 죽음을 맞이했다. 만세, 근사한 종아리와 날렵한 춤사위여!

봉건주의 시대는 가고 바야흐로 자본주의 시대가 도래했다. 시장은 거듭해서 정직성을, 더 빠른 속도를 요구했다. 거래 전에 상품이 고품질이라고, 가격이 정당하다고, 물건이 제시간에 배달될 거라고 하느님을 두고 맹세할 시간 따위는 없었다. 시장의 요구를 잘 맞추는 상인이나 생산자는 모든 일이 잘 풀려 번영할 것이요, 그렇지 못한 상인이나 생산자는 고용보험도 없고 사람들은 채무자 감옥을 제집 드나들듯 하던 시대의 소용돌이에 휘말려 파산에 직면할 것이었다. 역사학자 크리스토퍼 힐이 쓴 것처럼, "정직성을 명실공히 최선의 정책으로 치던 사회에서 초자연적인 구속력의 필요성이 줄어든 대신,

자신들이 맺은 계약을 지키지 않는 사람은 상거래에서 어려움을 겪게 되기 십상이었다".[21] 힐은 왕정복고기에 형성된 그 사회를 홉스주의적인 사회, 계약이 맹세를 대체한 사회라고 묘사했다. 그 사회에서는 사리에 밝은 자가 세상을 지배하고 발견을 주도했으며, "신용과 평판, 인품의 사회적 중요성이 부각되면서, 사람을 사서 자신의 언약을 보증하게 하는"[22] 문화가 조성되었다. 이제 사람들은 신성에 기대어 맹세하던 관행을 그만두고 약속을 하거나 계약을 맺기 시작했다. 이유는 다음과 같다. 첫째, 봉건주의가 쇠퇴했다. 둘째, 자본주의가 부상했다. 셋째, 지나치게 많은 맹세가 집행되었다. 넷째, 불리한 선서를 모면하기 위해 다의적 허위가 남용되었다. 다섯째, 프로테스탄트 종교개혁과 더불어, 하느님의 영적인 몸에 근거한 맹세가 그의 물리적 몸에 지배력을 행사하던 맹세에 비해 덜 효과적이라는 발상이 대두되었다.

서약어의 쇠퇴에 대한 이 모든 분석은 어쩌면 지나친 과장일 수 있다. 르네상스 시대 사람들은 여전히 서약어에 관해 생각하고 글을 썼으며, 확신하건대 법정에서 선서할 때나 절망에 빠졌을 때도 오늘날의 영어 사용자들과 마찬가지로 서약어를 사용했다. 기체의 압력과 부피에 동명의 법칙을 발견한 것으로 더 유명한 과학자 로버트 보일은 1647년경 『습관적인 맹세에 반대하는 자유 담론Free Discourse Against Customary Swearing』이라는 책을 펴내기도 했다.[23] 심지어 엘리자베스 1세는 잉글랜드 왕위를 굳건히 지켜내기 위한 방편으로 불경한 서약어를 수없이 내뱉었다. 그녀는 "하느님의 죽음God's death!"이라는 표현을 입에 달고 살았다. 16세기에도 여전히 그 표현은 잉글랜드 남성이 입에 담을 수 있는 어마어마하게 충격적인 문구에 속했다. 여기서 방점은 남성에 찍혀 있다. 당시 여성의 언어는 남성의 언어보다 더 순수하고 경건하다고 여겨졌다. 엘리자베스 1세의 궁정에서 일했다는 한 시인의 글을 빌리면, 여성들은 천박하거나 반종교적인 단어들을 피해야 했다. "여성들의 가장 중요한 미덕은 수줍은 태도이기 때문"이었다. "천박하거나 반종교적인 색채를 띤 무언가를 보거나 들을 때 여성들은 흔히 얼굴을 붉힌다"고 시인은 적었다. 그런데도 엘리자베스 1세는 "하느님의 죽음!"이라는 서약어를 밥 먹듯이 내뱉었다.[24] 얼마나 자주 입에 올렸던지 심지어 외국 대사들까지도 그 말버릇에 대해 언급했을 정도다.

엘리자베스 1세가 여왕의 자리에 올랐을 때 상황은 그리 녹록하지 않았다. 그녀는 25세의 젊은 여성으로서, 여성은 나라의 지배자로 어울리지 않는다고 어렴풋이 생각하거나 전적으로 확신하는 남성들이 장악한 정부를 이끌어야 했다. 당대의 베스트셀러 『여성들의 기괴한 지배에 반대하는 첫 나팔 소리The First Blast of the Trumpet Against the Montstrous Regiment of Women』의 중심 논지는 "여성이 남성 위에서 제국을 지배하고 소유하는 상황은 자연 속 괴물보다 더 기괴하다"였다. 엘리자베스 1세는 충격적인 서약어를 시도 때도 없이 입에 올림으로써 자신이 정당한 통치자라고 부르짖고 있었다. 그녀는 자신의 남자다움을 전면에 내세웠다. 스스로 즐겨 하던 주장에 따르면, 그녀는 "왕의 심장과 위장"을 가진 사람, 즉 극진히 사랑받았지만 불경하기

짝이 없던 헨리 8세의 뒤를 잇기에 합당한 인물이었다.

　그러나 보일식의 소책자와 여왕식의 감탄어에도 불구하고 서약어의 전성기는 기어이 저물었다. 바야흐로 외설어의 부흥기가 밝아오고 있었다.

삼가야 할 모든 것

　지금까지 살펴본 것처럼 사람들은 수백 년 동안 특정 종류의 언어, 즉 '불결한 말'이나 '음란한 말'이 청자나 독자를 죄의 길로 이끌 수 있다는 걱정을 품은 채 살았다. '비속한' 언어에는 본질적으로 부도덕한 행동을 조장하는 힘이 내재한다는 인식 때문이었다. 르네상스 시대에는 또 다른 종류의 비속한 언어가 사람들 입에 오르내리기 시작했다. 주인공은 다름 아닌 **외설어**obscenity다. 중세 라틴어에는 obscenus라는 낱말이 있었다. 영어─라틴어 사전 『영어 전서』에서는 불결하다는 뜻의 영어 foule을 정의하는 라틴어로 obscenus를 사용했다. 그러나 외설어를 지칭하는 영어 낱말이 문헌상에 최초로 모습을 드러낸 시기는 16세기가 막을 내릴 무렵이었다. 이탈리아 서사시 「광란의 오를란도Orlando Furioso」를 번역한(1591) 존 해링턴이, 자신의 작업을 부도덕하다고 생각하는 사람들에 맞서 변명하는 과정에서 'obscenousnesse'라는 용어를 사용한 것이다.[25] obscenity라는 단어의 과도기적 형태를 엿볼 수 있는 최초의 영어 기록이라

할 만한 그 글에서 해링턴은 "아리오스토의 모든 작품에는 음란하거나 외설한obscenousnes 단어가 하나도 등장하지 않는다"며 목소리를 높였다. (이 책에서만큼은 존 해링턴을 천재 중의 천재로 대접해도 좋을 듯하다. 섹스와 분변학이라는 그의 두 가지 관심사에 대해서 말이다. 그는 '외설한obscene'이라는 영어 단어를 비교적 최초로 사용했을 뿐 아니라, 수세식 변소를 최초로 발명했고, 자신의 그 발명품을 광고하는 의서사시 「아이아스의 변모The Metamorphosis of Ajax」를 쓰기도 했다. 여기서 아이아스는 트로이의 전쟁 영웅이 아닌 옥외변소를 뜻하는 일종의 말장난으로, 아이아스Ajax를 영어식으로 발음하면 당시에 옥외변소를 지칭하던 은어 'a jakes'처럼 들린다는 데서 착안한 것이다. 해링턴은 켈스턴에 위치한 (지금은 허물어진) 자신의 저택에 그 신개념 변소를 설치했고, 보아하니 그의 대모 엘리자베스 1세도 그 신문물을 사용하고 만족감을 드러낸 듯하지만, 그 발상이 비로소 빛을 보기까지는 250년이라는 세월이 더 걸렸다. 그도 그럴 것이 당시에는 해링턴의 장치에 필요한 배관을 설치하는 쪽보다 하인들을 시켜 변기를 비우게 하는 쪽이 비용이나 용이성 면에서 더 효율적이었기 때문이다.) 아리오스토의 1532년작 「광란의 오를란도」는 곤경에 빠진 처녀들을 찾아다니는 기사와 이교도에 맞서 싸우는 기독교도, 양측에 도움을 주는 신비한 생명체에 관한 공상적인 이야기다. 아리오스토의 시에는 외설스러운 소재가 수없이 등장하는데, 이 부분만큼은 해링턴이 먼저 인정하고 나섰다. "음탕한 탁발 수도사라는 인물의 성품에서, 알치나와 루지에로의 성교 장면에서⋯⋯ 또한 그 밖의(곤경에 빠진 처녀들 중에서도 가장 아름다운 처녀가 바다 괴물에게 제물로 바쳐지기 위해 벌거벗은 채 바위에 사슬로 묶여 있는 장면을 포함한) 몇몇 대목에서" 외설한 상황이 감지된다는 것이다. 그러나 해링턴은 이 서사시에서 악인에게 벌이, 선인에게 상이 내려진다고 주장했다. 음탕한 탁발 수도사는 비참한 최후를 맞고 간음한 이들은 벌을 받는다는 것이다. 한술 더 떠서 해링턴은, 자신과 아리오스토가 이 더러운 행실들을 묘사할 목적으로 사용한 단어들이 눈보라만큼이나 순수하다는 주장도 덧붙였다.

이는 새로운 접근법이었다. 해링턴은 외설한 단어들과 그 단어들이 지시하는 대상을 구별하려 했다. 중세 시대에는 그런 식의 구별이 무의미하다는 생각이 만연했다. 죄의 길로 이끌 가능성이 조금이라도 있는 표현은, 그것이 '교접하다swive'나 '씹cunt' 같은 단어이건 '그대는 아프로디테보다 더 아름답소'라는 구절이건 모조리 비속한 말이었다. 그런데 이제 해링턴은, 방종하거나 부도덕한 화제를 논하는 과정에서 외설한 단어를 입에 올리는 쪽이 더 비속하다는 견해를 넌지시 내비치고 있었다. 아리오스토는 줄거리에서 도덕적으로 의심을 살 만한 요소요소를 "정숙한 단어들과 외설적이지 않은 문구를 활용하여" 묘사했기 때문에, 그의 이야기를 거북한 내용으로 치부할 수 없었다. 이는 현대의 외설어 개념과 매우 가까워 보인다. 특정한 단어들이 다른 단어들에 비해, 심지어 같은 대상을 지칭하는 상황에서도 더 비속하게 여겨진다는 점에서 말이다. 오늘날 특정 단어들은 문자적 의미를 훌쩍 뛰어넘는 강도의 불쾌감을 유발한다. 그리고 우리는 이런 현상의 시작을 해링턴이 사용한 'obscenousnesse'에서 발견한다.

몇 년 후에 존 마스턴은 **외설한**obscene이라는 표현을 유사한 방식으로 사용했다. 방종함wantonness과 구별하기 위해서였다. 그에게 방종은 용인할 만했고, 외설은 용인이 불가했다. 마스턴은 1598년에 지은 에로틱한 시 「피그말리온 이미지의 변모The Metamorphosis of Pigmalion's Image」를 난데없이 "진정하라, 나태한 시여, / 그대의 시운은 방종할지나 외설하지는 않을지니"라는 구절로 끝맺었다.[26] 피그말리온이 자신의 살아 있는 조각상과 실제로 그 일에 돌입하기 직전 상황을 묘사하는 대목에서였다.● 마스턴의 관점에서 방종함이나 성적 암시는 거슬리지 않았다. 난데없이 개입하기 전에 그는 피그말리온과 갈라테이아가 서로를 '희롱'하고 '농락'한 방식에 관해 묘사하던 참이었으니까.

그럴 수 있었을까, 오, 그는 그럴 수 있었을까, 둘이 서로
다정하게 입 맞추고, 더 다정하게 포옹할 때,
그는 그럴 수 있었을까, 서로가 서로를 느끼고 껴안으며
희롱하는 삶을 어쩌면 즐기고 있었을 그때,
그는 그 방종한 농락의 한가운데서,
차마 말로 전하기 힘든 그 행위를 삼갈 수 있었을까?
그는 무엇을 하려 했을까, 그녀의 가장 부드러운 살결이

● 피그말리온은 조각가다. 그는 너무도 아름다운 여인상을 조각한 나머지 그 조각상과 사랑에 빠져 아프로디테에게 그녀를 실제 사람으로 만들어달라고 기도했고, 여신은 소원을 들어주었다.

그의 살결에, 기쁜 입맞춤으로 인사할 때?

(…)

연후의 일을 모르는 이 뉘 있을까?

자세한 내용은 상상에 맡겨졌다. 생생한 장면이 눈앞에 펼쳐지려는 순간, 그러니까 열쇠가 열쇠구멍에 이렇게 들어맞는지 정확히 묘사하려는 찰나에 마스턴이 이의를 제기한 것이다. 더 이야기하면 시가 외설해질 거라고 마스턴은 주장했다.

1년 후 소논문 집필자이자 풍자 작가인 토머스 내시는 청어에게 조롱하듯 찬사를 바치는 훨씬 덜 자극적인 글에서 지나가는 말로 "붙어먹는 모래사장Sarding Sandes이라는 외설스러운 호칭"에 대해 언급했다.27 (노파심에 다시 설명하자면, sard는 'fuck'을 뜻하는 고어로, 『린디스판 복음서』에 등장했다.) 이는 현대인이 생각하는 외설어의 조건에 부합한다. 내시의 말을 빌리면, 붙어먹다sard는 '붙어먹는 모래사장sarding sands'을 '희롱하는 사구dallying dunes'나 '똥투성이 해변bescumbered beaches'보다 더 비속하게 만들지만, 적어도 '씹하는 언덕fucking fells'만큼 비속하게 만들지는 않을 정도의 외설어였다.● 토머스 토머스는

● 자극을 뜻하는 영어 단어 titillation은 tit[젖퉁]과는 단지 간접적으로만 연관이 있으며, 어원은 '간지럼'을 뜻하는 라틴어 titillatio다. bescumbered는 '똥으로 뒤덮이다'라는 뜻의 고어다. scumber는 옥스퍼드 영어사전에 따르면 "대변을 배출하다"라는 의미이고, 특히 개나 여우의 배변을 표현할 때 사용되었다. bescumber는 bewray나 beshit처럼 르네상스 시대에는 매우 널리 쓰였지만, 이후에는 거의 쓰이지 않게 된 단어에 속한다. 셋 다 '똥으로 뒤덮다, 똥을 뿌리다'라는 뜻이다. 중세 사람들은 침 뱉기를 당연시했지만 현대인은 더 이상 그러지 않듯이, 르네상스 시대 사람들은 무언가를 똥으로 덮는 행동에 흥미를 가진 듯 보이지만, 현대인은 이제 그런 행동에 전혀 관심을 드러내지 않는다.

1587년에 편찬한 라틴어-영어사전 『사전』에 obscœnus에 대한 정의를 감탄스러우리만치 줄줄이 나열함으로써 16세기 말엽 obscene이라는 영어 단어에 새로운 의미들을 부가했다. 그의 정의에 따르면 외설한 것들이란 "삼가야 하는 모든 것, 추잡하고, 불결하고, 부정하고, 방종하고, 음탕하고, 불순하고, 음란하고, 혐오스럽고, 부정직한"[28] 것들이었다.

천연두 바이러스와 더불어 외설어는 16세기의 대기를 장악했다. 특히 사전 편찬자들 사이에 널리 퍼져나갔는데, 비록 인구에서 차지하는 비율은 낮았지만, 그들의 영향력은 지나칠 정도로 막강했다. 때는 바야흐로 르네상스 시대였고—잉글랜드의 르네상스는 이탈리아보다 200년 더 늦게 시작되었다—사람들은 고대의 고전 텍스트들을 재발견하는 과정에서 문화적으로 거대한 흥분에 휩싸여 있었다. 어마어마한 수의 사전이 독자들을 돕는다는 명목하에 출판되었다.[29] 당시 잉글랜드 독자들의 라틴어 구사력은 각종 문헌에서 핵심 단어만을 간추리고 또 간추려 묶은 수준에도 못 미쳤다. 토머스 엘리엇이 편찬한 라틴어-영어사전 『사전』은 21년 동안 개정판이 5차례 출간되었고, 토머스 토머스의 『사전』은 약 60년 동안 14차례나 개정판이 발행되었다. 라틴어-영어사전인 동시에 영어-라틴어 사전인 『라이더스 사전』은 50년 동안 8차례 개정되었다. 이 세 사전은 당시에 높은 인기를 누린 여러 사전 중 일부에 불과했다. 이 밖에도 수많은 사전이 당시 출간되었고, 독자들은 키케로와 베르길리우스의 작품을 매우 다양한 버전으로 접할 수 있었다.

그러나 특정 단어들은 이 새로운 언어학자들에게 특별한 골칫거리를 안겨주었다. 상충하는 두 가지 사명을 완수해야 했던 것이다. 한편으로 사전 편찬자들은 이른바 **풍부함**의 원칙에 동조했다. 그 고전적 원칙에 대해서는 르네상스의 위대한 수사학자(이자 앞 장에서 다룬 『소년들의 교양에 관하여』의 저자) 에라스뮈스가 1512년의 저서 『단어와 관념 들의 풍부함에 관하여De duplici copia verborum ac rerum』에서 설명한 바 있다. 에라스뮈스의 주장에 따르면, 저자 또는 화자는 타인을 효과적으로 가르치고 설득하기 위해 광범위한 어휘를 구사하고 다양한 문체의 글을 쓸 수 있어야 했다. 또한 이러한 풍부함이 없다면, "우리의 비참한 청중은 죽을 만큼 따분한 상태에 놓이고 말 것"[30]이었다. 모름지기 사전은 단어의 풍부함에 사활을 걸어야 했다. 그러면 저자는 독자에게 되도록 많은 라틴어 고전을 이해시킬 수 있을 테고, 독자는 독자대로 자신만의 글을 쓰고 말을 하는 데 있어 다양한 단어를 사용할 수 있을 터였다. 토머스 엘리엇은 그가 1538년에 편찬한 『사전』이 잘 팔린 요인으로 그 안에 "이 영역에서 출간된 그 어떤 단일 사전보다 1000여 개나 많은 라틴어 단어를 실었다는 점"[31]을 꼽았다. 단어가 많을수록 더 좋은 사전이었다. 더 많은 단어를 정의해놓은 사전일수록 독자들이 '훌륭한 저자'의 글을 만났을 때 어휘를 더 잘 이해하도록 도울 수 있을 테니까.

그러나 다른 한편으로 사전 편찬자들은 골칫거리에 직면했다. '훌륭한 저자들'의 작품이 모든 독자에게 적합하지는 않았던 것이다. 예컨대 카툴루스는 '훌륭한 저자'였다. 하지만 그의 가장 유명한 시는

"나 그대의 똥구멍에 씹하고 그대로 하여금 나의 좆을 빨게 하리"라는 구절로 시작한다. 마르티알리스 역시 '훌륭한 저자'였지만, 그가 남긴 작품은 오로지 냉소적이고 조롱조인 데다가 이따금 지나치리만치 외설스러운 경구시들뿐이었다. 가령 이 시구를 보라. "고로 고백하건대, 나는 그대가 루크레티아라 여기었소. 그러나 바사, 수치스럽게도 그대는 씹하는 이였구려. 감히 그대는 두 씹을 맞대었고, 그대의 기괴한 음경은 남자다움을 가장하였소." 마르티알리스를 읽을 때 르네상스 시대의 잉글랜드 남성들은 "찬사가 아깝지 않은 여러 문장과 올바르고 현명한 조언들"[32]은 열심히 찾아보는 한편, 두 씹이 마찰하는 문제는 못 본 체하고 넘어갈 터였다. 성인 남성이라면 충분히 그럴 수 있었다. 충분히 박식하고 견실하여, 당시에 수컷의 전유물처럼 여겨지던 라틴어라는 언어를 완벽하게 습득했을 정도의 남성 독자라면. 하지만 만약 독자가 청년이나 소년이라면, 혹은 만에 하나 여성이라면 어땠을까? 그들이 사전을 넘기다가 마르티알리스의 몇몇 문제적 어휘를 맞닥뜨린다면? 토머스 엘리엇은 교육에 관한 유명한 논문 「통치자라 불리는 책Boke Named the Governour」(1531)에서 그 결과를 설명하며 이렇게 경고했다. "사악한 관습으로 인해 뜻밖에도 악덕의 유해한 이슬이 맺히고, 그 이슬이 (뇌와 심장을) 뚫고 들어가 여리고 부드러운 새싹을 감염시킬지도"[33] 모른다고, "그 새싹에서 열매가 자라나 언젠가 강렬하고 치명적인 독을 품은 채 왕국을 철저하게 파괴할지도" 모른다고. 르네상스 시대의 사전들은 되도록 많은 단어를 수록해야 하는 동시에, 젊은 남성들이 감당할 수 없는 단어와 생각에 노출되지 않도록, 그러니까 "유해한 이슬"이 그녀들에게 독을 퍼뜨리지 않도록 책임지고 막아야 했다. 가령 풍부함의 원칙에 충실하자면, cunnus는 사전에 실어야 마땅했다. 마르티알리스의 작품에 등장하는 단어이니까. 그러나 교훈적인 책임에 충실하자면, cunnus를 들어내야 했다. 이렇듯 상충하는 두 사명에 근세의 사전 편찬자들이 대처한 방법을 들여다보면, 현대의 외설어가 지금과 같은 양상을 띠게 된 까닭을 더 깊이 이해할 수 있다.

엘리엇은 상충하는 두 사명에 관한 고민을 『사전』의 서문에 "진정으로 박식한 독자들"에게 보내는 서한 형식을 빌려 라틴어로 어렵사리 털어놓았다.[34] 외설어라는 화제는 그 자체만으로도 너무나 폭발적이어서 오직 라틴어로밖에 논의할 수 없었으니까. 엘리엇은 이렇게 선언했다. "만약 독자 중에 누구라도 잠자는 욕망을 깨워줄 외설한 단어를 찾기 원한다면, 그에게 이 사전을 버려두고 다른 사전을 알아보라고 권하겠다. 굳이 변명하자면, 내 사전에는 바로 그런 종류의 단어들이 부족하기 때문이다." 물론 그는 풍부함의 원칙을 중요하게 여겼다. 또한 자신의 사전은 다른 이들의 사전보다 1000개나 더 많은 표제어를 싣고 있다며 뽐내기도 했다. 엘리엇은 그렇게 많은 단어 중에 외설어는 단 하나도 없다고 단언했다. "인간의 감정이란, 선정적이고도 사소한 몇몇 단어 속에 반쯤 숨겨진 작디작은 불꽃을 소박하게나마 일단 즐기고 나면, 언제든 화르륵 타오를 만반의 준비가 되어 있다"는 것이다. 그러므로 그는 사전에서 이 사소한 단어들을 소거해야 했다. "횃불을 든 채 잔뜩 열이 오른 큐피드가 발을 들여놓지" 못하도록.

　이는 중세의 관점과 흡사하다. 선정적이고도 사소한 몇몇 단어가 욕망의 불꽃을 일으키면 '큐피드'가 '횃불'을 든 채 득달같이 달려들어 불씨를 아무데나 쑤셔 넣는다는 발상은, 불결한 단어들이 다른 죄를 조장한다는 중세의 발상을 단어만 바꿔 옮겨놓은 듯하다. 하지만 중세의 관점과 달리 엘리엇은 죄의 불길을 점화하는 단어로 유독 '외설한 단어들obscœna uocabula'을 지목했다. 아무래도 그는 외설한 단어들이 다른 단어들보다 더 위험하다고, 결국 처벌로 이어질 끔찍한 욕망을 일깨우는 능력이 더 뛰어나다고 생각한 듯하다.

　외설한 단어란 과연 무엇일까? 엘리엇의 사전을 훑어보면, 그가 생각하는 외설어도 약간의 흥미로운 예외를 제외하고는 우리가 생각하는 외설어와 크게 다르지 않다는 것을 확인할 수 있다. 가령 그는 라틴어 낱말 vulva를 사전에 수록하였으되, 설명을 매우 고상하게 순화했다. 그가 정의한 vulva는 "자궁 혹은 모든 여성의 어머니"였고, "새끼를 낳았거나 새끼와 함께인 암퇘지의 뱃살로 만들어 로마인들이 소비하던 고기"이기도 했다. 그의 사전보다 더 먼저 출간된 라틴어-영어사전 속 정의는 검열을 거쳐 고의로 누락시켰다. 참고로 1500년에 윙킨 드워드가 편찬한 『어휘의 탄생Ortus Vocabulorum』에서는 vulva를 "영어로는 cunt"라고 정의했다. 또한 엘리엇은 cunnus라는 단어를 수록하기는 하였으되, 그에 해당되는 통속적 영어 단어로 정의하기보다는 "여성의 쪽문wicket"[35]이라는 표현을 사용했다. 여기에는 엘리엇만의 판단 기준이 작용했다. 라틴어는 그 단어를 설명하는 영어 표현이 우회적이면, 제아무리 외설한 단어라도 싣는 데 아무런 거리낌이 없었다. 하지만 뜻이 정확히 같은 영어 단어로 설명하는 일만은 어떻게든 피해야 했다. 명료한 영어 단어는 그에 상응하는 라틴어나 통속적인 완곡어에 비해, 선정적인 욕망을 자극하는 힘이 더 강력할 것임이 자명했으니까.

엘리엇이 가슴과 관련된 라틴어를 설명할 때 사용한 단어들을 살펴보면, 그가 외설한 영어 단어를 최고의, 거의 유일한 욕정 자극제로 지목했다는 사실이 훨씬 더 명백하게 드러난다. 우선 mamma[유방]에 대해 그는 "젖dugge 또는 젖꼭지pappe"라고, 매우 사실적으로 정의했다. 또한 mamilla[유두]에 대해서는 "작은 젖 또는 젖꼭지"라고 정의했다. 이 단어들은 사람과 동물 모두에게 적용될 수 있었고, 굉장히 임상적으로 묘사되었다. mamma란 본디 방종한 의미로 사용될 수 있는 단어임에도, 방종의 기미라고는 조금도 드러내지 않은 것이다. 하지만 뒤이어 엘리엇은 mammosus[유방이 큰]를 "커다란 젖을 가진"으로, mammeata[유방이 큰 부인]를 "커다란 젖이나 젖꼭지를 가진 여성"으로 정의했다. 후자는 다소 의외인데, mammeata를 정의하며 엘리엇이 쓴 표현은, 그의 사전에 있는 그 어떤 단어 못지않게 성욕을 불러일으킬 공산이 커 보이기 때문이다. "커다란 젖이나 젖꼭지를 가진 여성"이라는 문구를 읽고 그런 여인을 머릿속으로 그려보지 않기가 어디 그리 쉽겠는가. 그리고 엘리엇의 체면을 봐서 이정도로 해두겠지만, 그다음에 상상력이 어디까지 뻗어갈지는 아무도 모르는 일이다. 한데 엘리엇은 mammeata나 그와 관련된 단어들을 자신의 『사전』에 실어도 아무 문제가 없다고, 독자들의 정신 건강이 위태로워질 가능성은 조금도 없다고 생각한 듯하다. 앞 장에서 살펴보았다시피 『불가리아』의 저자 존 스탠브리지는 중세의 모범에 따라, 음탕한 기운이 감지되는 단어에는 모조리 검열의 칼날을 들이댔다. vulva를 정의할 적당한 영어 단어를 찾지 못해 "locus ubi puer concipitur," 즉 "사내아이가 임신되는 자리"라는 뜻의 라틴어 해설로 갈음할 정도였으니 말이다. 반면 엘리엇의 시각에서는 cunt와 같은 단어만이 인간을 타락시킬 수 있었다. pappe나 dugge 같은 단어들은, 성적인 대상을 지칭하므로 열정을 유발한다고 여겨질 수 있을지언정 외설스럽지 않았고, 그래서 덜 위험했다. 외설어는 마치 마법과도 같은 방식으로 사람들의 머릿속을 파고들었다. 단어의 문자적 의미를 초월하여 불쾌감을 유발하는 (또는 에로틱한) 힘을 외설어는 보유하고 있었다.

그렇지만 엘리엇이 정의하는 외설어에는 오늘날의 개념과 다른 부분이 있었다. 엘리엇은 배설물을 지칭하는 단어들을 금지 목록에 포함시키지 않았다. 그런 단어들은 죄스러운 욕망을 일깨울 가능성이 희박했기 때문이다. 가령 엘리엇은 동사 caco를 '똥 누다to shit'로 정의했다. 또한 urina는 '소변urine 또는 오줌piss'으로, vomo는 '토하다vomit 또는 게우다parbrake'로 설명했다. 이러한 단어들은 위험하지 않았다. 성욕을 자극하여 도덕적 타락을 유발하는 부류가 아니기 때문이다. 대신 풍부함의 원칙이 다시 고개를 내밀었다. caco는 '똥 누다'였지만 cacaturio는 더 점잖은 '변소에 가기를 욕망하다'였다. urina는 직설적인 '오줌'인 동시에 더 정중한 '소변'이기도 했다. 분변을 모티프로 하는 외설문학 분야에서, 사용역이 다른 여러 단어의 완벽한 습득은 분명 중요했을 것이다. 이미 넉넉한 수사학자의 어휘 저장고를 더 넉넉히 채우기에 이러한 단어들이 유용했을 수 있다는 뜻이다.

다른 사전 편찬자들은 교훈적인 책임을 방기했다.[36] 아니 오히려 독자를 도덕적으로 교육하는 문제에 대한 고민 자체를 거부했다. 1598년 이탈리아어-영어사전 『단어의 세계A Worlde of Wordes』를 출간한 존 플로리오와 1530년 『프랑스 언어 설명서Lesclarcissement de la Langue Francoyse』를 세상에 내놓은 존 팰스그레이브는 잉글랜드 토착 언어를 사람들이 사용하는 실상 그대로, 도덕적으로 미심쩍은 부분까지 남김없이 소개하고자 했다. 팰스그레이브가 서문에서 자랑스레 밝힌 바에 따르면, 누구든 그의 사전만 있으면 프랑스어 말하기를 실제로 배울 수 있었다. 이러한 사전들을 정독하노라면, 중세 초기의 의사소통에 외설한 단어들이 중추적인 역할을 담당했다는 사실이 확연하게 드러난다. 플로리오의 사전에는 '남성의 은밀한 부위'를 지칭하는 이런저런 단어도 더러 실려 있다. 단순하게는 직접적인 속어 cazzo가 있다. 그 밖의 동족어로는 '자지pricks에 대한 논문 혹은 담론'●을 뜻하는 cazzaria라든가 '단단하게 선 자지'를 뜻하는 cazzo

---

● La cazzaria는 1530년경 발간된 대담집으로, 두 인본주의자가 '왜 똥구멍은 씹 뒤에 존재하는가'부터 '왜 평민들은 토스카나어의 아름다움을 이해하지 못하는가'에 이르기까지 다양한 주제의 질문을 주고받는 형식을 띤다.

ritto, '자지를 가진 남자'를 뜻하는 cazzuto 등이 실려 있다.[37] 그런데 유독 튀는 녀석이 하나 있다. 바로 cazzica라는, "하느님, 맙소사, 하느님, 그럴 리가. 무려 볼기짝에 대한 찬양과 긍정의 간투사"다. '음경'에서 파생된 이 낱말을 영문으로 정의하며 플로리오는, 하느님의 이름이 들어가는 공허한 서약어를 슬쩍 끼워 넣었다. 르네상스 시대가 되었다고는 해도, 오늘날 영어 사용자들—그리고 400년 전 이탈리아인들—이 외설어를 넣을 법한 자리에 서약어를 넣는 관행만은 여전했던 것이다. 플로리오와 팰스그레이브가 사전을 집필하던 시절은 영어 외설어의 탄생기이시 부흥기는 아직 아니었으니까.

『단어의 세계』에는 씹cunt도 실려 있다. 이탈리아어 potta는 "여성의 은밀한 부위, 씹, 괴짜", pottaccia는 "추잡하고 거대한 씹"이었다.• 또한 플로리오는 씹하다fuck를 사용하는 데도 거침이 없었다. 그는 이탈리아어 fottere를 "희이치다iape, 붙어먹다, 씹하다, 교접하다, 차지하다"로 정의하는 한편, fottitrice는 "씹하거나 교접하거나 붙어먹거나 희이치는 여성"으로, fottitore는 이 같은 행동을 하는 남성으로 정의했다. 팰스그레이브의 프랑스어 사전에는 씹하다fuck가 단 한 번도 등장하지 않는다. 대신에 그는 씹하다에 해당되는 프랑스어 foutre를 정의할 용어로 sard나 swive를 사용했다. 친절하게도 그는 이러한 단어들이 들어가는 예문을 제시해두었는데, 가령 "그녀가 간

• 랜들 코트그레이브가 1611년 편찬한 『프랑스와 잉글랜드 언어 사전A Dictionarie of the French and English Tongues』에는 cunt나 fuck이 수록되지 않은 대신, 그레이하운드 한 마리가 등장한다. levretée를 그 사전은 "언청이 또는 입술이 두툼한 처자, 아니면 그레이하운드에게 항문 성교 당하는 처자"라고 정의했다.

HOLY SHIT

청할지라도 그녀와는 교접하지swive 않으리라"라는 예문은 "그녀가 빌어도 그녀와는 씹하지fuck 않겠다"라는 직설적 문장으로 옮길 수 있다. 교훈적인 책임감의 원칙에 더 심각하게 위배되는 사례는 아마도 ie fringue를 정의할 때 나오는 "나는 똥구멍을 만진다, 유녀가 희롱할 때처럼"이라는 예문일 것이다. 직설적으로는 '나는 매춘부가 씹하듯 똥구멍을 비벼댄다'로 번역되는 이 문장을 여러분이라면 과연 죄의 수렁에 조금 더 깊이 발을 들이지 않고서 무사히 읽어낼 수 있겠는가.

플로리오가 fuck을 많이 사용한 것은 사실이지만, 그 단어가 들어가는 예문을 쓴 최초의 인물은 따로 있다. 1528년 키케로의 한 원고 여백에 "O d fuckin Abbot,"[38] 즉 "씹할 수도원장 같으니"라는 주석을 달아놓은 어느 무명의 수도사가 바로 그 영광의 주인공이다. 그 수도사는 수도원에 비치된 『의무론De Officiis』 필사본을 훑어보던 중 수도원장에게 치미는 화를 주체하지 못하고 그렇게 적어 넣었다. (날짜에 대해서는 신뢰해도 좋다. 고맙게도 그 수도사가 또 다른 주석 옆에 기록해두었으니까.) 이 주석에서 fucking이 '성관계를 갖다', 즉 '그 사내는 순결을 지켜야 하는 사람치고는 지나칠 정도로 씹하는 경향이 있다'라는 의미로 쓰였는지, 그저 강조의 의미로 쓰였는지는 확실치 않다. 만약 후자라면 그 용법의 문헌상 최초 기록을 300년이나 앞당기는 셈이다. 사실 두 경우 모두 가능하다. 문제의 수도원장 존 버튼은 수도사로서 도덕성이 의심스러운 인물이었으니까. 또 한 가지 재미있는 사실은, 주석을 단 이가 fucking의 철자는 (g를 빼놓기는 했지만) 서슴지 않고 적어 넣었으면서, damned[영벌을 받은]와 같은 단어는 기어이 쓰지 않았다는 점이다. 이 수도사에게는 영벌에 관련된 단어야말로 진정한 외설어, 그러니까 암시될 수는 있지만 온전히 표현될 수는 없는 외설어였던 것이다.

이 수도사보다 앞서 fuck을 사용한 사례는 적어도 두 건이 더 존재한다. 하지만 때로 학자들은 이 두 사례를 최초의 기록으로 인정하기를 거부한다. 하나는 스코틀랜드의 사례이고 하나는 암호로, 그러니까 라틴어 동사 활용형으로 쓰여 있기 때문이다. 스코틀랜드 시인 윌리엄 던바는 죽음을 눈앞에 둔 시점인 1513년에 다음과 같은 시구들을 적었다.

> 그는 힘껏 포옹하였네, 그는 입 맞추었고 몸을 더듬었네,
> 마치 욕망에 압도된 사람처럼
> 또한 그의 행동으로 미루어 그는 썹하려fukkit 하였네
> He clappit fast, he kist and chukkit,
> As with the glaikis he wer ovirgaine
> Yit be hes feirris he wald have fukkit[39]

암호로 기록된 사례 역시 시인데, 1475~1500년에 쓰였고, 일리라는 소도시의 카르멜전교 수사를 공격하는 내용을 담고 있다. 영어와 라틴어가 섞인 혼효체의 이 시는 더러운 표현들을 가장 기초적인 암호로 '감추고' 있다.

Non sunt in coeli, quia gxddbov xxkxzt pg ifmk

(⋯)

Fratres cum knyvys goth about and txxkxzv nfookt xxzxkt[40]

암호를 푸는 법은 간단하다. 암호에 적힌 각 알파벳을 한 단계 앞선 알파벳으로, 중세 말기의 철자법을 감안하여 대체하는 것이다. 그러면 "gxddbow xxkxzt pg ifmk"라는 암호는 'fuccant wivys of heli'로 풀이되고, 위 시의 첫 줄은 '그들은(수도사들은) 하늘에 속한 사람들이 아니다. 왜냐하면 그들은 일리의 여인네들과 씹하기 때문이다'로 번역된다. 또한 "txxkxzv nffkt xxzxxkt"는 'swivyt mennis wyvis'이므로 위 시의 셋째 줄은 '칼을 지닌 형제들이 돌아다니며 남자들의 아내들과 교접한다'로 번역된다. 보아하니 이 시의 저자는 교접한다는 뜻의 swive를 비속한 단어로, 그러니까 적어도 위장술이 필요한 단어로 생각한 듯하다. fuccant나 swivyt를 암호로 감춘 이유가 fuck이나 swive를 외설하다고, 즉 본래의 철자대로 노출하기에는 다른 시어들보다 더 비속하다고 여겨서인지, 비난의 대상이 된 수도사들의 성적인 죄악이 너무도 끔찍해 차마 대놓고 명시할 수 없어서인지는 분명하지 않다. 다만 분명한 것은, 그가 카르멜 전교 수사 중 oppljf, 즉 '성교할 아가씨nookie'를 찾는 누구와도 굳이 엮이고 싶어하지 않았다는 점이다.

fuck의 어원에 대해서는 갖가지 이론이 분분하다. 널리 알려진 이론 중에는 머리글자를 모아 만든 단어라는 설이 있다. 이야기인즉,

옛날 흑사병으로 잉글랜드 인구가 급감했을 때 왕은 이를 다시 늘릴 묘책을 궁리했고, 그러다 결국 "어명을 받들어 음행하라fornicate under command of the king"는, 그러니까 줄여서 씹하라F.U.C.K.는 내용의 성명을 발표했다는 내용이다. 물론 이는 사실이 아니다. 뿐만 아니라 비속어가 머리글자를 따서 만들어졌다고 설명하는 그 어떤 이야기도 사실과는 거리가 멀다. 예를 들어 naff는 'not available for fucking', 즉 '씹할 수 없는'의 머리글자를 따서 만든 단어가 아니다.[41] 미국인보다 영국인에게 더 친숙한 이 단어는 1960년대의 폴라리, 즉 동성애자 사이에 쓰던 은어로 '조잡하고 저속하다'라는 뜻이다. 1982년 앤 공주는 사진사들에게 "naff off[꺼져]"라고 말하여 물의를 일으킨 바 있다. shit은 영어에서 사실상 가장 오래된 단어에 속하며, 이와 관련해 가장 잘 알려진 이야기는 다음과 같다. 미국 독립혁명 이전에 사람들은 동물의 배설물로 만든 거름을 배에 실은 채 대서양을 가로질러 오가곤 했다. 배에 실린 거름은 바닷물에 닿으면 발효되어 메탄가스를 형성했다. 그런데 한 불운한 선원이 랜턴을 들고 선창에 갔을 때 그만 배가 폭발하고 말았다. 그날 이후 거름 보따리에는 "Ship High in Transit[높이 싣고 운송할 것]"이라는 딱지가 붙기 시작했고, 덕분에 선원들은 문제의 보따리들이 젖거나 폭발하지 않도록 충분히 높이 실을 줄 알게 되었다나.

다시 fuck으로 돌아가자. 만약 머리글자어가 아니라면, fuck의 어원은 대관절 무엇일까?[42] 정답은 다소 건조하다. fuck은 게르만어에 어원을 둔 단어로, 네덜란드어와 독일어, 스웨덴어에서 '때리다'와 '앞

뒤로 움직이다'라는 뜻을 가진 단어들과 관련이 있다. 또한 분명한 것은, fuck이 shit처럼 겨우 15세기부터 사용되기 시작한 앵글로색슨의 옛 단어가 아니라는 점이다.

플로리오와 팰스그레이브는 fuck이나 arse, swive 같은 단어들을 자신들이 편찬한 사전에 수록했다. 사람들이 일상에서 쓰는 단어였기 때문이다. 비록 16세기에는 이러한 단어들이 외설하다는 인식, 즉 다른 비슷한 단어들에 비해 도덕적으로 비속하다는 인식이 커져갔지만. 외설어의 사용이 점차 증가했다는 사실은 당시의 법정 기록에서 확인할 수 있다. 앞 장에서 살펴보았다시피 중세에 명예훼손이나 구두명예훼손 관련 소송에서 압도적으로 등장하는 모욕어는 거짓된false이나 창녀harlot, 갈보whore와 같은 단어들 아니면 "거짓된 뚜쟁이에 창녀 같으니!"처럼 그 단어들을 짜깁기해 만든 표현들이었다. 16세기에는 현대인들에게도 제법 익숙한 단어들이 모욕의 언어로 자주 쓰이기 시작했다.[43] 1555년 존 원퍼드와 존 브리지스는 토지 문제로 심한 불화를 겪었다. 존 브리지스는 존 원퍼드를 명예훼손 혐의로 고발했다. 브리지스를 "코가 비뚤어진 파렴치한"이라고 부르는가 하면, 브리지스의 "비뚤어진 코에 대해 똥 같은 소리"를 떠벌리고 다녔다는 것이다. 1597년 로저 잭슨이 윌리엄 홉슨을 헐뜯을 심산으로 그에게 오입쟁이라는 인상을 덧입히려 했을 때, 잭슨은 오입쟁이 adulterer나 거짓된false이라는 단어를 사용하지 않았다. 오히려 직설적으로 "그는 스탠리의 아내 알렌 서그던스와도 씹하고fuck 그녀의 딸과도 붙어먹는다sard"고 떠벌렸다. 1629년 존 슬로콤브가 불만스럽게 토로한 이야기에 따르면, 조지 베일리는 슬로콤브가 자신에게 '자지 pricke'를 보여주며 "이 자지로 요안 펙과 여러 번 씹했다"고 말했다는 소문을 떠벌렸을 뿐 아니라, 슬로콤브가 "타일스라는 미망인의 뒤 backside에 오줌을 쌌다거나 소피를 보았다"는 소문까지 퍼뜨리고 다녔다. 변태적으로 들리겠지만 그게 꼭 그렇지만은 않다. 슬로콤브가 타일스의 뒤뜰에 오줌을 누었다는 사실만은 틀림없는 것 같으니 말이다.

이렇듯 새로이 발견된 일부 외설어는 이런저런 영주 재판소 기록에서 나온 발언을 기록하는 방식에 변화가 생겼음을 시사한다. 중세에 법원 기록은 대개 라틴어와 프랑스어만으로 작성되었다. 실제 쟁점이 된 영어 단어가 그대로 실리는 일은 손에 꼽을 정도였다. 한데 16세기 무렵의 법원 기록은 영어로, 혹은 영어와 라틴어로 작성되었다. 이 말은 곧 당시의 모욕어가 상세하게 적혔을 가능성이 훨씬 더 커졌다는 뜻이다. 중세 사람들은 'fucking'이라는 말 때문에 서로를 고발할 필요가 없었다. 그 시대에 fuck이라는 단어는 동침하다lie with, 관계를 갖다have to do with, 간음하다adulteravit보다 조금도 비속하지 않았기 때문이다. 16세기에는 fucking의 힘이 더 강력해졌다. 그로 인해 사람들은 타인의 감정을 상하게 하고 싶을 때면 그 단어를 점점 더 자주 입에 올리기 시작했다.

시의 장르 중에 논쟁시는 외설어가 이처럼 과거와는 달리 타인에게 상처와 모욕을 줄 목적으로 활용된 사례를 보여준다. 논쟁시는 오늘날 래퍼들이 상대를 가장 창의적인 방식으로 모욕하기 위해 경쟁하는 프리스타일 랩배틀과 상당히 유사했다. 프리스타일 랩배틀이 주로 참정권을 박탈당한 젊은이들이 펼치는 '거리' 예술 형식이라면, 논쟁시는 귀족층의 놀이 문화였다. 논쟁시 분야에서 가장 유명한 대가는, 앞서 fukkit을 언급할 때 잠깐 등장한 프란체스코회 수사 윌리엄 던바였고, 심지어 스코틀랜드의 왕들도 논쟁시에 일가견이 있었다. 논쟁시의 전형적인 예시는 수사 던바와 궁정시인 월터 케네디가 주고받은 다음의 대결이 아닐까 싶다.

케네디가 던바를 도발한다.

병든 독수리여, 흔한 기생충이여,
힘없이 품은 업둥이요, 자연이 만든 난장이로다……
Skaldit skaitbird and commoun skamelar,
Wanfukkit funling that Natour mId ane yrle……[44]

던바가 케네디에게 응수한다.

기형적인 불운아여, 그대에게 경고하니, 모든 것은 알려졌도다
어떻게, 똥 싸는 어지자지 그대가, 남몰래 설사를 하는지
슬퍼하며 꿈틀대는 말벌이여, 그대는 더 많은 벌레를 싸질렀구나,
땅 위에 돋아난 풀보다, 린덴나무에 달린 이파리보다
Forworthin wirling, I warne thee, it is wittin
How, skyttand skarth, thow hes the hurle behind

Wan wraiglane wasp, ma wormis hes thow beschittin

Nor thair is gers on grund or leif on lind

16세기는 영어 상소리의 역사에 있어 하나의 전환점이었다. 플로리오에게 cazzica는 "하느님, 맙소사, 하느님, 그럴 리가, 무려 볼기짝에 대한 찬양과 긍정의 간투사"였으니까. 이탈리아인이 아무렇지 않게 외설어를 구사할 때 잉글랜드 사람은 플로리오처럼 여전히 공허한 서약어의 힘을 빌려야 했던 것이다. 이 시점부터 저울은 외설어 쪽으로 심하게 기울기 시작했다. 그리고 이 추세는 훗날 니미씹할motherfucker이라는 찬양과 긍정의 간투사가 탄생할 때까지 거의 400년 동안 지속되었다.

부끄러운 줄 아시오

16세기에 외설 언어는 도덕적 현상이자 사회적 현상으로 발달했다. 외설어의 도덕적인 특징은 중세로부터, 그리고 궁극적으로는 성서로부터 비롯되었지만, 그것의 유혹적인 힘은, 과거처럼 문장 전체에 분산돼 있기보다는, 특정 신체 부위와 활동을 지칭하는 몇몇 선정적이고도 소소한 단어에 집중되어갔다. 외설어의 사회적인 특징은 봉건시대가 막을 내린 궁정의 거미줄처럼 얽힌 관계 속에서 발달되었다. 새로워진 궁정에서 조신들은 자신들의 운명을 좌지우지할 군주에게 잘 보이기 위해 말과 글을 도구로 사용했다. 이 시기에는, 노르베르트 엘리아스의 표현을 빌리면, "수치심의 영역이 확장"[45]되었다. 16세기 사람들은 중세의 조상들에 비해 더 많은 것에, 더 많은 사람 앞에서 수치심을 느꼈다. 이처럼 수치심을 느끼게 하는 다양한 신체 부위와 활동을 공적인 삶과 정중한 언어에서 감추는 작업은 날로 중요해져갔다.

16세기의 혁신적인 건축술 덕분에, 학자들이 사생활의 '발명'이라고 일컫는 변화가 이루어지면서, 날로 민감해지는 수치심이라는 문제도 해결될 기미를 보이기 시작했다. 물론 고독은 르네상스의 발명품이 아니었다. 중세에도 사람들은 때로 혼자만의 시간을 가졌다. 비록 현대인처럼 빈번하게는 아니더라도 말이다. 그러나 오늘날과 같은 사생활의 개념, 즉 오직 나에게만 속해 있어 타인과 공유해서도, 타인 앞에 내보여서도 안 되는 무언가가 존재한다는 인식이 발달한 것은, 사람들이 혼자 지낼 수 있는 공간이 급증하면서부터였다. 중세에는 모든 성사를 통틀어 가장 비밀스러워야 할 고백성사조차도 현대인의 관점으로는 사적이지 않았다.[46] 죄를 고백할 대상은 사제와 하느님뿐이어야 했지만, 사제는 흔히 대중 앞에서 속죄할 것을 신자에게 강요했다. 참회의 옷을 입히기도 했고 영성체를 금하기도 했다. 모든 신도가 지켜보는 앞에서 말이다. 사정이 그렇다 보니 신자한 사람이 사제에게 고백한 '사적인' 죄도 교구 전체에 알려질 수밖에 없었다. 읽기 역시 사생활보다는 공적인 활동에 더 가까웠다.[47] 시인은 자신의 시를 읊어 궁정에 모인 이들을 즐겁게 했고, 숙녀는 책을 읽어 친구들을 즐겁게 했다. 수도승은 성서를 수도원의 형제들에게 읽어주었다. 안락의자에 몸을 웅크린 채 혼자서만 읽기에 책은 너무도 귀했고 무거웠으며 비쌌다. (다른 이유도 있었다. 적어도 역사학자라면 알 것이다. 중세 시대에는 안락한 의자라는 게 있었던 때가 거의 없었다. 사람들은 긴 벤치에, 혹은 커다랗고 딱딱한 나무의자에 앉아야 했다.) 심지어 16세기에도 사람들은 사생활에 의구심을 느꼈다. 사림이란 혼자 있으면 무슨 짓을 하게 될지 아무도 장담할 수 없었다. 까딱하면 악마와 친구가 되기 십상이었다. 말하자면 중세 시대에는 현대인이 생각하는 식의 사생활이 거의 존재하지 않았다. 그리고 설령 이따금 숲에서 혼자만의 시간을 갖더라도 사람들은 이를 꼭 바람직한 상황으로는 여기지 않았다.

르네상스 시대 사람들은 방이 더 많이 딸린 집을 짓기 시작했다. 그들에게는 더 많은 방이 필요했다. 쌓아둘 물건의 수가 갑자기 불어났기 때문이다. 1570년에서 1674년 사이 잉글랜드의 아든이라는 지역에서는 자그마한 공간 하나를 얻기 위해 사람들이 놀라운 속도로 재산을 불려나갔다. 역사학자 빅터 스킵의 계산에 의하면, 이 시기 부유층의 재산은 289퍼센트가 증가했고, 중류층의 재산은 310퍼센트, 빈곤층의 재산은 247퍼센트 증가했다.• 이 상황을 피부에 와 닿게 설명하기 위해 스킵은 각각 1560년과 1587년에 비슷한 면적의 토지를 소유한 두 농부가 가진 물품 목록을 비교했다.[48] 전자인 에드워드 캠프세일은 방이 두 칸 딸린 집에 살았고, 생전에 그가 소유한 가재도구는 접시 여섯 개, 시트 세 장, 침대보 한 장, 식탁보 두

장이 전부였다. 반면 후자인 토머스 질은 방이 네 칸 딸린 집에 살았고, 백랍 식기 스물여덟 점과 은사시 다섯 점, 시트 스물입곱 장, 침대보 여섯 장, 식탁보 네 장에 베개와 베갯잇, 냅킨 몇 장을 소유했다. 기술의 혁신 덕분에 질은 여분의 방을 지어 자신의 백랍 식기와 스물일곱 장이나 되는 시트를 보관하고 전시할 수 있었다. 벽난로가 등장한 것이다. 1330년 무렵 개빌된 벽난로는 비좁은 공간에 피운 불에서 발생하는 강한 열에도 무너지지 않았다.[49] 대형 홀 중앙에 피우던 모닥불은 벽난로와 굴뚝으로 대체할 수 있었고, 덕분에 이제는 대형 홀 위에도 방을 더 지을 수 있었다. 이전에는 상상도 할 수 없는 일이었다. 중앙의 모닥불에서 피어나는 연기가 빠져나갈 구멍이 지붕에 있어야 했기 때문이다. 하지만 이제는 방마다 벽난로를 설치해 심지어 겨울에도 사용할 수 있었다. 인간 본성을 기민하게 관찰해온 작가 빌 브라이슨은 이후의 상황에 대해 다음과 같이 요약했다. "방의 개수는 날로 급증했다. 부유한 주택 소유자들이 자기만의 공간을 갖는 것에 만족감을 느끼기 시작했기 때문이다. (…) 개인적인 공간이라는 개념은, 현대인의 시각에서는 당연한 듯 보이지만, 당시

●   역사학자들은 이 시기의 사람들을 중간 계급이나 노동자 계급이라는 용어로 묘사하기를 좋아하지 않는다. 계급 간 대립이라는 마르크스주의적 인식의 영향으로 그들은 이러한 용어로 근세의 사회 집단을 기술하는 데 두려움을 느꼈다. 위 문장에서 '중류층middling sort'이란 부유하지도 않고 가난하지도 않은 사람들을 지칭한다. 또한 그런 사람들의 대부분은 상인이거나 하위 신사 계급이었다. 오늘날의 개념에 입각한 '부르주아'가 아니었다는 얘기다. 그런가 하면 '하류층lower sort'은 제대로 된 교육도 받지 못하고 주말이면 맥주에 절어 사는 공장 노동자가 아니었다. 오늘날 노동자 계층이라고 하면 떠오르는 불행한 이미지와는 거리가 멀었다는 얘기다. (게다가 르네상스 시대에는 주말 개념이 없었다. 오로지 일요일만 존재했고, 주일인 그날은 하루 대부분의 시간을 교회에서 보내야 했다.)

로서는 어마어마한 발견이었다. 방은 많을수록 좋았다." 집은 침실과 서재, 식당, 응접실을 갖추기 시작했다. 오늘날 우리가 생각하는 집의 형태와 서서히 닮아가기 시작한 것이다.

사생활이라는 개념은 서서히 진화해갔다. 여분의 방만으로는 더 이상 충분하지 않았다. 대형 홀에 짚을 깔고 함께 자던 사람들은 이제 저마다의 침실에서 잠을 청했다. 그러나 혼자서 잠을 자는 단계에까지는 이르지 못했다. 17세기 말 영국 정치인 새뮤얼 피프스와 그의 아내가 쓰던 침실의 바닥에서는 한 (여자) 하인이 종종 함께 잠을 청했다. 일부 하인들은 이러한 상황을 지극히 정상적이라고 여겼지만, 그간 사생활이라는 개념에 어쩌면 더 익숙해진 (혹은 피프스 씨에 대한 경계심이 어쩌면 좀더 강했던) 일부 하인들은 같은 상황을 비정상적이라고 생각했다. 변소라는 공간에서도 이제 사생활이 보장될 수 있었다.[50] 배변을 개인적 용무로 받아들이기 시작한 것이다. 당시에는 사람이 실례를 할 수 있는 장소가 두 종류였다. 하나는 배설물을 해자나 강에 빠뜨리거나 땅바닥에 떨어뜨릴 수 있도록 성이나 주택의 바깥벽에 매달린 구조로 설치한 옥외변소였고, 하나는 벽으로 둘러싸거나 가구로 보이게끔 설치한 실내용 변기였다. 설치 장소는 보통 침실이나 식당이었고, 후자는 커튼을 둘러 적어도 사적 공간의 개념을 유지했다. (실례sirreverence라는 단어는 사람들이 타인에게 불쾌감을 줄 만한 무언가를 언급하기 전이나 후에 예의상 입에 올리던 '실례이오나save-reverence'라는 표현에서 유래했다. 그 사과의 말이 나중에는 양해를 구하는 대상 자체를 상징하게 된 것이다. 그렇게 실례sirreverence는 '똥 덩어리'가 되었고,

셰익스피어의 초기 라이벌 로버트 그린은 다음의 구절에서 그 표현을 적절히 활용했다. "그의 머리와 목은 눅눅한 실례로 범벅이 되어 제익스 파머보다 더 고약한 냄새를 풍겼다."[51] 제이크스 파머는 변소 청소부였다.) 실내용 변기를 뜻하는 garderobe는 노르만프랑스어로 '옷장wardrobe'을 뜻하며, 영어로도 옷장을 지칭해야만 할 것처럼 보인다. 하지만 옷장과는 동떨어진 용도로 설치할 때가 많았고, 결국 변소를 지칭하는 단어로 굳어지게 되었다. 또한 변소는, 정중함에 대한 사회적 요구가 높아지면서 jakes, sinkes, latrines, place of easement, house of office 등으로도 불리게 되었다. 이 중에서 유독 jakes는 통속적이고 무례한 단어였다. 해링턴의 의서사시 「아이아스의 변모」에는 허둥대던 한 시녀가 제이크스 윙필드를 "변소 윙필드Privy Wingfiled 씨"라고 소개하는 에피소드가 등장하기도 한다. 변소 중에는 간혹 1인용도 있었다. 진정으로 사적인 공간인 그곳에서 사람들은 읽고 생각하고 잠들었으며, 심지어 성관계를 갖기도 했다. 풍문에 의하면 제임스 1세도 변소를 그런 용도로 사용했다고 전해진다. 그러나 대부분의 변소는 아직껏 공용 공간이었다. 고대 로마의 변소보다 훨씬 더 작은 규모라고는 해도 여전히 최대 일고여덟 명을 수용할 수 있었다. 아마 이 대목에서 대개는 여덟 사람이 동시에 화장실에서 굳은 표정으로 허공을 응시하는 풍경을 상상하겠지만, 사실 그곳은 사회적 공간에 가까웠다. 17세기 말 서머싯주에 위치한 칠손도머의 영주 저택에서는 온 가족이 매일 6인용 변소에서 기꺼이 모임을 가졌다.[52]

그렇지만 1596년 해링턴은 이러한 관습을 "프랑스식"이라며 조롱했다. 프랑스식이라는 표현은 르네상스 시대의 잉글랜드 남자가 배설물을 입에 올리지 않고 내뱉을 수 있는 거의 최악의 모욕이였다. 해링턴은 여러 사람이 한 변소를 동시에 사용하는 것은 시대에 뒤떨어진 발상이며, 이제는 혼자만의 공간에서 혼자 배변하는 것이 사회적으로 마땅하다는 의견을 내비쳤다. 「아이아스의 변모」에 삽입된 한 목판화는 생리작용의 사적 해결이라는 이 새로운 관습에 대해 설명하는 한편, 이런 식의 고독에 잠재하는 위험에 대해, 홀로 배변을 보는 동안 악마의 괴롭힘에 시달릴 가능성에 대해 지적하고 있다. 해링턴은 상류사회의 구성원이었다. 조신이었고 엘리자베스 1세의 대자였다. 또한 그는 시대를 앞서가는 인물이었다. 해링턴은 런던에서 160킬로미터쯤 떨어진 시골에 살던 그 순박한 가족이 자신들의 생리작용을 공개하는 데 수치심을 느낀 나머지 그날그날의 일과를 뒷간 대신 아침 식탁에서 의논하기 시작했으리라고 생각되는 시점보다 훨씬 오래전부터 사적인 변소의 장점에 대해 극찬을 늘어놓았다.

진정한 사생활을 위해 부유한 사람은 자신의 벽장으로 들어갈 수도 있었다.[53] 르네상스 시대에 벽장은 옷가지나 책, 할머니의 재봉틀 따위를 보관하는 공간이 아니었다. 그것은 작은 방이었다. 서재처럼 읽고 기도하는 공간이었다. 역사학자 마크 지루어드에 따르면, "벽장은 그것의 점유자가 오롯이 혼자 있을 수 있는, 어쩌면 유일한 공간이었다". 심지어 침소에도 하인들이 있을 때가 부지기수였다. 벽장, 그리고 그것이 선사하는 고독은, 처음에는 부유한 이들의 집에서만 볼 수 있는, 엘리트의 전유물이었다. 그러나 사생활이라는 개념은 점

「아이아스의 변모」속 고독한 배변자. Sprinto non spinto라는 표어는 '나는 빠르다. 나는 밀어내지도 힘주지도 않는다' 정도로 번역하면 적당할 것이다.

차 아래로, 더 아래로 흘러내렸다. 토머스 질이 그 한 사례다. 중류층과 하류층 사람들도 "위대한 재건축"의 물결에 동참한 것이다.[54] 각자의 집에 이런저런 방을 증축하면서 어느새 그들은 혼자만의 공간을 염원하게 되었다.

이러한 건축적 변화는 일찍이 다루었던 수치심과 더불어 사생활의 발달이나 고상함의 정서와 떼려야 뗄 수 없는 관계다. 니컬러스 쿠퍼를 비롯한 일부 역사학자들은 "문명이 진화하면서 자연스레 사생활에 대한 열망이 강해지고 더 많은 방이 필요해졌다"[55]는 견해를 제기했다. 다른 역사학자들은 인과관계를 뒤집어, 방의 수가 늘면서 사생활의 현대적 개념이 발달할 수 있는 공간이 생성되었다고 보았다.[56] 어느 쪽이든 사생활은, 수치심의 영역이 확장되는 현상과 불가분의 관계에 있었다. 새롭게 지은 방에 들어가 자신을 타인들과 물리적으로 격리하기 시작한 바로 그 시점부터, 사람들은 정신적으로도 자신을 타인들과 격리하기 시작했다. 사생활은, 엘리아스의 표현을 다시 빌리면, "보이지 않는 정서의 벽"을 만들었고, 그로써 르네상스 사람들은 중세 사람들과는 달리 타인의 생리작용을 쳐다보거나 언급할 때 당혹감과 수치심을 느끼게 되었다.

수치심의 문지방이라는 개념도 아래로, 더 아래로 흘러내렸다. 사생활 개념과 마찬가지로 상류층에서 중류층과 하류층으로 전파된 것이다. 처음에는 오직 지체 높은 사람들 앞에서 자신의 몸을 노출하거나 외설한 언어를 사용하는 것만이 불쾌한 행동으로 여겨졌다. 피렌체 출신의 시인이자 작가, 외교관이었던 조반니 델라 카사는 품행에 관한 권위 있는 논문 「갈라테오Galateo」(1558)에 다음과 같이 기술했다.

> 사람은 등이나 엉덩이가 타인을 향하도록 앉아서도, 허벅지를 너무 높이 들어, 항시 옷으로 가려져 있어야 마땅한 사적인 신체 부위를 타인의 시야에 노출시켜서도 안 된다. 단, 자신이 수치심을 느끼지 않는 사람 앞에서는 이를 비롯한 유사한 행동이 허용된다. 진정으로 말하건대, 고위 귀족은 하인 앞이나 자신보다 계급이 낮은 친구가 있는 자리에서 이런 행동을 할 수도 있다. 이를 통해 그는 친구나 하인에게 오만함보다는 오히려 특별한 애정과 우정을 표할 수 있을 것이다.57

여기서 델라 카사는 성적인 관계에 대해 말하고 있는 것이 아니다. 그는 위와 같은 행동이 '겸양'의 신호라고, 사회적 하층민에게 자신의, 그러니까 뭣이냐, 불알을 일별할 기회를 선사하는 호의의 표시라고 말하고 있다. 또한 그는 "자신이 수치심을 느끼지 않는 사람 앞"이라는 (우리에게) 전적으로 생소한 카테고리를 제시한다. 이 시기의, 그러니까 1558년의 사람들은 사회적 계급이 자신과 동등하거나 자신보다 더 높은 이들 앞에서만 수치심을 느낄 수 있었다. '하층민'이나, 설령 친구일지라도 자신보다 계급이 더 낮은 이들 앞에서는 수치심을 느끼지 않았다.

사람들이 사회 고위층 앞에서만 수치심을 느낄 수 있다는 발상은 르네상스 시대에 다소 흥미로운 옷차림을 유행시켰다. 초상화 속 엘리자베스 1세는 단추를 맨 위까지 채운 채 러프와 불룩한 소매, 체나 달처럼 처녀성을 상징하는 물건에 둘러싸여 있다. (달은 사냥의 신이자 처녀신인 디아나의 상징물이다.) 한데 생전에 여왕은 프랑스 대사에게 자신의 가슴을 기꺼이 내보였다.[58] 앙드레 위로는 앙리 4세가 보낸 사절이었다. 그는 여왕과의 만남에 대해 굉장히 상세하게 기록했는데, 그중 한 일화에서 "여왕은 줄곧 드레스 앞섶을 열어두어 자신의 가슴 전부와 그 아래까지 보이게 했다. 자기 손으로 직접 원피스 앞단추를 풀 때도 많았다. 마치 너무 더워 견딜 수 없다는 듯이". 한번은 "희고 꽉 조이는 다마스크직 페티코트에 슈미즈 드레스를 입었는데, 이번에도 그녀는 원피스를 입었을 때 종종 그랬던 것처럼 배와 배꼽까지 훤히 보일 정도로 앞섶을 풀어놓았다". 이런 내용을 기록하면서도 위로는 충격은커녕 특별한 관심조차 드러내지 않았다. (이렇게 쓰기는 했다. "그녀의 가슴은 약간 주름져 있다"라고. 하지만 그 어조는 그녀가 이마에 진주목걸이를 걸었는데 "별로 값나가는 물건은 아니었다"라고 쓸 때와 조금도 다르지 않았다.) 엘리자베스의 행동은 자신의 시들어가는 성적 매력에 집착하는 어느 정신 나간 노파의 절박한 몸부림이 아니었다. (당시 그녀의 나이는 64세였다.) 단지 그녀는 자신보다 사회적 지위가 더 낮은 사람에게 자애로운 겸양의 신호를 보내고 있을 뿐이었다.

엘리자베스 1세의 후계자 제임스 1세와 찰스 1세 치하에서도 (종교혁명 후에 청교도들이 그 관행을 중단시키기 전까지) 여성들은 궁정 가면극에서 가슴을 예사로 드러냈다. 궁정 가면극은 직업 배우와 아마추어 귀족이 어우러져 공연하던 연극이었다. 앤 왕비(제임스 1세의 부인)와 헨리에타 마리아 왕비(찰스 1세의 부인)도 참여했다. 건축가 이니고 존스는 의상 디자인을 맡았는데, 그의 디자인이 담긴 스케치는 그 당시 궁정 가면극에서 수많은 귀족이 자신들의 가슴을 내보였다는 사실을 명확히 증명한다.

화장실에서도 같은 현상이 벌어졌다. 제임스 1세에게 할 말이 있는 청원자들은 왕이 자신들을 어떤 방에서 접견하느냐에 따라 자신들이 얼마나 중요하게 받아들여지는지를 판가름할 수 있었다. 알현실에도 계급이 존재했다.[59] 가장 낮게는 보통의 방문객을 위한 공적 공간이, 가장 높게는 왕의 벽장이 있었다. 만약 왕이 침대에 누운 채로 누군가를 맞으면, 그것은 선의와 오랜 전통에서 비롯된 겸양이었다. 반면 왕좌가 있는 공식 알현실이나 일반 알현실처럼 좀더 공적인 장소로 안내된 청원자들은 자신들의 위치와 요청의 성사 가능성에 대해 걱정할 필요가 있었다. 존 해링턴의 의서사시에도 대사 이야기가 나온다.[60] 이번에는 베네치아 대사가 프랑스에서 겪은 일이다. 어느 날 대사는 "한 지체 높은 귀족이 자신과 대화하러 왔다는 소식을 듣고는, 몇 가지 중요한 문제를 해결할 때까지 기다려달라고 그에게 당부했다. 이윽고 다시 대변 욕구를 느꼈을 때, 대사는 사람을 보내 그 귀족을 즉시 불러오게 했다. 매우 특별한 호의를 베풀기 위해서였다". 대사는 바지를 벗고 변기 위에 앉았다. 비로소 그는 영예로운 손님을 맞이할 준비를 마친 것이다. 하지만 해링턴은 이를 "프랑스식 예절"이라고 폄하한다. 매독을 '프랑스 성병'이라고 폄하하듯이. 베네치아 대사는 시대에 뒤떨어져 있었다. 여럿이 한 변소를 같이 쓰

헨리에타 마리아 왕비의 드레스. 1631년 이니고 존스가 가면극을 위해 디자인한 의상이다.

던 칠손도머의 그 가족처럼 말이다. 해링턴의 엘리트적 예의 규범에 따르면, 배변 중에 누군가를 접견하는 행위는 자애로운 겸양에서 모욕으로, 배변은 사적인 용무로 변해가고 있었다.

세월이 흐를수록 사회는 점차 해링턴식 예절에는 고개를 끄덕였지만, 베네치아 대사식 예절에는 고개를 갸웃거렸다. 계급 간의 구별이 점차 모호해지고 중류층은 귀족층을 모방할 정도의 물질적 번영을 누리게 되면서, 사람들은 점점 더 많은 타인 앞에서 수치심을 느끼게 되었다. 사람으로 하여금 자신의 행동과 언어를 검열하게 만드는 사람의 수가 늘어난 것이다. 18세기 무렵에는 왕과 왕비조차도 아랫사람 앞에서 수치심을 느꼈다. 모든 사람이 자신을 제외한 모든 사람 앞에서 수치심을 느끼기 시작한 것이다.

새로운 외설어

수치심의 영역이 갈수록 확장되면서 외설어는 르네상스 시대에 더 보편적이고 중요한 용어로 자리매김했다. 사전 편찬자들의 반응은 둘로 나뉘었다. 토머스 엘리엇 같은 이들은 어떤 단어를 특히 피해야 하는지에 대해 길고 난감한 고민에 빠졌는가 하면, 플로리오나 팰스그레이브 같은 이들은 방종한 단어들의 풍년에 환성이라도 지를 기세였다. 문학이라는 광활한 세계에서 일부 저자들은 엘리엇의 곁에 섰고, 일부는 플로리오를 따라갔다. 이렇듯 일관된 기준이 결여돼 있었다는 사실은 초서와 호메로스라는 두 시인의 작품을 17세기 전환기에 출간한 판본 서문에서 확인할 수 있다. 16세기에 초서는 잉글랜드 시의 기초를 확립한 인물로 여겨졌다. 고대 그리스와 로마의 위대한 작가인 호메로스나 베르길리우스, 호라티우스 등의 계보를 잇는 시인으로 대접받은 것이다. 1598년 토머스 스페트가 출간한 초서의 시집 서문에는 이 중세 시인의 평판에 윤기를 더하려는 의도가 고스란히 드러나 있다.[61] 그에 따르면 초서는 "명실공히 세계 최고의 시인들과 견주어도 결코 뒤지지 않는 인물"이었다. 하지만 앞 장에서도 여러 차례 살펴보았나시피 초서가 구사한 시어 중 외설어라는 새로운 카테고리에 해당되는 일부 언어는 스페트에게도 골칫거리였다. 어쨌든 스페트는 초서의 작품을 재출간하기로 한 자신의 결정을 방어해야 했다. 그를 잉글랜드 문학의 시조라고 추켜세우는 작업은 차치하고서라도 말이다. 서문에서 스페트는, 비록 초서의 "언어세계가 다소 지나치게 광범위할지언정"이라고 인정하면서도, 그의 시어는 결코 오비디우스나 카툴루스처럼 당대에 칭송받은 로마의 유명하고 '훌륭한 저자들'의 언어보다 더 외설하지도 덜 외설하지도 않다는 의견을 피력했다. 중세에는 별다른 주목을 받지 않던 초서의 외설어가 1600년 무렵에는, 잉글랜드 최고의 시인이라는 지위를 자칫 위태롭게 할 수 있는 언어로 변질된 것이다.

　1616년에 조지 채프먼은 자칭 호메로스의 결정판을 출간했다. 호메로스는 예로부터 정통 시인으로, 그것도 어쩌면 유일무이한 정통 시인으로 평가받아온 인물이었다. 그런데 뜬금없이 채프

　　　　　　　　　　　　　　　　　　　　　HOLY SHIT

먼은 책의 서문에서 "한 질투심 강한 바람씹꾼windfucker"을 공격한다.[62] 그 바람씹꾼이 글쎄, 채프먼이 호메로스를 그리스어 원본이 아니라 라틴어 역본을 토대로 영역했다는 뜬소문을 퍼뜨렸다는 것이다. windfucker는, 논쟁의 여지는 있지만,° 초서의 글에 나오는 그 어떤 단어 못지않게 나쁜 외설어였다. (채프먼이 번역한 호메로스의 빅토리아 시대 판본에는 windfucker가 windsucker[바람흡입꾼]로 바뀌어 있다.) 이쯤 되면 의문이 생긴다. 한쪽에서는 스페트가 초서의 광범위한 언어세계의 당위성을 해명하는 동안, 한쪽에서는 채프먼이 "windfucker"라는 말로 누군가를 모욕할 수 있었다면, 이 시기에 과연 수용이 가능한 단어와 그렇지 않은 단어를 구별하는 합의된 기준이 존재했다 할 수 있을까? 이른바 정통 시인들의 작품을 다루는 문학적 서문과 같이 한정된 장르에서조차 이토록 시각차가 드러나는데?

극작가들은 이 새로운 외설어의 장점을 발 빠르게 이용하고 나섰다. 하지만 그들 사이에서도 수용 가능한 단어와 그렇지 않은 단어를 구분하는 문제로 의견이 분분했다. 셰익스피어를 접해본 독자라면 알겠지만, 이 시기의 희곡은 중의적 표현double-entendre(두 가지 의미로 해석이 가능한 단어나 문구)과 말장난을 비롯해 외설어를 활용한 다양한 언어유희로 가득하다. 셰익스피어의 희곡집을 아무 곳이나 펼쳐보라. 지저분한 농담이나 외설스러운 풍자를 어렵지 않게 찾아볼

° windfucker와 windsucker에는 황조롱이라는 뜻도 있으며, windsucker는 잘 속는 사람, 풋내기, 얼간이를 뜻하기도 한다.

수 있을 것이다. 여기 사소하고도 사소한 예를 하나 소개한다.63 『윈저의 즐거운 아낙네들』에서 한 웨일스 사람은 어느 소년에게 라틴어 호격 시험을 치겠다고 말하면서 vocative case[호격]라는 올바른 표현 대신 'focative' case라는, 누가 봐도 fuck을 암시하는 언어유희를 구사한다. 같은 희곡에서 한 프랑스 사람은 "한 사람이 끼든 두 사람이 끼든 세 번째는 나요"라고 고지하는 와중에 영어가 서툰 나머지 세 번째를 뜻하는 단어 third를 그만 turd, 즉 똥 덩어리라고 발음하고 만다.° 졸지에 "똥 덩어리는 나요"라고 선언한 꼴이 된 것이다. 이에 그 웨일스 사람은 "당신 잇새에, 망측해라In your teeth, for shame!"라고 응수한다. '네 잇새에 똥 덩어리가Turd in your teeth'라는 표현을 기억하는지. 지난 장에서 다룬 학교 문법 교재에 등장하는 그 표현을 당시 사람들은 상대에게 모멸감을 줄 목적으로 즐겨 사용하곤 했다. 이번에는 『헨리 5세』의 제법 긴 장면 하나를 들여다보자. 프랑스 공주 카트린이 영어를 배우는 중이다. 그녀는 한 가지 재미있는 사실을 발견한다. 영어로는 무해한 단어들이 프랑스어로는 외설했던 것이다. 가령 '발'은 프랑스어로는 pied였지만 영어로는 'foot'이었는데, 이는 프랑스어로 fuck에 해당되는 foutre와 발음이 유사했다. 그런가 하면 가운robe을 뜻하는 count는 프랑스어식으로 발음하면 씹을 뜻하는 con과 비슷하게 들렸다.°° 카트린은 충격에 휩싸였다. 그

○ 프랑스어에서 th는 t처럼 발음된다.
○○ 카트린은 gown을 count라고 착각하는데, 이는 그에게 영어를 가르쳐주던 알리스라는 여인이 프랑스풍으로 발음하는 습관 때문에 gown을 count라고 알려주었기 때문이다.

리고 이렇게 선언했다. "오, 주님, 저것들은 비속한 단어입니다. 짓궂고 거칠고 천박하여, 교양 있는 숙녀가 쓰기에는 부적절하니까요!" 『헛소동Much Ado About Nothing』이라는 제목은 'much ado about an o thing'을 살짝 비튼 말장난이다. 엘리자베스 1세 시대에 'o'는 여성의 음부를 뜻하는 은어였다. 햄릿이 오필리아에게 묻는다. "그대는 내가 정사를 꾀했다고 생각하시오?" 숨겨진 뜻이라고는 없을 것만 같은 이 직설적인 질문에 오필리아는 이렇게 대답한다. "I think *nothing*, my lord." 표면적으로 이 문장은 아무것도 생각하지 않는다는 뜻으로 읽힌다. 하지만 사실은 o thing을 연상케 하는 언어유희다. 적어도 햄릿은 그런 뜻으로 받아들였다. "좋은 생각이지. 처녀의 다리 사이에 눕는다는 것은"이라고 대답했으니 말이다. 셰익스피어의 희곡에서 음탕할 수도 있는 무엇은 **실제로도** 음탕할 가능성이 높다. 가령 "깔때기로 병을 채우다to fill a bottle with a tun-dish" 혹은 "그의 장난감을 구멍에 감추다to hide his bauble in a hole"는 뭔가 알쏭달쏭하지만 어쨌건 성행위를 의미하는 구절들이다. "대구 대가리를 연어 꼬리로 바꾸다to change the cod's head for the salmon's tail"라는 구절도 정확한 뜻은 알 수 없지만 섹스와 관련된 구절인 것만은 분명하다. cod는 '음낭'을, tail은 남녀의 '생식기'를 의미하기 때문이다. 참고로 codpiece는 한때 음경을 의미하는 단어였다.

이토록 음탕한 셰익스피어였지만, 그는 절대로 일차원적인 외설어는 사용하지 않았다.[64] 그러나 르네상스 시대의 다른 극작가들은 일차원적 외설어들을 사용하는 데 별 거리낌이 없었다.[65] 셰익스피어

의 동시대 작가인 벤 존슨도 마찬가지였다. 그의 희곡에서는 "바람씹
꾼"이나 "당신 잇새에 똥덩어리가…… 그리고 당신의 귀여운 마누라
잇새에도 똥덩어리가" "어마, 당신 두건에 똥이" "갈보의 똥구멍에 키
스를" 같은 표현을 어렵지 않게 찾아볼 수 있다. 문학적 서문처럼 극
작품 분야에서도, 사용하기에 적절한 언어의 기준을 놓고 이렇다 할
사회적 합의는 이루어지지 않았던 모양이다.

르네상스 시대의 극작품은 외설어에 대한 당시 사람들의 태도를
확인하기에 특히 흥미로운 분야다. 왜냐하면 그와 관련된 당시의 검
열 기록이 방대하게 남아 있기 때문이다. 희곡은 왕이나 여왕에게
공식 임명을 받은 축연 사무국장들의 검열을 거쳐 나라의 허가를 받
은 작품만 공연하거나 출판할 수 있었다.66 극장주들은 모든 원고를
이들 사무국장에게 제출해야 했고, 축연 사무국장들은 원고를 하나
하나 훑어본 뒤에 공연 적합성 여부를 결정했다. 헨리 허버트 경은
1623년부터 1642년까지 아우르는 가장 완벽한 검열 기록을 남겼는
데, 그가 지적한 내용들을 토대로 우리는 당시 희곡에 부적합 판정
을 내리는 기준을 유추할 수 있다. 첫째, 지나치게 신랄한 정치적 비
판이 들어가는 장면은 자칫 권력자들의 심기를 건드릴 수 있으므로
금지였다. 둘째, 서약어도 금해야 했다. 외설어는 그다음 문제였다.
사실상 축연 사무국장은 희곡에서 서약어를 검열하는 법적 책임자
였다. 1606년 의회는 배우욕설제재법Act to Restrain Abuses of Players을 통
과시켰다. 그로 인해 무대 위에서 하느님의 이름을 '익살맞거나 불경
하게' 사용하는 행위는 불법이 되었다. 하느님의 이름과 관련된 감탄

어느 극작품에서 사용할 수 없었다. by God이나 by God's blood 는 물론이고 'sblood나 zounds처럼 축약형 표현이 들어가는 서약 어도 금지였다. (1623년에는 실생활에서도 '불경한 서약어'가 금지되었다. 이를 어기면 벌금형에 처해졌고, 형편상 벌금을 낼 수 없는 이들에게는 차꼬를 채웠다.) 1606년에 제정된 이 법은 그 무렵 인쇄된 각본 어디에나 흔적을 남겼다. 희곡이란 대개 배우들이 사용한 원고를 토대로 출간되게 마련이므로, 1606년 이전에 출간된 희곡에는 서약어가 수두룩한 반면, 이후에 출간된 희곡에는 희소하다. 1598년의 희곡 『헨리 5세의 유명한 승리The Famous Victories of Henry V』에서 핼 왕자와 그의 친구들은 두 줄이 멀다하고 서약어를 내뱉는다.[67] 작품 초반에 핼 왕자는 이렇게 이야기한다.

> 하느님의 상처여, 이 일을 어떻게 생각하나, 조키?
> 하느님의 피여, 이놈들, 내 아버지의 돈을 밖에서 강도당했단 말이냐
> (…)
> 하느님의 상처여, 자네들은 놈들을 보란듯이 불구로 만들었고●

셰익스피어가 쓴 헨리 이야기에도, 그 부분적 토대가 된 『헨리 5세

● 혹시 셰익스피어의 천재성을 확인하고 싶은 사람은, 『헨리 5세의 유명한 승리』를 헨리어드[Henriad, 역사학자들이 셰익스피어의 두 번째 역사 4부작을 일컬을 때 쓰는 용어로, 『리처드 2세』『헨리 4세 1부』『헨리 4세 2부』『헨리 5세』가 이에 속한다─옮긴이]와 비교해보기를 권한다.

의 유명한 승리』와 마찬가지로, zounds와 'blood를 비롯해 적지 않은 서약어가 모습을 드러낸다. 하지만 그의 후기 비극이 출간될 무렵에는 zounds나 'blood가 자취를 감추었다. 또한 『오셀로Othello』와 같은 희곡에서는 하느님을 언급하는 구절 대부분이 하늘을 언급하는 구절로 대체되었다.

헨리 허버트 경은 자신이 책임지고 단속해야 하는 극작품 속 서약어에 대해 걱정이 이만저만이 아니었다.[68] 그래서 그는 위험을 기꺼이 무릅쓰기로 했다. 찰스 1세에게 공식적으로 반대 의사를 표명한 것이다. 평소처럼 허버트는 한 희곡에서 서약어들을 잘라냈다. 그런데 그 원고가 하필 아첨꾼 윌리엄 대버넌트의 『재사才士들The Wits』이었다. 대버넌트와 그의 친구들은 왕에게 볼멘소리를 했고, 왕은 자신의 방으로 허버트를 불러들여 "믿음faith와 멸시slight는 확언일 뿐, 서약어는 아니"라고 말했다. 허버트는 선택의 여지가 없었다. 왕의 명령을 받들어 이 단어들을 희곡에 넣도록 허가하는 수밖에. 다만 허버트는 자신의 책에서 다음과 같이 불만을 토로했다. "왕은 믿음, 죽음death, 멸시를 흔쾌히 확언으로 받아들인다. (⋯) (그러나 나는) 그 단어들을 서약어로 인식하며, 나의 이러한 견해와 의중을 분명히 밝히기 위해 여기에 그 단어들을 기입한다." 이 무렵, 그러니까 1633년에 하느님의 피나 하느님의 상처는 희곡에 사용하도록 허가될 수 없는 표현들이었다. 허버트는 심지어 가장 무난하고 완곡한 서약어조차도 삭제해야 할 것만 같은 기분에 휩싸였지만, 왕을 거스를 수는 없는 노릇이었다. 어쨌든 덕분에 『재사들』을 관람할 때면 연극 애호가들은 믿음, 죽음, 멸시라는 단어를 다양한 등장인물의 입을 통해, 한 회에 100번도 넘게 듣는 기쁨을 누릴 수 있었다.

한번은 허버트가 희곡을 불태운 적도 있었다.[69] 그 안에 '음란하고 공격적인 말'이 들어 있다는 이유에서였다. 그러나 학자들은 그가 문제의 희곡을 제거한 더 큰 이유가 음란한 언어가 아닌 '공격적인 말', 그러니까 정치적 풍자에 있다고 주장한다. 오직 외설어를 이유로 특정 희곡을 금지할 근거가 당시에는 마땅치 않았다는 것이다. 검열의 근거로 외설어가 처음 등장한 것은 그로부터 한 세기가 지난 1727년 에드먼드 컬이 기소될 때였다.[70] (그는 『수도원의 비너스Venus in the Cloister』라는 포르노 소설을 출간함으로써 "외설적인 문서로 명예를 훼손"하고 "왕의 평온을 방해"했다는 혐의로 고발당했다.) 종종 허버트는 서약어를 '음란한 언어'와 연계시켰다. 서약어는 불경한 말이나 외설한 말, 음란한 말과 동급 또는 동류로 취급되고는 했다. 허버트의 입장에서는 서약어도 음란한 언어도 반드시 막아야 하는 비속한 언어였다. 허버트의 이러한 태도는 중세보다 빅토리아 시대의 것에 가깝다. 아시다시피 중세 시대에는 혀로 짓는 죄가 많고도 다양했다. 이웃을 나무라는 것도 죄요, 너무 많은 감정을 담아 찬송가를 부르는 것도 죄였다. 19세기 무렵에는 바로 이 '혀로 짓는 죄'의 범위가 두 가지로 좁혀졌다. 허버트의 기록물에서처럼 거의 지속적으로 관계를 맺어온 그 두 죄악의 언어는 바로 서약어와 외설어였다.

서약어와 외설어의 혼재라는 시대적 상황, 즉 성스러움과 상스러움의 조합이 변화하는 국면을 가장 간명하게 보여주는 사례는 아마도 1650년대에 출현한 이른바 '고함지르는 자들Ranters'이라는 종교 집단일 것이다.[71] 이들은 마녀와 비슷한 면이 있었다. 대중의 상상력이 그들의 이미지로 굳어졌다는 점에서 그랬고, 그들의 악행을 폭로하는 다량의 소책자가 제작되었다는 점에서 그랬으며, 그럼에도 스스로를 고함지르는 자나 마녀라고 밝힌 사람이 실제로 존재했는지는 불분명했다는 점에서 그러했다. 고함지르는 자들은 하느님이 신자 개개인의 모습을 통해 스스로를 드러내 보인다고, 그러므로 사람이 느끼는 충동은 모두 성스럽다고 믿었다. 아니, 그렇게 믿는다고 여겨졌다. 아무튼 그래서 인간은 죄를 지을 수 없는 존재가 되었고, 고함지르는 자들은 17세기의 이드를 해방시켰다. 그들은 난교 파티를 벌였고, 사람들 앞에서 자위 행위를 했으며, 서로의 벗은 엉덩이에 입을 맞추는가 하면, 일부다처 '혼인'을 감행했다. 그들의 이 노래는 '지금 곁에 있는 사람을 사랑하라'는 1960년대의 정서를 미리 보여주는 듯하다. 감상해보라.

지금 옆에 앉은 한 사람
내게는 큰 기쁨이어라
다른 누구와도 이런 기쁨은 누릴 수 없네.
그녀는 언제나 자유로우니[72]

하지만 못지않게 충격적인 것은 고함지르는 자들이 성체성사까지 스스로 진행했다는 점이다. 뿐만 아니라 교회 예배를 가로막으며 복

『고함을 지르는 고함지르는 자들』(1650). 이 소책자는 고함지르는 자들의 섬뜩한 악습을, 친절하게도 목판화로 된 삽화까지 곁들여 상세하게 보여준다.

음을 설교하는가 하면, 서약어도 남발했다. 그들은 불경한 서약어를 입에 올리기로 유명했다. 그들이 보기에 서약어는 하느님을 인간 안에서 최대한으로 구체화하는 방법이었다. 그들은 맹렬하게 맹세했다. 누구라도 그들의 서약어를 들으면 충격으로 몸을 가눌 수 없게 된다고, 사람들은 이야기했다. 가령 한 여관 주인은 어느 고함지르는 자를 자신의 집밖으로 내쫓으려다 봉변을 당했다. "그 고함지르는 자가 악담과 신성모독적인 말을 퍼부어 여관 주인을 공포의 도가니로 몰아넣었고, 몇 시간 후에 그녀는 온몸을 떨며 전율했다"[73]는 것이다.

고함지르는 자들의 예에서 보듯 16세기와 17세기에는 성스러움과 상스러움이 혼재했다. 성스러움은 힘을 잃어갔고, 상스러움의 힘은 강해져갔다. 서약어는 본연의 능력, 즉 하느님에게 직접 다가가는 능력을 상실했고, 충격과 불쾌감을 주는 힘 또한 잃어가기 시작했다. 그러나 가장 강력한 언어라는 지위는 아직 퇴색하기 전이었다. 외설어는 오늘날과 같은 위상을 향해 날아오르기 시작한 참이었지만, 아직은 정체성을 확립해나가는 과정에 있었다. 사람들은 외설어를 때로는 피했고 때로는 무시했다. 심지어 기념할 때도 있었다. 다 같은 상황인데도 말이다. 다음 장에서 다룰 빅토리아 시대에는 외설어를 금기시하는 분위기가 극에 달했다. 그리고 마침내 외설어는 '최악의' 영어라는 지위를 확보하게 되었다.

HOLY SHIT

5장

완곡어법의 시대
18세기와 19세기

1673년 로체스터 백작 존 윌멋는 자신의 정부를 공격하는 시 한 편을 지었다.[1] 다른 애인들을 고를 때 그녀가 적용하는 기준을 비꼬는 내용이었다. 어쩌면 그 시의 주제는 독자의 심금을 울리는 데 실패했는지도 모른다. 하지만 로체스터의 독한 언어는 읽는 즉시 눈길을 사로잡는다. "포도주가 여러 순배 도는 동안, 엄중한 담화가 이어졌네. / 누가 누구와 씹하고 누가 더 형편없는지에 관하여"라는 구절로 그는 자신의 가장 유명한 시 「산책, 세인트제임스 공원에서A Ramble in St James's Park」의 포문을 연다. 시에서 그는 술에 취한 채 색욕을 충족시켜줄 무언가를 찾아 헤매다가 세인트제임스 공원으로 흘러들어간다. 공원은 가히 '자지와 씹의 성지'라 할 만큼 밀회를 즐기는 사람들로 북적인다. 나무들마저 성적 감성을 자극한다. "음탕한 우듬지는 하늘과 씹할네라." 이렇듯 문란한 풍경 가운데 시인은 애인

코리나가 한껏 꾸민 세 남자와 함께 마차를 타고 떠나는 장면을 목격하고는 이렇게 불평한다.

> 하느님! 내가 사모하던 저 존재가
> 악행의 깊은 수렁에 빠졌나이다
> 만일 그녀가 자신의 똥구멍을 비빌 상대로
> 자지가 뻣뻣한 어릿광대나 물건이 큰 목사를 골랐더라면,
> 그가 정낭의 수문을 열어
> 그녀의 씹을 유익한 즙으로 채웠더라면,
> 나는, 그 행위를 칭송했으련만……
> 그러나 그 괘씸하고 방종한 화냥은 변하였습니다
> 머리도 꼬리도 설득하지 않았건만
> 그렇고 그런 갈보가 되었나이다
> 바보들의 시간이나 때워주는 고분고분한 갈보가……

그가 화를 내는 이유는 코리나가 바보들과 어울렸기 때문이다. "머리도 꼬리도" 그녀의 선택을 부추기지 않았는데 말이다. 그녀를 자극한 것은 지적 호기심이나 성적 욕망이 아닌, 사회적 속물근성이었다. 그녀가 만약 전형적인 시골 소년이나 커다란 "정낭의 수문"을 가진 목사를 선택했더라면 시인은 용납할 수 있었을 것이다. 왜냐하면 그 결정은 순수한 욕망에서 비롯되었을 테니까. 그러나 코리나는 사교계의 한량들을 유혹했다. 얼마간은 사회적 이익을 취해볼 속셈

HOLY SHIT

으로 스스로를 갈보로 전락시킨 것이다. 어디까지나 시인의 가치 기준에서는.

로체스터는 그야말로 최악의 악담으로 시를 마무리한다.

악취 나는 증기가 그대의 자궁을 질식시키기를
그대가 빠져 있는 사내들처럼
그대의 타락한 욕구가
살랑대는 바보들을 즐겁게 했을 그 욕망이
그대의 머릿속에 광분을 일으키기를,
그대가 북풍에 미치기를
그래서 그대가 모든 희망을
바람이 그대의 썹에 거세게 불어닥쳐
그대의 간절한 똥구멍을 하늘 높이 치켜올리는 데 걸게 되기를,
그러다 거친 절망 속에 비명횡사하기를

그대가 미쳐서 바람과 사랑에 빠지고 공중에 똥구멍을 드러낸 채 죽게 되기를, 이라니. 상당히 이디시어적이다. 더불어 바람씹꾼 windfucker의 성질을 에누리 없이 묘사한 구절이기도 하다. 이어지는 구절들은 어쩌면 세상에서 가장 위협적일 수 있는 악담들을 담고 있다. 감상해보라.

그러나 겁쟁이들은 호언장담하는 법을 잊고,

소년들은 손장난하는 법을, 늙은 갈보는 화장하는 법을 잊으리라,

예수회 형제들은

계간하던 버릇을 그만두리라

사면받니는 신의 은총에 힘입어,

땅의 음낭에서 하늘로 기어오르리라

의사들은 예수를 믿으리라

또한 불복종은 더 이상 우리를 즐겁게 하지 못하리라

내가 온 힘을 다해 단념하기 전에는,

이 여인을 괴롭히고, 그녀를 유린하려는 뜻을

겁쟁이들은 더 이상 과시하지 않을 것이고, 소년들은 더 이상 수음하지 않을 것이다.[2] 갈보들은 더 이상 화장하지 않을 것이고, 예수회 형제들은 더 이상 소년들과 계간하지 않을 것이다. 그리고 생식기에 기생하는 이는 고환을 나와 하늘로 기어오를 것이다. 시인이 코리나의 잘못된 성적 취향을 이유로 그녀에게 가하던 고통을 거두기 전에는.•

이 시의 외설어는 현대적이다. 비록 일부 정서와 언어가 오늘날의 독자들에게 생소하다고는 해도, 씹cunt이나 씹하다fuck, 손장난frig, 자지prick, 똥구멍arse을 비롯한 여러 단어가 감정을 도발하고 불쾌감

• 수음을 뜻하는 18세기 은어 중에는 '예수회 형제와 주먹다짐하다to box the jesuit'가 있었다. 1785년 프랜시스 그로즈가 편찬한 은어 사전에 따르면 '예수회 형제와 주먹다짐하다'나 '바퀴벌레를 얻다get cock roaches'는 "수음을 뜻하는 선원들 사이의 은어"였고, "들리는 말로는 그 사회의 고매하신 성직자들이 흔히 저지르는 범죄였다".

을 주고 상처에 소금을 뿌릴 목적으로 동원되었으니 말이다.[●] 로체스터가 시에 "그대의 음탕한 씹cunt이 토하며 들어왔을 때"라는 구절을 쓴 이유는, 말하려는 대상을 가장 직접적으로 지칭하는 단어가 cunt여서도 아니요, 생각과 표현의 명료성을 특별히 지향해서도 아니었다. 로체스터가 cunt를 쓴 이유는, 그것이 경멸적이고 역겹고 외설스러운 단어라는 데 있었다. 독자에게 충격과 불쾌감을 안기기를 그는 바랐던 것이다.

로체스터의 시들은 외설어의 새로운 시대를 과감히 열어젖혔다. cunt와 같은 단어들은 이미 수백 년 전부터 사용되고 있었다. 르네상스 시대에는 서약어에게 뒤져 있던 힘을 축적해나가기 시작했고, 16세기와 17세기에는 성스러움과 상스러움이 우열을 가릴 수 없는 비율로 혼재돼 있었다. 한데 18세기와 19세기에는 저울이 상스러움 쪽으로 완전히 기울었다. 외설어의 기세는 어마어마하게 강해져갔다. 시기적으로 공적 담론에서 완전히 사라지다시피 한 상황인데도 말이다. 신체 부위나 활동(섹스나 배설)을 지칭하는 외설어들은 서약어의 지위를 넘겨받았다. 타인에게 충격과 불쾌감을 주고, 타인을 모욕하고, 긍정적으로든 부정적으로든 극단적인 감정을 표출하는 역할을 도맡게 된 것이다. 심지어 외설어는 진술의 진실성을 담보하는 서약어 고유의 능력을 다소간 취하기도 했다. 고대 로마의 그 '담백

● frig를 외설어로 보는 문화는 다분히 영국적이다. 영국에서 frig는 손장난, 즉 수음을 의미하지만, 미국으로 넘어가면 fridge, 즉 냉장고의 오기誤記로 해석될 소지가 있기 때문이다. 어느 날 아침 딸아이의 학교로 걸어 들어가다 내가 본 공고문에는 이런 글귀가 적혀 있다. "알림: 화요일에 쓸 작은 손장난frig 구함."

한 라틴어'가 그랬던 것처럼. 19세기 말엽이 되자 외설어는 비문자적 의미로, 그러니까 감정적인 기능으로만 사용되기 시작했다. 비로소 외설어가 비속어로 완벽하게 탈바꿈한 것이다.

로체스터와 그의 방탕한 동료들은 1649년에서 1653년까지 지속된 코먼웰스의 청교도주의에 반발하고 있었다. 순결과 성숙한 옷차림, 반듯한 행동이 군림하던 시기였다. 물론 고함지르는 자들에게는 예외였지만. 1660년 찰스 2세가 왕위를 되찾았을 때 그 명랑한 군주와 그의 친구들은 정반대의 세계에 몸을 던졌다. 그들은 아름다운 옷을 입었고, (바라건대, 욕망이나 지적 호기심 혹은 두 가지 모두에 근거하여) 셀 수 없이 많은 정부를 거느렸다. 또한 상속녀를 납치한다든지 그들과 강제로 혼인을 시도하는 식의 철없는 장난을 저지르기도 했다. (열여덟 살 때 로체스터는 열네 살이던 엘리자베스 맬럿을 납치했다.[3] 그는 검거되어 런던 탑에 갇혔고, 할아버지의 마차에 타고 있다가 봉변을 당한 그 소녀는 집으로 돌려보내졌다. 한데 엘리자베스는 감동을 받았던가 보다. 2년 후에 순전히 자유 의지로 로체스터와 결혼했으니 말이다.) 그러나 왕정복고의 시끌벅적한 바람이 지나가고 나니, 청교도주의가 다시 고개를 들기 시작했다. 다만 이번에는 종교적인 동기가 아닌 사회적인 동기에 의해서였다. 18세기는 부르주아 계급이 성장한 시기였다. 부르주아는 상인들로 구성된 중산층으로, 르네상스 시대에 시작된 '문명화 과정'을 영리하게 이용하여 그들만의 전유물로 만들었다. 좋은 매너와 세련된 언어는 사회적이고 도덕적인 가치의 지표이자, 중산층을 외부의 미개한 하층민과 뚜렷이 구별 짓는 신호였다. 섬세한 언어와 귀티 나

HOLY SHIT

는 옷차림이 점차 중요해지면서, 닭다리legs는 이제 각부limbs라고 (그리고 이후에는 가슴살과 다리살이 흰 살코기white meat와 거무스름한 살코기dark meat라고) 불리기 시작했다. 사람에게도 있는 다리를 감히 조류따위가 가지게 해서는 안 된다는 이유에서였다. 이러한 경향은 18세기와 19세기에 외설어가 강력한 힘을 거머쥐는 결정적 계기가 되었다. 외설어는 계급의 규범에 어긋났다. 제대로 된 교육을 받지 못한하위 계급의 언어로 여겨졌기 때문이다. 또한 외설어는 신고전주의와 빅토리아 시대에 사회적으로 가장 금기시하던 영역, 반드시 넓은천으로 감추거나 완곡어법으로 위장해야 마땅한 인간의 신체와 부끄러운 욕망을 들춰내고 있었다.

게다가 18세기와 19세기의 영어는 날로 커져가는 대영제국의 위대함을 반영하기 위해 정제될 필요가 있었다. 라틴어가 로마 제국을훌륭하게 보필했던 것과 마찬가지로 영어 역시 어법을 다듬고 (종종외설어의 암호로 쓰이는) 은어를 솎아 내어, 영국 제국주의를 홍보하고제국의 성취를 영원토록 기념하는 작업에 힘을 싣는 도구로 쓰여야마땅했다. 역설적으로 제국의 성장은 외설어의 마지막 카테고리, 즉인종비하어의 탄생으로 이어졌다. 인종비하어의 대부분은, 대영제국이 아메리카 대륙을 비롯한 세계 전역으로 뻗어나가고 미합중국의영토가 서부 지역까지 확장되면서, 서로 다른 문화가 유례를 찾아볼수 없을 정도로 마구 뒤섞이게 된 시대적 배경을 토대로 생성되었다.

서약어에서 확약까지

공허하거나 신성모독적인 서약어가 18세기에 단번에 사라지지는 않았다. 느리지만 꾸준하게 감소되었고, 그러한 흐름은 오늘날까지 이어져왔다. 미국과 영국 대중을 상대로 한 설문조사에 따르면, 서약어는 이제 가장 순하면서도 가장 흔한 비속어로 자리매김했다.[4] 미국의 영어 사용자를 대상으로 실시한 2006년의 한 연구에서 지옥hell, 영벌damn, 천벌goddamn, 예수 그리스도Jesus Christ, 오 하느님oh my God 등은 가장 빈번하게 사용되는 비속어 열 가지 목록에서 다섯 자리를 차지했고, 10위 안에 든 비속어를 자주 사용한다고 답한 응답자는 전체의 80퍼센트에 달했다.[5] 이 중에서도 Oh my God은 여성 응답자의 24퍼센트가 빈번하게 사용하는 비속어였다.● 18세기 초에는 공허하거나 신성모독적인 외설어가 오늘날에 비해 훨씬 더 많이 사용되었다. 반면 외설어는 비속어 어휘 목록에 이름을 올린 지 얼마 되지 않은 시점이었다. 알렉산더 포프가 1712년에 쓴 서사시 「겁탈당한 머리채The Rape of the Lock」에 나오는 한 인물은 이 당시에 서약어가 사용된 방식의, 극단적일지나 비현실적이지는 않은 일례를 제시한다.

주여, 어찌하여, 이 무슨 사악한 일인가?

● 영국의 비속어 관련 조사에서도 비슷한 결과가 나타났다. God과 hell이라는 두 비속어가 모든 사회계층에서 가장 빈번하게 사용되었다.

그———상처여z—ds! 머리채에 영벌을! 하늘님 앞에서, 예의를 지
키시오!

그것에 흑사병을! 진실로 청하오니—아닙니다, 부디 매독을!

그녀에게 머리카락을 주시오6

플룸 경은, 로체스터의 코리나가 그를 위해 기꺼이 다리를 벌렸
을 법한 부류의 멋쟁이로, 자신이 사랑하는 여인 벌린다의 머리채를
방금 잘라낸—"겁탈"한—사악한 남작에 맞서 그녀를 방어하는 중
이다. 이 시에서 서약어를 드러내는 방식은 11세기에 서약어가 다뤄
지던 방식과 극적인 대조를 이룬다. 17세기에 서약어는 무대에서 사
용이 금지되었을 뿐 아니라, 희곡으로 출간될 때에도 대부분의 원고
에서 삭제되었고, 셰익스피어도 예외는 아니었다. 18세기 말엽에는
여전히 zounds가 사용됐지만, 과거와는 달리 아무런 뜻도 없는 감
탄어일 뿐이었다. 심지어 그 단어를 듣고도 무슨 말인지 모를 사람
들을 위해 은어 사전에 표제어로 수록될 정도였다. 프랜시스 그로
즈가 1785년에 편찬한『고전 통속어 사전Classical Dictionary of the Vulgar
Tongue』은 zounds를 "간투사, God's wounds의 준말"이라고 정의
했다.7 (그로즈가 정의한 모호한 용어 가운데는 'crinkum'과 'feague'도 있는
데, 전자는 '악병 또는 성병'이라는 뜻이고, 후자는 '말에게 원기를 불어넣고 말
의 꼬리를 잘 간수하기 위해 말의 항문에 생강을 집어넣다'라는 뜻이라고 한다.)
그로부터 80년이 지난 1865년에 존 C. 호튼이 편찬한『은어 사전
Slang Dictionary』에는 심지어 zounds의 정의가 "God's wounds의 준

말, 가톨릭교회의 매우 오래된 서약어"라고, 사실과 살짝 다르게 설명돼 있다.[8] 하느님의 신체 부위가 들어가는 모든 서약어와 마찬가지로 zounds는 가톨릭교회만의 것이라고 하기에는 특정 종교와 관계없이 보편적으로 쓰였으니 말이다.

이제 마지막으로 볼 사례는 18세기에 공허한 서약어가 얼마나 자주 사용되었고, 또 얼마나 무력해졌는지를 여실하게 보여준다. 1820년대에 바실 홀 선장이 아프리카 해안을 떠나 코모로 제도를 찾아갔을 때 한 섬사람은 그에게 매우 인상적인 환영 인사를 건넸다. "처음 뵙겠습니다. 만나서 매우 반갑습니다. 당신의 두 눈에 영벌을[염병할]Damn your eyes! 앙주앙 섬사람은 잉글랜드인을 무척 좋아합니다. 하느님의 천벌을[빌어먹을]God damn!"[9] 이전에 코모로 제도에 방문한 선원들에게 영어를 배운 그 남자는, 'Damn me'나 'Damn you' 'God Damn'처럼 정중한 대화에 필수적인 것처럼 보이는 문구들을 잘 기억해두었다가, 마침 새롭게 섬을 방문한 영국인에게 제대로 써먹은 것이다.

공허한 서약어가 무력해지다가 결국에는 그 사용 빈도마저 줄어들게 된 이면에는, 18세기와 19세기를 거치면서 교회에 다니는 사람의 수가 현격하게 줄어든 사회적 배경이 도사리고 있었다. 교회는 여전히 매우 부유했고 정치적 권력도 막강했지만, 종교는 더 이상 보통 인간의 삶에서 예전만큼 중심적인 역할을 담당하지 못했다.[10] 역사학자 키스 토머스의 말마따나 17세기 이후로 "초자연적인 보복에 대한 공포심은 꾸준히 바래갔고",[11] 공포가 사라지면서 사람들의 내적 삶과 외적 삶을 통제하던 교회의 힘도 많은 부분 소실되었다. (물론 이는 개괄적인 일반화이다. 19세기에도 수많은 복음 운동이 일어나 하느님과 종교적인 순종을 삶의 중심에 단단히 고정시켰으니 말이다.) 교회의 지배를 벗어난 사람들의 수와 중요성 또한 증가하기 시작했다. 무신론의 신호탄 격인 '자유사상'의 물결은 이론이 분분하기는 했지만 19세기 후반을 지나며 나날이 도도해져갔다. 또한 하느님을 믿지 않는 사람들은 그의 이름을, 심지어 공허하게라도 사용하려는 욕구를 거의 느끼지 못했다.

역설적인 것은, 공허한 서약어의 점진적 쇠락을 유발한 그 상황이, 19세기에 신실한 맹세를 놓고 일어난 엄청난 갈등의 도화선이 되었다는 점이다. 오늘날처럼 빅토리아 시대에도 선서는 법정에서 증언할 때는 물론이고 공직에 임명될 때라든지 의사나 변호사가 될 때처럼 특별한 행사에서 반드시 지켜야 하는 절차였다. 역사적으로 이러한 선서는 하느님 앞에서, 성서에 손을 얹은 채, 기독교인으로서 "예수 그리스도에 대한 신앙을 고백하는 가운데" 치러졌다. 그런데 17세기 말엽부터 법조계는 선서의 이 완벽하게 기독교친화적인 본성을 야금야금 수정해가기 시작했다. 1689년에 제정된 관용령Toleration Act은, 하느님 앞에서 자신의 의중을 확약affirmation하는 대신, 선서는 하지 않을 권리를 퀘이커교도들에게 부여했다. (노파심에 다시 설명하자면, 퀘이커교도들은 「마태오의 복음서」에 기록된 "아예 맹세를 하지 마라"라는 그리스도의 가르침을 문자 그대로의 의미로 받아들였다.) 그러나 1847년 라이어널 드 로스차일드라는 유대인이 의원으로 선출되면서 상황은 새로운 국면을 맞았다.[12] 의석을 수락하고 임기를 시작하기 위해 그는 신약이 포함된 성서에 손을 얹은 채 "기독교인의 진실된 신앙에 근거하여" 의회선서를 하게 되어 있었다. 한데 퀘이커교도들과 달리 로스차일드는 하느님 앞에서 예수님을 두고는 확약할 수 없었다. 신약 성서를 믿지 않았고, 기독교 신자도 아니었기 때문이다. 로스차일드가 선서할 수 있도록 형식을 완화한 법안이 발의되었지만, 상원은 이를 기각했다. 이러한 과정은 10년 동안 반복되었다. 로스차일드는 반복적으로, 그것도 압도적인 표차로 선출되었지만, 매번 그는 정해진 양식대로 선서하기를 거부했다. 이후에도 거듭 수정 법안이 발의되었지만, 그럴 때마다 상원은 이를 압도적인 표차로 기각했다. 그러던 중 또 다른 유대인 데이비드 살로몬스가 의원으로 선출되었다. 그는 로스차일드의 접근법이 먹히지 않는다는 것을 알고 있었다. 그래서 그는 선서를 하기는 하되 "기독교인의 진실된 신앙에 근거하여"라는 구절을 생략함으로써 의석을 무사히 차지할 수 있었다. 훗날 부정 투표 혐의로 500파운드의 벌금형을 선고받고 의원직을 상실하기는 했지만 그는 얼마간 하원에서 활동하며 세 번의 표결에 참여할 수 있었다.

1880년에 노샘프턴 유권자들은 훨씬 더 문제적인 인물을 하원의원으로 선출했다.[13] 주인공은 바로 자신이 무신론자임을 공언한 찰스 브래들로였다. 로스차일드처럼 브래들로 역시 의원 선서를 거부했다. 그는 선서 없이 확약만으로, 그것도 퀘이커교도와는 달리 하느님을 앞에 두지 않은 채, 의석을 얻고자 했다. 확약만으로는 임명이 불가능하다는 결정이 내려지자 그는 선서를 하겠다고 제안하며, 다만 그것은 자신에게 무의미한 "일종의 형식적인 절차"에 불과하다는 점을 분명히 했다. 의회는 진정한 기독교 신자가 아닌 사람이 선서를 해서는 안 된다는 결론을 내렸고, 그는 이에 불복해 선서 없이 의석을 탈취하려 시도하다가 체포되어 감옥에 갇히고 말았다. 로스차일드와 살로몬스처럼 브래들로도 유권자의 지지에 힘입어 연거푸 당선되었지만, 그럴 때마다 그는 자신이 처음에는 하지 않으려 했고, 나중에는 하려 했으나 할 수 없었던 선서 문제로 번번이 공직에서 배제되었다.

선서는 논란의 중심이었다. 잉글랜드가 프로테스탄트 신자들의 국가라는 점을 매우 분명하게 공식화하는 절차였지만, 19세기는 그러한 가치가 위협받던 시대였기 때문이다. 빅토리아 시대에도 중세와 르네상스 시대 못지않게 많은 잉글랜드인이 논란에 가담했다. "선서의 신성함은 사회의 존재에 필수적"[14]이라고 주장하는 이가 있는가 하면, "기독교적 입법부가 창설된 이래로 단 한 명도 기독교적 선서를 통한 승인 없이 의석을 배정받은 전례가 없다"[15]고 말하는 이도 있었다. 추기경 헨리 매닝은 무신론자에게 확약을 허할 시 발생할 수 있는 위험에 대해 이렇게 경고했다. "하느님의 존재를 부정하는 사람이 하는 9000번의 확약은 그저 1만 9000~9만 개쯤 되는 단어의 조합에 지나지 않는다. 하느님이 존재하지 않으면 인간의 의지 위에 군림하는 입법자도 존재하지 않는다. 그러면 법도 존재할 수 없다. 인간의 권위에서 비롯된 의지로는 타인을 구속할 수 없기 때문이다. 인간의 권위는, 부모의 것이든 남편의 것이든 주인의 것이든 지배자의 것이든 상관없이 모두 하느님에게 종속돼 있다."[16]

매닝과 같은 사람들의 걱정은 두 가지였다. 첫째, 그들은 확약이 선서만큼 믿음직하지 않다고 생각했다. 초자연적인 승인 없이, 거짓말쟁이에게 벌을 내리고 정직한 사람에게 복을 내리는 하느님의 입회 없이 진행되는 확약은 그저 공허한 단어의 나열에 불과하다는 것이다. 둘째, 확약은 무신론자들이 공직에 진출하고, 재판에서 자신을 변호하고, 법적 효력이 있는 유언장을 작성하는 등의 일을 할 수 있도록 길을 터주는 장치였다. 이는 영국이 하느님을 두려워하는 기독교인의 국가가 아니라 기독교인과 유대인, 비신자가 공존하는 복합 사회임을 공식적으로 인정하는 꼴이라는 점에서 첫 번째 문제보다 더 엄중하게 인식되었다.●

이러한 주장들에 대해 유권자 수천 명은 우회적으로 거부 의사를 밝혔다. 유대인과 무신론자를 거듭거듭 의원직에 당선시킨 것이다. 추기경 매닝은 자신의 주장을 끝까지 고집할 수도 있었다. 더욱이 선서는 영국이 기독교 국가임을 공식적으로 천명하는 수단이었다. 하지만 영국사회는 변화하고 있었고, 선서도 그 변화의 바람을 비켜날 수 없었다. 1858년 마침내 로스차일드는 의석을 차지했다.[18] 유대인

● 문학 비평가이자 역사학자인 조스 마시는 "증거에 의존할 수밖에 없는 사법체제에서 증언할 권한이 없다는 것은 (…) 존재하지 않는 것이나 마찬가지"라고 썼다.[17] 한 무신론자는 아홉 살 난 아들이 어느 무모한 택시 기사에 의해 목숨을 잃는 장면을 눈앞에서 목격했지만, 선서를 할 수 없다는 이유로 심리과정에서 증언을 할 수 없었다. 신성모독죄로 기소된 무신론자들도 선서를 할 수 없었으므로 자신의 재판에서 발언할 권리가 없었다.

구제령Jewish Relief Act이 발효되면서 구약에 근거해 "고로 여호와여 저를 도우소서So help me Jehovah"라고 선서할 수 있도록 허용된 것이다. 비신자인 브래들로에게도 마침내 맹세가 허락되었다. 그는 1886년에 의회로 진출했고 1888년에는 선서령Oaths Act에, 누구든 종교적인 믿음이 없는 사람이나 종교적으로 맹세가 금지된 사람에게는, 이전에 선서가 요구되었던 거의 모든 상황에서 "엄숙하게, 신실하게, 진심으로 선언하고 확약"하는 것을 허용한다는 문구를 집어넣었다.[19]

건국 초기 미국에서는 선서를 둘러싼 논쟁이 영국보다 훨씬 덜했다. 헌법 입안자들은 애초부터 확약을 허용했다. 종교적 혹은 비종교적 신념에 따른 예외 조항에 집착하지도 않았다. 실제로 헌법에 명문화된 선서라고는 대통령 서약이 유일했고, 그것은 영국법 속에 등장하는 몹시도 섬세하고 구체적인 수많은 선서와 비교할 때 경이로우리만치 보편적이고 간결했다.

공적 업무를 시작하기 전에 대통령은 다음의 선서 또는 확약을 하여야 한다. "나는 미합중국 대통령의 직무를 충실히 수행하고, 나의 능력을 최대한으로 발휘하여 미합중국의 헌법을 보존하고 수호하고 지켜낼 것을 엄숙히 선서(또는 확약)합니다."(제2조 1항)

다른 공직자들이 해야 하는 선서나 확약은 미국 헌법에 구체적으로 명시돼 있지 않다. 단, 제6조는 공직자들이 "선서 또는 확약에 의하여 이 헌법을 지지할 의무가 있다. 그러나 미합중국의 그 어떤 공직이나 위임직도 종교를 자격 요건으로 삼을 수는 없다"고 밝히고 있다. 미국 헌법은 퀘이커교도와 유니테리언교도, 가톨릭교도, 유대인, 무신론자를 위한 예외 조항을 그때그때 첨가한 수정헌법을 잇따라 통과시키기보다 이 모두를 포괄해 한꺼번에 정리하는 쪽을 택했다. 확약을 원하는 사람은, 그 결정이 강한 종교적 신념에서 비롯되었건 아니건 간에, 얼마든지 확약할 수 있었다.● 조지 워싱턴은 1789년 대통령 취임 선서식에서, 미국 헌법의 놀랍기 그지없는 이 세속성을 약화시켰다.[20] 선서문에 "고로 하느님 저를 도우소서So help me God"라는 구절을 덧붙이더니 자신이 손을 얹고 있던 성서에 입을 맞춘 것이다. 이후로 "고로 하느님 저를 도우소서"는 미국의 다른 공적 선서나 확약에서, 이를테면 판사 선서나 증인 선서에서 공식적인 부분으로 굳어졌다(법정 선서의 정확한 양식은 주州에 따라, 그리고 심지어는 판사에 따라 다양하다).

빨래 통을 빨래 통이라 부르지 못하고

공허한 서약어가 내리막길을 걷고 신실한 서약어가 논란에 휩싸였을 때 외설어는 일부 고유한 기능을 수행하기 시작했다. 무엇보다 외

● 종교적 소수자에게, 자신들의 신념에 따라 선서 또는 확약할 권리를 포함한 권리를 부여하는 영국법에는, 퀘이커교도와 그 밖의 삼위일체를 믿는 비국교도를 위한 관용령(1689)과 유니테리언교도를 위한 삼위일체교리령Doctrine of the Trinity Act(1813), 로마가톨릭구제령Roman Catholic Relief Act(1829), 유대인구제령(1858)이 있다.

설어는 공허한 서약어의 자리를 꿰차고 현대적 의미의 비속어가 되었다. 충격적인 단어, 불쾌한 단어, 긍정적이든 부정적이든 강한 감정을 표현하는 단어를 대표하게 된 것이다. 그러나 제한적인 방식으로 외설어는 서약어가 사실들과 맺은 특별한 관계도 자기 것으로 만들었다. 그러니까 외설어는 사람이 (특히 남성이) 진실을 말하고 싶을 때 사용하는 단어가 되었다. 하느님의 몸이 저만치 물러나면서 인간의 몸은 신의 빈자리를 보충하는, 금기를 만들어내고 진실을 보장하는 존재로 자리매김했다.

이러한 기류는 17세기와 18세기 잉글랜드에서 인기를 끈 두 가지 은유, 즉 "벌거벗은 진실the naked truth"과 "삽을 삽이라 부르다to call a spade a spade"라는 구절을 통해 감지할 수 있다.[21] 진실이 벌거벗을 때 그 진실은 명백하다. 속임수가 없고, 청자와 관찰자, 독자가 이해할 수 있도록 눈앞에서 그 모습을 완전히 드러낸다. 이 시기 수많은 저자가 그러한 개방성을 외설어의 근본적인 특징이라고 생각했다. 외설어는 도덕성이나 정숙함을 위해 감춰져야만 하는 신체 부위와 활동 들을 완곡이나 정중한 표현 들에 비해 더 직접적으로 **드러낸다**고 여겨졌고, 그래서 그것들의 현실 혹은 진실을 더 즉각적으로 전달할 수 있었다. 외설어를 사용하는 화자에게는, 위신이나 체면을 지키느라 말을 에둘러 하지 않는, 직접적이고 솔직한 사람이라는 성격이 부여되었다.

외설함과 솔직함의 첫 만남은 고대 로마 시대까지 거슬러 올라간다. 1장에서 보았듯이 마르티알리스는 한 경구시에서 futuo라는 단어를 자유롭게 사용하는 아우구스투스 황제를 칭송하며, 그가 "Romana simplicitate loqui", 즉 로마인답게 담백하게 말하는 법을 알고 있다고 말한 바 있다. 17세기 말 전기 작가 존 오브리는 자신이 "벌거벗은 담백한 진실"을 썼다고, 그 진실은 "여성의 외음부를 가리지 않을 정도로 적나라하게 노출되었으며, 수많은 문구는 어린 숫처녀의 볼을 빨갛게 물들일 것"이라고 언명했다. 그는 과연 자신이 뱉은 말을 지켰다. 한 변호사에 대해 "자신의 실질적 업무보다 자신의 자지를 통해 얻은 것이 더 많다"고 묘사했는가 하면, 밖에서 산책하다가 뜻밖의 격렬한 설사('헐거움')로 곤란을 겪은 윌리엄 플리트우드 경에 대해서는 "그가 (술집) 스탠더드를 향해 자신의 볼기짝을 내보이더니 하인더러 자신의 얼굴을 가리라고 명령하는 한편, 그렇게 하면 그들이 다시는 자신의 똥구멍을 보지 못할 것이라 말했다"고 이야기했으니 말이다.•

18세기와 19세기를 거치는 동안 외설어는 줄곧 '벌거벗은 진실'을 드러낼 목적으로 쓰기에 최고의 언어로 간주되었다. 또한 옹색하게

• 당시에 이는 흔한 주제였다. 1613년 헨리 패럿이 쓴 경구시에도 비슷한 에피소드가 등장한다.

카쿠스는 돌연 참을 수 없다는 듯 옷을 벗더니
탁 트인 길에서 자신의 똥구멍을 내보였네
다만 얼굴은 가린 채로, 그리고 이렇게 대답했네
그런 짓은 온당치 않다고 그에게 말하며 지나가는 이들에게,
(카쿠스는 말하였네) 내 똥구멍만으로 나를 알아볼 사람은 없다고,
설혹 그들 눈에 내 하는 꼴이 아무리 추잡할지라도
_「우스꽝스러운 계책Laquei ridiculosi」

차려입은 진실을 가감 없이 드러내는 그 단어들을 사람들은 일반적으로 남성적일 거라고 생각했다. 일례로 1600년부터 1800년까지 대략 200년 동안 '불온한 것들을 지워내다expurgate'의 뜻으로 흔히 쓰이던 단어는 거세하다castrate였다. "외설하거나 거북한 구절들 제거하기"라고 옥스퍼드 영어사전이 정의한 그 과정을, 남성적인 부분들을 잘라내는 과정과 동일하게 취급한 것이다.

비속한 단어를 사용하여 진실을 말하기와 관련된 다른 은유로는 '삽을 삽이라고 부르다'가 있다. 이 속담을 고안한 사람은 이번에도 역시 에라스뮈스인 듯하다. 그에게 우리는 이미 '풍부함의 원칙'이라는 개념과 어린 소년의 문명화에 관한 소책자를 빚진 바 있다. 그의 『금언집Adages』은 그리스와 로마의 속담을 집대성한 두꺼운 선집인데, 그 책에는 "ficus ficus, ligonem ligonem vocat", 그러니까 "그는 무화과를 무화과라 부르고, 삽을 삽이라 부른다"[22]는 속담이 나온다. 그 속담에 대해 에라스뮈스는 이런 주석을 달아두었다. 이 속담은 "아리스토파네스의 희극에 등장하는 약강격의 구절을 금언에 걸맞게 각색한 것으로, 진실을 단순하고 투박한 스타일로 말하는 남자, 만물을 있는 그대로 말하며 장황한 수식으로 포장하지 않는 남자에게 어울린다. (…) 더 소탈한 상식을 갖춘 남자들은 더 거칠게, 더 담백하게 말하며, 만물을 그것들의 진짜 이름으로 부른다". 이런 식으로 그 속담은 외설어와 통속어를 동시에 언급한다. ficus는 문자적으로 '무화과fig'를 의미하지만 은유적으로는 '항문 종기'를 의미하며 후기 라틴어에서는 질을 지칭하게 된 단어다. 이 때문에 유별나게 정중한 사람은 무화과라고 말해야 마땅한 상황에서, 혹시라도 그 용어가 암시적 의미로 해석될 가능성을 경계하여 사용을 피할 수도 있었다. 더 직설적이고 더 남자다운 사람은 fig라는 단어를 그 기저에 깔린 성적인 의미에 아랑곳하지 않고 과감히 사용할 터였다. 그런가 하면 ligonem은 통속적인 단어였다. 에라스뮈스의 설명에 따르면 ligonem은 "듣기에 다소 지나치게 세속적이어서 자칫 문맥의 품위를 해칠 수도 있는" 단어로, "목욕 시중꾼이나 요리사, 무두장이, 음식점 주인처럼 하급 직종 종사자들"이 주로 쓰는 어휘군에 속했다.[23] 삽을 삽이라고 부르는 사람은 상황에 알맞은 단어를, 하층민들이 쓰는 하층민의 단어라는 이유만으로 기피하는 그런 부류가 아니었다. 로마의 역사학자 타키투스는 담백하게 말하는 성향과는 정반대의 행보를 보여주었다. 문자 그대로, 삽을 삽이라 부르기를 거부한 것이다. "로마 군대가 독일에서 궁지에 몰려 밤중에 마지못해 요새를 파야 했던 사연을 들려주며 타키투스는, 허둥지둥 후퇴하는 와중에 그들이 '땅을 파거나 잔디를 깎을 때 쓰는 도구를 대부분 잃어버렸다'고 말했다."[24] 타키투스는 자신이 집필한 역사서의 고상한 문체를 고작 통속어 하나 때문에 훼손시키기를 거부했고, 어쩌면 이 거부는 에라스뮈스로 하여금 예의 그 그리스어 속담을 (잘못) 번역하도록 유도한 기폭제였는지도 모른다. 그 그리스어 속담의 원뜻은 사실 "그는 무화과를 무화과라 부르고 빨래 통 또는 반죽 통을 빨래 통 또는 반죽 통이라 부른다"이니까.[25]

이 두 은유는, 외설어가 서약어처럼 진실을 말하는 도구로 여겨지게 된 경로를 조촐하게 드러낸다. (일군의 발칙한 연구자들은 2005년 한 조사를 통해, 비속어가 실제로도 "진술의 신뢰성을 높여준다"는 사실을 입증했다.[26] 피험자들은 God damn it, shitty, fucking, asshole 따위의 단어가 들어가는 증언이, 내용은 같으나 비속어가 빠진 증언보다 더 믿을 만하다고 느꼈다.) 18세기 무렵 외설어는 서약어가 지닌 두 가지 기능을 모두 손에 넣었다. 외설어는 과거에 사람들이 하느님을 두고 하는 맹세에 의존하게 만든 바로 그 힘, 그러니까 불쾌감을 조장하고 감정을 자극하는 힘이 있었다. 또한 외설어는 서약어처럼 진실을 '보증'하는 능력을 제한적으로나마 갖추게 되었다. 그러나 외설어가 실제로 '상소리'를 지칭하게 된 시점은 19세기가 끝나가던 무렵이었다.

그웬덜린: 삽을 본 적이 단 한 번도 없다고 스스로 말할 수 있어 기뻐요_오스카 와일드, 『진지함의 중요성The Importance of Being Earnest』 (1895)

빅토리아 시대에는, 화통하고 외설한 진실을 들려주는 사람이라고 지난 수 세기 동안 평가되어온 이들과는 뼛속부터 다른, 삽이라는 단어를 입에 올린 적이 없을 뿐더러 아예 삽 자체를 본 적이 없는 사람들을 만나볼 수 있다. 『진지함의 중요성』 속 그웬덜린의 저 말이 물론 농담이기는 하나, 역사학자이자 문학비평가 조스 마시에 따르면 1800년대 중반 즈음에는 "삽을 삽이라 부르는 사람이 거의 없다시피"27 했던 게 사실이다. 1885년 출간된 소설 『사일러스 래펌의 출세The Rise of Silas Lapham』로 가장 잘 알려진 미국 작가 윌리엄 딘 하우얼스에 따르면 그 시대에는 "삽을 농기구라고 부르는 것이 보편적"28이었다. 더불어 신학자이자 비평가, 시인인 헨리 앨퍼드는 1863년의 지서 『여왕의 영어를 위한 호소문A Plea for the Queen's English』에서 동료 작가들에게 완곡어법을 삼가라고, "삽을 삽이라고 불러야 옳지, 잘 알려진 길쭉한 수공업 기구라고 불러서는 안 된다"29고 조언했다. 그 시대의 섬세한 영혼들은 비단 삽처럼 통속적인 단어를 삼가는 일에만 몰두하지 않았다. 외설한 단어들과 외설어를 연상시키는 신체 부위들을 오히려 더 엄격하게 금기시했다.

빅토리아 시대의 걸출한 미술평론가 존 러스킨이 과연 삽을 본 적이 있는지 없는지에 대하여 역사는 말이 없지만, 보아하니 그는 결혼 첫날밤 이전에 여성의 벌거벗은 몸을 본 적이 단 한 번도 없었던 듯하다.30 전하는 이야기에 따르면 러스킨은 에피 그레이와 사랑에 빠져 집안의 반대를 무릅쓰고 그녀와 결혼하기 위해 갖은 애를 썼다. 그도 그럴 것이 그녀는 파산한 집안의 딸이었다. 우여곡절 끝에 두 사람은 1848년에 결혼하여 스코틀랜드의 블레어애톨 마을로 신혼여행을 떠났다. 하지만 막상 초야를 치를 시간이 오자 러스킨은 어찌된 영문인지 멈칫거렸다. (그의 멈칫거림은 그 후로도 6년 동안, 에피가 그의 곁을 떠날 때까지 계속되었다. 이후에 그녀는 화가 존 에버렛 밀레이와 재혼하여 슬하에 여덟 자녀를 두었다.) 에피는 부모에게 편지를 보내 혼인을 취소할 수 있게 도와달라고 부탁했다. 그리고 그 이유를 이렇게 설명

밀로의 비너스상은 러스킨의 아내가 아니었다.

했다.

　그 사람은 갖은 핑계를 댔어요. 아이들을 혐오한다고도 했고, 종교적
인 이유라고도 했고, 제 아름다움을 보존하고 싶다고도 했지요. 그러
다 작년에야 비로소 진짜 이유를 (그리고 제게는 다른 모든 변명보다 더 잔
인한 이유를) 들려주었답니다. 저를 보고 여자의 몸에 대한 환상이 깨졌
다나요. 첫날인 4월 10일 저녁에 제 국부를 보고 역겨움을 느낀 나머
지 저를 진정한 아내로 삼을 수 없었다는 거예요.

　러스킨은 문제의 혼인 무효 소송에서 변호사에게 제출한 진술서
에 같은 이유를 댔다. "대부분의 사람에게는 썩 매력적인 한 여성을
상대로 제가 금욕을 실천할 수 있었다는 사실을 이상하다고 여기는
분들도 있으리라 생각합니다. 그러나 그녀의 얼굴이 아무리 아름답
다 한들 그녀의 국부는 열정을 샘솟게 할 생김새를 갖추지 못했습니
다. 오히려 그녀의 국부에는 열정을 완벽하게 억누르는 면면이 있습
니다." 혼인 무효를 성사시키기 위해 에피는 처녀성 테스트를 감수해
야 했다. 그녀를 검사한 의사들은, "그녀의 몸이 자연스럽고 적절한
생김새를 갖추었다"는 결과를 내놓았다. 또한 우리가 추측할 수 있
는 것은, 에피가 낳은 여덟 자녀의 아버지는 그녀의 국부를 전혀 역
겨워하지 않았다는 사실이다. 대관절 러스킨은 그녀의 몸에서 무엇
을 보았을까? 그리고 왜 그것에 그토록 몸서리를 쳤을까? 대개는 사
태의 원인으로 그녀의 음모를 지목한다. 러스킨의 눈은 그리스와 로

마의 여인 조각상에서 본 이상적인 형태에 익숙했다. 그런데 그 조각상들의 국부는, 머리가 없는 토르소마저도, 털이 없거나 천으로 교묘하게 가려져 있었다. 러스킨의 전기를 쓴 메리 루티언스에 따르면, 에피는 그가 생애 처음으로 본 벌거벗은 여성이었을 공산이 컸다. 그런데 그녀의 몸 아래쪽에 털이 있다니, 유미주의자 러스킨의 관점에서는 도무지 극복할 수 없는 충격이었으리라.● 러스킨이 아내의 몸에 대해 보인 반응은, 적어도 '품위 있는' 빅토리아 사회에서 성적 담론이 어느 정도까지 억압되었는지를 단적으로 보여주는 사례다. 성性에 대한 암시는 지극히 어렴풋하게조차 허락되지 않았다. 사람들의 몸은 넓은 천으로 꼼꼼하게 가려졌다. 그리고 남성은 서른 살이 되도록, 자기 아내의 몸에도 다른 여성들과 마찬가지로 음모가 나 있다는 사실을 모를 수도 있었다.

러스킨은 홀로 유별난 것이 아니었다. 빅토리아 시대에는 품위 없는 것들에 대해 놀라우리만치 무지한 이들이 더 있었다. 걸출한 시인 로버트 브라우닝은 평범한 외설어 하나를 제대로 알지 못했던 것

● 또 다른 가설로는, 에피가 하필 생리 중이었고, 러스킨은 그 상황에 대해서도 전혀 마음의 준비를 하지 못한 상태였으리라는 의견이 있다.[31] 다른 학자들은 제아무리 러스킨이라도 그 정도로 무지하지는 않았으리라고 주장한다. 그가 부모에게 보낸 한 편지에 몇몇 귀족 청년이 "벌거벗은 여자 포주들"의 사진을 갖고 있더라는 내용이 적혀 있다는 것이다. 자신의 우상 조지프 말러드 윌리엄 터너의 회화조차도 에로틱하다는 이유로 불태우기를 간절히 원했던 그 러스킨이, 설령 제의를 받았다 한들 벌거벗은 여자 포주들의 모습을 음미하기를 원했으리라고는 생각하기 어렵다. 터너의 에로틱한 작품에 대해 러스킨은 "터너와 같은 작가가 여성의 외음부처럼 더할 나위 없이 수치스러운 소재를 그려내고 또 그려내는 것은 도저히 용서할 수 없는, 내게는 불가해한 상황이다"라고 기술했다.[32] 그러한 작품들에 대해 러스킨은 "분명 일종의 광기에 사로잡힌 상태에서 그려졌을 것"이라고밖에 달리 설명할 길을 찾지 못했다.

으로 보인다. 1841년의 시 「피파가 지나간다Pippa Passes」에 브라우닝은
이렇게 썼다.

> 그때 올빼미들과 박쥐들
> 고깔들과 **구무**twat들
> 수사들과 수녀들은, 수도원의 침울함 속에,
> 참나무 그루터기 찬장으로 자리를 옮긴다33

브라우닝은 twat이라는 단어를 전에 딱 한 번 본 적이 있었다.
17세기의 어느 풍자 발라드에서였다. "그들은 그가 추기경 모자를 썼
노라고 이야기하네 / 오래지 않아 그들은 늙은 수녀들의 구무twat를
그에게 보내리"라는 구절을 읽으며 브라우닝은 twat이 수녀들의 해
부학적 기관이 아니라 그녀들이 머리에 쓰는 베일과 비슷한 무언가
를 지시하는 단어이리라고 추측했다. twat이 '질'을 지칭하는 고릿적
외설어라는 사실을 모르기는 빅토리아 시대의 다른 사람들도 마찬
가지였다. 당대에 브라우닝의 이 극적인 시를 출간한 23여 명 중 누
구도 그 단어를 생략하지는 않았으니 말이다. 사실 당시의 편집자들
은 불온하고 난잡한 단어들을 삭제하는 작업에 혈안이 되어 있었다.
그들은 1859년 알렉산더 포프의 시집을 출간할 때 harlot[갈보]과
damn'd[천벌 받을]를 잘라냈고, 1855년 월트 휘트먼의 시집을 출간할
때는 womb[자궁]과 prostitute[매춘부]를 잘라냈다.

twat이라는 어휘는 1656년 마르티알리스 영역본에서 최초로 사

용되었다고 옥스퍼드 영어사전에는 기록되어 있다. 문제의 그 경구시는 "소년과 함께 있는 나를 발견했을 때 아내여, 당신은 나를 거칠게 힐난하며 당신에게도 똥구멍이 있다고 말하였소"라는 구절로 시작해 "그러니 부디 당신에게 속한 것들에 남성적 이름을 붙이지 마시오. 그저 당신이 두 개의 씹을 가졌다고 생각하시구려"[34]라는 구절로 끝을 맺는다. 로버트 플레처는 이 마지막 구절을 영역하며 씹을 twat으로 옮겨놓았다. twat은 17세기 말과 18세기 초에 흔히 사용되었지만, 옥스퍼드 영어사전에는 1727년에서 1919년까지 그 단어에 관한 기록이 전무하다. 그렇게 twat은 한동안 자취를 감추었다가 20세기에 세상으로 복귀했다. 그렇다면 브라우닝이 일상적인 외설어 하나도 모를 정도로 유독 고결하고 순진한 사람이었을 가능성은 낮아진다. 어차피 다른 사람들도 대부분 몰랐을 테니까. 하지만 twat이 18세기 후반과 19세기에도 여전히 사용되었다는 증거가 미약하게나마 남아 있다. 비록 문서 기록에서는 거의 사라졌다 해도 말이다. 1857년 토머스 라이트가 편찬한 『영어 외설어·방언 사전Dictionary of Obsolete and Provincial English』에는 그 단어가 ("여성의 외음부"라고 정의되어) 표제어로 올라 있다.[35] 또한 1888년에 어느 진지한 독자는 『아카데미 The Academy』라는 학술지에 자신이 브라우닝의 시에서 발견한 '비통한 실책'을 알리는 편지를 써 보냈다.[36] 그의 글은 우회의 극치를 보여준다. 실책의 실체에 대해서는 한마디도 언급하지 않았으니까. 그는 단지 "문제의 그 단어가 지방에서 여전히 사용되는 듯하고, 라이트의 사전에도 실려 있다"는 점을 지적하려 했다. 이에 『아카데미』 편집자는 "다른 많은 방언과 마찬가지로 그 단어는 런던에서도 사용된다" 라는 문장을 덧붙이기로 했다. 어찌 됐건 이 서신으로 미루어보건대, twat은 빅토리아 시대에도 여전히 외설어로 사용되고 있었다. 브라우닝은 twat의 본뜻을 모르는 상태에서 그 단어를 시어로 채택했고, 이에 연루된 모든 사람은 그 사안이 정말이지 너무도 민감한 나머지 차마 논의선상에 올릴 수조차 없다고 판단했다. 그냥 묻어둔 채 시선을 끌지 않는 편이 낫다고 생각한 것이다.

　브라우닝은 잘 알려진 외설어 하나를 제대로 알아보지 못했다. 러스킨은 밀로의 비너스에게는 없는 털이 아내의 몸에는 있으리라는 사실을 미처 깨닫지 못했다. 어떻게 이런 일이 가능했을까? 남들보다 여행도 더 많이 하고 책도 더 많이 읽은 두 지성이 어떻게 그 두 영역에 있어서는 그처럼 무지할 수 있었을까? 19세기는 르네상스 시대에 시작된 문명화가 정점에 달한 시기였다. 18세기가 무르익을수록 특정한 신체 부위나 활동을 정중한 자리에서 노출하거나 정중한 대화에서 언급하는 행위는 더 금기시되었다. 그런 것들의 존재를 암시하는 일마저도 언제부턴가 끔찍한 실수로 여겨졌다. 이렇듯 폐쇄적인 언어생활과 의생활은 러스킨과 브라우닝을 통해 원하던 효력을 발휘했다. twat을 비롯한 여성의 신체 부위를 그토록 철저히 감추더니만 급기야 빅토리아 시대를 풍미한 두 거장의 머릿속에서 아예 사라지게 만들어버린 것이다. 그렇다고 빅토리아 시대 남자들이 비속어를 결코 사용하지 않았다거나 벌거벗은 여성을 결혼 전에는 결코 보지 않았다는 이야기는 아니다. 곧 알게 되겠지만 이는 매우 드문 사례였다. 특히 러스킨은 어쩌면 남다르게 순진했는지도 모른다. 대학에 입학하며 부모에게 이사해서 자신과 함께 살자고 부탁할 정도였으니까. 하지만 어쨌건 빅토리아 시대에는 정중한 자리에서 섹스나 배설물에 관해 언급하기를 꺼리고 심지어 그런 주제를 연상시키는 굉장히 아리송한 말조차 꺼내기를 주저하는 분위기가 문화적으로 팽배했던 것이 사실이다. 그야말로 완곡어법의 전성기였던 셈이다.

완곡어들

빅토리아 시대 사람들에게 이것은 **표현할 수 없는 것**inexpressible(1793), **묘사할 수 없는 것**indescribable(1794), **잡다한 것**etcetra(1794), **언급할 수 없는 것**unmentionable(1823), **형언할 수 없는 것**ineffable(1823), **없어서는 안 되는 것**indispensable(1823), **이름을 내걸 수 없는 것**innominable(1834~1843), **설명할 수 없는 것**inexplicable(1836), **뒤이은 것**continuation(19세기 중반)이었다. 이것은 무엇일까? 혹시 도움이 될까 싶어 1867년 옥스퍼드 영어사전의 다음 예문을 인용한다. "신발을 벗고, 형언할 수 없는 것은 걷어 올리시오." 무슨 말인지 모르겠다고? 그럼 1823년의 이 예문은 어떤가? "리스턴은 다리 절반까지 내려오는, 언급할 수 없는 것을 입고 있다." 이제 감이 잡히는가? 그렇다. 이것은 **바지**trousers였다.[37] 1889년 『세기의 백과사전The Century Cyclopedia』은 이 "의상 품목을 정중한 집단에서는 언급하지 말아야 한다"고 경고했다. (역설적으로 잡다한 것이라는 뜻의 etcetera는 수 세기 전만 해도 바지보다 훨씬 더 엄격하게 언급이 금기시되던 한 단어를 지칭하는 완곡어였다. 1611년 랜들 코트그레이브가 편찬한 불영사전에는 cunt에 상응하는 프랑스어 con이 "여성의 잡다한 것etc"이라고 정의돼 있다. 그런가 하면 『로미오와 줄리엣Romeo and Juliet』에서 머큐시오는 arse를 대체할 중의적 표현으로 et caetera를 사용했다. "오, 그녀는 서양모과open et caetera요, 그대는 서양배pop'rin peare로구나.")●

대체 바지라는 말의 무엇이 문제였을까? 가장 큰 문제는 바지를 벗을 때 사람이 벌거벗게 된다는 점이었다. 또한 바지의 모양은 남자의 다리를 드러내는데, 남자가 다리를 가졌다는 것은 그 위에 다른 신체 부위를 가졌을 가능성이 매우 높다는 것을 암시했다. 그런가 하면 다리leg 역시도 정중한 사회에서는 사용하지 않아야 마땅한 단어 중 하나였다. 하지limb라는 용어를 더 선호했고, 더 완곡하게는 아래 가지lower extremity라고도 일컬었다. 영국의 해군 제독이었다가 작가로 변신한 프레더릭 메리엇 함장은 1839년 출간된 『아메리카 일기Diary in America』에서 하지와 다리에 대해 긴 이야기를 풀어냈다. (그는 "이질적인 문화가 온통 뒤섞인 그곳에서 여전히 영국인으로 살아가는 이들에게 민주적인 정부와 풍토가 어떤 효과를 빚어내는지 알아보고", 그 김에 아내에게

● open-arse는, 앞서 살펴보았듯이 서양모과medlar의 동의어로, 때로 질vagina의 대체어로 쓰였다. popperin pear는 서양배의 한 종류로, 어원은 poperinghe라는 플랑드르어다. 물론 그렇다고 셰익스피어의 작품에서 서양배가 그저 서양배만을 의미하는 것은 결코 아니다.

서 벗어날 목적으로 미국을 여행했다. 동시대인들의 언급에 따르면, 실상 그는 민주적인 풍토를 관찰한다는 것이 그리 녹록하지 않은 문제라고 생각했다.)

나이아가라 폭포에 있을 때 나는 친하게 지내던 한 젊은 숙녀를 에스코트하는 중이었다. 그녀는 풍경을 더 제대로 감상하기 위해 어느 바위에 올라서 있다가 그만 미끄러져 부상을 입고 말았다. 정확히는 정강이를 긁혔다. 집으로 걸어오는 길에 조금 절뚝거리는 그녀에게 물었다. "다리를 많이 다치셨나요?" 그녀는 내게서 고개를 돌렸다. 분명 적잖이 놀랐거나 불쾌해하는 눈치였다. 내가 무슨 극악무도한 잘못을 저질렀는지도 모른 채 나는 그녀에게 무엇 때문에 그토록 언짢아하는지 알려달라고 간청했다. 얼마간 망설이던 그녀는, 나를 잘 아니까 말해주는 건데, 숙녀 앞에서는 **다리**라는 단어를 절대 입에 올려서는 안 된다고 말했다. 불찰을 사과하며 나는 실수의 원인을 내가 오로지 **영국** 사교계에만 익숙하다는 사실에서 찾았다. 그러고는 분명 미국의 가장 정중한 모임에서도 그러한 품목을 이따금 언급해야 할 때가 있을 텐데, 그럴 때 주위 사람들에게 충격을 주지 않으면서 그것들을 언급하기에 적당한 명칭이 무엇인지 알려줄 수 없겠느냐고 덧붙였다. 그녀는 **하지**라는 단어가 사용된다고 대답하고는 이렇게 첨언했다. "글쎄, 저는 그리 까다로운 축은 아니랍니다. 지인 중에는 테이블의 하지라든가 피아노의 하지라는 표현을 입에 달고 사는 이들도 더러 있는 걸요."[38]

또한 메리엇의 이야기로 미루어보건대, 빅토리아 시대 사람들의 적어도 일부는 자기 집 가구의 하지를 무언가로 완전히 덮어두었다. 이야기를 계속 읽어보자.

몇 달 후 나는 그 젊은 숙녀가 옳았음을 인정할 수밖에 없었다. 실제로 몇몇 사람은 심지어 그녀보다도 더 까나로웠던 것이다. 어느 숙녀로부터 에스코트를 요청받아 젊은 숙녀들이 다니는 신학교에 동행했을 때의 일이다. 응접실에 들어선 나는 놀라운 광경을 목격했다. 그곳에는 **하지**가 넷 달린 스퀘어피아노가 한 대 놓여 있었다. 모르긴 해도 딸아이를 방문하러 그곳을 찾은 숙녀들은 학교 여교사의 그 지극한 섬세함에, 그리고 자신이 담임한 젊은 숙녀들의 생각을 궁극적인 순수의 상태로 보존하려는 그녀의 마음 씀씀이에 이루 말할 수 없는 감동을 느꼈을 것이다. 피아노의 모든 하지에 단정하고 앙증맞은 데다 아랫단에 프릴까지 단 바지를 입혀놓았으니 말이다.

이 이야기는 빅토리아 시대의 언어에 관한 몇 가지 통설에 구두점을 찍는다. 메리엇은 완곡어를 여성과, 그것도 중산층이라는 특정한 사회적 계급의 여성들과 연관시켰다. 그러한 여성들은 신학교의 여교사와 마찬가지로 섬세한 언어를 자신의 섬세한 감수성을 광고하는 수단으로 여겼다. 섬세한 감수성은 그 자체로 사회적이고 도덕적인 가치의 상징처럼 받아들여졌다. 다리라는 단어를 스스로 입에 담지 못하는 이 여성들을 메리엇은 조롱했다. 그리고 이는 오랫동안 이어져온 주제였다. 빅토리아 시대의 완곡어들은 그것들을 희화하는 담론과 고락을 같이했다. 실제로 피아노의 하지에 표현할 수 없는 것을 바느질해 입힌 사람이 과연 몇 명인지에 관해서는 학자들 간에 의견이 분분하다.[39] 메리엇이 말한 신학교 여교사가 예외적 인물인지, 혹은 실제로 존재하기는 했는지에 관해서도 논쟁이 있기는 마찬가지다. 하지만 그러한 은폐 장치들이 탄생하게 된 배경에는, 바지와 다리를 사회적 도리에 어긋나는 단어들로 여기도록 한 사고 체계가 도사리고 있었다는 점을 부정하기 어렵다. 메리엇의 이야기는 빅토리아 시대의 사회상을 단편적으로 드러낸다. 설혹 사람들 대부분이 마호가니 가구의 화려하게 조각된 다리들을 덮어두기보다 자랑스레 내보이는 삶을 선택했다 할지라도.

또한 메리엇의 이야기는 그가 하지를 미국식 완곡어로 간주했다는 점을 분명히 밝히고 있다. "오로지 **영국** 사교계에만 익숙해 있던" 그는, 좀더 직설적인 다리라는 표현을 사용하는 데 거리낌이 없었다. 사실 19세기 대부분의 영국인은 완곡어를 미국인 특유의 허식으로 생각했다. 미국에서는 수탉을 rooster로, 수도꼭지를 faucet로 구별해 부르는 반면, 영국에서는 농장의 수탉이건 욕실의 수도꼭지건 여전히 cock이라고 부른다는 점을 영국인들은 지적했다. 미국인들은 닭의 **품속살**bosom을 깨지락거렸지만, 영국인들은 닭의 **가슴살**breast을 게걸스럽게 씹어 삼켰다. 잉글랜드 사람 토머스 보들러는 1807년에 셰익스피어의 작품을 **검열**censor했지만, 1833년 미국인 노어 웹스터Noah Webster는 성서를 **거세**castrate하며 이런 구절을 삽입했다. "완곡어는 아주 세세하게 불쾌하지는 않은 단어와 문구들로, 가지각색의promiscuous 청중 앞에서 예의 바르게는 입에 올릴 수 없는 이런저런 표현들을 대신한다."40 (어쩌면 promiscuous는 "타인과 동석한 자리에서 예의나 올바른 예의범절을 위반하지 않고 입에 올릴 수 없는 언어"를 제거하려고 계획하는 사람이 선택하기에는 유감스러운 형용사처럼 보일 수도 있겠다. 그러나 1833년에 그 단어는 '광범위하고 다양한'이라는 뜻으로 쓰였다. '성적으로 무분별한'이라는, 현재 통용되는 의미를 갖게 된 시기는 겨우 19세기 말이었다.) 1890년부터 1904년까지의 은어를, 수천 종의 완곡어까지 포함해 집대성한 사전 편찬의 권위자 존 파머와 윌리엄 헨리마저 미국인들의 과도한 완곡어 사용을 비난했다.41 미국 시인 헨리 워즈워스 롱펠로가 다리를 가리키는 용어로 다리 대신 **구부리개**bender를 사용한 것을 계기로 일련의 재반박이 꼬리에 꼬리를 물고 이어졌다. 가령 이런 식이다. 구부리개는 "성미가 까다로운 사람이 다리를 대신해 사용하는 완곡어다. 비슷하게 고상한 척하는 사람들은 '하지'라는 단어를 유사한 용법으로 사용한다. 거짓 정숙함으로 악명이 높은 미국 여성들은 다리를 다리라고 부르기를 사양한다. 그들은 다리를 하지라고 부른다. (…) 하지만 어디서든 분별력 있는 사람들은 그러한 숙녀 놀음에는 대체로 관여하지 않는다".

그러나 영국인의 완곡어 사랑도 이에 뒤지지 않았다. 많은 이가 이러한 풍조를 개탄했고, 그들의 주장을 뒷받침할 근거는 차고 넘친다. 존 호튼은 『은어사전』의 1874년판을 펴내며 영국의 완곡어법을 문제 삼았고, **표현할 수 없는 것** 따위의 용어 사용을 규탄했다.42 그

미국인들이 faucet이라고 말하는 이유.

러한 단어들은 고기 파이나 정연한 줄서기만큼 영국적인 데다, "가장 기분 나쁜 까다로움을 기반으로 탄생한 가식적인 용어들"이라는 것이다. 캔터베리 대성당 주임사제이자 저명한 성서학자였으며, 시인인 존 던의 편집자이기도 했던 헨리 앨퍼드는 『여왕의 영어를 위한 호소문』에서 완곡어법이라는 악습에 대해 이런저런 말을 쏟아냈다. "신문에서는"[43]이라는 말로 그는 불평의 포문을 열었다. 신문이야말로 완곡어의 홍수에 무거운 책임이 있다고 보았기 때문이다. 어쨌건 앨퍼드의 글에 따르면, 신문에서는 이제 한 남자가 어머니를 잃었다고 하지 않았다. 외가 쪽 친척과 사별당했다고 표현했다(그는 이 기사를 어느 시골 신문에서 보았다고 했다). 이제는 누구도, 어디에도 '가지' 않았다. 집으로 가는 사람은 자신의 거주지로 '향하는' 개인이라고 표현되었다. 먹는 사람은 없어도 나누는 사람은 있었고, 방에 사는 사람은 없어도 적합한 개인실私室을 점유하는 사람은 있었다.

앨퍼드의 불만 중 일부는 완곡어법 자체라기보다 지나치게 과장된 표현 방식, 이른바 '빅토리아 시대적' 화법에 관한 것이었다. 앨퍼드는 이를 수치스럽게 여긴 듯하다. 하지만 이 화법이 꼭 빅토리아 시대적이라고 할 수는 없었다. 이미 18세기 초에 알렉산더 포프는 물고기를 "지느러미 달린 먹이" "비늘 달린 족속"이라고 불렀으니까. 앨퍼드가 나누다partake에 관해 불평할 때 그가 거부감을 느낀 대상은, 먹다eat의 완곡어가 아닌 개량어ameliorative term, 즉 뜻은 엇비슷하지만 더 격식 있고 더 고상하다거나 더 멋지다는 이유로 본래의 단어를 대신해 사용되는 단어였다. (사실 앨퍼드가 지적했듯이 '나누다'는 '먹다의 동의어가 아니다. '무언가를 함께하다'라는 의미다. 식사를 함께할 수도 있고 군사 원정을 함께 떠날 수도 있으며 변소를 함께 갈 수도 있는 것이다.) 마찬가지로 **향하다**proceed는 **가다**go를 대신하는 개량어였다. 평범한 활동을 더 근사하게 들리도록 만드는 표현인 것이다. 하지만 완곡어와 개량어를 분리하는 벽은 얇고 허물어지기 쉬웠다. 사용 목적이 동일하기 때문이다. 문맥상 지나치게 통속적인, 그리고 가끔은 지나치게 평범한 단어를 대체하거나 화제를 위장하기 위해 사람들은 완곡어와 개량어를 둘 다 사용했다.

심지어 포르노물도 이 시대에는 고상한 화법에 둘러싸여 있었다. 1749년 존 클릴랜드는 포르노 소설을 쓰고도 그 속에 외설어를 한 단어도 포함시키지 않음으로써 채무자 감옥에 갇히는 신세를 모면했다.『패니 힐, 한 매춘부의 회상Memoirs of a Woman of Pleasure』은 기본적으로, 패니와 다양한 남자들, 다른 여자들과 다양한 남자들, 패니와 다양한 여자들, 다른 여자들과 다양한 여자들 사이에서, 그리고 딱 한번은 두 남자 사이에서 이뤄지는 이런저런 성적 만남에 관한 이야기다. 대표적인 장면은 패니가 변심한 애인에게 복수하기 위해 거대한 '기관machine'을 가진 젊은이를 유혹하는 대목이다. 문제의 젊은이는 "온화한 액체로 충만하여full of genial juices" 연달아 두 번 절정에 이를 수 있었다.

단 한 번의 예고도 없이 그는 새로이 전진하여 내게로 들어오는 문을 활짝 열어젖히려 했다. 그에게는 별로 어려운 일이 아니었다. 향유를 주입하여 통로 안쪽을 골고루, 아주 담뿍 적셔두었으니까. 그때, 내 뜨겁고 강렬한 욕망에 힘입어 그는 더더욱 저돌적으로 밀어붙였고 기름을 발라 미끄러운 자물쇠 돌기는 더 이상 버텨내지 못하였다. 그토록 능숙하게 자물쇠를 비트는 이에게 항복하고 출입문을 열어줄 밖에.44

당연한 얘기지만, 이는 교회를 향한 그리스도의 사랑을 묘사하는 대목이 아니다. 그저 섹스를 묘사하는 글에, 잠긴 문 열기라는 성서적 은유를 접목한 것뿐이다.

그런가 하면 놀랍도록 많은 작가가 '식물 포르노botanical porn'의 세계에 발을 들였다. 배운 사람답게 그들은 생식기를 식물에 비유했다. 찰스 다윈의 할아버지 이래즈머스 다윈도 그런 작가 중 한 명이었다. 1789년에 그는 감질나기 짝이 없게 자극적인 『식물의 사랑The Loves of the Plants』을 세상에 선보였다. 다른 식물학자들은 다윈보다 더 노골적이었지만, 그들의 작품도 언어만큼은 언제나 최고로 정제되어 있었다. 18세기 중반에 『생명의 나무Arbor Vitae』를 쓴 시인은 그 나무를 다음과 같이 묘사했다.45

생명의 나무는 수액이 풍부한 식물로, 줄기는 하나이고, 꼭대기는 절굿공이 혹은 뾰족한 원뿔 모양이다. 때때로 상수리나무처럼 보이고 5월 벚나무와도 제법 비슷하지만, 다른 계절에는 개암나무와 더 닮았다. 열매는 일반적인 나무 열매와 달리 뿌리 부근에서 자라나며, 보통 두 개씩 열리고, 크기는 평범한 육두구보다 조금 더 큰 정도다. 두 열매가 하나의 깍지 혹은 주머니 안에 들어 있는데, 보통은 무수히 많은 수염뿌리나 털처럼 가는 덩굴손이 깍지와 뿌리 전체를 화려하게 장식하고 있다.

자, 이 글은 무엇을 묘사할까? 정답은 음경이다. 알아채지 못한 사람은 다시 한번 주의 깊게 읽어보기 바란다. 이 같은 식물 성애물이나 『패니 힐』이 다루는 소재 중에는 외설한 것들이 포함돼 있다. 사실상 **오직** 외설한 주제만을 다룬다 해도 과언이 아닐 정도다. 하지만 사용하는 언어만큼은 불쾌하지도 저급하지도 않다. 일종의 가식적인 포르노물인 셈이다. 완곡어법의 광기에 매몰된 시대, 때와 장소를 불문하고 화법에서 섬세함과 유식함을 추구하던 시대가 빚어낸 독특한 산물이랄까.

완곡어는 비속어의 반대 개념이다. 비속어의 작용 원리는 금기시되는 사물이나 구멍, 활동을 직접적으로 지칭함으로써 감정적 흥분을 불러일으키는 데 있다. 완곡어는 바로 그 금기의 대상을 가리기 위해, 무언가 강렬한 감정을 유발하는 것들을 위장하거나 지워버리기 위해 존재한다. 이 같은 반反외설어들은 몇몇 과정을 거쳐 생성된다. 간접적인 표현으로 에두를 수도 있고, 라틴어식으로 고쳐 말할 수도 있으며, 프랑스어를 차용할 수도 있다. 이를테면 **표현할 수 없는 것**은 완곡어였다. 지시하는 사물의 정체를 완벽하게 위장하기 때문이다. 지시 대상을 감추는 또 다른 사례로는 ('흥미롭거나' 그렇지 않은) **속박**confinement이나 **처지**situation, **상태**condition를 들 수 있는데, 모두 빅토리아 시대에 **임신**pregnancy을 표현할 때 두루 쓰이던 용어들이다. 한편 라틴어는 비판이 불가능한 언어였다. 식자층의 전유물인 그 죽은 언어는 숱한 완곡어를 만들어냈다. 르네상스 시대 남자들은 공공장소에서 자유롭게 오줌을 쌌지만, 빅토리아 시대인 1842년경에는 밀폐된 장소에서 **배뇨해야**micturate 했다. 이 밖에도 생리작용을 가리키는 여러 동사가 라틴어를 토대로 만들어졌는데, 가령 '똥 싸다shit'는 **배변하다**defacate로, '입 맞추다kiss'는 **접순**接脣**하다**osculate로, '침 뱉다spit'는 **발타하다**expectorate로, '땀 흘리다sweat'는 **발한하다**perspire로 대체되었다. 발한perspiration에 대하여 1791년 『젠틀맨스 매거진Gentleman's Magazine』은 다음과 같이 기록했다.[46] "잘 알려진 것처럼 얼마 전까지는 남자도 여자도 아이도 (…) 과거에 **땀 흘리기**sweat라는 용어로 알려져 있던 그 역겨운 삼출 작용을 겪지 않았다. (…) 이제는 짐마차꾼이나 석탄 운반부, 아일랜드 카히 사람을 제외한 모든 필사의 존재가 (…) 다만 **발한할**perspire 뿐이다." 언어학자 키스 앨런과 케이트 버리지는 이처럼 라틴어에서 유래한 용어들을 완곡어가 아닌 **정통어**orthophemism라고 지칭한다.[47] 정통어는 완곡어보다 "더 공식적이고 더 직접적(혹은 문자적)"이다. 가령 배변하다defacate는 문자 그대로 '똥을 누다'라는 뜻이므로 정통어이고, 응가하다poo는 완곡어다. 그런가 하면 똥 싸다shit는 **위악어**dysphemism, 즉 그 표현을 피할 목적의 대체 용어들이 만들어지게 한 금기어다. 앨런과 버리지는 완곡어법과 정통어법이 동일한 욕구에서 비롯되었다고 주장한다. 둘 다 "화자가 당황해하거나 비속하게 비쳐지는 상황, 아울러 청자나 제삼자가 당황해하거나 불쾌해하는 상황을 피하기 위해 사용되는, 정중한 화자에게 어울리는 화법"이라는 것이다.

프랑스어 또한 여러 대중적인 완곡어가 탄생하는 데 기여했다. 아이를 낳는다는 뜻의 해산accouchement이나 속옷을 뜻하는 란제리lingerie, 시프트shift를 뜻하는 슈미즈chemise가 그런 용어에 속했다. 시프트 역시 더 저급하게 인식되던 (내의로 입던 긴 원피스나 셔츠를 뜻하는) 스목smock을 대체하는 용어였는데 말이다. 시인 리 헌트는 중세에 한 기사가 자신의 용맹함을 증명하기 위해 어느 숙녀의 슈미즈를 입고 싸운 이야기를 쓴 뒤에 적당한 제목을 찾지 못해 고전했던 상황을 기록으로 남겼다. 원래 헌트는 "세 기사와 스목"이나 "시프트의 전투"라는 제목을 염두에 두었지만, 대중의 격렬한 항의에 떠밀려 그 거북스런 의복이 언급되는 부분을 모조리 삭제해야 했다. 심지어 슈미즈라는 단어조차 사용할 수 없다는 사실에 그는 경악했다. "심지어 이 단어도, 그 복장을 연상시키는 그 어떤 용어도 언급해서는 안 되는 모양이다. 적어도 점잖은 작가라면!"48 결국 1831년 헌트는 그 시에 「고결한 갑옷The Gentle Armour」이라는 제목을 붙였다. 1907년까지도 시프트는 강력한 금기어였다. 존 밀링턴 싱John Millington Synge의 『서방의 플레이보이The Playboy of the Western World』 초연 무대에서 한 여배우가 그 단어를 말했을 때 청중은 광분하기 시작했다.49 연극은 아일랜드의 한 고립된 마을에서 생활하며 벌어지는 일들을 다룬 작품으로, 더블린의 국립극장에서 초연되었다. 이러한 환경에서 시프트를 입에 올린다는 것은 아일랜드 가톨릭 여성에 대한 모욕으로 간주되었다. 모름지기 점잖은 여성이라면 자신의 언급할 수 없는 것들을 절대 언급하지 말아야 했다. 시프트라는 통속어는 차치하고서라도.

지금부터 집중 조명할 한 금단의 영역은 18세기와 19세기에 완곡어가 얼마나 광범위하게 사용되었고, 그 용어들이 탄생하기까지 부정확한 지시와 라틴어, 프랑스어라는 세 가지 요인이 어떻게 합세했는지를 보여준다. 화장실을 생각해보자.[50] 18세기와 19세기에도 용무의 집house of office이라는 용어는 여전히 널리 쓰이고 있었는데, 아마 문자적 의미가 애매모호한 덕분이었을 테다. 이 밖에도 house는 필요한 집necessary house을 비롯해 다양한 완곡어 탄생의 모태가 되었다. 서민의 집house of commons, 줄여서 서민commons 역시도 변소를 지칭하는 완곡어였다. 일반적으로 house of commons는 하원을 뜻하는데, 부자와 빈자 모두 남녀노소를 막론하고 의지하는 민주주의의 안식처라는 점에서만은 화장실과 크게 다르지 않은 듯하다.●

또한 내 아저씨의 집mine uncle's (house)이라는 표현도 드물게 사용되었다. 그 시대에도 사람들은 여전히 한밤중에, 혹은 변소까지 가기가 귀찮을 때 실내용 변기에 장을 비워냈는데, 명칭도 여전히 침실용 항아리chamber pot 또는 침실chamber이었다. 이런 식의 준말은 『남자만

● 1697년 한 무명작가는 이 테마에 시적인 감성을 덧입혔다. 「접시를 녹이고, 혹은 요강이여 안녕On Melting Down the Plate: Or, the Piss-pot's Farewell」이라는 시다.

건방진 요강이여! 어찌 자네는 그토록 불쾌감을 주었는가?
어찌 여인들로 하여금 넓적다리를 댄 채 수그리게 하는가?
왕과 여왕들에게 우리는 겸허히 무릎 꿇어 경의를 표하건만
정작 여왕들은 그대에게 강제로 몸을 굽히는구나[51]

의 파티The Stag Party』라는 빅토리아 시대 성애물 모음집에 다음과 같은 우스갯소리가 등장한 배경이 되었다(1888년경 미국의 동시 작가 유진 필드Eugene Field가 엮어낸 그 시집에서 가장 유명한 작품은 「깜빡이, 끔뻑이, 그리고 끄덕이Wynken, Blynken, and Nod」다).

갓 결혼한 시골 신사가 그랜드퍼시픽 호텔의 숙박부에 기명 중이었다. 도시적인 점원은 신혼부부용 침실을 추천했다. 신랑은 시큰둥했다. 점원은 재차 물었다. "신혼부부용 침실을 원치 않으신다고요?" 시골신사는 대답했다. 음, 하나쯤 넣어주어도 좋겠군요. 아내에게는 필요할 테니까요. 나야 뭐, 창밖에다 싸도 되지만.[52]

여기서 점원과 신랑은 bridal chamber를 서로 다르게 해석했다. 점원은 신혼부부용 침실을 추천했지만, 신랑은 신부가 쓸 침실용 항아리로 알아들은 것이다. 침실용 항아리는 제리jerry라고도 불렸는데, 커다란 볼이나 고블릿, 대형 포도주 병을 일컫는 용어 여로보암jeroboam의 준말로 추정된다. commode 또한 널리 쓰이던 완곡어로, 프랑스어에서 유래했다. 본래 이 단어는 서랍이나 칸막이가 달린 우아하고 정교한 장식 가구를 의미했다. (또한 여성의 머리쓰개를 지칭하는 18세기 은어이기도 했다. 당시의 여성들은 진짜 머리칼과 가짜 머리칼, 깃털, 리본, 화장용 분을 탑처럼 쌓아올려 머리 모양을 우아하고 정교하게 장식했다.) 하지만 언제부턴가 침실용 항아리를 시야에서 가리기 위해 주위에 둘러치는 가구로 의미가 축소되더니, 급기야는 침실용 항아리 자체를 가리키는 용어로 굳어지게 되었다. 그런가 하면 1880년 무렵에는 po라는 단어가 사용되었는데, 항아리를 뜻하는 pot를 되도록 프랑스어 발음에 가깝게 읽기 위한 고육지책이었다.

18세기 말 배관 기술의 발달은 수세식 변기의 확산과 그에 따른 명명법 변화로 이어졌다. (기억할지 모르겠지만, 1597년에 존 해링턴은 수세식 변기를 발명했고, 당시의 화장실 문화를 조롱하는 영웅시를 썼다.) 수세식 변기와 그것이 놓인 방은 **물벽장**water closet이라 불리기 시작했다. 흐르는 물, 그리고 청소와 위생이라는 개념은 **세면실**washroom과 **욕실**

19세기 중반에 제작된 침실 항아리. 화룡점정은 시와 산개구리다.

bathroom이라는 용어도 만들어냈다. 그야말로 지시 오류의 걸작인데, 욕조라고는 없는 욕실이 수두룩했기 때문이다. 영국인들은 이 점을 빌미로 미국인들을 열심히 손가락질했다. 그렇다면 영국인들이 욕실을 가리켜 흔히 쓰는 loo라는 용어는 어떠한가. 마찬가지로 수세식 화장실을 구성하는 물이라는 요소에서 유래했을 가능성이 있다. 스코틀랜드에서는 창밖으로 침실 항아리를 비울 때 "Gardy-loo"라고 외치는 것이 예의였고, 이는 '물 조심하세요'라는 뜻의 프랑스어 gardez l'eau에서 변형된 표현이었으니까. loo가 '장소place'라는 뜻의 프랑스어 lieu에서 유래했을 가능성도 있다. 영어로 **편안함의 장소** place of easement는 화장실을 가리키는 완곡어이기 때문이다. loo의 어원이 될 만한 마지막 후보는 숙녀들이 갖고 다니며 쓰던 침실용 항아리를 지칭하는 프랑스어 bourdalou다.[53] 17세기 프랑스의 설교자 루이 부르달루는 인기가 너무도 많아서 그의 설교를 들으려면 몇 시간 전부터 자리를 잡아두어야 했다. 숙녀들은 저마다 부르달루를 가져와 치마 밑에 두고 썼다. 변소에 가려고 자리를 비울 수는 없었기 때문이다. (종종 부르달루는 베르사유에서도 설교했는데, 그때도 숙녀들은 십중팔구 변소에 가는 문제로 곤란을 겪었다. 궁전은 방구석 여기저기에 대변을 보고 화분이나 벽난로, 계단 등등에 소변을 보는 사람들 때문에 골머리를 앓았다. 어쩌면 부주의로 인하여, 그리고 어쩌면 프라이비시privy-cy° 개념의 부족으로 인하여.)

○ 영어로 privy는 변소라는 뜻이다.

라틴어도 한몫 거들었다. 화장실을 뜻하는 단어 lavatory와 latrine, urinal이 모두 라틴어에서 유래됐으니 말이다. lavatory는 washroom과 탄생 배경이 비슷하다. 중세 시대에 손을 씻는 그릇을 지칭하다가, 화장실을 사용한 직후에 손을 씻는 방을 가리키게 되었다는 점에서. latrine은 lavatory처럼 '씻다'라는 뜻의 라틴어 lavo에서 유래된 단어로, 야영지나 막사, 병원에서 구덩이를 파 만든 변소만을 일컬었다. urinal은 중세에 내과의가 검사할 소변을 모으기 위해 사용하던 유리잔이었다가, 15세기 무렵에는 순수하게 침실용 항아리를 지칭하게 되었다. 그러다 19세기 중반 즈음해서는 오늘날에 통용되는 의미를 취득했다. 벽에 고정되어 남자들이 소변을 볼 때 사용하는 구조물(혹은 그러한 구조물이 놓인 방)을 지칭하게 된 것이다.

마지막으로 다시 프랑스어로 돌아가자. 화장실을 가리키는 가장 일반적인 단어 toilet을 살펴보기 위해서다. toilet은 '작은 천 조각'을 뜻하는 프랑스어 toilette에서 유래했다.[54] toilette는 화장을 하거나 머리를 손질할 때 화장대를 덮어두는 천이었다가, 몸단장할 때 화장대 위에 놓고 사용하는 물건들을, 또 나중에는 차려입는 과정을 가리키게 되었다. 그러다 이를 계기로 옷을 차려입는 방을 지칭하게 되었는데, 그런 공간은 대개 욕조가 설치돼 있게 마련이었다. 그리하여, 옥스퍼드 영어사전에도 나와 있듯이 toilet은 욕실과 세면기를, 그리고 나중에는 세라믹 변기 자체까지 가리키게 된 것이다.

미국식 영어에서 완곡어의 수레바퀴는 한때 toilet을 중심으로 돌아갔다. 그러나 toilet은 이제 생의 언짢은 진실을 위장하는 얌전한 단어라기보다 통속어가 되었다. 모름지기 정중한 미국인이라면 영국에서 흔히 말하듯 "Where's the toilet[변기가 어디 있죠?]"라고는 선뜻 물을 수 없어야 마땅하다는 얘기다. 하지만 이를 영국에서 toilet이 정숙한 용어로 통용된다는 의미로 해석하면 곤란하다. toilet은 영국에서 본래 통속적인 단어였고, 계층적으로는 중산층 이하의 사람들이 사용하는 단어였다. 그런가 하면 loo는 영국 상류층이 사용하는 단어였다. 온슬로 백작은 런던 『타임』 지에 기고한 글에서 사회적 계급에 관해 고찰하며 "나로서는 도저히 toilet이라는 단어를 입 밖에 낼 수 없을 것 같다"[55]고 고백했다. (심지어 그 단어를 철자로 말하는 것조차 불가능하다고 여긴 나머지 프랑스어 toilette를 사용하기로 결정하기도 했다.) 또한 윌리엄 왕자와 케이트 미들턴이 2007년 잠시 헤어졌을 때 영국 매체들은 이별의 책임 소재를 케이트의 모친이 toilet이라는 단어를 사용한 데서 찾았고, 마치 당연하다는 듯 그 스캔들을 '토일렛게이트Toiletgate'라고 명명했다.[56] 모름지기 왕자라면, 'toilet'이라는 단어를 입에 올리는 (또한 껌을 씹는다거나 "What?"이나 "Sorry?" 대신 "Pardon?"이라는 말로 양해를 구하는 등 구제불능의 중산층에게서나 볼 수 있는 행동을 하는) 여성의 딸과는 결코 결혼할 수 없다고들 했다. 물론 토일렛게이트는 흐지부지되었다. 왕자는 결국 그 평민 여자 친구와 결혼했으니까. 그리고 짐작컨대 미들턴 부인은 외출 전에 반드시 미리 화장실에 다녀오는 습관을 갖게 되었을 것이다.

믿거나 말거나 위 단어들은 18세기와 19세기에 toilet을 지칭하던 좀더 대중적인 완곡어의 맛보기에 불과하다. 이 과정을 통해 우리는 영어 사용자들이 스스로 언급해서는 안 된다고 간주하는 대상에 관해 논의할 수 있도록 새롭고 정중한 단어들을 만들어내는 작업에 있어서 부정확한 지시와 라틴어, 프랑스어가 어떻게 기여했는지 살펴보았다. 공정을 기하기 위해 덧붙이자면, 화장실을 지칭하는 단어 중에는 위악어, 즉 단어를 본뜻보다 더 비속하게 들리게 할 의도로 만들어진 용어들도 있었다. 옥스퍼드 영어사전에 따르면, shit-house는 1795년에 최초로 등장했지만, bog-house는 18세기에 이미 널리 쓰이다가 19세기에는 준말 bog에 자리를 내주었다. (17세기에는 boggard도 짧게나마 높은 인기를 누렸다.) bog로 시작되는 단어들은 bog에서 유래됐지만, 아무래도 '축축한 늪지'라는 명사적 의미보다는 '장을 해방시키다 또는 배설물로 더럽히다'라는 동사적 의미에서 비롯된 듯하다. (참고로 오늘날에는 그런 동사적 의미로는 거의 쓰이지 않는다. '누군가 또는 무엇인가에게 똥을 뿌리다'라는 뜻의 단어는 그 밖에도 차고 넘치니까.) 옥스퍼드 영어사전이 정의한 대로라면 확실히 bog는 정중한 단어는 아니다. "문학에서는 찾아보기 어렵고 거친 구어로 흔히 사용되는, 저급한 단어"다. 18세기에는 화장실을 지칭하는 남성적 용어의 자리를 놓고 john과 jakes가 경쟁하기 시작했다. 1735년 하버드 대학의 학칙 목록에는 다음과 같은 성서적 금언이 들어 있었다. "그 어떤 새내기도 대학교 벽에 오줌을 누거나 학우의 cuzjohn에 들어가서는 안 된다."[57] 'Cuzjohn'은 '사촌 존cousin John'에서 온 말이다. 이제 그 말은 john이라는 다소 담백한 형태로 남아 미국식 영어를 대표하는 단어들 중 하나가 되었다.

화장실을 지칭하는 또 다른 위악어로는 crapper가 있다. 비속한 단어의 세계에서는 이력이 상당히 독특한 녀석인데, (대개) 진실로 밝혀진 어원학적 전설의 주인공이라는 점에서 그러하다. 이야기인즉슨, 토머스 크래퍼라는 남자가 수세식 변기를 발명했고, 스스로의 명예를 드높이기 위해 이름을 'the crapper'로 지었다는 것이다. 아닌 게 아니라 토머스 크래퍼(1836~1910)는 실존 인물이었다. 비록 수세식 변기를 발명하지는 않았지만 그는 그 변기들을 제조했고, 원래의 디자인에서 이것저것 뜯어고쳐 특허를 받기도 했으며, 직접 제작한 볼이나 수조에 과감하게도 자신의 이름을 항상 박아 넣었다. crap 자체는 오래된 단어다. 15세기에 최초로 등장했고 '곡물의 겉껍질 혹은 왕겨'를 가리켰다. 빅토리아 시대 즈음에 crap은 오늘날처럼 장을 해방시키는 과정이나 그로 인한 산물을 의미하게 되었지만, 사용 지역은 대개 미국에 국한돼 있었다. 사이먼 커비라는 토머스 크래퍼 주식회사―오늘날에도 여전히 영업 중이다―의 상무이사는 미국의 그 통속적인 단어와 영국의 그 덕망 있는 배관공이 충돌하여 'the crapper'라는 위악어를 우리에게 선사하게 된 자초지종을 이렇게 설명한다. "제1차 세계대전 기간에 런던에 주둔하던 미군들은 예로부터 대변을 지칭해온 통속어가 굉장히 많은 수세식 화장실에 찍혀 있다는 사실에 흥미를 느꼈고, 이내 수세식 화장실w.c.을 'crapper'라고 부르기 시작했다. 어설프기는 해도 이 색다른 별명은 묘하게 그럴듯했고 결국 사람들의 삶 속에 파고들었다. (…) 어원학계에서는 이런 식으로 만들어진 단어를 '역성어back formation'라고 일컫는다. 어쩐지

Pedestal Wash-down Closets.

The "CEDRIC."

Combination No. 4

No. 4 Combination, comprising White "Cedric" W.C., with No. 211 Polished
Mahogany Seat with Back Board, 2 gallon Porcelain Enamelled Iron
(No. 220) Syphon Water Waste Preventer with 1¼ in. Fittings, and China
Pull and Porcelain Enamelled Iron Brackets, as shown £4 8 9

크래퍼 4번 모델, '세드릭The Cedric'.

HOLY SHIT

하수구 역류가 연상되지 않는가!"[58]

아니면 로마인의 관점을 취할 수도 있겠다. "Nomen est omen",
즉 이름이 곧 징조라는 작명결정론nominative determinism의 시각에
서 바라보는 것이다. 토머스 크래퍼는 일로써 화장실과 얽힐 운명이
었다. A. J. 스플랫과 D. 위돈('쉬했다wee'd on')이 요실금에 관한 논
문 「요도 증후군: 리처드슨 요도성형술 치험례The Urethral Syndrome:
Experience with the Richardson Urethroplasty」를 발표할 숙명이었던 것처럼.[59]
아니면 우사인 볼트가 현존하는 가장 빠른 사나이가 될 운을 얻게
된 것처럼.

계급과 비속어

완곡어는 그렇게 번영을 만끽했다. 18세기와 19세기는 예절의 시
대였기 때문이다. 중세에 서서히 움트기 시작한 문명화 과정은 이 시
기에 활짝 꽃을 피웠다. 수치심의 영역이 최대치로 확장된 것이다.
이전에는 사람들 앞에서 수치심을 유발하지 않던 생리작용이 이제
는 닫힌 문 뒤에서 은밀히 해결해야 하는 일이 되었다. 언어에서도
유사한 흐름이 나타났다. 이전에는 공개적으로 논할 수 있던 생리작
용을 이제는 쉬쉬해야 하는 환경이 조성된 것이다. 이에 대해 한 역
사학자는 이렇게 썼다. "배설은 사회적으로 용인되는 반半공개적 활
동이어서 초서의 희극 소재로도 쓰이는 경우가 드물었다. 그런데 지

난 19세기에는 이러한 생리작용이 폐쇄된 공간에서 의식처럼 행하는 부끄러운 사생활로 변질되었다. 배설물은 보글거리는 물살에 즉시 씻겨 나갔다. 더 이상 눈에 띄지도 냄새를 풍기지도 못하도록."[60] 단어들도 수모를 겪었다. 이런 화제들을 논할 때 사용되던 단어들 또한 공적 담론의 장 밖으로 씻겨 내려갔다. shit의 자리는 defecate가 차지했고, 빅토리아 시대 독자들은 『킹제임스 성서』에서 piss라는 표현을 발견하고는 당혹감을 감추지 못했다. 성적인 것들은 모두, 심지어 더 철저하게 숨겨졌다. 여기에는 바지도 포함되는데, 그 자체로 금기 대상은 아니지만 금기시되는 부위에 가깝게 위치한다는 이유에서였다.

섬세함의 중요성이 이토록 급증한 데는 새롭게 부상한 중간계급의 역할이 컸다. 18세기에 일어난 가장 큰 사회적 변화는 부르주아 계급의 성장이었다. 역사언어학자 수잰 로메인은 "봉건제와 신분제 사회에서 계층 중심 사회로 넘어가는 과정은 현대 영국 사회사가 (유일한 테마는 아닐지언정) 중요하게 다루는 여러 테마 중 하나"[61]라고 밝혔다. 중세 시대에는 사회적 기능에 따라 계층을 엄격하게 구분했다. 상류 지주층과 기사들은 전투에 매진했고, 성직자들은 연구와 기도에 매진했으며, 소작농들은 노동에 힘을 쏟았다. 이 중 상류 지주층은 성직자로 신분을 바꿀 수 있었다. 잉글랜드에서는 특히 둘째나 셋째 아들이 이런 식의 신분 이동을 주로 감행했는데, 장자상속제로 인해 물려받을 유산이 거의 없었기 때문이다. 하지만 나머지 계층 간의 신분 이동은 불가능에 가까웠다. 르네상스 시대에는 상인과

장인 들이 '중류층'으로 비치기 시작했다. 그들은 귀족이 아니었지만, 그렇다고 가난한 소작농도 아니었다. 18세기 무렵의 산업혁명과 식민지화, 세계무역은 중류층에게 어마어마한 부를 선사했고, 그 기세에 밀려 사회는 그들의 위치를 재평가할 수밖에 없었다. 사회적 지위를 결정하는 기준이 사회적 기능에서 경제적 상태로 대체되면서 이른바 '계급'사회가 조성되었고, 사람은 각자가 부에 따라 상위와 중간, 하위 계급으로 나뉘었다. 계급을 결정짓는 핵심 요소가 돈이다 보니 계급 간의 경계는 이전에 비해 훨씬 더 유동적이었다. 권력과 부, 영향력이 증가하면 계급도 덩달아 상승했고, 파산하면 계급도 덩달아 하락했다. 상위 계급은 그나마 안정적이었다. 조상 대대로 내려오는 토지와 작위를 갖추었기 때문이다. 그러나 중간 계급은 지위를 빼앗길지도 모른다는 위기의식에 끊임없이 시달려야 했다. 이를 버텨내기 위해 그들은 하위 계급과의 차이점을 부각시키려 했다. 교외로 이주했고, 도덕적으로 좀더 정직하게 보이도록 행동했으며, 아니나 다를까 화법을 달리했다. "중간 계급은 (…) 자신들이 노동자 계급보다 사회적으로, 또 도덕적으로 더 우월하다고 주장함으로써 스스로의 정체성을 확립하려 했다"고 언어학자 토니 매케너리는 썼다.[62] 그들은 "생각이 올바르고 책임감 있고 성공한 시민으로서 여느 민중보다 개인적으로 우월한 위치를 확보하기 위해, 그리고 동시에 신을 포함하여 사회적으로 자신들보다 더 나은 존재들에게 스스로의 가치를 각인시키기 위해" 안간힘을 썼다는 것이다.

문명화 과정은 이렇게 중간 계급에 의해, 그들이 스스로를 하위 계급과 차별화하는 방편으로 이용되었다. 중간 계급 사람들은 자신들의 '교양'을 언어를 통해 드러내려 했다. 그들이 선택한 완곡어들은 금단의 영역을 모호하게라도 가리키는 것은 무엇이든 피하고 보는 극도의 섬세함으로 이목을 집중시켰으며, 그들을 하위 계급, 즉 여전히 삽을 삽이라 부르고 물벽장을 똥간이라 부른다고 여겨지던 이들과 달라 보이게 했다.

완곡어법과 반대로 상소리를 비롯해 여러 '비속한 언어'를 입에 올리는 행위는 부도덕한 것으로 간주되었다. 금기 대상을 스스럼없이 입에 올리는 짓은 하위 계급에게나 어울린다고 여겼기 때문이다. fuck이나 cunt와 같은 외설어만이 아니라, thing이나 half pay처럼 다만 통속적일뿐인 단어들조차, 교육을 받지 못해 도덕적으로 불완전한 이들의 언어, 언어의 품격을 손상하고 도덕적 품위에 어긋나는 그 어떤 행위도 망설임 없이 감행할 법한 사람들의 언어로 비쳤다.

이쯤에서 빅토리아 시대 문법학자들의 이야기를 조금 경청해보자. 1859년 리처드 체너빅스 트렌치는 이렇게 한탄했다. "부끄럽도다. 통속적인 언어가 여기저기서 판을 치는구나. 책에도 실을 수 없어, 비천하고 불순한 뜻을 밝히기 위해 다만 인간의 입술을 통해 구전되어온 죄악의 단어들이."[63] 같은 해에 조지 퍼킨스 마시는 "말의 순수함은 개인의 청결함처럼 생각의 순수함이나 행동의 청렴함과 궤를 같이 한다"고 자신 있게 언명했다.[64] 그리고 1896년 앨프리드 에이리스는 저서 『어구비평가The Verbalist』에서 men으로도 충분한 자리에 gentlemen이라는 단어를 욱여넣는 사람들을 겨냥해 쓴소리

HOLY SHIT

를 했다.

이보다 더 천박할 수도 있을까. (…) 이러한 용어를 사용하는 남자들은 주로 (…) 중절모를 한쪽으로 삐뚜름하게 쓰는 것도 모자라 신사들이 중절모를 벗는 때와 장소에서 그것을 착용하는 사람들, 자신이 최신 은어에 익숙하다는 사실을 자랑스러워하는 사람들, 타인을 되도록 덜 배려하는 태도로 자신의 독립성을 과시하려는 사람들, 스스로의 재치에 오랫동안 큰 소리로 웃는 사람들, 조끼의 맨 아래 단춧구멍에 회중시계용 사슬을 걸거나 셔츠 가슴팍에 브라질산 다이아몬드를 대거나 새끼손가락에 커다랗게 인장을 새긴 반지를 끼는 식으로 화려한 싸구려 장신구를 주렁주렁 달고 다니는 사람들, 비속한 문법을 사용하고 거창한 서약어를 섞어 대화하는 사람들과 같은 계급에 속한다.[65]

문체에 관한 에이리스의 조언에서 계급과 언어적 편견의 얽히고 설킨 관계를 따로 떼어놓고 분석하기란 쉽지 않다. '남자'를 '신사'라고 일컫는 행위는 출세 지향적인 하위 계급의 독특한 언어 습관이었다. 자신의 사회적 지위에 만족하는 사람은 섣불리 그런 용어를 택하지 않았다. '남자'를 '신사'라고 일컫는 이들은 중간 계급이나 상위 계급으로 보이려 애쓰면서도 정작 그에 걸맞은 용어에 대해서는 제대로 파악하지 못했다. 그런 이들은 신흥 부자일 가능성이 높았다. 거금을 들여 브라질산 다이아몬드와 굵은 반지를 사긴 해도 자기만의 취향이라고는 없었으니까. 또한 그들은 도덕성이 의심스러운 인물이었다

(계급과 덕망을 연계시킨 점에 주목하라). '타인을 되도록 덜 배려하는' 태도를 보였으니까. 마지막으로 그들은 교육을 받지 않은 인물이었다. 문법 지식이 빈약한 데다 서약어를 남발하는 경향마저 있었으니까.

어쩌면 21세기에는 에이리스 씨처럼 따지고 드는 사람이 없을지 모른다. 그러나 그와 비슷한 태도는 여전히 감지된다. 특히 상말하기에 관해서는 더 그러하다. 상소리는 종종 무지와 연결된다. 상소리를 지껄이는 이들은 교육을 받지 않은, 언어적 소양이나 상상력이 부족해 마땅한 대체 언어를 생각해낼 수 없는 사람들로 묘사된다. 또한 이런저런 경험에 근거해 사람들은 상소리를 하위 계급의 언어 습관이라고 생각한다. 토니 매케너리는 상소리가 기록된 8284건의 사례를 분석하여, 각각을 계급에 따라 분류했다. 그리고 상소리를 가장 많이 하고 가장 강력한 어휘를 구사하는 사람들은 노동자 계급이라는 결과를 얻었다. 중간 계급 중 상위권과 중위권은 하위권에 비해 상소리를 사용하는 빈도는 낮았지만 구사하는 어휘만큼은 더 강렬했다(가령 God보다는 fuck을 더 즐겨 사용했다). 매케너리는 이를 "과잉교정hypercorrection의 증거"라고 추측했다.66 "하위 중간 계급 화자들이 사회적 상위 및 중위 중간 계급의 언어 습관을 복제하려고 시도하는 과정에서 두 계급의 특징적 화법으로 보이는 것들을 과장"하는 경향이 암암리에 드러났다는 것이다. 이 현대적 경험주의는 서문에서도 언급한 바 있는 상소리와 사회적 지위에 관한 속담들—"그는 귀족처럼 상말한다" 또는 "그는 땜장이처럼 상말한다"—의 근거를 어느 정도 뒷받침한다. 위 속담처럼 상소리의 남발은 귀족과도 하위 계급과도 연결되어 있었다. 귀족들은 사회적 위치가 다소 안정적이어서 말과 행동에 거리낌이 없었고, 이른바 하위 계급은 예의에 대해 무지하다고 여겨졌기 때문이다. 『헨리 4세』「1부」에서 상말을 하던 레이디 퍼시가 "진실로in good sooth"라는 표현을 내뱉었을 때 남편 홋스퍼는, 상인층인 "사탕장수의 아내"나 쓸 법한 그 허울 좋은 서약어가 아니라 "숙녀답게 (…) 세련되고 풍성한 서약어로" 상말할 것을 아내에게 권유한다.67 심지어 셰익스피어 시대에도 중류층은 특유의 더 섬세한 언어를 이용해 스스로를 돋보이게 하려 애썼던 것이다.

사회적 계급과 상소리는 서로 복잡하게 얽혀 있다. 평균적으로 하위 계급이 상위 계급이나 중간 계급보다 상소리를 더 많이 하는 것은 사실이다. 또한 교육을 받지 않아 어휘력과 상상력이 빈약한 사람들이 주로 상소리를 입에 담는 것도, 경우에 따라서는 사실일 테다. 그뿐 아니라 상소리 중에 더러 부도덕한 종류가 있는 것 역시 사실일 공산이 매우 크다. 그러나 이 못지않게 중요한 사실은 이러한 사고방식을 퍼뜨린 사람들이, (라틴어 부정사는, 가령 futuere처럼 분리할 수 없는데) 영어 부정사를 to와 동사 원형 사이에 부사를 삽입해 과감히 분리하는 행위는 죄악이라고 언명하는 사람들이라든가, 이중부정문은 (수 세기 동안 사람들이 이해하는 데 아무런 어려움을 느끼지 않았음에도 불구하고 부정어와 부정어가 만나면 서로를 상쇄한다는 논리가 성립하므로) 절대 사용해서는 안 된다고 학생들에게 가르치는 사람들과 같은 부류라는 점이다. 문법상 가장 규범적인 요소들이 대개 그렇듯 상소리와 사회적 계급을 바라보는 현대의 사고방식은, 빅토리아 시대에 계급은 상승했지만 노동자 계급으로 보일까 봐 전전긍긍하던 이들이 남긴 유산이다.

젠장, 저 빌어먹을 남색꾼은 씹할 깜둥이 똥구멍에 좆 빠는 인간이었어!

언어적 섬세함은 보듬고 금기는 극도로 삼가던 18세기와 19세기의 관행은, 금단의 화제를 직접적으로 거론하여 사회의 중간 계급이 기를 쓰고 감추려 드는 대상을 거리낌 없이 드러내는 단어들에 막강한 힘을 부여했다. 이렇듯 억압된 환경에서 외설어는 이윽고 본연의 색채를 마음껏 발산하기 시작했다. 비문자적 방식으로 쓰이기 시작하면서 충격적이고 거북스럽기만 한 언어에서 상소리로도 사용할 수 있는 언어로 탈바꿈한 것이다.

18세기의 대표적인 감탄어는 bloody였다. 오늘날에도 영국에서 주로 쓰이는 이 단어는 호주와 뉴질랜드에서도 "위대한 호주의 형용사the great Australian adjective"[68]라고 알려져 있을 만큼 흔히 사용된다. bloody는 결코 외설어도 서약어도 아니었지만, 정중한 사회에서 들어 넘기기에는 충격적이고 거북했다.● 간혹 bloody는 오래된 서약어

● 1891년 『젠틀맨스 매거진』에는 「몇몇 영어 감탄어에 관하여」라는 제목의 기사가 실렸는데, "가장 특징적인 영어 감탄어"를 논하는 그 기사에서 bloody는 "흔히 불경어나 외설어로 분류되지만 (…) 둘 중 어느 카테고리에도 딱 들어맞지 않는" 단어로 묘사된다.[69]

by our lady나 God's blood(준말은 's blood)의 변형으로 추정되기도 하지만 이는 근거가 미약한 낭설로 밝혀졌다. 그보다는 오히려 '피로 뒤덮이다'라는 뜻의 형용사 bloody에서 유래했거나, 옥스퍼드 영어 사전에 실린 것처럼 자칭 '열혈남아blood'들, 그러니까 17세기 말에 민중 선동을 일삼던 귀족들의 습성을 일컫는 표현일 가능성이 높다. 그 경우 'bloody drunk'는 '열혈남아처럼 취한as drunk as a blood'이라는 뜻이 된다.

bloody의 이력은 흥미롭다. 그 단어의 가치 하락(갈수록 비속한 단어로 변해가는 상황)과 교양 있는 행동의 가치 상승이 명백히 같은 시기에, 어쩌면 동시에 이루어졌기 때문이다. 17세기 말 극작가들은 bloody라는 단어를 고상한 청중이 관람하는 연극 대사에 아무렇지 않게 집어넣었다. 희곡을 출간하는 출판업자들은 bloody의 철자를 빠짐없이 찍어 내도 아무런 제재를 받지 않았다. 일례로 1693년 작 『아가씨의 마지막 기도Maids Last Prayer』에는 "그녀는 그를 끔찍이도 나쁘게 보았다She took it bloody ill of him"라는 문장이 등장한다. 『톰 존스Tom Jones』의 작가 헨리 필딩은 1743년 자신의 한 희곡에 "무지하게 긍정적인 친구랍니다 This is a bloody positive old fellow"라는 문장을 집어넣었다. 그런가 하면 마리아 에지워스는 1801년 작 『벌린다Belinda』의 남주인공이 "필립 경의 필적은 지독히도 엉망이다Sir Philip writes a bloody bad hand"라고 외치게 만들었다. 만약 에지워스가, 그러니까 주로 여성 독자층을 겨냥해 사랑과 행복한 결혼을 꿈꾸는 젊은 여성들의 이야기를 담은 소설들을 발표했을 뿐 아니라 도덕적 교훈이 담긴 아동문학(『젊은이들을 위한 도덕적 이야기Moral Tales for Young People』라는 6권짜리 책)까지 써낸 그 여성 작가가, 젊은 남자 주인공의 입에서 "bloody"라는 말이 나오게 했다면, bloody는 그다지 비속한 단어였을 리 없다. 그러나 에지워스는 'bloody'를 작품에 거리낌 없이 써넣을 수 있었던 거의 마지막 작가였다. 이 시기를 기점으로 bloody가 불쾌한 단어로 인식되기 시작한 것이다. 인쇄물에는 b——y 혹은 b——라는 글자가 찍히기 시작했다. 정중한 용어에서도 제외되었다. 하지만 빅토리아 시대를 거치면서도 bloody는 살아남았다. 1914년 조지 버나드 쇼는 극작품 『피그말리온Pygmalion』으로 소소한 스캔들을 일으키고 싶은 마음에 등장인물 엘리자 둘리틀이 새로 터득한 완벽한 상류층식 억양으로 "걷다니! 그런 빌어먹을 헛소리 말아요 Not bloody likely! 난 택시를 타겠어요" 하고 외치게 만들었다. 공연 첫날 그 단어를 맞이한 관객들은 "아연하고 믿을 수 없다는 듯 몇 초간 침묵하더니 이내 신경질적으로 웃기 시작했고 웃음은 적어도 1분 15초 동안 계속되었다".70 일부 점잖은 인사들이 불만을 제기했지만 대체로 별다른 스캔들 없이 사건은 일단락되었다. bloody는 '시즌을 풍미한 유행어'로 자리매김했고, 『피그말리온』도 한몫 거들었다. "그런 피그말리온 같은 헛소리 말아요 Not pygmalion likely"71라는 표현까지 등장한 것이다. 만약 엘리자가 "그런 씹할 헛소리 말아요 Not Fucking Likely"(1914년에도 마음만 먹으면 쓸 수 있는 표현이었다)라고 말했더라면 십중팔구 전대미문의 스캔들이 발생했으리라. 『서방의 플레이보이』에서 시프트가 그랬던 것처럼.

이렇듯 20세기가 시작될 무렵 bloody는, 비속하지만 그렇게 비속하지만은 않아서 쇼의 주장에 따르면 "영국인의 5분의 4"가 사용할 정도로 사람들 입에 흔히 오르내리던, 그런 단어였다. 어쩌면 이 애매한 위치 탓이었을까. 빅토리아 시대 언어 전문가들은 bloody를 지나치다 싶게 깎아내렸다. 이를테면 예의 그 사전 편찬자 파머와 헨리는 fuck이나 그와 관련된 용어에 대해서는 간략한 정의("성교하다" 등)와 더불어 몇몇 예문을 싣는 정도에 그쳤지만, bloody에 대해서는 다음과 같은 장광설을 늘어놓았다.

그것은 정의하기 까다로운 형용사로, 여러 모호하고 다변적인 의미로 사용된다. 그러나 가장 빈번하게는, 런던의 불량자 중에서도 가장 저급한 이들이 2, 3초에 한 번씩 그 단어를 지루한 중언부언과 함께, 특별한 의미도 없이, 하물며 피와는 아무 상관도 없이, 입 밖에 내뱉는 식으로 사용할 수 있다. 그때 이 단어는, 부족한 언어 능력을 보완하기 위해 이런 종류의 용어를 자주 사용할 수밖에 없는 사람들을 만족시키기에 음향적으로 충분한 영향력을 발휘하는, 편리한 강조어로서 기능한다.[72]

비속한 언어를 낮은 사회적 지위나 부족한 교육에 연결시키는 전형성에 주목하라. 런던의 불량자들이 'bloody'라는 단어를 입에 달고 사는 이유를 그들의 어휘력이 빈약해 다른 선택의 여지가 없다는 점에서 찾은 것이다. 옥스퍼드 영어사전 초판(1888)에도 비슷한 구절이 씌어 있다. bloody는 "현재 최하위 계급의 입에 지속적으로 오르내리지만, 덕망 있는 사람들은 그것을 '끔찍한 단어'로, 불경어나 외설어와 동급으로 간주하며, 신문에서는 (그리고 경찰 조서 등에서는) 대개 'b——y'라고 표기한다"는 것이다. 짐작건대 fuck에 대해서도 옥스퍼드 영어사전은 비슷하게 설명했을 것이다. 그러나 빅토리아 시대 사전 편찬자들은 cunt뿐 아니라 fuck도 아예 수록하지 않기로 결정했다. 1884년 『상소리의 피상적 역사Cursory History of Swearing』를 써낸 줄리언 샤먼은 외설어라고는 한 단어도 실려 있지 않은 그 책의 여러 쪽을 단어 bloody를 공격하는 데 할애했다. 다음은 그중 일부를 발췌한 것이다.

그 단어가 연상시키는 불운함이 그 발생을 여전히 지나치게 고통스러운 사건으로 만들어버린다는 사실을 우리는 짐짓 모른 척할 수 없다. 무분별하고 기형적인 언어 습관이 빚어낸 그 단어는 이런저런 상황으로 인해 매우 고약하고 불쾌한 단어가 되었다. (…) 더러운 고주망태들은 선술집 바닥에서 뒹굴면서 그것을 딸꾹질하듯 내뱉는다. 시무룩한 짐꾼들은 부두와 부잔교 위에서 그것을 생각 없이 지껄인다. 소도시의 낮은 지대에서는 그 단어가 왁자지껄한 혼란 속에 당신의 귓가를 울리며 지나간다. 비좁고 답답한 거리의 에누리하는 군중의 목에서, 술에 취해 시비하듯 거만하게 해롱거리는 남자들과, 거칠고 짜증 섞인 대화 속에 적개심과 악의를 발산하는 심술궂은 여자들의 목소리에서 솟구치는 그 단어의 웅웅거리는 소음은 귀를 먹먹하게 만든다.73

(chaffer는 '흥정하다, 실랑이하다, 말을 퍼뜨리다'라는 뜻이다.) 위 글에서도 어김없이 bloody는 무지하고 도덕적으로 타락한 하위 계급에게 사랑받는 단어로 그려진다. fuck과 달리 bloody는 외설어에 갈수록 과민해지는 사회로부터 분노를 끌어내기에 안성맞춤인 단어였다. 『피그말리온』 관련 보도에 기술된 것처럼 bloody는 '비속어'였지만, 그다지 불경하지도 그다지 외설하지도 않았다. 불쾌하지만 지나치게 비속하지는 않아서, 점잖은 사람이 관심을 두어도 그리 이상하지만은 않은 단어였던 것이다.

bugger는 비문자적 의미로 사용되던 또 하나의 초기 외설어로, 완성형 비속어 특유의 참된 유연성을 갖추고 있었다. 오늘날처럼 과거에도 bugger는 항문성교(혹은 항문성교 과정에서 성기를 삽입하는 사람, 라틴어로는 pedicator)를 가리키는 투박하고도 직접적인 단어였다. 알다시피 랜들 코트그레이브는 levretée라는 단어를 "그레이하운드에게 '비역당한buggered' 소녀"라고 정의했다. 그러나 bugger의 더 빈번한 용처는 단어의 문자적 의미와 동떨어져 있었다. 다음의 예문들을 보라.

"'빌어먹을 쓰레기 자식, 쫄딱 망해서 지옥에나 떨어져라', 또한 그는 성인 남녀에게든 아이에게든 툭하면 이렇게 퍼붓곤 했다. '망할 것, 망할 것, 망할 것bugger, bugger, bugger.'"(1647년 보도자료)[74] "가, 가버려! 이 정신 나간 새끼야, 꺼지라고, 이 망할 자식아be buggered"(1963)[75] "빌어먹을, 눈깔이 삐었나b-gg-r, 나한테 네 돈은 한 푼도 없다니까."(1794)[76] "젠장맞을 것들, 아주 그냥 쫄딱 망해라bugger you."

(1854)[77] "저 새끼the bugger 끌어내, 칼로 날 죽이려 들잖아."(1860)[78] "이 일이 있기 전 그 땅은, 좀 거칠게 말하자면, 낡은 무쇠 쟁기들로 '조져놓은buggered over' 상태였다."(1868)[79] 마지막으로 제시할 예문은 성서 속 한 시대를 풍미했던 사타구니 움켜쥐기가 빅토리아 시대에도 완전히 사라지지 않았음을 보여준다. 1840년의 어느 이혼 청구 소송에서 한 증인은 수전 슈머드라는 여성이 밖에서 자신의 남자 형제인 프랜시스 실즈를 만나는 장면을 목격했다며 이렇게 진술했다. "그녀가 그에게 다가가더군요. 그러더니 그의 은밀한 부위를 잡지 않겠어요? 상당한 실랑이가 벌어졌죠. 그녀가 단단히 움켜쥐고 놓지 않았거든요. 그는 그녀에게 소리쳤어요. '돌았구나you bugger you, 이거 놔'라고요."[80] (수전의 남편은 이혼을 청구하며 이 증언을 수전이 그녀의 남자 형제와 잠자리를 같이했다는 증거로 제시했다. 결혼 당시 수전은 임신 4개월이었는데, 남매 간의 통정으로 생긴 아이였음에도 불구하고 남편 될 사람에게 이 사실을 알리지 않았다는 것이다. 오하이오주 의회는 이혼 청구 소송을 기각했다. 양측의 증언이 너무 기상천외하고 신뢰성이 떨어져 사실관계를 명확히 판단하기가 불가능하다는 이유로.) 19세기에 bugger라는 용어가 남성과 여성에 공히 적용되었다는 사실은 흥미롭다. 오늘날에는 오로지 남성에게만 적용되기 때문이다. 프랜시스 실즈에 관한 법정 증언과 "성인 남녀와 아이"를 향해 "비역쟁이, 비역쟁이, 비역쟁이bugger, bugger, bugger"라고 외쳤다는 어느 신사에 관한 1647년의 그 보도자료에 더하여, 빅토리아 시대 포르노 소설의 걸작 『나의 은밀한 생활My Secret Life』(1888)에도 bugger가 등장한다. 한 저급한 매춘부가 그녀의 여주

인을 '비역쟁이bugger'라 불렀다는 사실을 그녀와 어울리던 남자 주인공이 알리는 대목에서다.[81]

이러한 움직임은 비속어 진화의 두 가지 경향과 모순된다. 첫째, 페미니즘이 대두하면서 비속어의 세계에도 양성평등의 바람이 불어왔다. 이제 bitch[암캐]라는 비속어는 여성뿐 아니라 남성을 향해서도 사용된다. cunt도 마찬가지다. 19세기에는 shit의 명사적 의미가 오로지 남성에게만 적용됐다. 『웨스트서머싯 단어집West Somerset Word-book』은 shit을 "남성에게만 적용되는 경멸의 용어"라고 정의하며, "그는 완전 똥이다He's a regular shit"라는 예문을 제시해두었다.[82] 그런데 이제 여성은 노동권, 투표권, 사유재산권과 더불어 shit이라 불릴 권리까지 갖게 되었다.

둘째, 일부 비속어들은 양성평등을 넘어 오롯이 여성만을 위한 용어로 쓰이기 시작했다. 제프리 휴스는 이 현상을 "양성 용어의 여성화"[83]라고 일컬었다. scold[바가지 긁는 여자], shrew[성질 더러운 여자], termagent[입정 사나운 여자], witch[마녀], harlot[창녀], bawd[여자 뚜쟁이], tramp[화냥]은 모두 한때 남성만을 겨냥한 용어였다. 게다가 대부분이 무난한 낱말에 속했고, 심지어 가끔은 아첨의 용도로 쓰이기도 했다. 일례로 scold의 어원은 '시인'을 뜻하는 고대 스칸디나비아 단어였다. 하지만 여성화를 거치며 이런 용어들의 가치는 하락했다. 중립적 혹은 긍정적 언어에서 모욕적 언어로 전락한 것이다. bugger는 이 두 가지 흐름을 거역했다. 남녀에게 공히 사용되던 단어에서 오로지 남성만을 대상으로 사용되는 모욕적 용어로 변화한 것이다.

여러 예문에서 bugger는 문법적으로 굉장한 유연성을 보여준다. 상소리의 카테고리를 제프리 휴스는 여덟 가지로, 토니 매케너리는 열여섯 가지로 분류했는데, bugger는 둘 중 그 어떤 카테고리에 끼워 넣어도 대개는 그럴듯하게 어울린다. "you bugger you!"는 인신공격형personal에 적당하고, "take the bugger off"는 지시 대상에 의한 인신공격형personal by reference에 적당하다. 또한 "bugger you!"는 악담형curse에, "bugger his Soul to Hell"은 목적지형destinational에 적당하다. 그런가 하면 "the soil was 'buggered over'"는 문자적 의미의 비유적 확장형figurative extension of literal meaning에 포함시키면 적당해 보인다. 휴스의 설명에 따르면 "용어에 내재하는 긴장감이 증가할수록, 용어의 문법적 유연성도 증가한다."● 단어들이 자극적으로, 그러니까 외설적으로 변해갈수록 단어들의 용법도 더 다양해지는 것이다. 한때 최악의 단어라고 여겨지던 fuck은 휴스의 카테고리에서는 여덟 가지 모두에 해당되었고, 매캐너리의 열여섯 가지 카테고리에서는 무려 열네 가지에 해당되었다.

bugger의 사례에서 보듯 상소리의 각 카테고리에 해당되는 단어들은 문자적 의미로 사용되지 않는 경우가 태반이다. 프랜시스 실즈가 누이를 향해 외친 "you bugger you"라는 표현은 돌아가서 항문성교나 하라는 제안이 아니다. "나는 네가 끔찍이도 싫으니, 내 불알

● 이러한 논리는 명사보다 동사에 더 잘 들어맞는다 하겠다. 가령 명사 cunt는 영어에서 극도로 자극적인 단어에 속하지만, 휴스의 목록에서는 인신공격형과 지시 대상에 의한 인신공격형이라는 두 가지 카테고리 정도에 속하는 데 그쳤으니 말이다.

을 그만 놓아달라!"는 뜻이다. 땅이 "bugger over"당했다는 표현에, 일군의 남색꾼이 비역하며 들판을 가로질렀다는 뜻은 조금도 담겨 있지 않다. 그저 "제대로 망쳤다"의 비유적 표현일 뿐이다. 문법적 유연성과 더불어 이 비유성은 완성형 외설어, 즉 문자적 의미를 기술하기 위해서가 아니라 타인에게 충격이나 불쾌감을 표현하거나 단순히 감정을 전달하기 위해 사용되는 단어, 다시 말해 비속어의 전형적인 특징이다.

bloody와 bugger는 18세기와 19세기를 풍미한 최고의 비속어 자리를 놓고 엎치락뒤치락하는 사이였다. 당시에 두 단어가 사용되었다는 증거는 차고 넘친다. 그렇게 다양한 자료를 남기게 된 데는, 당시에 빈번하게 사용되었다는 점(알다시피 조지 버나드 쇼는 bloody가 "영국 국민 5분의 4가 사용하는 보편적 감탄어"라고 주장했다)과 다른 여러 외설어에 비해 덜 불쾌하게 여겨졌다는 점이 원인으로 작용했을 것이다. 둘 다 출판물에도 사용할 수 있었다. 비록 b──y나 b-gg-r로 위장되어야 했다고는 하나, f──k은 언감생심 넘볼 수도 없던 영역에 버젓이 등장한 것이다. 하지만 현대의 다른 비속어들도 바로 그 시기에 동일한 변화를 겪었다는 증거, 그러니까 비단 외설어로서뿐만 아니라 비속어로서 한때 서약어가 쓰이던 자리를 대신하게 되었다는 증거 또한 어렴풋하고 희박하게나마 존재하기는 한다. 고로 짐작건대 1860년대 무렵의 상소리는 오늘날의 상소리와 제법 비슷하게 들렸을 듯하다. 외설어가 주도하는 가운데, "damn it"이나 "Jesus" "Oh God" 같은 종교적 표현이 빈번하되 얼마간 무덤덤하게 사용됐으리라는 뜻이다.

이에 대한 증거는 대개 법정 소송 기록에서 찾아볼 수 있다. 사람들이 말한 언어가 그대로 기록된 문서이기 때문이다. 포르노 서적에서도 찾아볼 수 있다. 외설어는 외설한 행위와 불가분의 관계이기 때문이다. 사전에서도 찾아볼 수 있다. 사전 편찬자가 비속한 단어를 수록할 만큼 충분히 과감하다면 말이다. 가령 fuck을 보자. 1790년 무렵 버지니아주 판사 조지 터커가 쓴 어느 시에 등장하는 신경질적인 아버지는 학자인 아들과 언쟁을 벌이는 중에 "이 빌어먹을 책들은 다 뭐냐, 네가 무얼 읽든 나는 눈곱만큼도 관심 없으니 그리 알아G— d— your books! I'd not give —— for all you've read"[84]라고 퍼붓는다. 제시 시들로어와 제프리 휴스에 따르면 세 번째 ———가 대체하는 비속어는 'a fuck'이었다. 요즘 청소년들이 염불처럼 입에 달고 사는 "그러거나 말거나I don't give a fuck"라는 표현이 기록으로 남은 첫 번째 사례인 것이다. 이 시는 1977년에 터커의 작품을 엮은 학술서가 출간될 때까지 빛을 보지 못했다. 1895년에 터커의 증손녀가 그의 시 일부를 출간한 적은 있지만, 이 시만은 내키지 않았던지 수록하지 않았으니 말이다. 1879년의 증거는 더 직접적이다. 발칙한 크리스마스 팬터마임 「할리퀸 왕자 체리톱과 착한 요정 페어퍽Harlequin Prince Cherrytop and the Good Fairy Fairfuck」(1879)의 한 등장인물은 다음과 같이 언명한다. "당신들이 아무리 위협해도 나는 '씹a fuck'도 신경 쓰지 않아. / 내 근엄하고 사랑스러운 사람을 나는 결코 떠나지 않을 거야."[85] (이 팬터마임은 수음 악마의 노예가 되어버린 체리톱 왕자에 관한 이야기다. 착한 요정 페어퍽의 도움으로 왕자는 자위 중독을 극복하고 약혼녀 쇼비투파 공주와 결혼하는 신성한 기쁨을 누리게 된다. 이 극작품의 저자는 『데일리 텔레그라프Daily Telegraph』 지의 유능한 기자로, 일찍이 디킨스와 새커리도 그의 작품을 출간한 바 있다.)

1866년의 어느 선서 진술서에서 한 남자는, "베이커 씨가 가진 돈 전부를 브라운 씨에게 등쳐 먹힐fuck 것"[86] 같다고, 자신에게 말하더라고 증언했다. 그 증언을 기록한 공증인은 이러한 사견을 덧붙였다. "그 단어를 증인이 사용한 그대로 써 넣기 전에 나는 그에게, 과연 베이커 씨가 정말 그 언어를 사용했는지 숙고해보고, 부디 베이커 씨를 예절에 온통 위배되는 언사를 일삼는 파렴치한으로 몰지 말아달라고 요청했다." 우리에게는 다행스럽게도 그 증인은 자신의 발언을 말한 그대로 기록할 것을 고집했고, 덕분에 우리는 fuck이 '속이다, 희생시키다, 배반하다'라는 뜻으로 쓰인 최초의 사례 기록을 물려받게 되었다. 1836년에 메리 해밀턴이라는 인물은 거리에서 "외설스러운 언어"를 사용한 혐의로 기소되었다.[87] 한 무리의 여성들을 뒤따라 가며 그녀들을 "빌어먹을 갈보bloody whore"라고 불렀는가 하면 "가서 너희끼리 f—k이나 하라(고 말했다)"는 것이다. 1857년 한 노예제 폐지론자가 작성한 글에는, 당시 노예를 소유했고, 어느 일요일에 자신의 노예 중 한 명을 채찍질한 어떤 의사 이야기가 등장한다.[88] 피해 여성은 "채찍이 닿을 때마다 고통으로 온몸을 뒤틀며 '오, 주님O Lord, 오, 주님!'이라고 외쳤다". 의사는 "경악스런 눈으로 그 여성을 노려보며" 이렇게 말했다. "닥쳐, 이 ㅆㅎ ㄴ아———b h, 안식일에 주님의 이름을 공허하게 입에 올릴 셈이야?"(여기서 'ㅆㅎ ㄴ'은 '씹할 년fucking bitch'을 의미한다.) 어쩌면 이는 fucking이라는 모욕어의 순기능을 보여주는 또 하나의 사례일 수 있다. 노예제도에 반대하는 내용을 담은 소책자를 집필한 작가들은 노예 소유주들을 최대한 불결하고 도덕성이 결여된 인물로 그리고자 했고, 외설어야말로 그 암묵적인 목적을 달성하기에 요긴한 수단이었으니 말이다. 은어사전 편찬자 파머와 헨리는 fucking이 들어가는 예문을 싣지는 않았지만, 그 단어가 형용사 형태로든 부사 형태로든 '보편적으로' 사용된다는 정도는 밝혀두었다. 더불어 형용사적 용법에 대해서는 ("fucking bitch"라는 문구를 구체적인 예로 제시하며) "모욕적인 언사의 극치"라고 설명하는 한편, 부사적 용법에 대해서는 ("씨발 열 받네I am fucking furious!"라는 예문과 함께) "강조어이자 감탄어로, bloody처럼 사용되지만 bloody보다 폭력적"이라는 설명을 달아두었다. 파머와 헨리의 이 은어사전에서 머리글자가 알파벳 F인 표제어가 실린 분책은 1893년에 출간되었다. 만약 출간 시점에 fucking이 '보편적'으로 사용되었다면, 출간 이전에도 꽤 오랫동안 광범위하게 사용됐으리라는 가정이 가능해진다. 1857년의 사례는 바로 그 가능성을 암시한다.

고로 여러 자료를 통해 미루어보건대, 19세기 중후반에 이미 fuck은 여러 형태로 오늘날과 비슷한 목적으로 사용되고 있었던 듯하다. "he fucked me over[그 자식이 날 엿 먹였어]"라든가 "go fuck yourself[꺼져, 씹할]" "you fucking bitch[씹할 년]" "I don't give a fuck[그러거나 말거나]" 등이 그런 예다. 그렇다면 다른 비속어들은 어떠했을까? 보아하니 shit은 그 무렵에도 현대적 용법으로 쓰이고 있었던 듯하다. 1882년의 투표사기사건 수사 기록은 한 남성이 다른 남성에게 이렇게 말했다고 전하고 있으니 말이다. "젠장shit, 아무것도 아니긴, 네 애비한테 네가 스물한 살이란 걸 맹세하라고 해라!"[89] 여기에서 shit은 간투사로 쓰였는데, 이 용법은 오늘날에도 유효하다. 가령 "빌어먹을shit, 나 주차 딱지 떼였어!"라는 구문에서도 shit은 간투사처럼 사용된다. 앞서 살펴보았다시피 1886년 『웨스트서머싯 단어집』에는 shit이 "매우 보편적으로 사용되는 경멸의 용어"라고 적혀 있다.

『웨스트서머싯 단어집』에는 nackle-ass에 대한 정의도 실려 있는데, 그에 따르면 이 단어는 '가난하다, 비열하다, 하등하다, 보잘 것없다'라는 형용사적 의미를 지닌 "경멸의 용어로, 그 대상은 사람과 사물을 가리지 않는다". 예문은 다음과 같다. "쓸 만한 칼을 하나 사고, 그 (보잘것없는nackle-ass) 물건은 그만 버리지?" 이런 예문도 있다. "평발에 보잘것없는nackle-ass, 늙어빠진 개자식아!" nackle-ass가 『웨스트서머싯 단어집』 밖에서는 그다지 특별한 인상을 남기지 못한 것과 대조적으로 big-ass[커다란, 덩치가 큰]나 bad-ass[거친, 공격적인], dumb-ass[멍청이] 등등 -ass가 들어가는 조합어들은 오늘날 놀라우리만치 널리 사용된다. 다만 르네상스 시대의 조합어 burnt-arsed와는 용법이 다른데, 가령 "burnt-arsed whore" 같은 구문은 문자 그대로 "성병에 감염된 갈보"라는 뜻이기 때문이다.

마지막으로 들려줄 사례는 당시의 상소리가 현대의 상소리와 별반 다르지 않았음을 보여주는 증거로 손색이 없다. 1894년 뉴욕에서 한 남자가 지인을 살해했다.[90] 살해 동기 중에는 죽은 그 지인이 틈만 나면 이 남자를 "cock-sucker[좆이나 빠는 새끼]"라고 불렀다는 내용도 포함돼 있었다. 애초에 증오의 불씨가 둘 중 누구로부터 피어났는지는 확실치 않다. 다만 그 불씨를 확대시킨 쪽은 망자였다. 남자 여럿이 모여 술을 마시는 자리에서 망자는 살인범을 제외한 나머지 사람 몫의 술만 주문하며 이렇게 말했던 것이다. "다섯 사람한테 한 잔씩 돌리쇼, 저기 저 좆이나 빠는 새끼cock-sucker만 빼고." 그러고는 피고인의 코를 냅다 갈기며 몇 차례 더 그를 "좆이나 빠는 새끼"라고 불렀다. 거기서 멈췄으면 좋으련만, 얼마 후 피고인이 한 잔을 더 마시려다 돈이 떨어져 주문을 못하게 되자 망자는 불쑥 끼어들어 "제 똥구멍이나 쑤실 것이지"라고 말했다. 결국 피고인은 술집을 나가 총을 들고 돌아왔고, 자신을 "좆이나 빠는 새끼"라고 거듭해 부른 그 남자를 쏘아버렸다.

위 사례들은 요즘 일어난 일이라 해도 전혀 이상하지 않다. 문제의 단어들, 그러니까 fuck이나 shit, ass, cocksucker는 감정을 자극할 목적으로 선택되었다. 특정 신체 부위나 활동을 되도록 직접적으로 드러낼 목적으로 선택된 게 아니라는 얘기다. 이 단어들은 충격과 불쾌감을 주기 위해 혹은 화자의 감정을 표현하기 위해 사용되었다. 또한 이들 대부분은 문자적 용법이 아니라 비유적 용법으로 쓰였다. 가령 nackle-ass는 엉덩이와는 아무 관련이 없다. "to be fucked out of your money[가진 돈을 둥쳐 먹히다]"도 섹스와는 아무런 관련이 없다. 다만 위에 언급한 cocksucker는 문자적인 의미로 쓰였을 가능성이 있다. 문제의 피고인이 자신은 cocksucker가 아니라고 거듭 주장했기 때문이다. 그러나 변함없는 사실은 cocksucker가 본래의 문자적 의미를 넘어서는 충격을 안기는, 극도로 불쾌한 단어였다는 점이다. 심지어 살인까지 유발할 정도로. 위 단어들의 사용과 관련된 자료는 bloody나 bugger와 관련된 자료와 비교해 극히 드물게 남아 있다. 오늘날 이 단어들의 평판은 크게 악화된 듯하지만, 과거에 오히려 더 불쾌하게(1866년 어느 공중인의 말마따나 "예절에 온통 위배되는 언사"로) 여겨졌을 가능성도 여전히 존재한다. 이 단어들의 실질적 사용 빈도가 오늘날보다 더 높았건 낮았건 간에—은어사전 편찬자들이 fucking과 shit을 '보편적인' 단어로 묘사한 사실로 미루어보건대, 더 빈번히 쓰였을 가능성도 적지 않다—인쇄물에는 오늘날보다 훨씬 더 드물게 등장한 것이 사실이다. 1891년 『젠틀맨스 매거진』에서 한 수필가가, 이 단어들이 보편적으로 사용됐다는 사전 편찬자들의 주장을 재확인하는 한편, "이제는 '비속한 언어'를 불경한 말보다는 외설한 말로 간주해야 옳다"는 견해를 밝혔다.[91] bugger의 문법적 유연성은 외설어의 현대적 문법이 19세기 초에도 이미 유효했음을 단적으로 드러낸다. bloody의 편재遍在성은 19세기 사람들이 상말을 되는대로 아무렇게나 사용했음을 보여준다. 빅토리아 시대의 외설어들은 어쩐지 아스라하고 오늘날까지 전해지는 자료도 거의 없다고는 하나, 1860년대의—그리고 어쩌면 그 이전의—외설어들은 당시의 미국인과 영국인 들이 현대인 못지않게 자주 상소리를 입에 올렸다는 근거로 삼기에 충분한 자료들을 제법 남겨놓았다.

또 한 가지 짚고 넘어갈 문제는, 외설어가 과연 언제부터 서약어와 더불어 '상소리'로 규정되기 시작했는가 하는 부분이다. 그 시기의 이런저런 문서들은 상소리를 "불경한 맹세와 외설한 언어"로 규정한다. 서약어와 외설어가 엄연히 다르면서도 용법이 비슷한 부류로 인식되었다는 사실을 암시하는 것이다. 그 와중에 1892년 『체임버스 백과사전Chambers's Encyclopedia』은 상소리swearing를 "서약어로 뭉뚱그려지는 역겹고 외설한 특징을 지닌 여러 용어와 문구, 그리고 용법상 불경어로 불리기에 손색이 없는 단어들"로 규정했다.[92] 그런가 하면 1887년 보스턴의 잡지 『리버티Liberty』는 외설어와 불경어를 모두 상소리의 한 종류로 규정하며, "인체처럼 실재하는 자연을 두고 하는 상소리가 성령을 두고 하는 상소리보다 더 비속할 이유는 조금도 없다"고 적었다.[93] 그저 "하나는 외설어이고 하나는 불경어"일 뿐이라는 것이다. 20세기 초엽에 접어들면서 혼란은 더더욱 가중되었다. '불경어'는 신성함의 반대편을 가리키던 본래의 종교적 개념을 벗어나 거의 배타적으로 외설어만을 지칭하는 용어로, '상소리'는 서약어와 외설어를 동시에 지칭하는 용어로 탈바꿈한 것이다.

잃어버린 비속어를 찾아서

빅토리아 시대 사람들이 현대인과 비슷한 방식으로 상소리를 했다고는 하나 당시의 모든 상말이 씹할 새끼fucking bitch처럼 친근했던 것은 아니다. 이 다채롭고도 이상한 표현들의 대부분은 그 자체로 비속어는 아니었다. 다만 정중한 대화에서는 결코 다룰 수 없는, 내밀하게 금기시되는 화제를 논할 때 쓰이는 용어일 뿐이었다. 1785년 프랜시스 그로즈가 편찬했다는 예의 그 『고전 통속어사전Classical Dictionary of the Vulgar Tongue』에는 huffle이라는 비속어가 등장한다. 사전의 정의에 따르면 huffle은 "차마 설명하기 힘들 정도로 추잡한 짐승 같은 짓"이었다(그 사전의 1788년과 1823년 판에는 신중함이야말로 진정한 용기라는 결단하에 그 짐승 같은 행위를 아예 수록하지 않았을 정도로). 또한 bagpipe라는 비속어도 등장하는데, 이에 대해서는 "차마 설명하기 힘들 정도로 점잖지 못한 선정적 행위"라고 정의돼 있다. 심지어 fucking에 대해 호기롭게 설명하던 외설어계의 두 용자 파머와 헨리마저도 bagpipe에 대해서만은 자신들의 은어사전에서 별도로 정의하기를 거부하고 그로즈의 어설픈 정의를 그대로 옮겨놓았다.

이쯤 되면 huffle과 bagpipe에 정말이지 굉장한 비밀이 숨겨진 것은 아닌가 하고 기대하는 사람도 있을 테지만 사실 이 두 단어는 펠라티오, 현대 영어로는 blow job을 지칭하는 빅토리아 시대의 용어에 불과하다. 아무래도 한두 세기 전에는 그 같은 행위가 지금보다 훨씬 더 충격적으로 받아들여졌던 모양이다. 빅토리아 시대에 널리 쓰이던 또 하나의 선정적인 용어로는 gamahuche가 있다. 프랑스어에서 유래됐다는 사실로 미루어보건대, 이 단어는 huffle과 bagpipe를 음지에서 양지로 끌어올리기 위해 사용된 완곡어였을 가능성이 있다. 원뜻은 '외음부에 입을 대는 행위'로, 펠라티오와 쿤닐링구스에 모두 적용이 가능하다.

larking은 1785년 그로즈의 기준으로는 "차마 설명하기 힘든" 또 하나의 "선정적인 행위"였다(이 또한 『고전 통속어사전』의 다음 판에는 실리지 않았다). larking이 정확히 무엇을 가리키는지 알아내기란 비교적 쉽지 않다. 파머와 헨리는 다시 펠라티오 쪽으로 가닥을 잡았지만 고든 윌리엄스는 larking이 여성의 가슴 사이에 남성의 음경을 대고 하는 성행위라는 설득력 있는 주장을 제기했다.[94] 일례로 「희롱하는 얼간이」The Larking Cull라는 1800년의 판화 속 남자는 정확히 이 자세를 취하고 있다.

개중 덜 끔찍하게 여겨져 사전에 제대로 된 정의가 수록된 행위로는 to tip the velvet이 있다. 18세기에 이는 아마도 "프렌치키스"를 의미한 듯하다. 그로즈의 정의에 따르면 to tip the velvet은 "혀로 여성을 핥는 행위" 혹은 "혀를 여성의 구강 안에 집어넣는 행위"를 의미했다. 그로부터 약 100년 후 파머와 헨리는 같은 문구를 두고 쿤닐링구스라고 정의했는데, 이는 세월이 지나 문구의 뜻이 변했다고 해석할 수도 있지만, 18세기의 정의가 처음부터 모호했다고 해석할 수도 있다. "혀로 여성을 핥는 행위"라는 정의는 프렌치키스로도 쿤닐링구스로도 해석이 가능하기 때문이다. 보아하니 당시에는 그런 식의 키스가 변태 행위로 취급된 듯하다. 1757년과 1759년 사이에 런던의 매춘부를 대상으로 해마다 출간되던 지침서 『해리스의 코번트가든 숙녀들Harris's List of Covent-Garden Ladies』에 따르면, H-lsb-ry 양이 "이런 종류의 velvet salute"를 했을 때 "L—— 경은 가히 혐오에 가까운 감정을 느꼈다"고 하니 말이다.[95] 하지만 그 행위의 대가로 그녀가 요구한 값은 2기니였다. 이에 대해 L—— 경은 "그녀가 자기 혀의 능력을 과대평가하고 있다"고 생각했다. (코번트가든은 유명한 매음굴이었다. 그로즈에 따르면 코번트가든 학질covent carden ague은 성병을, 코번트가든 수녀원장covent garden abbess은 여자 포주를, 코번트가든 수녀covent garden nun는 매춘부를 의미했다.)

현대인에게 익숙지 않은 또 하나의 멋들어진 용어로는 godemiche가 있다. 역시나 어원은 인공 음경 '딜도'를 뜻하는 프랑스어다. 그로즈의 친절한 설명에 따르면 딜도는 "남근을 닮은 도구로, 수녀와 기숙학교 여교사를 비롯해 육체적 순결의 의무가 있거나 임신을 두려워하는 이들이 남근의 대체물로 이용"했다고 전해지는데, "밀랍이나 뿔, 가죽 등의 재료로 만들어져, 만약 그 요상한 유명세만 아니었다면, 여러 대형 장난감 가게나 장식품 가게에 진열해도 괜찮을 법한 물건"이었다고 한다. 그로즈는 인공 음경의 의미를 멋들어지게 묘사하는 와중에도 자신 또한 어디선가 전해들은 지식이라는 점을 밝혀둠으로써 직접적인 체험과는 선을 그었다. lobcock은 "크고 처진 음경이나 둔하고 생기 없는 사내"를 의미했다. rantallion은 "음낭이 음경보다 더 길게 처진 사람으로, 비유적으로는 탄약통이 총신보다 더 긴 경우"라고 할 수 있었다. fartleberry는 "남성이나 여성의 항문과 은밀한 부위 주변에 난 털에 묻은 배설물"이었다. 그런가 하면 burning shame은 "여성의 그 부위에 꽂힌 불 켜진 양초로, 촛대에 꽂는 양초와는 본질적으로 분명히 다르다"라고 적혀 있다. 이토록 선정적인 행위에 대해서는 친절히 설명했으면서 larking이나 huffling에 대해서는 차마 언급조차 하지 못했다니, 참 알다가도 모를 일이다. 한편 cunt에 대해서는 "역겨운 것을 지칭하는 역겨운 이름"이라고 정의했는데, 어쩌면 그로즈는 단지 말장난의 즐거움을 외면하지 못했을 뿐인지도 모르겠다. burning shame을 정의할 때는 "끔찍한 치부 혹은 불타는 치부"라는 표현도 사용했으니 말이다.

음경과 질을 통속적으로 지칭하는 은어도 풍부했다.[96] pego는 대중적인 은어로, 여성의 인체를 가르거나 구멍을 메우는 존재로서 음경을 지칭하는 여러 단어 중 하나였다. 비슷한 계통의 다른 은어로는 arse-opener[밑 따개], arse-wedge[밑 쐐기], beard-splitter[거웃 가르는 도구], chinkstopper[틈 마개], plugtail[퍼그 꼬리] 등이 있었다. 이 밖에 Thomas나 man Thomas, machine, tool과 같은 은어는 오늘날에도 여전히 사용된다. 질은 단음절이라는 뜻의 monosyllable(그로즈의 나태함의 산물이다)이나 quim, pussy라고 불리었다. 또한 여성이 시장에 내놓아야 하는 물품이라는 뜻에서 "여성의 상품commodity"으로 불리기도 했다. 또한 그녀의 madge라 불리기도 했는데, 그러고 보면 가수 마돈나의 별명으로 Madge는 생각보다 썩 어울리는 조합인 듯하다. 성교를 지칭하는 은어로는

roger(18세기와 19세기에는 음경을 지칭하는 은어로도 쓰였으며, 오늘날까지 영국에서 대중적으로 사용된다)와 screw, have your greens 등이 있는데, 마지막 문구는 다른 식으로 해석할 여지도 있어서 수년간 나는 내 아이들에게 이 문구를 큰 소리로 말하곤 했다.º

breasts와 bubbies는 젖가슴을 뜻하는 18세기와 19세기의 표준 용어였다. bubby는 어린아이들이 젖가슴을 지칭할 때 쓰는 영어 단어 'booby'가 아니라 이디시어로 할머니를 뜻하는 단어와 발음이 '버비'로 동일하다. 『해리스의 코번트가든 숙녀들』에서는 bubbies와 breasts를 묘사하는 대목이 심심찮게 눈에 띤다. 가령 누군가의 전당포 주인 옆집에 세들어 살던 B—ooks 부인은 "제법 균형이 잡혀 보기 좋게 봉긋하고 그 어떤 손의 압력에도 굴하지 않으며 거짓 없는 욕망으로 붉게 두근거리다 이내 감각의 만족을 자아내는 젖가슴bubbies을 가진"97 인물로 묘사돼 있다. 클러큰웰 지구 올드가의 한 가구장이 집에 사는 벳시 마일스에 대해서는 "거대한 젖가슴breasts을 가졌기로 구역에서 소문이 자자한데, 특정한 놀이를 특히 좋아하는 사람들을 만족시키기 위해 자신의 가슴을 나머지 신체 부위와 번갈아 사용한다"98고 적혀 있다. 짐작건대 가슴성교larking를 말하는 듯하다. (사실상 그녀는 그 모든 행위를 "앞뒤로" 시행했는데, "앞문으로 입장" 할 때의 가격은 "제법 합리적"이었지만, "뒷문으로 입장하려면 적어도 2파운드

º greens에는 성교라는 뜻 외에 녹색 채소라는 뜻도 있어서 have your greens는 "채소도 먹어야지"라는 권유의 문구로 읽힐 수도 있다.

는 치러야 했다".)● diddeys는 젖가슴을 직접적으로 지칭하는 또 하나의 단어였고, bushelbubby는 벳시 마일스처럼 가슴이 큰 여성을 지칭하는 은어였다. 그러나 해리스의 목록에 묘사된, 그레이트티치필드가에 사는 Mac-tney 양의 "젊고 아름다운 두 tit"은 그녀의 젖가슴이 아닌 그녀가 데리고 있는 십대 매춘부들을 지칭했다.[99] tit이 현대적 의미를 갖게 된 것은 불과 20세기 초의 일이다. 17세기부터 19세기까지 tit은 어린 소녀를 가리키는 단어였다. (단, teat의 이형으로서의 tit은 중세 초기에도 사용되었다.[100] 가령 10세기의 한 라틴어-영어 어휘집은 mamilla[젖가슴]를 "tit"으로, papilla[젖꼭지]를 "titt-strycel"로 정의해놓았다.)

인종과 민족을 비하하는 용어들

18세기와 19세기는 예의범절의 시대였다. 하지만 한편으로는 민족주의의 시대이자 대영제국이 팽창하고 미국이 산업 강국으로 성

● 이쯤에서 언급해두는 편이 좋을 듯한데, 벳시와 H-lsb-ry 양, B-ooks 부인의 보수는 특출 나게 높은 편이었다. 벳시는 뒷문을 열어준 대가로 2파운드를 받았고, H-lsb-ry 양은 단 한 번 잠자리의 대가로 (2파운드보다 약간 더 많은) 2기니를 챙겼으니 말이다. B-ooks 부인은 지폐를 받았는데, 그 당시 지폐의 액면가는 최하 5파운드였다. 18세기 중반 하녀의 연봉은 대개 6파운드였다. 한데 B-ooks 부인은 마음만 먹으면 사실상 매일 밤 그 돈을 벌수 있었던 것이다. 잘사는 순수 중간 계급의 (남자) 변호사의 연봉도 고작 165파운드 정도로, 세 매춘부가 2, 3개월이면 벌 수 있는 돈이었다. 물론 유곽의 모든 여성이 그녀들처럼 수완이 좋았던 것은 아니다. 해리스의 목록에 등장하는 숙녀들 대부분은 겨우 몇 실링에 몸을 팔았다. 하지만 이들처럼 '화대를 더 적게 받은' 여성들도 하녀에 비하면 벌이가 훨씬 더 나은 편이었다.

장한 시대이기도 했다. 민족주의적 자부심은 영어라는 언어를 '바로 잡으려는' 문법학자들과 사전편찬자들의 욕망으로 발현되었다. 그들은 로마 제국에서 라틴어가 그랬던 것처럼 영어를 제국의 야망을 이루기에 적합한 수단으로 다듬으려 했다. 영어 '바로잡기'는 두 가지를 의미했다. 하나는 영어를 변화로부터 지켜내어 장래의 영국인들이 조상들의 언어를 올바르게 이해하도록 돕는 것이었고, 다른 하나는 은어와 저급한 용어를 제거하여 국어의 순수성을 회복하는 것이었다. 새뮤얼 존슨은 자신을 포함한 여러 사전 편찬자들의 목표를 취합했다. 우선 존슨은 "영어의 발음을 바로잡고, 영어의 습득을 용이하게 하는 사전, 영어의 순수성을 보호하고, 영어의 용법을 확인하며, 오래 지속되게 하는 사전"[101]을 만들어내고자 했다. 미국식 영어 사전을 편찬한 노어 웹스터도 비슷한 목표를 갖고 있었다. 그는 미국식 영어가 미국의 독특한 민족성과 문화적 우월성을 홍보해야 한다고 믿었다. 1789년에 그는 이렇게 썼다.

독립국가로서 우리 미국의 명예는 비단 정부만이 아니라 언어에서도 미국만의 체계를 갖출 것을 우리에게 요구한다. 우리의 모태이자 우리와 같은 언어를 사용하는 대영제국은 더 이상 우리의 표준이 아니다. 영국 작가들의 심미안은 이미 변질되었고 영국의 언어는 쇠퇴 일로에 있다. 그러나 반드시 그 이유가 아니더라도 영국은 언어적으로 우리의 모델이 되어 우리에게 원칙을 가르치기에는 거리상 지나치게 멀리 떨어져 있다.[102]

웹스터는 미국식 철자 체계의 확립에 일정 부분 기여했는데, 특히 honoru에서 u를 제거해 honor로 만든 일등공신이었다.

이렇듯 영어를 '바로잡으려는' 민족주의적 욕망은, 예의를 중시한 나머지 정중한 공적 담론에서 은어와 통속어, 금기시되는 화제를 폐기하려는 움직임과 맥을 같이했다. 역설적이게도 그 욕망은 완전히 새로운 범주의 상소리를 탄생시키는 계기가 되었다. 인종비하어racial slur와 민족비하어ethnic slur가 만들어진 것이다. 물론 제국 시대가 시작되기 전에도 사람들은 다른 문화와 교류를 이어왔고, 그 과정에서 고유의 문화에 자부심을 느끼는 동시에 외국인 혐오증을 체험한 바 있었다. 수 세기 동안 잉글랜드 사람들은 자신들의 작은 섬을 웨일스 및 스코틀랜드 사람들과 공유해왔다. (또한 1500년대 중반 이후에는 아일랜드까지 식민지로 병합했다.) 르네상스 시대의 극작품은 민족에 대한 일부 고정관념을 십분 활용했는데, 가령 셰익스피어는 잉글랜드인에게 익숙지 않은 채소 '리크'를 언급함으로써 리크를 즐겨 먹는다고 알려진 웨일스인들을 조롱했고, 웨일스인들의 치즈 사랑 또한이 시기에 종종 희화화되었다. 스코틀랜드와 아일랜드 사람들도 그같은 모욕을 비켜가지 못했고, 앞서 언급한 바와 같이 셰익스피어는 "똥 덩어리는 나요"라는 문장으로 프랑스인까지도 조롱했었다. 그러나 당시까지만 해도 "모멸어의 종류는 비교적 적은 편"이었다고 제프리 휴스는 기록했다.[103]

인종과 민족을 모욕하는 현상이 본격적으로 시작된 것은 민족주의가 득세하고, 무역과 식민지화를 통해 다양한 민족이 서로 뒤섞

HOLY SHIT

여 살게 된 시점부터였다. 1682년 무렵 아일랜드인은 is를 'ish'로 잘 못 발음한다는 이유로는 더 이상 희화화되지 않았지만, 소택지 경작민을 뜻하는 bogtrotter나 boglander라는 별칭으로 폄하되었다. 다른 민족성을 겨냥한 모멸어도 비슷한 시기를 기점으로 연달아 생겨났다.[104] frog(네덜란드 혹은 프랑스 사람, 1652년), hottentot(본래 아프리카 '부시먼'을 지칭하는 용어였다가 '미개인'을 지칭하는 용어로 굳어짐, 1677년), dago(스페인 혹은 이탈리아 사람을 지칭하는 용어로 미국에서 기원함, 1723년), macaroni(외모에 관심이 많고 유약한 외국인을 지칭하는 용어로 특히 이탈리아인을 겨냥해 만들어짐, 1764년), yankee(미국 남부인이 뉴잉글랜드 사람을 지칭하거나 영국인이 전체 미국인을 지칭할 때 사용하는 경멸적 용어, 1765년), nigger(흑인, 1775년), kaffir(본래 '이단자'를 뜻하는 무슬림 용어였다가 아프리카에 거주하는 흑인을 지칭하는 용어로 굳어졌으며, 특히 남아프리카공화국에서 주로 사용됨, 1792년)가 모두 그때 생긴 신조어들이다.

얼마 지나지 않아 sheeny(유대인, 1816년), coon(흑인, 1837년), wi-wi(호주와 뉴질랜드에 거주하는 프랑스인, 1841년), mick(아일랜드인, 1850년), yid(다시 유대인, 1874년), jap(일본인, 1880년), limey(영국 식민지 사람들이 영국 본토 사람을 지칭할 때 사용, 1888년)와 같은 용어도 생겨났다. 1940년경에는 영어의 은어 어휘 목록이 거의 완성되었다. ofay(미국 흑인이 백인을 폄하할 때 쓰는 용어, 1898년), wop(미국인들이 이탈리아를 비롯한 남유럽 사람들을 비하할 때 쓰는 용어, 1912년), spic(남미나 카리브해에 거주하는 스페인어 사용자, 1913년), wetback(멕시코 출신의 불법 이민자, 1929년), wog(외국인, 특히 아랍인, 1929년), gook(외국인, 특히 동남아시아인, 1935년)이 전부 그 무렵에 만들어진 은어들이다. honky(백인 모멸어)는 그보다 조금 더 늦은 1946년에 출현했고, 1964년에는 paki가 주목할 만한 모멸어 목록에 마지막으로 합류했다. paki는 영국에서 남아시아 사람을 비하할 때 쓰는 은어로, 미국에서는 좀처럼 듣기 힘든 표현이다. 하지만 영국에서는 10대 비속어 중 하나로, 2000년 조사를 기준으로 불쾌한 비속어 10위에 랭크되었다. 이는 cunt나 motherfucker보다는 낮지만 arse나 bugger보다는 높은 순위다.

이 단어들 중 일부는 본래 일상적인 용어였다. 의외로 nigger도 그런 용어에 속하는데, 1574년에 처음 등장한 이래로 이 단어는 피부색이 어두운 아프리카 사람을 가리키는 일상어로 줄곧 사용돼왔다. 초기 사례인 1574년의 "에티오피아의 니거, 증인이 되다the Nigers of Aethiop, bearing witness"라는 예문에서 nigger는 누군가에게 상처를 줄 의도로는 사용되지 않았다. 1775년에야 비로소 그 단어는 누군가를 폄하할 목적으로 사용되기 시작했다. 하지만 위 용어들 대부분은 애초에 만들어질 때부터 모욕의 의도를 품고 있었다. 태생부터 비하어였던 셈이다. 이런 용어들은 저마다의 목표 대상에게 즉각적인 불쾌감을 안겼다. 그러나 목표 대상이 아닌 사람들에게도 불쾌감을 유발하여 사회가 그 용어들을 '상말' 혹은 비속어로 규정하게 되기까지는 더 오랜 시간이 걸렸다. 19세기 후반의 선구적 작가 파머와 헨리가 편찬한 사전 『은어와 유사어Slang and Its Analogues』에는 nigger가 들어가는 표제어가 여럿 등장한다. 그 사전에 따르면 nigger in the fence는 "음험한 계획"을 의미했고, nigger-driving은 "일로 기진맥진하게 하는"이라는 의미였으며, nigger-luck은 sheeny 그리고 yid와 더불어 "크나큰 행운"을 의미했다. 파머와 헨리는 이러한 인종비하어와 민족비하어를 정의하며 이렇다 할 주석을 달지 않았다. bloody와 bugger의 거칢과 저급함, 통속성에 대해서는 이런저런 사견을 덧붙였으면서 말이다.

심지어 옥스퍼드 영어사전 초판도 인종적 멸칭epithet이 향후 불쾌감을 유발하게 될 가능성은 지적해내지 못한 반면, fuck과 cunt에 대해서는 수록을 거부했을 뿐 아니라, 수록된 여러 표제어에 대해서도 사견을 달아두었다. 가령 1888년에 arse는 "정중한 용법에서는 쓰이지 않는" 단어였다. bugger는 "법정 용어로 쓰일 때를 제외하고는 점잖지 못한" 단어였다. 심지어, 앞서 변소의 완곡어로 설명한 바 있는 boghouse도 옥스퍼드 영어사전 초판의 평가에 의하면 "방언이자 통속어"였다. 반면 bogtrotter, frog, kaffir를 비롯한 인종적 멸칭들에 대해서는 정의를 싣되 별도의 주석은 달지 않았다. 하지만 1908년판 옥스퍼드 사전에는 nigger가 구어이고 "대개는 경멸적인" 의미로 사용된다고 적혀 있다.

19세기 말엽의 영어 사용자들은 상스러움의 틀에 갇혀 옴짝달싹 못 했다. 언제부턴가 외설어는 영어에서 가장 불쾌한 말, 상소리에 더 자주 쓰이는 말이 되어 있었다. 그런가 하면 이 시기에는 인종적 멸칭이라는, 새로운 범주의 상소리도 모습을 드러냈다. 하지만 사회 전체가 그러한 용어의 사용을 비난하며 그것을 외설어로 분류하기까지는 그로부터 50년가량이 더 걸렸다.

6장
___

"죄다 엿 먹어"
20세기 이후의 상소리

한 젊은 병사가 제2차 세계대전이 끝나고 집으로, 가족에게로 돌아왔다. 할머니가 병사에게 물었다. 군대에서 어떻게 지냈느냐고. 진실은 이러했다. 그는 아군과 적군의 수많은 장정이 참혹하게 죽어가는 모습을 목격했고, 무거운 마음을 안은 채 귀환했다. 하지만 가족에게 마음의 짐을 지우고 싶지 않았던 그는 이렇게 말했다. "정말 재미있는 녀석들이었어요, 할머니. 농담을 어찌나 잘하던지." 이에 가족들은 간청했다. "우리에게도 하나 들려주렴, 하나만 들려줘." 그러자 병사는 말했다. "오, 그럴 순 없어요. 그게, 끔찍한 욕설bad language이 너무 많이 섞여 있거든요." 하지만 가족들은 완강했고, 욕설이 나올 때마다 대신 "빈칸"이라고 말하라는 제안을 하기에 이르렀다. 결국 병사는 농담 하나를 들려주었다. "빈칸 빈칸 빈칸 빈칸 같은 빈칸. 빈칸 빈칸 빈칸 빈칸 빈칸 같은 빈칸하는 빈칸 빈칸. 빈

HOLY SHIT

칸하는 빈칸 같은 빈칸하는 빈칸, 빈칸 빈칸 빈칸 빈칸 씨발."

고백하건대, 나는 이 농담을 사랑한다. 세상에는 씨발fuck보다도 입에 담기 어려운 단어가 숱하게 존재한다는 발상이 마음에 드는 것이다. 도대체 무슨 단어이기에? 그러나 한편으로 이 농담은, 전쟁으로 인해 언어의 세계에도 변화가 일어났다는 사실을 암시한다. 빅토리아 시대에 외설어로 여겨졌으나 전후에는 덜 외설하다고 인식되는 단어들이 생겨나면서 bloody나 bugger와 같은 단어들이 공적 담론에 재등장하기 시작한 것이다. 일부 학자들의 주장에 따르면, 양차 세계대전이 벌어진 동안과 그 이후에 사람들은 상소리를 과거에 비해 더 자주 입에 올리기 시작했다.[1] 전쟁은 특수한 공포였다. 독가스와 기관총, 참호전, 소이탄이 끊임없이 상기시키는 죽음의 위협은 정서적 분노와 무력감을 자아냈고, 이는 상소리의 발설 빈도를 증가시키는 필연적 결과로 이어졌다. 병사들은 막사와 전장에서 들은 이야기를 집으로 가져와 출판물로(이후에는 라디오나 텔레비전에 출연하여) 세상에 퍼뜨렸는데, 그 외설함의 수위는 전쟁 이전과 차원이 달랐다.

군대에서 상소리는 예사말이나 다름없었고, 그런 환경에서 fuck은 사실상 애교스러운 상말로 여겨졌다. 1930년 제1차 세계대전을 계기로 영국에 생겨난 노래와 은어를 수집하여 책으로 펴낸 존 브로피와 에릭 파트리지는 군인들이 fucking을 워낙 자주 사용하다 보니 이제는 그 표현이 "뒤이어 명사가 나온다는 경고" 이상으로는 여겨지지 않게 되었다고 주장했다.[2] "너무 흔해지다 못해 병사들 사이에서 효과적으로 감정을 표현하려면 그 단어를 아예 생략해야 할 정도였다"[3]는 것이다. "가령 병장이 '다들 ──할 소총 챙겨!'라고 말하면 장병들은 이를 건성으로 들어 넘겼다. 하지만 만약 그 병장이 '다들 소총 챙겨!'라고 말하면 장병들은 이를 즉각적인 위급성과 위험성을 알리는 신호로 인지했다."●

군인들은 이러한 언어들을 머릿속에 담은 채 집으로 돌아와 할머니에게 들려주었다. 같은 시기의 보도성 기록물에서도 새롭고 더 현실적인 방식이 유행하기 시작했다. 전장에서 장정들이 실제로 사용하는 화법을, 외설어까지 포함해 모조리 기록하려는 움직임이 포착된 것이다. 1929년 호주 작가 프레더릭 매닝은 제1차 세계대전에 보병으로 출전한 경험을 바탕으로 쓴 허구적인 작품을, 끊임없이 터져나오는 상소리를 삭제하지도 완곡어로 위장하지도 않은 채 그대로 출간했다. 딱 한 문장만 예로 들어보겠다. "어떤 빌어먹을bloody 개자식shit이 씹할fuckin 외투 단추를 이렇게 채우게 만들었어?"5 매닝의 책은 익명으로, 소책자로 출간되었다. 매닝도 출판사도 대중이 아직

● 이런 식의 노래들을 후세를 위해 보존하는 와중에도 브로피와 파트리지(이들은 몇 년 후 최고 수준의 은어사전뿐 아니라 셰익스피어의 음란함만을 집요하게 파고든 책까지 출간했다)는 외설어를 싣는 문제에 있어서만큼은 빅토리아 시대로 돌아갈 필요성을 느꼈다. 그들은 이렇게 주장했다. 외설한 단어들은 "형태도 소리도 추하다. 그것들은 성적이지만 온전히 관능적이지는 않다. 그것들의 용법은 거칠고 천박하게 바뀌었으면 바뀌었지 온화하고 매혹적으로 바뀌지는 않을 것이다. (…) 그것들은 고해성사로도 용서받을 수 없을 뿐더러, 구제할 길도 없어 보인다. 소설 『채털리 부인의 사랑Lady Chatterley's Lover』을 통해 작가 데이비드 허버트 로런스는 두 외설어(fuck과 cunt)의 가능성을 실험했고 (…) 실험은 실패했다. 두 단어는 그의 산문에 짜임새 있게 어울리는 대신, 영문 모를 소리를 밉살맞게 지껄이며 반갑잖은 머리를 책장 바깥으로 불쑥 내밀었으니 말이다."4 영화 「에일리언Alien」의 장면들도 여기에서 영감을 받은 것일까?

군인들의 말을 날것 그대로 들을 준비가 되어 있지 않을까 우려했던 것이다.

다른 저자들은 제1, 2차 세계대전의 경험을 글로 옮기며 좀더 신중을 기했고 그들의 책은 베스트셀러에 등극했다. 이를테면 로버트 그레이브스가 1929년에 낸 회고록 『그 모든 것에 작별을 고하다Goodbye to All That』는 군인들의 상소리를 대개 완곡어로 대체하거나 일부 음절을 생략하여 표기했다. 가령 이런 식으로. "그 자식이 나를 두 번 그 짓할 ス——effing c——라고 불렀어요."[6] 또한 잘 알려진 바와 같이 노먼 메일러는 1948년에 발표한 전쟁소설 『벌거벗은 자와 죽은 자The Naked and the Dead』에서 fug와 fugging을 fuck과 fucking의 대체어로 활용했고, 이를 빌미로 배우 탈룰라 뱅크헤드는 그를 만난 자리에서 이렇게 빈정거렸다. "그러니까 fuck의 철자도 제대로 쓸 줄 모른다는 청년이 바로 당신이군요?"[7] 그로부터 몇 년 후 fug는 fuck에게 자리를 되돌려주었다. 1951년 제임스 존스가 발표한 소설 『지상에서 영원으로From Here to Eternity』에 fuck이 재등장한 것이다. 비록 편집과정에서 258개나 잘라내는 바람에 최종 원고에는 겨우 50개밖에 실리지 않았지만.[8] 그러나 외설어의 철자를 숨김없이 실었건 대시나 점으로 감추었건 fug나 effing으로 위장했건 간에, 이 같은 베스트셀러 작가와 기자들은 수 세기 동안의 불문율을 깨고 외설어를 음지에서 양지로 끌어올렸다.

『영국군의 노래와 은어Songs and Slang of the British Soldier』에 실린 다양한 노래에는 "나는 메이저 상병에게 말하려네 / 그의 통행증을 (그의 똥구멍arse)에 꽂으라고"라는 가사와, 크리스마스에 "불알balls"을 원하는 환관들과, 잉글랜드에 머물며 "나와 죽도록 (씹roger/fuck)하기를" 더 좋아하는 한 군인이 등장한다. (원문에는 괄호 안의 단어들이 대시로 표기돼 있다.) 1928년에 앨런 워커 리드는—에릭 파트리지처럼 그도 이후로 60년 동안 대부분의 학자들이 다루지 않으려 했던 단어들을 비교적 초기에 조사한 연구자다—미국의 서부를 두루 여행하며 공중화장실에서 발견한 낙서들을 수집했다.9 그의 기록들을 살피노라면 흡사 현대의 낙서를 보는 듯하다. 또 이찌 보면 폼페이의 벽을 떼어온 것처럼 보이기도 한다. 캘리포니아주 레드블러프시가 운영하는 자동차 캠핑장에는 한 남자가 감동에 젖은 나머지 욕실 벽에 "나는 내 아내와 씹했다"라고 써놓았다. 앞서 언급한 로마의 그라피토 "왔노라, 씹했노라, 집에 갔노라"가 떠오르지 않는가. 오스티아의 일곱 현인 벽화처럼 배설에 관한 조언을 담은 낙서도 있었다. "편안하게 똥 싸고 싶을 때면 / 팔꿈치를 양 무릎에 올려보아요 / 두 손을 턱에 대 보아요 / 방귀가 나오면 그때부터 시작이랍니다." 낙서에 대한 평을 달아둔 이들도 있다. 가령 이렇게. "자랑스럽게 말하건대, 이 변소에 적힌 시들은 전에 가본 수많은 변소에서 본 것들보다 덜 통속적이다. 지적인 사람들만 이용하는 변소라는 방증이렷다."

가장 눈에 띄는 외설어는 단연 fuck이다. 제2차 세계대전 무렵에 fuck은 오늘날처럼 다양한 형태—dumbfuck, (I don't give a) flying fuck, motherfucker, motherfucking—로 사용되었다. 제2차 세계대전 기간에 한창 인기를 끌었던 노래 「죄다 엿 먹어라Fuck'Em All」의 후렴 구를 소개한다.

죄다 엿 먹어라
죄다 엿 먹어라
긴 놈 짧은 놈 큰 놈 모두
상병이든 일급병사W.O.1든 죄다
상등병이든 그들의 후레자식들이든 죄다
우린 그 모두에게 작별을 고하는 중이니까
그들이 부대장C.O.의 똥구멍 위로 기어오르는 동안
대양 이쪽에서 승진할 가망이란 없으니,
힘내라 제군들이여, 죄다 엿 먹어라 ●10

앞장에서 살펴본 알쏭달쏭한 자료들에 따르면, 19세기 중후반의 영어 사용자들은 오늘날과 매우 유사한 방식으로 상소리를 구사했다. 1945년경에는 이러한 경향이 더욱 짙어졌다. 1921년의 표현을 빌리자면, 씨발 확신컨대absofuckinglutely 당시 사람들은 오늘날 영어 사용자들이 사용하는 외설어들을 오늘날과 비슷한 방식과 빈도로 사용하고 있었고, 그 증거는 이론의 여지가 없을 만큼 차고 넘친다.

세계대전과 공황을 겪은 이른바 가장 위대한 세대가 이러한 흐름을 주도했다면, 1960년대의 반체제적인 사람들은 이러한 흐름을 완

● W.O.1은 '일급준위warrant officer first class', C.O.는 '부대장commanding officer'의 약자다.

성시켰다. 앞서 살펴본 것처럼 빅토리아 시대에는 특정 신체 부위처럼 성욕이나 불쾌감을 자극할 가능성이 있는 주제에 대해서는 에둘러 말하거나 아예 입 밖에 내지 않는 것이 관례였다. "1960년대에는" 제프리 휴스의 표현을 빌리자면, "수문이 열렸다".[11] 빅토리아 시대에 쌓아올린 수치심의 벽이 와르르 무너진 것이다. 베트남 전쟁의 영향도 무시할 수 없다. 걸핏하면 외설어를 입에 올리는 미국의 시위자들로 인해 공공연한 상소리가 난무하게 된 것이다. 외설어를 통해 시위자들은 정부에 자신들의 분노를 표출하고 있었다. 나중에 살펴보겠지만, 1971년의 한 중요한 소송에서는 "징병제 좆까Fuck the draft"라는 문구가 주제로 다뤄지기도 했다.

전후 미국과 영국에 나타난 사회적 변화를 논하노라면, 그 변화의 실제적이고도 중요한 원인을 골라내기가 점점 더 어려워진다. 영화 제작에 관한 법률이나 라디오와 텔레비전의 방송 심의 기준이 달라졌기 때문일 수도 있겠고, 베이비붐에 이어 중산층 인구가 증가하면서 성을 바라보는 시선이 점차 관대해졌기 때문일 수도 있을 것이다. (혹은 어느 학자의 말마따나 "생산 중심 경제에서 소비 중심 경제로 전환되면서 금욕을 등한시하고 방종을 편애하는 쪽으로 사고방식도 덩달아 변화"했기 때문일 수도 있다.[12]) 아니면 이런저런 법정 소송으로 외설어에 반대하는 법의 힘이 약화되었기 때문인지 모른다. (영국 텔레비전 방송의 엄격한 기준 확립을 요구하며 캠페인을 벌인) 메리 화이트하우스를 위시한 시청자와 청취자 협회Viewers' and Listeners' Association도 알게 모르게 영향을 미쳤을 것이다. 교회에 다니는 사람이 감소했기 때문일 수도 있다. 혹인 문화의 중요성이 증가하면서 '수많은' 랩 음악과 힙합이 인기를 얻게 된 것도 요인 중 하나일 테다.

정확한 원인이 무엇이건 간에 21세기가 시작될 무렵 사람들은 나체나 성행위를 보거나 이야기하는 일에 익숙해져 있었다. 영화와 텔레비전, 가판대에서 버젓이 판매하는 포르노(잡지와 '일반') 잡지를 통해서다. 하지만 중세 시대와는 상황이 달랐다. 『뉴잉글랜드저널오브메디슨』 지에 실을 논문에 'cunt'에 관해 쓸 의사는 현대에 없다. 새로운 영역 성서에는 '불알bollocks'이나 "똥 덩어리를 싸지르는 신체 부위the parts of the body by which turds are shat out"라는 표현이 더 이상 등장하지 않는다(심지어 『예수님은 포르노 스타를 좋아해 성서Jesus Loves Porn Stars Bible』에도 실리지 않았다). 그러나 이제 우리는 섹스와 관련된 상소리를 듣고도 그리 불편하지 않는다. 외설어가 최악의 영어 어휘라고는 더 이상 생각하지 않는 것이다. 낙서 수집가 앨런 워커 리드가 1934년에 발표한 획기적 논문에 따르면 fuck('외설함의 상징')은 "영어에서 가장 수치스러운 단어"였다.[13] 하지만 1990년대의 대다수 미국인에게는 nigger가, 영국인에게는 paki가 그러한 단어로 취급되었다. O. J. 심프슨 재판의 담당 검사 크리스토퍼 다든은 nigger를 가리켜 "영어라는 언어에서 가장 추잡하고 더럽고 역겨운 단어"라고 표현했다.[14] 또한 인터넷 영영사전 사이트 dictionary.com의 설명에 따르면 "짐작건대 nigger는 이제 영어에서 가장 불쾌한 단어일 것"이다.[15] 하지만 nigger가 유발하는 감정의 깊이를 감안할 때, 금기어로서 nigger가 현재의 위치에 도달하기까지 걸린 시간은 놀라우리만치 짧다. 겨우 60여 년 전부터 nigger는 대상이 되는 사람들뿐 아니라 모든 사람에게 불쾌감을 주기(혹은 준다고 추정되기) 시작했고, 정중한 담화에서는 절대 사용할 수 없는 단어로 인식돼왔다.

　1939년의 영화 「바람과 함께 사라지다」에 얽힌 다음 이야기는 이런 식의 태도 변화가 얼마나 최근에 일어났는지를 단적으로 보여준다. 우선 영화 속 상소리에 관련된 제법 유명한 일화부터 소개하는 것이 좋겠다. 제작자 데이비드 셀즈닉은 5000달러의 벌금형을 선고받았다. 영화 마지막 장면에서 레트 버틀러가 스칼렛 오하라의 곁을 떠나며 읊은 "솔직히 말하면 스칼렛, 나와는 조금도 상관이 없소I don't give a damn"라는 대사 때문이다. 사실 이와 관련해 셀즈닉은 벌금을 한 푼도 내지 않았다. 영화가 개봉하기 직전에 영화 제작에 관한 법률이 개정되었으니까. 엘리자 둘리틀의 "Not bloody likely!"가 그랬던 것처럼 "I don't give a damn"은 사회적 물의를 일으키려다 만, 다소 허망한 스캔들에 그치고 말았다.

　진정한 스캔들은 그보다는 덜 유명하지만, nigger를 둘러싸고 일어났다.16 「바람과 함께 사라지다」의 제작자들은 원작 소설이 품고 있는 "진정한 남부의 정취"를 영화에도 고스란히 담아내고 싶은 나머지, 다양한 등장인물의 대사에 그 단어를 집어넣기로 결정했다. 예컨대 원안대로라면 유모는 "무기력한 깜둥이nigger"에 대해 불평하게 되어 있었다. 1930년의 영화 제작 규정은 영화에서 불경어의 사용을 금지했다. "God, Lord, Jesus, Christ는 경건하게 사용되는 경우를 제외하고, Hell, S.O.B., damn, Gawd는 경우를 막론하고" 사용할 수 없었다.[17] (다만, 레트 버틀러의 "damn"처럼 문학 작품에서 인용한 경우는 예외였다.) 또한 "외설스럽거나 외설스러움을 연상시키는 단어나 몸짓, 지시 대상, 노래, 농담은 (설령 일부 관객만이 이해할 법한 내용이라 해도)" 불법으로 간주되었다. 그런가 하면 "국기의 사용에 대해서는 거듭 경의를 표해야 마땅할 것"이라고 명기했다. 심지어 "침실이 나오는 장면은 고상하고 섬세하게 처리되어야" 한다는 규정도 있었다. 그러나 nigger와 같은 인종 멸칭은 금지나 규제의 대상이 아니었다. 「바람과 함께 사라지다」의 제작자 셀즈닉은, 영화에 출연하는 아프리카계 미국인 배우들이 nigger가 들어가는 대사를 거부하고, nigger의 사용을 반대하는 수백 통의 편지가 쏟아져 들어온 후에야 비로소 그 단어를 대본에서 들어내는 데 동의했다.

수백 명의 사람이 영화제작자의 nigger 사용 결정에 반기를 들었다는 사실은, 1940년대에 그 단어가 정도를 벗어난, 누구도 사용해서는 안 되는 불쾌한 용어로 점차 인식되어가고 있었음을 시사한다. 그러나 nigger를 금기시하는 사회적 분위기가 확산되어가는 와중에도, 흐름을 거스르는 이들은 여전히 존재했다. 비교적 최근인 1992년에도 (그리고 어쩌면 현재까지도) 노스캘리포니아에 사는 어느 고결하고 나이 지긋한 백인 여성은 자신이 'yard nigger[정원을 손질할 깜둥이]'를 구한다는 말을 이웃에게 건넬 수 있었다.[18] (공교롭게도 이 남다른 숙녀의 이야기를 들은 이웃은 마침 경멸적 언어에 관심을 가진 철학자였고, 덕분에 그녀의 말은 기록으로 남아 후세에 전해지게 되었다.) 성적인 외설어나 불경한 서약어는 절대로 입에 담지 못할 것 같은 사람이 미국 최악의 인종비하어만은 아무렇지 않게 내뱉은 것이다. 미국 남부의 백인사회에서 성장한 그녀에게 nigger는 그저 흑인의 별칭일 뿐이었다. (비록 뿌리 깊은 우월 의식이 잠재해 있다 해도) '노골적인 경멸의 뜻은 조금도 품고 있지 않은' 용어로, 타인에게 충격을 주거나 무례하게 굴의도와는 거리가 있었다. 그녀는 단지 누군가 자신의 정원을 돌보아주기를 바랐을 뿐이고, 인종의 계층화를 당연시하는 그녀의 세계에서 그런 일을 하는 사람을 일컫는 용어는 다름 아닌 'yard nigger'였으니까.

이렇듯 소소한 저항에도 불구하고 오늘날의 미국인과 영국인 대다수는 nigger를 외설어로 인식한다. 어쩌면 가장 위험한 단어라고 말하는 사람도 있을지 모르겠다. nigger와는 전적으로 무관하지만 비슷하게 들리는 말을 입에 올렸다는 이유로 일자리를 잃은 사람들이 더러 있으니 말이다. 예컨대 시립 공공기관에서 일하던 데이비드 하워드는 예산의 "깐깐한niggardly" 집행을 직원에게 지시했다.[19] 자금이 빠듯했기 때문이다. niggardly는 본래 '인색하다' 혹은 '구두쇠 같다'는 뜻의 형용사다. 그리고 niggard는 nigger보다 200년이나 먼저 세상에 등장했는데, 어원은 스칸디나비아 말로 구두쇠를 뜻하는 단어 nig였다. 그럼에도 몇몇 직원이 강한 불쾌감을 표시했고, 하워드는 사임을 강요당했다. 영국의 내 지인 중 한 사람은 업무용 이메일에 niggling이라는 단어를 사용했다는 이유로 곤욕을 치러야 했다. niggling의 본뜻은 '작다 혹은 하찮다'이다. (niggling 역시 nigger와는 무관하다. 다만 동사 niggle은 18세기와 19세기에 성교를 뜻하는 은어였다.)

그렇다고 nigger가 부정적인 의미로만 사용되는 것은 아니다. 특히 아프리카계 미국인끼리 사용할 때 nigger는, 비록 비하어와 구분하기 위해 발음과 철자를 nigga로 조정하기는 했지만, 소속감의 상징이자 존경과 애정의 표현일 수 있다. 랜들 케네디의 말을 빌리면, "실제적이고 진실하고 순수하며 동화되지 않았고 동화될 수도 없는" 정체성의 주장일 수 있는 것이다.

도발적 언어에 관하여

이미 살펴본 것처럼 상소리의 역사는 일관되지 못한 규제의 역사이기도 하다. 서약어는 교회에 의해, 그리고 가끔은 국가에 의해 규제되었다. 1606년의 배우욕설제재법, 그리고 불경한 서약어와 저주를 전반적으로 금지한 1623년의 법이 그 예다. 외설어가 충격적 언어로 인식되기 시작한 시점은 르네상스 시대로 비교적 최근이다 보니, 통제에서도 비교적 자유로웠다. 외설어로 인해 기소된 최초 인물은 앞서 언급한 에드먼드 컬인데, 1727년에 그는 반가톨릭 포르노 소설을 출간한 혐의로 재판을 받았다. 기실 『수도원의 비너스Venus in the Cloister』에는 외설어로 볼 만한 표현이 없다시피 한데도 말이다. 21세기에는 외설어에 대한 법적 규제가 더 복잡하고 엄격해졌다. 이른바 '도발적 언어fighting words'에 대한 원칙이 확립된 데다, 법정 소송에서는 비단 "품위를 손상시키는 것들"이라는 더 보편적인 개념의 외설뿐 아니라 특정 외설어 자체를 문제 삼기 시작한 것이다.

1940년대에 미국 법조계는 일부 비속어들이 문자적 의미를 초월하는 힘을 보유했다고 인식했다. 600년 전의 서약어처럼 말이다. 이같은 '도발적 언어'는 단지 "입에 올리는 것만으로도 해를 입히거나 즉각적인 치안 파괴를 선동할 수 있을" 정도로 불쾌해서, [언론과 출판의 자유를 보장하는] 미국 수정헌법 제1조로도 보호될 수 없었다.

도발적 언어를 규정하는 원칙에 대해서는 1942년 미 연방대법원의 한 소송 기록을, 정확히는 채플린스키 대 뉴햄프셔주 사건을 살펴보면 명확히 이해할 수 있다.[20] 월터 채플린스키는 뉴햄프셔주 로체스터에서 사람들을 전도하던 여호와의 증인이었다. 그는 공공 보도에 선 채 기성 종교를 "공갈racket"이라는 말로 공격하며 수많은 군중을 끌어들였다. 대개는 적의에 찬 사람들이었다. 군중의 자제심이 한계에 다다르고 있다고 보안관이 그에게 경고했을 때 채플린스키는 이렇게 소리쳤다. "당신은 빌어먹을 공갈꾼에 염병할 파시스트고, 로체스터 시정에 몸담은 사람들은 모두 파시스트이거나 파시스트의 앞잡이요." 그는 즉시 체포되었다.

채플린스키는 소송을 제기했다. 자신을 체포한 그 행위가 언론의 자유를, 기성 종교를 비판하고 사람들을 파시스트라고 부를 그의 헌법적 권리를 침해했다는 것이다. 법원은 이에 동의하지 않고, 그의 말을 "선정적이고 외설스럽고 불경하고 중상적인 말"과 더불어, 법으로 자유를 보장받을 수 없는 발언이라는 카테고리에 가둬버렸다. 의회의 통제력이 닿지 않는 언어로 간주해버린 것이다. 고매한 판사들

HOLY SHIT

은 "멸칭이나 인신공격에 의거한 발언은, 헌법으로 자유를 보장받을 만큼의 정상적인 정보나 의견 교환 행위로 결코 인정될 수 없다"고 만장일치로 선언했다.

이 판결은 하급 법원에 극심한 혼란을 불러일으켰다. 도발적 언어와 단순히 불쾌한 발언의 경계, 즉 불법적인 말과 합법적인 말을 가르는 기준이 모호했기 때문이다. 당사자인 채플린스키는 고개를 갸웃거렸다. 과연 "염병할 파시스트damned fascist"가 도발적 언어로 간주될 만큼 '비속한' 표현인가 싶었던 것이다. 법원은 그와 같은 판결을 이끌어낸 결정적 요인을 다음과 같이 설명했다. "보통의 지적 수준을 가진 남성이 이해할 법한 말이라면, 평균적인 청자에게 싸움을 부추길 가능성이 충분한 말이라고 볼 수 있다." 이 설명은 일리가 있다. 만약 자유민주주의적이기로 둘째가라면 서러운 매사추세츠주 케임브리지시에서 오늘 누군가가 나를 파시스트라고 부른다면 나는 다만 어리둥절할 뿐 모욕적이라고는 느끼지 않을 테지만, 제2차 세계대전이 한창인 시절에 뉴햄프셔라는 소도시에서는 그 말이 훨씬 더 직접적으로 불쾌하게 와닿았을 테니까. 물론 채플린스키의 견해도 충분히 설득력이 있다. 어찌 됐건 보통의 지적 수준을 가진 남성(과 여성)들이 의견을 일치시키기란 생각보다 만만치 않은 일이었다. 하급 법원의 몇몇 소송 기록이 이를 뒷받침한다.

2006년 코니 왓킨스는 시에서 고용한 노동자들이 그녀의 집 앞 나무들을 가지 치는 광경을 보고 이렇게 소리쳤다.21 "이런 씨발Fuckin' 벌목꾼들아, 내 나무들을 다 죽일 셈이야!" 4년 후 아칸소주 항소법원은 그녀의 발언이 도발적 언어라고 판결하고, 풍기문란죄를 들어 그녀의 체포를 정당화했다. 그렇지만 fuck이 도발적 언어로 자동 분류되는 것은 아니다. 한 경찰관이 존 케일러라는 사람에게, 댁의 트럭이 골목을 막고 있으니 이동시키라고 요청했을 때 케일러는 그 경찰관을 "씨발 얼간이fucking asshole"라 부르며 차량의 이동을 거부했다.[22] 오하이오주 법원은 그의 발언이 도발적 언어가 아니라고 판결했다. 법적으로 경찰관은 일반 시민보다 더 강한 자제심을 발휘하여, 모욕적 도발에 반응하지 않아야 마땅하다는 것이다. 만약 누군가를 "니미씹할 후레자식motherfucking bastard"이라 부르고 싶다면, 경찰관에게 가야 안전하지 정원사에게 가서는 안 된다는 얘기다. 하지만 두 번 생각하면 경찰관도 안전지대는 아니다. 문제의 경찰관과 그의 동료는 케일러를 트럭에서 끌어내 체포하는 과정에서 후추 스프레이를 동원했으니까. 케일러의 상소리는 발언의 자유를 보장받아 마땅한데도 말이다.

미시건주에서는 토머스 레너드가 읍민회에서 "망할 놈의God damn 소송"이란 표현을 입에 담았다는 이유로 체포되었다.[23] (공교롭게도 문제의 망할 놈의 소송은 레너드 자신이 경찰서를 상대로 제기한 것이었다.) 항소법원은 이를 도발적 언어가 아니라고 판결했다. 그러나 갈보whore, 화냥년harlot, 요부jezebel는, 적어도 위스콘신 항소법원의 판결에 따르면, 도발적 언어였다.[24] 랠프 오배덜은 몇 년간 위스콘신의 한 해변에서 나체 해수욕에 반대하는 시위에 가담해온 인물이었다. 시위대 중 한 명이 낸시 에릭슨이라는 해수욕객에게 작은 복음서 한 권을 주려 했을 때 그녀는 그에게 상소리로 응수했다. 그러자 오배덜과 시위대는 에릭슨을 둘러싼 채 6분 동안 그녀를 향해 "갈보" 등의 욕설을 퍼부었다. 그들은 「마태오의 복음서」 5장 44절을 인용하는 듯싶더니 뒷부분에 다음과 같은 살을 붙였다. "그러나 나는 이렇게 말한다. 원수를 사랑하고 너희를 박해하는 사람들을 위하여 기도하여라. 그리고 나체로 수영할 것처럼 보이는 사람은 누구든 적어도 서른 번은 '창녀'라고 부를지어다."

nigger는 도발적 언어 중에서도 단연 눈길을 사로잡았다. 제리 스파이비는 노스캐롤라이나주의 선출직 지방 검사였다.[25] 한 술집에서 그는 "저 깜둥이nigger가 내 아내한테 수작 걸잖아"라고 했다가 그 말을 우연히 들은 누군가로 인해 공직에서 쫓겨났다. 노스캐롤라이나주 대법원은 "제이컵스 씨(스파이비의 아내에게 수작을 걸었다고 의심받은 남성)를 거듭 'nigger'라고 부른 스파이시의 행위는 자칫 즉각적인 치안 방해를 조장할 수 있는 '도발적 언어'의 전형적인 사례로, 발언의 자유를 보장받을 수 없다고 판결했다". 이어서 법원은 "무엇보다도 보편적인 사실은, 한 백인 남성이 한 흑인 남성을 'nigger'라고, 그가 들을 수 있는 거리에서 부르면, 그 백인 남성은 그 흑인 남성에게 상처를 주어 화를 돋울 것이고, 그 흑인 남성은 그 백인 남성에 맞서 복수하고픈 충동을 느끼게 될 가능성이 높다는 점이다"라고 덧붙였다. 노스다코타주 대법원은, 한 백인 고등학생이 같은 반의 흑인 학생을 "멍청한 깜둥이stupid nigger"라고 일컬은 것 또한 도발적 언어에 해당된다고 판결했다.[26] 비슷한 판결이 애리조나주 항소법원에서도 내려졌다.[27] 버스 정류장에서 한 흑인 여성을 향해 "꺼져, 이 빌어먹을 깜둥이nigger야"라고 외친 어느 백인 십대에 대한 재판에서다. 애리조나 법원의 판결문에 따르면 "'nigger'는 인종에 대한 혐오와 편견을 강하게 충동질하는 몇 안 되는 단어 중 하나"였다.

하지만 nigger가 도발적 언어의 조건에 언제나 부합되는 것은 아니다.[28] 한 텔레마케터가 자신의 주택 개조 서비스 제안을 거절한 사람들을 "어리석은 깜둥이dumb nigger"라고 두 차례 모욕한 사건에서 뉴욕주 법원은 이 발언이 도발적 언어가 아니라고 판결했다. "분노와 좌절감을 욕설로 푸는 것이 무례하고 미숙한 행동일 수는 있으나", 그러한 발언이 폭력을 유발할 가능성이 매우 높지 않은 이상, 제아무리 인종비하어라 해도 발언의 자유는 법적으로 보장되어야 한다는 것이다.

미 연방대법원이 도발적 언어를 언급한 다른 주요 재판으로는 1971년의 코언 대 캘리포니아주 사건도 주목할 만하다.[29] 1968년 폴 로버트 코언은 "징병제 좆까Fuck the Draft"라는 글귀가 적힌 재킷을 입고 캘리포니아 지방법원에 들어섰다. 그는 체포되었고, 불쾌한 행위로 치안을 어지럽혔다는 이유로 30일의 금고형을 선고받았다. 연방대법원은 그에 대한 유죄 선고가 부당하다고 판결했다. 그의 재킷은 외설스럽지 않다는 것이다. 미국법상 외설죄에 해당되려면 행위에서 명확한 에로틱함이 드러나야 했고, "선발징병제를 암시하는 이 통속적인 글귀가, 코언의 조악하게 더럽혀진 재킷을 대면할 가능성이 있는 누군가에게 에로틱한 정신적 흥분을 야기할 수 있다는 주장은 설득력이 부족"하기 때문이었다. 연방대법원의 논점은 fuck이 우리가 여태껏 논의해온 '외설어' 혹은 '외설한 단어'인가에 있지 않았다. 연방대법원은 그 재킷이 법으로 정한 '외설죄'라는 카테고리에 들어맞지 않는다는 점을 말하고 있었다. 앞으로 다룰 테지만, 법으로 정한 외설죄는 외설한 언어와 관련이 있으면서도 뚜렷하게 구분된다.

"징병제 좆까"가 도발적 언어가 아닌 또 다른 이유는, 그 슬로건이 즉각적인 치안 방해를 유발할 가능성이 없다는 것이었다. 판결문에서 대법원은 도발적 언어라는 결론이 성립하려면, 붐비는 극장에서 거짓으로 "불이야!"라고 외치는 경우처럼 즉각적인 폭력을 일으킬 가능성이 있어야 한다고 강조했다. 또한 그처럼 강한 반응을 유발하는 발언은 대개 한 개인을 겨냥한 '인신공격성 멸칭'이게 마련이라고도 했다. 한데 "징병제 좆까"는 인신공격으로 받아들여질 가능성이 전혀 없었다. 따라서 도발적 언어가 아니라는 것이다. 캘리포니아주의 입법자들이 상소리를(혹은 히피 시위자를) 제아무리 싫어한다 해도, fuck의 사용을 막무가내로 금지할 권리는 그들에게 없다는 것이 대법원의 의견이었다. 판결 사유는 더 있었다. 특정한 말들은 인지적 내용보다 더 중요할 수 있는 감정적 내용을 수반하지만 그러한 내용을 담은 발언 역시도 헌법이 보장하는 자유를 지켜주어야 마땅하다고 대법원은 인식했다. 코언이 재킷을 입은 이유는 징병제를 폐지해야 하는 합리적 이유를 설명하기 위함이 아니었다. 그는 강력한 저항의 뜻을 전달하고 있었다. 그리고 이 행동은 수정헌법 제1조가 보장하는 그의 마땅한 권리였다.

사회는 폭력 행사를 선동할 가능성이 있는 말을 규제하는 일에 관심이 있다고, 미국 법조계는 오랫동안 인식해왔다. 다만 난제는, 과연 어떤 말이 도발적 언어에 해당되는지를 밝혀내는 일이었다. 예절에 대한 기준은 사람마다 제각각이고, 모든 사람이 같은 일에 충격이나 불쾌감을 느끼지는 않는 법이니까. 코언의 판결문에 적힌 판사 할란의 말을 빌리면, "누군가의 음란물이 다른 누군가에게는 서정시"일 수 있었다. 그러므로 법원은 신중해야 했다. 단지 음악이 마음에 들지 않는다는 이유로 가사를 검열해서는 안 된다는 이야기다. 또한 그 판결문에 적힌 다른 의견에 따르면, 미국은 "아직 덜 다듬어진 사회"였다. 때로 사람들은 자신들의 기준에서 볼 때 혐오스럽고 모욕적인 관점들을 용인해야 했다. 설령 그 관점들이 인종적 멸칭을 통해 표현되었다 할지라도.

영국은 상황이 다르다. 영국법에서는 인종과 민족, 종교 그리고 때로는 성적 지향을 근거로 말로써 상대를 공격하는 행위를 '혐오 발언hate speech'이라 하여 특히 금기시한다.[30] 관습법과 1998년에 제정한 인권법에 따라 발언의 자유를 보장하는 영국이지만, 혐오 발언에 대해서만큼은 표현의 자유가 위축될 우려가 있을 정도로 엄격한 잣대를 들이댔다. 예컨대 2012년 웨일스의 대학생 리암 스테이시는 희롱성 발언으로 인종차별적 편견을 악화시켰다는 혐의로 56일의 금고형을 선고받았다.[31] 흑인 축구선수 파브리스 무암바가 경기 중에 심장마비로 쓰러졌을 때 흥분한 스테이시가 트위터에 올린 게시글이 화근이었다. 그는 이렇게 적었다. "하하하, 씨발 무암바Fuck Muamba,

넌 뒈졌어!" 트위터를 사용하는 여러 사람이 그를 비난했고, 개중에는 나름대로 외설스럽고 보기에 따라 인종차별적일 수 있는 언어를 구사한 이들도 있었다. 이를테면 이런. "이 씹할 또라이 새끼야. 양이랑 붙어먹는 니글니글한 웨일스 땅딸보 새끼가 씹할 런던내기한테 상대가 될 것 같냐? 이 멍청한 뚱땡이 딸딸이wanker야."[32] 스테이시는 대개 이런 식으로 대꾸했다. "나 너랑 친구 아니거든. 이 아랍 씹 새끼야wog cunt. 가서 목화나 따셔."● 스테이시가 트위터에 올린 글들이 극도로 불쾌한 것은 사실이다. (그의 게시글에 달린 답글들도 마찬가지다.) 하지만 예심 판사의 의견에 따르면, 그의 게시글들이 "(그) 상황을 악화시켰다거나"—무암바는 병원에서 회복 중이었다—누구에게든 폭력이나 인종 혐오를 선동했다고 단정할 만한 논리적 근거를 찾기란 쉽지 않았다. 그래서일까. 영국에서는 인종차별적 발언을 했다는 혐의로, 그러한 발언을 금지하는 몇몇 법 조항에 근거해 기소되는 경우가 그리 흔치 않다. 하지만 인종비하어를 사용하는 사람이 존재하는 한, 가능성은 언제나 열려 있다. 최선의 예방책은 어쩌면 매슈 스티더드 사건을 맡은 재판장의 조언에 따르는 것일지도 모르겠다. 스테이시처럼 매슈 스티더드도 희롱성 발언으로 인종차별적 문제를 악화시킨 혐의로 기소되었다.[33] 한 덕망 있는 경찰의警察醫를 "씹할 파

● wanker는 영국에서 굉장히 금기시되지만, 미국에서는 거의 쓰이지 않는다. 어원은 알려져 있지 않으며, 가장 처음으로 사용된 시기는 1950년 즈음이다. 의미는 "수음하는 자"이며, 비유적으로 "패배자"나 "얼간이jerk"를 뜻하기도 한다. jerk(jerk off[수음하다, 자위하다])는 수음과 관계된, 미국에서는 좀처럼 보기 힘든 모욕어 중 하나인데, 영국에는 그 외에도 tosser와 frig라는 용어가 더 있다.

키fucking Paki"라고 불렀다는 그에게 재판장은 이렇게 조언했다. "다음 번에 그분을 만나면 뚱보 후레자식fat bastard이라고 부를지언정 그분의 피부색에 관해서는 언급하지 마십시오."

실재하는 남근을 위하여

외설죄에 대한 기소는 법으로 외설어를 규제하려는 시도의 일환이기도 했다. 앞에서 짧게 언급했듯이 '외설죄'의 법적 개념은 '외설어' 혹은 '외설한 말'과 상이하다. 사실 법의 카테고리 안에서는 '외설'이 외설어와 무관한 경우도 종종 있다. 그림이나 동영상은 말의 힘을 빌리지 않고도 법적으로 충분히 외설할 수 있다. 텍스트도 마찬가지다. 『패니 힐』과 19세기의 식물 포르노를 떠올려보라. 그러나 20세기의 가장 유명한 두 건의 외설죄 관련 소송은 외설어를 중심으로 이루어졌고, 주요한 외설어들이 공적 담론의 세계에 진입하여 일상에서 좀더 광범위하고 빈번하게 사용되는 시기를 앞당기는 결과를 낳았다. 두 재판은 바로 『율리시스』와 『채털리 부인의 사랑』에 대한 것이다.

제임스 조이스의 『율리시스』는 이제 현대문학의 고전으로, 그것도 제법 탁월한 고전으로 간주된다.[34] 또한 모던라이브러리 출판사가 선정한 '20세기 최고의 영문소설 100편' 목록에서 당당히 1위를 차지했을 뿐 아니라, 비단 영문학이나 20세기의 문학으로 대상을 한정하지 않더라도 비슷한 성격의 명단에서 거의 빠지지 않고 이름을 올린다. 그러나 초판이 출간됐던 1922년까지만 해도 『율리시스』는 다른 종류의 명단에서 1위를 차지했다. "고대와 현대 문학을 통틀어 외설하기로 가장 악명이 높은 책"으로 선정되었던 것이다.[35] 영국 시인 에드먼드 고스는 조이스가 "마르키 드 사드를 연상시키지만, 사드만큼 글을 잘 쓰지는 못한다"는 견해를 밝혔다. 심지어 버지니아 울프마저도 "직설적인 언어와 선택된 사건들은(정말이지 선택의 여지라도 존재했더라면) 심지어 나 같은 이의 볼마저 달아오르게 했다"라는 말로 유감을 표시했다.

그렇다면 현대문학 역사상 가장 위대하다는 이 소설의 문제는 과연 무엇이었을까? 물론 『율리시스』에는 외설어가 수두룩하게 등장하고, 그 외설어의 대부분은 두 이등병의 입을 통해 나온다. 이들이 구사하는 말은 조이스식으로 각색된 일반 병사의 언어다. 프레더릭 매닝의 소설풍 회고록과 로버트 그레이브스의 자서전 『모든 것에 작별을 고하다』의 기록이 그랬던 것처럼. 매닝처럼, 그리고 그레이브스와 달리 조이스는 외설어의 철자를 빠짐없이 적어 넣었다. 가령 한 이등병은 이렇게 협박한다. "그놈을 죽일 거야. 맹세코 그 씹새끼의 옛 같은 모가지를 비틀어버리고 말 거라고!"[36] 그는 이렇게도 외친다. "제기랄, 베넷 그 늙은 씹새끼는 남색이나 밝히는 개자식이야. 그런 놈한텐 개똥만큼도 신경 안 써."[37] 다른 이등병은 동료에게 이렇게 말한다. "좆나 튀어, 해리. 경찰이다!"[38] 이러한 언어에 대한 비판적인 반응, "외설하기로 악명이 높은" 책이라는 맹비난은, 매닝이 자신의 회고록을 익명의 소책자로 출간할 때 두려워했고, 그레이브스가 완곡어의 힘을 빌려 어떻게든 피하려 했던 바로 그것이었다.

하지만 씹새끼의 엿 같은 모가지를 비틀겠다느니 하는 구절은 아예 주된 쟁점에 끼지도 못했다. 미국에서 『율리시스』가 불법 서적으로 전락한 이유는 바로 이 단락 때문이었다.

그녀는 나무들 너머 위로, 위로 솟아오르는 원통형 폭죽의 기다란 불꽃을 보았다. 불꽃이 점점 더 높이 올라갈수록 긴장 섞인 침묵 속에서 그들 모두는 흥분으로 숨을 죽였고, 시야를 거의 벗어나도록 높이, 높이 솟구치는 불꽃을 눈으로 좇기 위해 그녀는 고개를 들고 상체를 더욱 더 뒤로 기대야 했다. 허리에 힘을 주느라 그녀의 얼굴은 신성하고도 황홀한 홍조로 물들어갔다. 그는 그녀의 다른 것들도 볼 수 있었다. 네인숙 니커즈를, 피부를 어루만지는 그 부드러운 천을, 새하얀 색으로, 초록색에 폭이 4실링 11펜스인, 다른 페티코트보다 더 좋은, (…) 그때 불꽃이 튀어 오르고 쾅 소리와 눈부신 여백과 오! 그때 원통형 폭죽이 터졌다. '오' 하고 한숨을 내쉬는 것처럼! 모두가 황홀경에 빠져 오! 오! 하고 외쳤다. 그리고 빗줄기가, 금빛 머리카락들이 폭죽 밖으로 솟구쳐 흘러내렸다. 아! 그 모두는 금빛을 머금고 떨어지는 초록빛 이슬 젖은 별들이었다. 오, 너무도 사랑스런 별들! 오, 너무도 부드럽고, 달콤하고, 부드러운 별들이었어라!39

주의 깊은 독자라면 이 단락에서 구약성서 「아가」와의 유사성을

HOLY SHIT

발견했을 것이다. 원통형 폭죽은 음경을 상징하고, 폭발은 사정을 상징하며, 빗줄기는 그 외의 어떤 것을 상징한다. 그러니까 이 단락은 수음에 대한 정교한 알레고리로, 주인공 레오폴드 블룸이 해변에서 불꽃놀이를 구경하는 한 소녀를 바라보며 자위하는 장면이다. 하지만 무심한 독자라면 그 알레고리를 모르고 지나치지 쉽다(게다가 모든 단락을 집중해서 읽기에 『율리시스』는 너무 두껍다). 이 단락을 열두 살 소년들이 돌려 본다고 가정할 때 『로미오와 줄리엣』에 비해 매력이 확실히 떨어진다는 얘기다.

『율리시스』는 미국에서 연작 형식으로 출간되었고, 이 단락이 나오기 전까지는 아무 논란도 일으키지 않았다.● 1920년의 기민한 독자 존 섬너는 뉴욕범죄억제협회New York Society for the Suppression of Vice의 수장으로서 그 단락이 수음의 알레고리임을 간파하고는 외설죄의 혐의를 들어 책의 출간을 중단시키기 위한 소송을 걸었다.⁴⁰ 영국에서는 『율리시스』가 신성을 모독하고 사회의 도덕성에 해를 끼치는 방식을 평론가 셰인 레슬리가 조목조목 지적한 이후에 내무부가 그 책을 금서로 지정했다. 미국에서는 1920년에서 1933년까지, 영국에서는 1922년부터 1936년까지 『율리시스』가 금서로 묶여 있었다. (반면 프랑스에서는 그 기간에도 자유로이 출간되었다.)

● 미국의 시인이자 평론가 에즈라 파운드는 검열과정에서 앞부분의 몇 단락을 삭제했는데, 가령 "그 세계의 회색빛 움푹한 씹"이라는 문구를 들어냈고, 레오폴드 블룸이 옥외 화장실에 다녀오는 장면을, 어쩌면 문학사상 배변을 희극적이지 않게 묘사한 최초 사례일 수도 있는 그 장면을 없애버렸다. 어찌 보면 과거 검열관 선배들의 콧대를 납작하게 만든 조치라고 할까.

『율리시스』의 미국 판권을 소유한 출판사 랜덤하우스는, 그렇듯 소문이 무성한 책을 반드시 팔아야겠다고 생각했다. 하지만 그러기 위해서는 우선 재판을 성사시켜 『율리시스』는 외설문학이 아니므로 출간이 합법적이라는 판결을 받아내야 했다. 랜덤하우스는 세관이 그 책을 압수하게 할 계획을 꾸몄지만 일은 생각보다 쉽게 풀리지 않았다. 그토록 '외설하기로 악명이 높은' 작품인데도 말이다. 사연은 이러하다. 랜덤하우스는 사람을 시켜 프랑스어판 『율리시스』를 미국에 불법으로 들여오게끔 조치했다. 하지만 문제의 '밀수꾼'이 세관을 통과할 때 검사관은 더운 날씨에 지친 나머지 누구의 짐 가방도 굳이 열어보려 하지 않았다. 남자는 결국 자기 짐 가방에 밀수품이 있다는 사실을 본인 입으로 털어놓았다. 검사관은 마지못해 그의 가방을 조사했다. 하지만 럼주 병이나 아편 꾸러미 대신, 『율리시스』가 나오자 검사관은 압수를 거부하며 이렇게 말했다. "나 원, 이러지 맙시다. 너도 나도 그 책을 들여오는 마당에 이 한 권이 무슨 대수라고." (그의 말은 사실이었다. 어림잡아 3만 권의 프랑스어판이 이미 불법 '밀반입'된 상태였으니까.) 결국 세관 총책임자가 소환된 뒤에야 비로소 그 검사관은 의무감을 느끼고 책을 압수했다. 랜덤하우스가 오랫동안 공을 들인 재판이 마침내 성사된 것이다.

1933년에 진행된 1심은 랜덤하우스와 제임스 조이스의 손을 들어주었다.[41] 1934년에 항소법원도 호의적인 판결을 내렸다. 전반적으로는 문학의 외설어 사용에 숨통이 트였다는 뜻이기도 했다. 두 법원의 판결은 1868년 이래로 미국과 영국에서 외설죄 재판의 절대적 기

HOLY SHIT

준으로 군림해온 히클린 규칙Hicklin Rule을 뒤집는 것이었다.[42] (작명결정론은 여기서도 빛을 발한다. 히클린 규칙을 제안한 수석재판관의 이름이 콕번Cockburn이기 때문이다. 변변찮은 매춘부와 육욕에 탐닉하면 '좆이 탄다cock burn'고들 한다던가.) 히클린 규칙에 따르면, 작품 일부분이 외설한 작품은 **전체적으로도** 외설한 작품이었다. 외설어가 한 자라도 실린 책은 외설죄에 걸려 금서로 지정될 위험을 늘 떠안고 있었다는 얘기다. 미국 법원은 이 규칙을 뒤집었다. 한 권의 책은 책 전체를 놓고 판단해야 한다는 것이다. "관건은 (…) 출판물이 전체적 맥락에서 육욕을 자극하는가 하는 점"이라고 미국 법원은 설명했다. 이제 외설어나 외설함을 암시하는 구절이 조금 섞여 있다는 이유만으로는 한 작품을 외설죄라는 새장에 가둬둘 수 없었다. 히클린 규칙하에서는 대부분의 서구문학이 외설죄로 기소될 소지가 있다고 항소법원은 지적했다. 『오디세이아』와 『햄릿』도 (심지어 성서마저도) 예외는 아니었다. 또한 히클린 규칙은 하위 계급과 아이들의 순수성을 지키려는 빅토리아시대적 집착의 산물이었다. 그 규칙에 따르면 법원은 "외설죄 혐의로 기소된 출판물에, 그런 부류의 글이 미칠 부도덕한 영향을 경계하지 않는 상태에서 그것을 손에 넣을 가능성이 있는 사람들을 부패하고 타락하게 만들 의도가 있는가 하는 부분"을 고려해야 했다.[43] 만일 어떤 작품이 비도덕적인 충동을 자제할 능력이 없는 이들의 욕정을 자극한다면 그 작품은 외설물이라는 것이다. 하지만 미국 법원은 이 오래된 통념을 뒤집었다. 외설죄와 관련하여 법은 오직 '보통 사람', 그러니까 불법행위에 관한 법률에서 '합리적인 사람'으로 간주하는 이들에게 책이 미치는 영향만을 고려해야 한다는 것이다. 가난한 사람이든 교육을 받지 않은 사람이든 소년이든 육욕적 자극에 가장 취약한 이들에게 책이 미치는 영향은 판단의 기준이 아니었다. 이러한 전제를 바탕으로 법원은 『율리시스』가 외설문학이라 하기에는 더블린 하층민의 삶을 너무도 정직하게 그려냈고, 사람들의 때로 절망적이고 종종 따분한 내면적 독백을 너무도 탁월하게 재현했으며, 그야말로 너무도 지독하게 길다는—한 판사는 "그토록 장중한 길이"라는 표현을 썼다—결론을 내렸다.●

외설죄에 관한 또 다른 핵심적 재판은 데이비드 허버트 로런스의 『채털리 부인의 사랑』에 관한 것이다. 무대는 1960년의 영국이다. 미국의 『율리시스』 재판은 영국 법률에도 영향을 미쳤다. 1959년 새로이 제정된 영국외설법British Obscenity Act에 따르면, 작품은 부분이 아닌 전체를 기준으로 판단해야 했고, 작품이 외설물에 해당되는지 여부를 결정할 때는 전문가 배심원단이 평가한 작품의 문학적 가치를 참고해야 했다. 『율리시스』 재판과 달리 『채털리 부인의 사랑』 재판에서는 외설어가 지엽적인 문제가 아닌 핵심적인 문제로 다루어졌다. 1920년대 후반에 그 책을 집필하며 로런스가 품은 계획 중 하나는 외설어에 찍힌 사회적 낙인을 지움으로써, 성을 보다 건강하게 수용할 수 있도록 길을 닦고, 지성과 육체를 분리하려는 문화적 병폐를 치유하는 것이었다. 그는 이렇게 썼다. "내가 금기어를 사용하는 데

● 영국에서는 1936년에 금서 조치가 풀렸는데, 여기에는 미국 법원의 판결이 중요한 역할을 했다.

에는 합당한 이유가 있다. 남근의 실재를 '고상함'의 굴레에서 해방시키기 위해 우리는 남근에게 적합한 언어를 주고 외설어를 사용하지 않으면 안 될 것이다."[44] 어쨌든 남근의 실재는 1960년에도 여전히 그 굴레를 벗어나지 못한 상태였다. 1960년은 펭귄북스 출판사가 『채털리 부인의 사랑』을 무삭제판으로, 비속어를 비롯한 모든 표현을 한 글자도 빼지 않고 출간하기로 결정한 해다.

1928년 이래 『채털리 부인의 사랑』은 여러 형태로 출간되었지만, 이탈리아에서 출간한 초판을 제외하고는 하나같이 검열의 칼날을 피해가지 못했다.[45] 가령 온전한 성적 매력으로 점철된 남근의 실재를 대표하는 사냥터지기 멜로스가, 영원한 여성성을 대표하는 동시에 지식인과 귀족이 사는 막연하고 척박한 세계를 벗어나 사회적 관습을 내던진 채 심오하고 구체적인 관능의 세계로 빠져드는 연인 채털리 부인과 해부학을 논하는 다음 구절들이 삭제됐다.

"그나저나 좋은 씹cunt이구먼. 참말로 세상 제일가는 씹이오. 좋아하지! 마다하지도 않지!"
"씹이 무엇인가요?" 그녀가 말했다.[46]

이어서 멜로스는 이 얌전한 숙녀에게 fuck[씹하기]과 cunt[씹]의 차이를 설명한다. 씹하기는 동물들도 하는 짓이고 씹은 "당신같이 젊은 여자에게만 있는 아름다움"이라나.

책을 기소한 검사는 개정된 외설법보다 콕번의 1868년식 관점에 더 공감하는 듯 보였다. 그가 배심원단에게 던진 유명한 질문을 소개한다. "이 책을 여러분의 아내나 하인에게까지 읽힐 용의가 있습니까?" 고매한 문학자들로 꾸려진 배심원단은 『채털리 부인의 사랑』이 중요한 소설이며, 외설어는 부인들과 하인들의 성욕을 자극할 의도로 추가된 것이 아니라 로런스의 계획상 반드시 필요한 부분이라는 견해를 드러냈다. 책은 외설물이 아닌 것으로 판결되었고, 펭귄북스의 무삭제판은 출간 첫해에 200만 부가, 이듬해에는 130만 부가 팔려나갔다.

『채털리 부인의 사랑』 재판은 종종 공적 담론에 새로운 개방성의 시대가 올 것을 예고하는 전령으로 해석된다. 물론 재판이 있기 거의 100년 전부터 사람들은 멜로스와 채털리 부인처럼 대화하고 있었다. 하지만 이는 어디까지나 사적인 영역에 국한된 이야기였다. 공적인 영역에서는 펭귄북스가 무삭제판을 출간한 이후에야 비로소 두 사람 식의 언어가 받아들여지기 시작했다. 이 재판은 문화적 자유주의가 자리 잡고 있음을 구체적으로 상징했다. 외설어가 나타내는 신체 부위에 대한 거부감이 줄어들면서 사회적으로 외설어를 전보다 더 자연스레 받아들이게 된 것이다.

1973년 무렵에는, 한때 그토록 사람들을 충격에 빠뜨렸던 『채털리 부인의 사랑』 속 그 외설어들을 공영 라디오의 오후 2시 방송에서 버젓이 말할 수 있게 되었다. 여기에는 또 하나의 중요한 법정 소송이 관련돼 있다. 1972년에 코미디언 조지 칼린은 "텔레비전에서 결코 말할 수 없는 일곱 단어"를 지정한 다음, 이를 기초로 꾸민 독백극을

　　　　　　　　　　　　　HOLY SHIT

한 코미디 투어에서 선보였다. 이 독백극의 기본 뼈대는 그가 하는 상소리였다. 거기에 이따금 그 일곱 단어—shit, piss, fuck, cunt, cocksucker, motherfucker, tits—의 기묘한 사용법에 대한 그의 연설이 양념처럼 가미되었다. 예를 들면 이렇게.

똥 싸다shit는, 어, 뭔가 흥미로운 단어예요. 중산층은 결코 그걸 진정으로 받아들인 적도 내켜한 적도 없다는 점에서 말이죠. 그들은 그걸 '미치겠네'처럼 사용하지만 사실 그건 안 될 말이죠. 여전히 그건 무례하고 더럽고 오래된, 뭔가 뿜어내는 단어거든요. (웃음) 중산층은 그걸 좋아하지 않아요. 하지만 그걸 말하죠. 그래요. 그들은 그걸 말해요. 그렇다니까요. 이제 중산층 가정에 사는 숙녀는요, 들어보면 알겠지만, 거의 온종일 그걸 마치 감탄어처럼 말한답니다. 알다시피, 자기가 미처 알기도 전에 입 밖으로 뱉어버리는 거예요. 그녀는 말하죠. 이런 똥을 쌀, 이런 똥을 쌀, (웃음) 이런 똥을 쌀. 그러다 뭐라도 떨어뜨리면, 이런 똥을 쌀 일이, 브로콜리가 상했잖아. 똥을 싸는군요. 고맙습니다.47

이 독백극은 캘리포니아주의 한 라디오 프로그램에서 방송되었다. 그리고 마침 어린 아들을 데리고 운전하다 이 일인극의 일부를 듣게 된 한 남성은 미 연방통신위원회에 이 일을 항의했다. 연방통신위원회는 라디오와 텔레비전 방송의 규제를 책임지는 기관이다. 미국에서 그 어떤 시간대에도 방송될 수 없는 외설물의 조건은 세 가지였다. 첫째, 호색적인 흥미를 자극해야 했다. 둘째, 명백히 불쾌감을 조장하는 방식으로 성행위를 묘사해야 했다. 셋째, 진정한 가치가 결여된 상태여야 했다.

그런데 칼린의 독백극에서 쟁점은 외설죄가 아니었다. 연방통신위원회가 과연 음란물을 규제할 권한을 갖추었는가 하는 문제가 쟁점으로 떠오른 것이다. 법적으로 음란물은 "맥락상 성이나 배설물과 관련된 신체 기관이나 행위를, 방송 매체에 대한 당대의 사회적 기준으로 평가할 때 명백히 불쾌감을 조장하는 어투로 묘사하거나 서술하는 말이나 자료"를 의미한다.[48] 이는 외설어와 다분히 관련이 있다. 연방통신위원회는 차후에 추가 항의가 발생할 시 경고 조치를 취하겠다고 해당 지역 라디오 방송국에 으름장을 놓았다.[49] 문제의 퍼시피카 방송국은 소송을 제기했다. 연방통신위원회가 미국인의 권리인 발언의 자유를 위축시킨다는 불만이었다. 소송은 대법원까지 올라갔고, 결국 연방통신위원회가 승소했다. 1978년 대법원은 연방통신위원회가 텔레비전과 라디오의 음란성을 규제할 권한을 가진다고 판결했다. 사람들의 집이나 차에 송출되는 방송물은, 책이나 스탠드업 코미디 투어, 사적인 대화에 비해 불쾌한 내용을 피하기가 더 어려우므로 수정헌법 제1조의 보호를 받을 근거가 더 미약하다는 것이다. 덕분에 미연방통신위원회는 음란한 언어의 방송 시간을, 가장 취약한 청취자 층인 아이들이 대개 잠들어 있는 오후 10시에서 오전 6시까지로 제한할 권한을 보장받게 되었다.

오늘날 미국 텔레비전 방송을 보노라면, 미국 연방대법원과 연방통신위원회가, 홍해에게 갈라지라고 명령한 모세보다는, 파도에게 밀려오지 말라고 지시한 뒤에 속절없이 젖어드는 자신의 신발을 바라보던 카누트 왕을 더 닮았다는 생각이 들고는 한다. 상소리의 파도는 이미 밀려들었다. 이제는 칼린이 애초에 지목했던 일곱 단어 중 세 가지를 제외하고는 모두 텔레비전에서 말할 수 있다. 말하는 시기와 단어를 사용하는 방식에 따라 다소간의 차이는 있겠지만 말이다. 더욱이 이러한 기준은 오직 지상파 방송에만 해당된다. 케이블 TV에서 한때 방영한 미니시리즈 「데드우드Deadwood」의 등장인물들은 마치 존재의 이유가 오로지 상소리인 것처럼 최대한 극단적인 용어를 최대한 빈번하게 내뱉었다. 팬들의 계산에 따르면 극 중에 fuck이 등장하는 횟수는 마지막 시즌에서 분당 1.73회였고 앞선 시즌에서는 분당 1.76회였다. 게다가 이 수치는 오로지 fuck에 대한 것이었다. cocksucker나 chink°를 비롯해 극 중에서 흔히 사용되는 다른 비속어들은 아예 셈해보지도 않았다. HBO의 범죄 드라마 「와이어The Wire」에는 두 경찰관이 어느 범죄 현장에 관해 대화하는 장면이 나오는데, 그들이 읊는 대사라고는 다양한 어조로 변주한 fuck이 전부라 해도 과언이 아니다. 절망과 놀라움, 고통, 연민, 통찰이라는 다양한 감정과 상태를 오로지 그 한 단어로 표현해낸 것이다. 소개하자면 이런 식이다. "씨발 (…) 니미 씨발 (…) 씨발? 씨발 것 씨발 씨발 씨발 씨발 (…) 씨발 A.fuck (…) motherfucker (…) the fuck? fuckity fuck fuck fuck

○ 중국인을 모욕적으로 가리키는 말.

fuck (…) fuckin' A." 그런가 하면 인터넷은 통제가 아예 불가능하다. 유튜브는 그야말로 불경어의 향연이다. 「디파티드」나 「위대한 레보스키」 「다이하드 2」를 비롯한 여러 영화의 "좆나 짧은 버전the Fucking Short Version"을 어렵지 않게 찾아볼 수 있다. 제목에서 대강 짐작하겠지만 좆나 짧은 버전의 제작자는 각 영화를 오직 한 단어로 축약해놓았다. truck을 발음하지 못해 "fire fuck"이라고 하는 남자아이가 등장하는가 하면, 텔레토비 인형이 "남색꾼아, 남색꾼아, 남색꾼아, 내 엉덩이를 물어다오Faggot faggot faggot bite my butt!"라고 말하는 영상도 있다. (사실 허망하게도 이 텔레토비는 광둥어로 "더 빨리, 더 빨리, 더 빨리"라고 말하고 있는데, 언어가 달라 빚어진 혼동인 셈이다.) 욕쟁이 앵무새가 등장하는 영상은 널리고 널렸다.

현대인의 언어 사용과 관련된 가장 대중적인 웹사이트 Urbandictionary.com에서 외설어는 단연코 가장 많은 관심의 대상이다. 사이트 이용자들은 최선의 정의를 제시하고 그 정의에 근거해 새로운 은어를 확인하고 발명하기 위해 경쟁한다. fuck의 인기는 이 책에서처럼 남달랐는데, 200가지가 넘는 정의가 달렸고, 그 정의의 질을 평가하는 '좋아요'와 '싫어요' 버튼은 15만 건 이상의 클릭 수를 기록했다. (반면에 mother의 정의와 평가 버튼 클릭 수는 각각 33건, 4500건에 불과했다.) 또한 fucabomb이나 fuczoid처럼 fuck에서 영감을 얻어 만들어진 표제어만도 대략 6000개에 달했다. cunt의 활약도 인상적이다. 414개의 정의가 달렸고, '좋아요'와 '싫어요' 클릭 수는 약 20만 회에 달하며, cuntabilia부터 cuntzor까지 무려 2500개의 표

HOLY SHIT

제어에 영감을 주었으니 말이다. 성서 속 상말의 목록을 정리한 웹페이지들도 존재하는데, 가끔은 비속어들의 어원을 올바르게 설명하기도 하고, 래퍼나 수감자, 게이 들 사이에서 가장 인기 있는 외설어에 대해 묘사하기도 한다.

2011년 3월 빌보드 팝뮤직 차트 10위 안에 든 세 곡의 제목에는 외설어(그것도 미 연방통신위원회의 심의 기준으로는 라디오에서 삐 소리로 처리한 뒤에 방송해야 하는 외설어)가 들어가 있다.[50] 시로 그린은 여러 사람을 향해 "엿이나 먹어Fuck You!"라고 호통을 쳤고, 엔리케 이글레시아스는 "오늘 밤 (너와 씹할래)Tonight (I'm Fuckin' You)"라고 고지하며 자신의 무례함에 용서를 구했다. 그런가 하면 핑크는 듣는 이들에게 꼭 "좆나 완벽할Fuckin' Perfect" 필요는 없다고 이야기했다. 『뉴욕타임스』지는 이를 "일종의 획기적인 사건"이라고 일컬었다. 과거의 10위권 음악은 적어도 이론적으로는 그러한 노골적인 상소리를 삼갔기 때문이다. (『뉴욕타임스』의 베스트셀러 서적들은 이런 관점에서 시대를 앞서갔다. 2003년 목록에는 랜들 케네디의 『니거Nigger』가 들어 있었고, 2005년 목록에는 해리 프랭크퍼트의 『개소리에 대하여On Bullshit』가, 2009년 목록에는 저스틴 핼펀의 『병신 같지만 멋지게Shit My Dad Says』가, 2011년 목록에는 애덤 맨스바크의 『재워야 한다, 젠장 재워야 한다Go the Fuck to Sleep』가 들어 있었으니까.)

팝과 반대로 랩은 열광적으로, 그리고 거의 지속적으로 비속어를 사용해왔다. 랩의 주된 내용은 과시boasting와 허풍bragging이다.[51] (허풍에 대해 래퍼들이나 비평가들은 '브래거도시오braggadocio'라는 용어도 즐겨 사용하는데, 에드먼드 스펜서의 1590년 서사시 「선녀여왕Faerie Queene」에 등장하는 허풍선이의 이름 브라가도키오Braggadocchio에서 유래한 단어다.) 또한 15세기와 16세기 스코틀랜드의 논쟁시처럼 대결battling 혹은 '언쟁beefing'을 통해 서로 겨루기도 하고, 불법적인 수단을 통한 돈벌이를 뜻하는 '허슬링hustling'도 단골 소재다. 에미넘과 로이스 다 파이브나인의 노래 「라이터스Lighters」는 브래거도시오의 2011년식 본보기다.[52] 가사에서 에미넘은 이렇게 과시한다. "꿈을 꾸었네, 나는 왕이었어. 깨어났는데, 여전히 왕이었어Had a dream I was king. I woke up, still king." 노래가 워낙 외설어로 가득하다 보니 라디오에서 들을 때는 중간중간 나오는 경고음 때문에 가사를 거의 이해하기 힘들 지경이다. 특히 에미넘이 "너희는 그대로였어, 왜냐면 좆은 거꾸로 해도 여전히 좆이니까, 이 자지들아You stayed the same, 'cause cock backwards is still cock, you pricks"라고 언급하는 부분은 더 그렇다. 랩배틀의 시초는 '다즌스the dozens'라고 보아도 무방하다.[53] 다즌스는 원래 젊은 아프리카계 미국인 남성들이 하던 게임으로, 참가자들은 서로 모욕을 주고받음으로써 자신들의 언어적 재주와 재치를 과시하는데, 특히 "네 엄마yo momma"의 변주가 자주 등장한다. 가령 이렇게. "네 엄마는 너무 못생겼어, 「정글 속의 고릴라」는 네 엄마가 샤워 중일 때 찍었다며gorillas in the mist Yo momma so ugly, they filmed Gorillas in the Mist in her shower" 하지만 스코틀랜드 논쟁시가 보여주듯 이런 식의 조직적 외설어는 사회에서 진화에 진화를 거듭했고, 단언컨대 인간의 보편적인 충동을 충실히 대변해왔다. 래퍼 제이지의 말을 빌리면 허슬링은 "인간의 기본적인 몸부림, 즉 생존하고 저항하려는 몸부림, 이기고 그 모든 것을

　　　　　　　　　　　HOLY SHIT

이해하려는 몸부림에 대한 궁극의 은유"다.[54] 랩 음악은 인간의 이 기본적인 몸부림을 거친 거리의 언어로 묘사한다. 외설어는 특히 이러한 문장에서 빛을 발한다. 감정을 자극하는 힘이 가장 강력한 언어이기 때문이다. 공격성을 표시하고 싶을 때나 다른 누군가를 깔아 뭉개고 싶을 때, 특정 종류의 '착한' 언어와 행동을 기대하는 주류 문화와 '체제'에 저항하고 싶을 때 기댈 수 있는 언어인 것이다.

상소리의 과학

비속어가 사회에서 더 널리 쓰이게 되고 금기시하는 분위기도 약해짐에 따라 상소리를 바라보는 시선이 너그러워지면서 그에 대한 연구 또한 사회적으로 (대체로) 용인되는 분위기가 조성되었다. 뇌과학자와 심리학자, 언어학자, 사회학자 들은 이제 저마다 상소리의 각기 다른 측면들에 관해 연구한다. 19세기 투렛 증후군의 발견은 실로 이 책의 주제에 관한 과학적 탐구의 불을 지폈다. 비록 당시의 의사들은 연구를 시행함에 있어 완곡어와 생략elision의 힘을 빌려야 했고, 상소리 따위를 진지하게 연구하는 일에 지적인 노력을 허비해서는 안 된다는 통념에 맞서 싸워야 했지만 말이다.

1890년 7월 10일 한 어머니는 열세 살 난 딸아이를 볼티모어 소재 존스홉킨스 병원에 데려갔다.[55] 소녀는 자신의 의지와 상관없이 몸을 갑작스레 움직이는가 하면 커다랗게 짖는 소리를 내고는 했다.

의사들은 소녀를 진정시키기 위해 최면을 시도했지만, 소용없는 일이었다. 몇 달 후 소녀의 상태는 더 심각해졌다. 어머니는 의사들에게 편지를 보냈다. "요즘 들어 메리는 제가 아이를 선생님께 데려가거나 아이와 외출하기조차 부끄럽게 만드는 단어들을 입에 올립니다. 가령 ——, ——, —— 등의 끔찍한 말들이지요. 늘 정숙했던 아이가 그런 말을 하는 걸 듣고 있자니 어미가 돼서 죽도록 힘이 듭니다." 메리의 어머니를 걱정시킨 단어들은 외설어일 공산이 매우 크다. 편지 내용으로 미루어보아 정숙함과 반대되는 언어일 테니까. 비록 이 편지를 의학 논문에 실은 의사는 19세기의 관례상 정확한 단어를 언급하진 않았지만 말이다. (모르긴 해도 13세기 잉글랜드의 번역가 란프랑크의 『외과학』에는 그 단어들이 거리낌 없이 실렸을 것이다.) 메리는 투렛 증후군을 앓고 있었다. 1885년 프랑스 의사 질 드라 투레트Gilles de la Tourette가 논문에 최초로 기술한 바로 그 투렛 증후군 말이다.

투렛 증후군의 특징적인 증상은 신체적·음성적 틱 장애다.[56] 환자들은 별다른 이유 없이 눈을 깜빡이거나 기침을 하거나 어깨를 으쓱하거나 다리를 꼬집거나 헛기침을 한다. 하지만 뭐니 뭐니 해도 가장 잘 알려진 증상은 메리의 어머니를 그토록 화나게 한 그것, 바로 외설어강박증coprolalia이다. 자신의 의지와 상관없이 외설어를 중얼거리는 것이다(이 밖에 투렛 증후군의 드문 증상으로는, 가운뎃손가락을 내밀거나 사타구니를 움켜잡는 등의 외설적 몸짓을 하게 되는 외설행동강박증coprpraxia과 외설적 그림을 그리고픈 충동을 느끼는 외설낙서강박증coprographia이 있다). 투렛 증후군 환자의 오직 10~30퍼센트만이 외설어강박증을 경험하지만, 당사자들이 느끼는 당혹감은 이루 말할 수 없이 크다. 게다가 자칫 일반 대중에게 커다란 오해를 불러일으킬 수도 있다. 한편 비교적 무해한 틱 장애도 있다. 가령 누군가가 오리 duck라고 말하면, 투렛 증후군 환자는 "씹할 오리 새끼fuck a duck"라고 반복하고 싶은 충동을 느낀다. 반면 비교적 심각한 틱 장애도 있다. 한 사람의 인종이나 몸무게, 성별을 지적하는 말을 되도록이면 가장 잔인하게 쏟아 붓는 것이다.

1890년대에는 투렛 증후군의 원인을 아는 사람이 아무도 없었다. 다시 말해 도대체 어떤 이유로 멀쩡한 사람이 사회에서 가장 강력하게 금기시하는 단어들을 소리 내어 말하려는 충동에 시달리는지 설명해줄 사람이 아무도 없었다는 얘기다. 비난의 화살은 어머니들에게 돌려졌다.[57] 너무 엄격하여 자녀들을 충분히 자유롭게 놀리지 않거나 아이의 짜증을 너무 관대하게 받아주는 바람에 아이들이 스스로의 신체와 언어를 제어하는 법을 미처 터득하지 못했다는 것이다. 만약 어머니의 잘못이 아니라면, 남근 선망penis envy 때문일 가능성도 높다고 당시 사람들은 생각했다. 가령 앨리스라는 소녀는 통제 불가능한 움직임과 이상한 발성 때문에 정신과에 방문했다가 하필 탑을 그리는 바람에 졸지에 남근 선망이라는 진단을 받게 되었다.

그러나 이제 우리는 투렛 증후군의 진정한 병리를 알고 있다. 심리학과 신경과학 분야의 진보 덕분이다. 거꾸로 이를 통해 우리는 사람들이 상소리를 할 때 '정상적인' 뇌에서 무슨 일이 일어나는지도 통찰할 수 있다.[58] 과학자들은 상소리가 우뇌에서, 그것도 뇌의 '원시적인' 부분인 변연계에서 유래할 가능성이 높다는 사실을 발견했다. 우뇌는 인사말이나 "천만에요not at all"와 같은 관용적 표현, 셈, 노래 가사, 비속어처럼 비명제적nonpropositional이거나 반사적automatic인 언어를 책임진다. 명제적인propositional 언어를 생각해내는 영역은 좌뇌다. 명제적 언어란 하나의 본뜻을 만들어내기 위해 올바른 통사적 형식으로 결합된 단어들을 의미한다. 변연계는, 그중에서도 특히 편도체는 말의 정서적 내용을, 그러니까 말의 명시적 의미보다는 함축적 의미를 기록한다. 편도체는 뇌 스캔 중의 피험자가 금기어를 읽을 때 "빛을 낸다". 그리고 이런 식의 활동성 증가는 피부전도반응을 통해서도 확인할 수 있다. 알츠하이머나 좌뇌의 병변으로 명제적 언어 능력을 상실한 실어증 환자들은 상소리 능력만은 그대로 유지한다. 우리 할머니가 그랬던 것처럼. 의학 논문은 암으로 좌뇌 전체를 제거하는 수술을 받은 후 "음"이나 "하나…… 셋" "빌어먹을" 이외의 말은 할 수 없게 된 남성과 같은 사례로 넘쳐난다. (반대로, 우뇌가 위축된 어느 환자는 정상적인 대화는 그럭저럭 가능했지만 생일 축하 노래를 부르거나 국기에 대한 맹세를 암기하는 능력을 상실했다.)

하지만 상소리는 좌뇌와 우뇌의 합작품이다. 고급한 기능인 동시에 저급한 기능인 것이다. 상소리를 내뱉을 때 우리는 단순히 상투적인 비속어를 입에 올리는 정도에 만족하지 않는다. 우리는 가장 모욕적이거나 스트레스를 가장 잘 완화시킬 것으로 여겨지는 어휘를, 혹은 바깥에서 정원을 손질하는 모르몬교 이웃의 심기를 건드리지 않고도 스트레스를 가장 잘 완화할 것으로 여겨지는 어휘를 일부러 선택한다. 심지어 외설어강박증을 보이는 투렛 증후군 환자들도 예외는 아니다. 부지불식간에 내뱉는 말처럼 들리지만 그들이 선택하는 어휘는 대개 눈앞에 닥친 상황과 밀접한 관련이 있다. 비만 여성과 이야기하던 투렛 증후군 환자가 불쑥 "뚱보 돼지!"라고 내뱉을 수도 있고, 어두운 색깔의 운동복을 입은 흑인을 향해 "상깜둥이"라고 말할 수도 있다. 아니면 그냥 아무에게나 "꺼져 새끼야!"라고 말할 수도 있을 것이다. 물론 이런 생각을 하는 사람이 제법 많을지도 모른다. 하지만 그런 사람들의 전전두엽 피질, 즉 뇌를 총괄적으로 관리하는 영역은 그러한 생각을 무시하고 입 밖에 내지 못하도록 덮어버린다. 최근의 이론에 따르면 투렛 증후군 환자들은 뇌의 기저핵이라고 불리는 영역에 문제가 있다고 전해진다. 기저핵은 인간이 여러 활동 중에 어떤 활동을 할지 선택하고 특정 운동 기능을 억제하는 역할을 수행한다. 뇌를 총괄적으로 관리한다는 전전두엽 피질은 변연계의 충동에 맞서 한시적으로밖에 싸울 수 없다. 틱 장애를 종종 늦출 수는 있지만 완전히 참아낼 수는 없다는 이야기다. 그러니까 결국 하위뇌가 이길 테고 "조질 테면 조져봐 이 새끼야!"라는 말이 튀어나오는 것이다.

상소리 연구는 다른 학문 분야에서도 진행되었다. 그리 오래전이라고 할 수 없는 1930년대, 1940년대의 언어학자들은 외설어에 대한 그 어떤 흥미도 감추어야 했다. 예의 그 앨런 워커 리드는 fuck에 관한 논문을 쓰면서 문제의 단어를 논문의 처음부터 끝까지 단 한 번도 언급하지 않았고, 공들여 수집한 화장실 낙서 모음집도 사적으로 출판하는 정도에 머물렀다. 하지만 그는 약과였다. 수십 년 동안 대부분의 언어학자는 비속어가 아예 존재하지 않는 것처럼 행동했으니까. 가령 1944년에는 1800만 가지에 달하는 다양한 단어를 사용 빈도순으로 정리한 표준단어사용빈도목록이라는 것이 만들어졌는데, 1800만 단어를 통틀어 비속어라고는 shit이 거의 유일했다.[59] 목록이 『블랙 뷰티Black Beauty』와 『작은 아씨들』 『리더스 다이제스트』에 나오는 단어를 토대로 작성되었기 때문이다. 또한 뉴욕시에서 전화로 오간 대화를 토대로 영어 사용법을 연구한 또 다른 논문은 기록된 단어의 25퍼센트를 점잖지 못하다는 이유로 표본에서 제외해버렸다.[60] 지금의 언어학자와 심리학자 들은 자신들의 영어 연구에 비속한 언어를 표본으로 포함시키는 데 거리낌이 없다. 심리학자 티머시 제이는 사람들이 하루에 사용하는 단어의 평균 0.7퍼센트가 금기어라는 사실을 밝혀냈다.[61] 듣기에는 얼핏 낮은 비율로 느껴진다. 하지만 we, us, our, ourselves 같은 일인칭 복수 대명사의 비율이 1퍼센트임을 감안하면 그리 적은 수치가 아니다. 또한 티머시 제이는 상소리의 사용 비율이 0퍼센트(상소리를 아예 하지 않는 사람)에서부터 3퍼센트(motherfucker를 we나 us보다 꽤 많이 사용하는 사람)까지 사람에 따라 다양하다는 사실도 밝혀냈다. 1969년에 심리학자 폴 캐머런은 단어사용빈도목록을 사회적 환경에 따라 세 가지로 나누어 정리했는데,[62] 각각을 비교해보니 세 목록에 공통적으로 등장하는 단어 중 대명사(he, I)나 관사(the, a), 전치사(to, from)가 아닌 단어들은 오직 damn과 hell, fuck, shit뿐이었다고 한다.

과학자들은 비속어가 정서에 미치는 영향의 많은 부분을 단어 회상 과제와 같은 전통적 심리 테스트를 통해 알아냈다. 만약 누군가에게 외설한 단어와 외설하지 않은 단어가 섞인 단어 목록이 주어지면 그 사람의 머릿속에 남는 단어는 외설한 쪽일 가능성이 높다. 티머시 제이가 금기어와 금기어가 아닌 단어 36가지가 섞인 목록을 사람들에게 제시했을 때 그들이 가장 잘 기억한 단어 다섯 가지는 nigger, bitch, pussy[보지], cock, slut[잡년]이었다.[63] friend와 cuddle[포옹]을 기억한 피험자는 더 적었고, kiss나 pity, crime, lung[폐], frame을 기억한 피험자는 아무도 없었다. 이는 우리가 본능적인 느낌을 통해, 그리고 뇌 영상 이미지를 통해 짐작하는 내용에 확실성을 부여한다. 금기어는 자극적이다. 성적인 의미에서가 아니라 일반 심리학적인 의미에서(물론 그렇다고 성적인 의미의 자극이 전혀 없다는 뜻은 아니다). 이러한 단어들은 감정을 책임지는 하위뇌의 회로를 자극하여 전기적 충격을 발생시키는데, 이는 피부를 통해 측정이 가능하다. 티머시 제이가 제시한 금기어들을 읽을 때면 금기어가 아닌 단어들을 읽을 때보다 피부전도도가 높게 나타났는데, 이는 그 용어들에 대한 기억력 테스트 결과에 상당히 정확하게 부합한다.

최근에는 상소리에 관련된 한 속설의 과학적 근거가 밝혀지기도 했다.[64] 전말은 이러하다. 상처를 받았을 때 왜 상소리를 하느냐고 물으면 대개 사람들은 기분이 좋아지기 때문이라고 대답한다. 일종의 카타르시스라는 것이다. 그런데 어느 대담한 연구자들이 이를 뒷받침하는 연구 결과를 얻어냈다. 극도로 차가운 물에 손을 담근 상태로 상소리를 하면 평범한 단어를 말할 때보다 더 오래(40초 더) 그 상태를 견딜 수 있다는 사실을 밝혀낸 것이다. 실험을 주도한 심리학자 리처드 스티븐스는 이 결과를 다음 문장으로 요약했다. "내가 하고픈 조언은 이것이다. 상처받은 자들이여, 욕하라."

20세기와 오늘날의 많은 사람이 스티븐스의 조언을 따라왔다. 그리고 이는 비단 상처받은 이들에게만 국한되지 않았다. 지난 세기에 상소리는 중세의 서약어 이래로 유례를 찾아보기 힘든 수준까지 공적인 영역에 모습을 드러냈다. 물론 빅토리아 시대와 마찬가지로 상스러움의 시대였지만 말이다. 20세기의 화자들도 종교적인 서약어를 상소리로 여전히 빈번하게 사용했지만, 외설어에 비해 강도가 훨씬 떨어지는 데다 충격의 세기도 약했다. 하지만 20세기 중반부터는 이 공식에도 금이 가기 시작했다. 성적인 외설어가 인종비하어라는 새로운 외설어에 권좌를 내어준 것이다.

지금까지 살펴본 수천 년의 시간 동안 사람들은 다양한 비속어를 숱하게 사용하며 이런저런 감정들을 표현해왔다. 하지만 내막을 들여다보면 목적에서 일관성이 감지된다. 예나 지금이나 사람들은 상대를 공격하고 모욕하기 위해, 남보다 앞서거나 누군가의 명예를 훼손하기 위해, 그리고 때로는 사랑과 우정을 표현한다든가, 여러 경험을 통해 느낀 놀라움과 경외심을 전달하기 위해 비속어를 사용해왔다. 어쩌면 비속어는 긍정적으로든 부정적으로든 극단적인 감정들을 실어 나르는 최상의 언어적 도구였을 테고, 지금도 그 사실에는 변함이 없다.

수 세기 동안 비속어를 지켜온 힘은 주로 금기시되는 두 영역에서 나왔다. 그 두 영역이란 바로 종교와 인간의 몸, 즉 성스러움과 상스러움이다. 고대 로마는 상스러움이 점령한 시대였다. 그러나 라틴어의 외설어가 현대 영어의 외설어와 완전히 같았던 건 아니다. 로마의 성 도식은 오늘날과 매우 달랐고, 로마의 외설어 중에는 종교적인 기능을 가진 종류도 일부 존재했다. 성서에서는 성스러움이 상스러움을 대체했고, 서약어가 권력을 손에 넣었다. 신실한 서약어는 하느님을 증인으로 소환하는 언어였고, 공허한 비속어는 다양한 방법으로 신을 해칠 수 있는 언어였기 때문이다. 중세 시대에 서약어는 가장 충격적인 언어, 최고의 긴장감을 조성하는 언어였다. 하느님의 몸을 만지거나 하느님의 영광에 의문을 제기하는 것을, 인간의 신체 부위를 노출하거나 그에 대해 언급하는 것보다 더 강하게 금기시했기 때문이다. 르네상스 시대에는 이러한 세태에 변화가 일었다. 프로테스탄티즘의 부상을 비롯한 여러 요인으로 인해 비속어의 시류는 성스러움에서 다시 상스러움 쪽으로 서서히 바뀌어갔다. 19세기 중반은 상스러움의 지위가 단연 독보적이었다. 어느새 외설어는 영어에서 가장 충격적인, 최악의 언어가 되어 있었다. 문명화의 바람이 최고조에 이른 시기였다. 수치심의 영역은 넓어질 대로 넓어져 있었고, 외설한 신체 부위나 단어는 전후로 유례를 찾아볼 수 없을 만큼 금기시되었다. 19세기 말이 되어서야 비로소 외설어는 이른바 '상소리'로 여겨지고 불리기 시작했다. 이미 오래전부터 상소리의 기능을 완벽히 수행하고 있었지만 말이다. 가장 최근인 20세기에는 성적인 외설어가 쇠퇴하고 새로운 외설어가 부상하기 시작했다. 인종적 멸칭이라는 이름의 이 외설어는 가장 금기시되는 단어의 반열에 들어섰다.

　상소리가 늘 존재해온 것처럼, 그것을 중단하거나 통제하려는 시도도 늘 존재해왔다. 로마의 외설어는 추정컨대 특정 장르의 글, 혹은 프리아포스에게 바치는 종교적 의식이나 개선 기념식처럼 특정한 계기에만 제한적으로 사용되었다. 야훼는 자신의 백성이 다른 누구도 아닌 오직 야훼의 이름을 두고 맹세하기를 원했다. 중세의 목회자 교재 저자들은 하느님의 이름을 공허하게 취하지 말 것을 사람들에게 설득하고, 지시하려 들었다. 17세기 잉글랜드 의회는 무대와 일상에서 서약어 사용을 금지하는 법령을 공표했고, 18세기부터는 외설죄를 혐의로 사람들을 기소하기 시작했다. 19세기에는 완곡어법이 유행처럼 번져갔는데, 이는 외설어에 통속적이고 저급한 언어라는 낙인이 찍혀 사람들이 외설어 사용을 회피하게 되었기 때문이다. 20세기에는 도발적 언어를 규제하면서 외설죄를 혐의로 한 기소도 더 잦아졌다. 아이러니한 것은, 외설어 사용을 감소시킬 의도로 시행한 이 조치들이 오히려 외설어의 공공연한 사용을 부추겼다는 점이다.

목표를 더 높게 잡는 이들도 있었다. 그들은 상소리를 통제하는 정도에 그칠 게 아니라 모조리 없애버려야 한다고 생각했다. 1973년 유고슬라비아의 철학자 올가 페나빈은 사회주의가 확산되면 상소리는 그야말로 멸종하리라고 예견했다.[1] 사회주의적 유토피아에서는 갈등이 사라질 테니 비속어도 불필요해질 거라고 본 것이다. 예견은 보기 좋게 빗나갔다. 러시아 언어의 대부분은 그들의 용어로 마트mat, 즉 외설어가 장악했다 해도 과언이 아니니까.[2] 또한 세르비아와 슬로베니아, 크로아티아, 보스니아, 마케도니아 사람들은 jebem ti mater("네놈의 어미와 씹하리")라는 표현을 모두 알아듣는다. 대개는 자국어가 서로 다른데도 말이다. 1950년대와 1960년대 초 희극배우 레니 브루스는 페나빈의 논리, 즉 상소리가 없어지면 성적 억압과 인종주의, 폭력도 종식되리라는 발상을 뒤집었다. 대부분의 정기 공연에서 브루스는 자신이 청교도주의를 바라보는 관점을, 정확히는 성생활을 죄책감 없이 즐기지 못하도록 가로막는 청교도적 교리에 대한 자신의 시각을 청중에게 알리기 위해 노력했다. 일명 「to는 전치사요 come은 동사로다」라는 공연[3]에서 그는 이른바 정중한 사회의 이중적 잣대에 의문을 제기했다. 인종주의나 폭력, 불관용, 즉 브루스의 관점에서 '진정한 외설'인 것들에 대해서는 이렇다 할 반감 없이, 심지어 때로는 기꺼이 논의하면서, 극도로 즐거운 화제들에 대해서는 논의조차 금기시하는 사회적 분위기에 제동을 걸고 나선 것이다.

브루스는 한 공연에서 타인에게 상처를 주는 인종비하어의 힘을 누그러뜨리려 시도했다. 「오늘 여기 오신 분 중에 혹시 깜둥이 계신가요?」라는 제목의 그 유명한 공연[4]에서 브루스는 청중을 빤히 쳐다보더니 비하의 대상으로 낙인찍힌 사람들을 세는 시늉을 했다. "어디 보자. 유대 놈kike 둘, 깜둥이nigger 셋, 스페인어 쓰는 놈spic 하나. 아일랜드 놈mick 하나, 아일랜드 놈 또 하나, 스페인어 쓰는 놈 하나, 촌스럽고 우둔하고 냄새나고 성마른 검둥이boogie 하나." 브루스의 입에서 나오는 각종 인종비하어는 발언이 거듭될수록 무의미한 단어들로 이뤄진 시의 운율처럼 들리기 시작하더니 잠깐 동안, 그 단어들 본연의 자극성을, 타인을 낙인찍고 폄하하는 능력을 상실했다.

HOLY SHIT

이것은 좋은 현상일까? 우리도 분발하여 나름대로의 방식으로 브루스가 달성한 목표를 향해 나아가야 할까? 씹할, 개소리는 그만두자. 우리가 혐오를 표현하는 단어들을 근절한다고 해서 혐오라는 감정 자체가 사라져 갈등이라곤 없는 세상이 오지는 않을 것이다. 사회주의적 유토피아는 차치하고서라도 말이다. 상소리가 없는 세상은 공격이나 증오, 갈등이 없는 세상이 아니라, 그러한 감정들을 완화시키고 해결할 핵심 수단을 빼앗긴 세상이 될 공산이 크다. 상소리는 사람들이 물리적 폭력을 행사하지 않고도 부정적인 감정을 표현하게 해주는 중요한 안전장치인 것이다. 물론 그 안전장치가 고장 날 때도 있다. 그렇지 않다면 '도발적 언어'라는 법적 카테고리가 존재할 리 만무할 테니까. 그러나 비속어는 실질적인 물리적 접촉 없이 폭력에 가까운 효과를 거두기에 가장 적합한 수단이다. 비속어는 카타르시스를 제공한다. 다른 언어는 할 수 없는 독자적인 방식으로 가슴에 맺힌 응어리를 풀어주는 것이다. 비속어를 잃으면 우리에게 남는 수단은 오직 주먹과 총뿐이다.

하지만 비속어가 사라질 가능성은 거의 없어 보인다. 상소리가 범람하는 시대를 사는 우리는 기실 레니 브루스가 원하던 목표에 적어도 조금은 가까워지는 중인지도 모르니까. 인터넷에 올라온 그 모든 상말하는 앵무새는 지금 이 세상에 존재하는 몇몇 최악의 외설어가 조성하는 긴장감을 상당히 효과적으로 약화시키고 있는 듯하다. fuck이란 표현을 더 자주 듣거나 사용할수록 그 말이 줄 수 있는 충격이나 불쾌감은 희미해진다. 고대 로마인들에게 성기는 고도의 긴

장감을 조성하는 금단의 신체 기관이었고 이러한 분위기를 우리는 그들의 언어에서 읽어낼 수 있다. 라틴어로 생식기는 veretrum(두려운 부위) 혹은 verecumdum(수치스러운 부위)이기 때문이다. 오늘날 미국에서 생식기를 지칭하는 은어는 고작 쓰레기를 뜻하는 junk다. 우리는 다른 부류의 비속어, 그러니까 종교적 서약어가 자극성의 대부분을 상실하는 과정을 지켜보았다. 르네상스 시대를 시작으로 이 언어들의 힘이 약해지면서 성적인 외설어가 권력의 고삐를 움켜쥐었다. 이제는 섹스와 배설물 관련 외설어마저 차츰 덜 금기시되어가는 분위기다. 이를 대체할 새로운 비속어가 우리 앞에 나타날까? 비속어에는 과연 어떤 미래가 기다리고 있을까?

섹스와 배설물에 관련된 용어들도 언젠가는 오늘날의 종교적 서약어처럼 힘이 빠져버릴지도 모른다. 하지만 보아하니 멸칭은 강력한 외설 언어로 살아남을 듯하다. 멸칭처럼 사람이나 사물의 대표적 특징을 단 한 단어에 응축해 표현하는 행위는 점점 더 금기시되고 있다. 그 특징은 인종일 수도 있고, 정신적 예민함(저능아retard)이나 신체적 장애(병신cripple), 몸집(뚱보fat)일 수도 있다. 하지만 인종 멸칭은 영어에서 가장 대중적이면서도, 외설 동사에 비해 사용 범위가 제한적이다. fuck에는 있는 문법적 유연성이 결여돼 있다는 뜻이다. shit에 비해서도 비슷한 성질을 드러낸다. 영어에서 가장 자극적인 멸칭은 적어도 지금까지는 그것의 지시적 의미와 매우 밀접하게 연관돼 있다. nigger는 거의 항상 흑인이나 아프리카계 미국인을 지칭한다. 혹은 인종이 달라도 '검은 피부색을 가졌다고 인식되는 이들에게 적용된다. 이와 대조적으로 영미권 외설어의 대부분은, 앞서 살펴보았다시피 비문자적 의미로 사용될 수 있다. 그러니 모를 일이다. 이러한 멸칭들이 더 강력한 외설어로 입지를 굳히고 나면 다른 외설어들과 마찬가지로 지시적인 기능을 점차 상실하게 될는지도. 언젠가 nigger와 paki가 fuck과 마찬가지로 그저 강렬한 감정을, 긍정적으로든 부정적으로든 표현하는 수단으로 변질될 수도 있다. 더 이상비하의 의미를 상기시키지 않게 될 수도 있다는 뜻이다. 심지어 언젠가는 damn you와 같은 형식으로 쓰이게 될지도 모른다. 마치 fuck you처럼 nigger you라는 표현도 생겨날지 모른다는 얘기다. 당연히 의미는 훨씬 더 모호해질 것이다. 하지만 수백 년간 영어에는 동사의 문법적 유연성을 필요로 하지 않는 상소리도 존재해왔다. 이는 곧 멸칭들이 by God's bones와 같은 서약어처럼 쓰이게 될 가능성도 있다는 이야기다. 22세기의 영어 사용자들은 "저능아의 발가락을 두고by the retard's toes"라는 상소리를 하게 될지도 모를 일이다.

아니면 전적으로 새로운 금기의 영역이 생겨나, 이를 바탕으로 완전히 새로운 범주의 상소리용 동사들이 만들어질 수도 있다. 인간의 수명이 늘고 건강이 향상될수록, 25세처럼 보이고 행동하기 위해 애쓰는 50세가 많아질수록, 생을 마감한다는 것이 덜 자연스러운 과정으로, 피하려면 피할 수도 있는 불공정하고도 음울한 비극으로 비칠수록, 죽음 자체가 외설로 여겨지게 될지도 모르겠다는 생각이 든다. 대부분의 사회에는 죽음과 관련해, 그러니까 시체를 다루는 법이라든가 망자의 이름을 부르는 법, 상중에 해도 되는 일과 해서는 안 되는 일 등에 관해 예로부터 전해 내려오는 일련의 복잡한 규칙들이 있다. 그러나 굉장히 개괄적으로 일반화시키자면, 이러한 '전통' 문화 속에는 죽음을 슬프기는 해도 자연스럽고 불가피한 현상으로 받아들이는 사회 분위기가 녹아들어 있다. 오늘날 미국과 영국 문화에서는 죽음을 금기시하는 경향이 대체로 미미하다. 그저 죽음을 완곡어로 에둘러 표현하기를 선호하고—가령 '죽다die'보다는 '돌아가다pass away'가 더 정중한 표현이다—죽은 사람들에 관해 일반적으로 불편한 감정을 느끼는 정도다. 죽음을 금기시하는 경향은 우리가 스스로를 속일 때, 그러니까 말단소체가 떨어져나가는 것을 막든, 어유魚油 캡슐을 잔뜩 복용하고 음식은 하루에 1200칼로리 이하로만 섭취하든 해서 죽음을 '정복'할 수 있다고 믿으려 들 때 더 강력해진다. 그때 죽음과 시체는 새로운 외설어의 원료가 될 수 있을 것이다. 가령 "나가, 뒈져버려fuck off and die" 대신에 간단히 "죽어die"라고 말하는 풍조가 생겨날는지도 모른다.

이러한 논리는 한 가지 사실을 외면한다. 미국에서, 그리고 어느 정도는 영국에서도 꽤 많은 사람이 성스러움 쪽으로 다시 방향을 돌렸다는 사실 말이다. 복음주의 기독교도와 모르몬교도, 정통파 유대교도 들은 하나같이 '순결한' 혀를 지키기 위해 외설한 언어를 삼가려고 노력한다. 하지만 어쩌면 그들은 신의 이름을 공허하게 취하지 않기 위해 더 큰 노력을 기울이고 있는지도 모르겠다. 가령 옥스퍼드대 복음주의자 모임의 한 회원은 이렇게 썼다. "하느님의 이름을 공허하게 취하는 것은 기본적으로 하느님을 거스르는 일이다. (…)

HOLY SHIT

내게는 그런 식의 상소리가 무엇보다, 어쩌면 문제의 F가 들어가는 상소리보다도 더 불쾌하게 여겨진다." (이 모임의 회원들은 서약어와 외설어 사용을 양심적으로 꺼린 나머지 누군가를 모욕하거나 좌절감을 표현하고 싶을 때면 바지pants라는 용어로 아쉬움을 달랜다고 한다.) 혹시 모른다. 지금처럼 성을 금기시하는 경향이 옅어지다 보면 언젠가 저울의 무게가 다시 성스러움 쪽으로 쏠려 신에게 상처를 입히거나 신의 명예를 더럽히는 말들이 다시 가장 자극적인 언어로 등극하게 될지도. 종교개혁의 풍파를 막아낸 대다수의 가톨릭 국가에서는 여전히 서약어가 가장 강력한 비속어에 속한다. 가령 잘 알려진 바와 같이 캐나다의 퀘벡주에서는 sacre, 즉 종교적 서약어가 외설어보다 더 충격적으로 받아들여진다.[5] sacre의 기원은 가톨릭 미사를 구성하는 요소들이다. ostie는 제병을 뜻하는 hostie에서 왔고, tabarnak은 감실龕室 (재단에서 제병을 담아두는 장소)을 뜻하는 tabernacle에서 왔다. 또한 câlice는 성배를 뜻하는 calice에서, ciboire는 성합聖盒(감실 안에서 제병을 보관하는 용기)을 뜻하는 ciboire에서 왔다. 사크르와 사크르가 결합하여 자극성을 배가시킬 수도 있다. 가령 ostie de tabarnak[감실의 제병]처럼. 스페인어에서도 제병을 뜻하는 hostia는 극도로 자극적인 언어에 속한다. 더 피부에 와닿을 만한 예로는 "me cago en el copon bendito", 즉 "나는 축복받은 성배에 똥을 싼다"라는 구절을 들 수 있을 것이다. 그런가 하면 이탈리아어에서는 "porco Dio(하느님은 돼지)"와 "porca Madonna(마리아는 돼지)"라는 문구가 심각하게 불쾌한 표현으로 간주된다. 미래의 영어 사용자들도 다시금 그런 식의 종교적 서약어를 상소리로 사용하게 되지 말라는 법은 없다. 복음주의자들을 비롯한 여러 종교 단체의 영향력이 날로 증가하는 미국사회의 흐름을 볼 때 이는 충분히 가능한 시나리오다.

고로 다음번에 누군가 당신을, 가령 현금인출기 앞에서 너무 오래 꾸물거린다는 이유로 ———라고 부른다면, 흥분하지 말고 곰곰이 생각한 다음 고맙게 받아들이자. 혹 누군가 당신의 ——— ——— ——를 ———해버리겠다고 하느님에게 맹세(또는 상소리)할 때는, 아마도 달아나는 편이 좋을 테지만, 그때도 역시 조금은 행복해하기 바란다. 영어라는 언어에 그토록 유용한 단어가 그렇게나 많이 있어 그처럼 다양한 방식으로 사용될 수 있다는 사실에 감사하자. 그리고 혹시라도 응수해주고 싶은 마음이 들거든, 많고 많은 외설어나 서약어 중에서 당신의 목적을 달성하기에 가장 알맞은 용어를 선택한 다음, 그 아름다운 역사와 중요한 가치를 가슴 깊이 되새기며 자신 있게 내뱉어보는 것이다.

감사의 말

우선 어마어마한 열정을 발휘해 작업을 도와준 케이티 보일에게 감사한다. 또한 열과 성을 다해 편집에 임해준 팀 벤트에게도 감사의 뜻을 전한다. 그의 철저히 유용한 제안들 덕분에 책을 한결 나은 모습으로 세상에 내놓을 수 있었다. 누군가의 에이전트나 편집자가 된다는 것은 그 사람에 대한 상당한 신뢰를 요하는 일이라고 나는 생각한다. 나를 신뢰해준 두 사람에게 지면을 빌려 고마움을 전하고 싶다.

많은 이가 이 책의 원고를 읽거나 내 이런저런 질문에 답변해주었다. J. N. 애덤스, 에밀리 앨런 혼블로어, 마샤 블레이큰햄, 도러시 브레이, 클로이 브레이어, 조지 브라운, 크레시다 카월, 에드윈 크론, 메리 커스텍, 벤 파치니, 에밀리 파치니, 앤드리아 헤벌레인, 미할 벤-요세프 히르슈, 론 히르슈, 루스 마조 캐러스, 사이먼 커비, 다이

앤 애서도리언 매스터스, 톰 모어, 모니크 모건, 스티븐 오절, 로런스 푸스, 데이비드 리그, 캐럴린 세일, 그레그 숄, 그리고 책 제목을 지어준 린다 라베이에게 사의를 표한다.

마지막으로, '응가통 이야기'를 책으로 쓴다는 별난 엄마를 너그러이 이해해준 아이들과, 설익은 원고를 몇 번이고 기꺼이 읽어준 남편에게 고맙다고 말하고 싶다.

이 책을 쓰기 위해 어림잡아 4000여 년의 역사를 아우르며, 성서부터 법정 소송 기록, 신경과학 분야에 이르기까지, 그야말로 온갖 주제를 망라하는 동안 나는 1747년 새뮤얼 존슨이 사전 편찬 계획을 실행에 옮기며 느꼈다던 불안감에 절실히 공감했다. 그는 이렇게 토로했다. "그토록 긴 작업을 수행하는 동안, 빈번히 태만에 빠지지 않을 만큼 충분한 주의를 지속적으로 기울일 수 있을까? 빈번히 무지에 무릎 꿇지 않을 만큼 모든 분야에 관한 지식을 충분히 확보할 수 있을까? 나는 회의적이다. 가장 따뜻한 순간에도 나는 희망을 품을 수 없다. 예상하건대, 때로는 정확성에 대한 욕망이 나를 충동질해 불필요한 설명을 양산할 것이고, 때로는 장황함에 대한 두려움이 나를 배반해 꼭 필요한 설명을 누락시킬 것이다. 그 다양하고도 광활한 영역을 탐색하는 동안 나는 종종 길을 잃고, 복잡함의 미로에 갇혀 옴짝달싹할 수 없게 될 것이다. 정확함을 넘어 결벽으로 치달을 때도 있을 것이고 명백함을 넘어 구구절절한 증거들을 늘어놓을 때도 있을 것이다. 그럼에도 나는 희망을 버리지 않는다. 추측의 불확실함과 지식의 부족함, 기억의 불완전함, 주의력의 불안정함을 인지한 상태에서, 오류의 원인들과 그 오류를 피하는 수단들을 비교할 수 있고, 기술의 한계와 인간의 능력을 비교할 수 있는 사람들이 내 이 계획의 가치를 인정해주리라는 희망을. 그리고 나의 분투가 어떤 결과로 이어지건, 지금 이 글을 읽는 친애하는 독자의 관심이라는 영광을 내게 가져다준 이 도전을 나는 섣불리 후회하지 않을 것이다."

옮긴이의 말

차마 입에 담을 수 없는 말이란 무엇일까? 사람들은 종종 이야기한다. 어떻게 그런 말을 입에 올릴 수 있느냐고. 해도 되는 말과 해선 안 되는 말이 따로 있는 거라고. 과연 나쁜 말이란 무엇일까? 우리가 듣고 웃어넘길 만한 말은 무엇이며, 들었을 때 우리를 아연하게 하고 불쾌감이나 모멸감을 느끼게 만드는 말은 무엇일까?

대부분의 사람은 아마도 욕설이나 비속어, 상소리를 떠올릴 것이다. 표준국어대사전의 정의에 따르면 욕설은 "남의 인격을 무시하는 모욕적인 말 또는 남을 무시하는 말"을 뜻하고, 비속어는 "격이 낮고 속된 말", 상소리는 "거칠고 상스러운 말이나 소리"를 뜻한다. 이 같은 정의를 놓고 볼 때 욕설은 상대의 심기를 거스른다는 사실에, 비속어와 상소리는 말 자체가 지닌 불량하고 저속한 성질에 방점이 찍혀 있는 듯하다. 그런데 세 용어 사이에는 공통적인 특징이 하나 있

HOLY SHIT

다. 바로 말하는 이와 듣는 이를 좋은 쪽으로든 나쁜 쪽으로든 극단의 감정으로 몰아넣는다는 점이다. 욕설이나 상소리를 내뱉으며 화자가 느끼는 감정은 좋게는 카타르시스일 수 있고, 나쁘게는 죄책감이나 수치심, 자괴감일 수 있다. 청자가 느끼는 감정은 대개 나쁜 쪽, 그러니까 분노나 모멸감일 테지만, 경우에 따라 해방감이나 야릇한 재미 혹은 즐거움을 느끼는 이들도 있을 것이다.

『HOLY SHIT』은 영어 상소리라는 이 미묘하게 이중적이고 금기시되는 영역을 학술적이고 객관적인 용어를 사용해 친절하고도 직설적으로 설명하는 책이다. 저자는 질문을 던진다. 상소리란 무엇인가? 사람들은 어떤 순간에 상소리를 내뱉는가? 왜 상소리는 사람들에게 마지막 순간까지 가장 강렬하게 기억되는 언어인가? 예로부터 지금까지 사람들은 어떤 말과 행동을 상스럽게 여기고 금기시해왔는가? 시대의 흐름에 따라 금단의 영역은 어떻게 변화해왔는가? 현대인은 정말 현대인은 예법을 중시하던 옛사람들에 비해 상소리가 난무하는 시대를 살고 있는가?

이 질문들에 대답하는 과정에서 멀리사 모어는 그리스·로마 시대부터 중세와 르네상스, 빅토리아 시대를 거쳐 현대에 이르기까지 영어 상소리의 기원과 용법, 의미를 차근차근 파헤쳐간다. 그 중심에는 종교와 관련된 서약어, 섹스나 배설 등 금기의 영역과 관련된 외설어가 있다. 모어는 또한 과거에 사람들을 경악케 했던 표현들이 이제는 힘을 상실하고 그 자리를 인종이나 민족을 비하하는 멸칭이 차지하게 된 역사적 배경과 경위에 대해 설명한다. 때로는 담담하고 차분하게, 때로는 불경하고 발칙하게.

그러다 보니 번역 작업은 종종 암초에 부딪혔다. 물론 그간 많지 않은 책을 우리말로 옮기며 쉽다고 느낀 적은 단 한 번도 없지만, 이번 책은 다른 의미에서 풀기 어려운 숙제였다. 상소리라는, 생소하고도 익숙하여 오히려 난감한 주제를 다루고 있기 때문이다.

일차적인 어려움은 당연하게도 두 언어의 차이에서 비롯되었다. 상소리의 비속한 정도를 저울에 달아 무게를 측정한다고 가정했을 때 다양한 영어 상소리와 같은 무게를 지닌 우리말 비속어를 찾아내야 했다. 문화적으로나 역사적으로나 상이한 두 언어 사이에서, 꼭 같지는 않더라도 유사한 의미와 효과를 지닌 어휘를, 그것도 비속어를 찾아내는 일은 당초 각오했던 것 이상으로 까다로운 작업이었다. 사전적 의미가 같다 해도 정서적 결은 다를 수 있고, 그에 따른 미묘한 차이를 감안하여 최선의 번역어를 골라내야 했다. 무엇이 자연스러운 번역인지 스스로 가늠하기 어려웠고, 막연히 색다르고 재미있을 것 같다는 생각에 번역 제의를 덜컥 수락해버린 과거의 나를 조용한 곳에 따로 불러 따끔하게 혼내주고 싶을 때도 있었다.

무엇보다 알고 있는 상소리가 많지 않았다. 평소에 혼자 있을 때조차 상소리를 입에 올리면 죄책감에 시달리는 심약한 성격인 까닭에 자연스러운 상소리에 대한 감각이 여러모로 부족했다. 책과 기사, 인터넷에 떠도는 글을 포함한 각종 텍스트와 이런저런 매체에서 본 말들, 그리고 공공장소에서 소리로, 낙서로 접한 단어나 어구 들을 최대한 기억에서 끄집어냈고, 검색이라는 도구를 빌려 나름대로 최선을 다했지만 번번이 한계를 맞닥뜨려야 했다. 본문의 표현을 빌리자면 에라스뮈스의 '풍부함의 원칙'에 위배되는 상황이었다고 할까.

어렵사리 번역어를 결정한 뒤에도 난관은 남아 있었다. 나쁜 말을 그저 생각하는 일과, 그 의미를 곱씹으며 한 자 한 자 글로 옮겨 적는 일 사이에는 예상보다 더 큰 간극이 존재했던 것이다. 머릿속에 맴돌 때의 상소리는 그저 막연한 이미지에 지나지 않았지만, 구체적인 텍스트로 옮겨지는 순간 상소리가 동반하는 죄책감과 수치심의 무게는 고스란히 마음의 짐으로 더해졌다. 마치 죄가 되지 않는 죄의 물리적 증거를 굳이 자청해 남기며 불필요한 죄책감에 시달리는 듯한 얄궂은 기분이었다. 또한 영문으로 읽을 때는 별다른 감흥을 불러일으키지 않던 비속어도 막상 우리말로 옮겨 적으면 훨씬 더 강렬한 충격으로 다가왔다. 외국어로 읽으면 피상적이고 건조하게 느껴지는 학술용어가 우리말로 읽으면 더 구체적이고 생생하게 와닿는 것처럼. 이는 비단 나같이 답답한 부류에만 해당되는 이야기는 아닐 것이다. 설혹 상소리를 입버릇처럼 달고 사는 사람이라도 평소 부지불식간에 내뱉던 비속어들을 막상 활자로 기록해 책이라는 물리적 결과물로 남기는 작업에 대해서는 부담을 갖지 않을 수 없을 테니까.

시대의 흐름에 따른 상소리의 의미와 용법 변화를 한글 번역문에 어떻게 반영할 것인지도 고민해야 했다. 가령 shit은 원래 배설과 관련된 의미로 쓰이다 점차 본래의 의미와 동떨어진 간투사로 변화했다. 영문으로는 하나같이 shit이지만 문맥과 시대적 배경에 따라 전혀 다른 의미와 용법으로 읽히게 된 것이다. 책의 특성을 살리기 위해 번역문이 조금 어색해지더라도 단어를 본래의 뜻에 최대한 가깝게 번역하기로 나름의 원칙을 세워두긴 했지만, 이처럼 현대에 가까워질수록 의미가 변화하는 비속어에 대해서는 일관성과 유연성 사이의 갈림길에서 번번이 갈팡질팡해야 했다. 이제는 사라진 과거의 비속어도 골칫거리였다.

어쨌건 이런 과정을 거쳐 내가 선택한 번역어들이 모든 사람을 만족시킬 수는 없을 것이다. 누군가에게는 싱겁거나 밋밋하게 느껴질 것이고, 다른 누군가에게는 너무 상스럽거나 낯 뜨겁게 느껴질 것이다. 또 다른 누군가는 뜬금없거나 유치하다고 느낄 수도 있다. 사람마다 자연스럽게 구사하는 용어와 어법이 다양하고, 언어에 대한 감수성 역시 제각각일 테니까. 고로 멀리사 모어처럼 나도 독자의 너그러운 양해를 바랄 뿐이다.

그럼에도 불구하고 큰 틀에서 살펴보면 영어 상소리와 우리말 상소리에는 비슷한 점이 꽤 많다. 태생적으로나 환경적으로나 우리말과는 다른 언어임에도, 책을 읽는 동안 고개가 끄덕여지는 문장이 적지 않았다. 그러다 보니 작업을 이어가는 동안 또 다른 의문이 생겼다. 우리의 상소리는 어떤 길을 걷고 있을까? 현대의 한국인도 영어 사용자들이 생각하듯 상소리가 난무하는 시대를 살고 있을까? 또한 비속어는 과연 그토록 위험한 언어일까? 우리가 사는 이 시대, 이 사회에는 비속어보다 더 위험한 것이 오히려 더 많이 존재하는 게 아닐까? 진정한 막말이란 과연 무엇일까? 한 가지 확실한 것은,

HOLY SHIT

예나 지금이나 우리도 영미권 사람들 못지않게 다양한 상소리를 시대와 상황에 따라 적절히 변주해가며 사용해왔다는 점이다. 언어적 감수성은 모두 같을 수 없으므로 각자가 선호하는 상소리의 종류나 강도는 서로 다를 테지만, 그 모든 상소리가 슬픔이나 한, 울분, 환희와 같은 감정을 어떤 언어보다 더 강렬하게 표출하는 도구라는 점은 누구에게나 적용되는 분명하고도 한결같은 사실이다.

다만 사람들에게 강렬한 인상을 남기는 상소리는 시대의 흐름에 따라 변화해왔다. 예와 풍습을 중시하던 과거에는 말의 외형, 즉 비속어 자체에 무게가 더 실렸지만 현대에 가까워질수록 말의 속뜻에 따라 상소리의 강도 혹은 불쾌감의 무게가 달라지는 듯하다. 문제시되는 상소리의 내용에도 변화가 있었다. 과거에는 불효나 불충 같은 유교 윤리적 결함이나 성적 문란함 등을 비난하는 표현이 주를 이루었고 사람들에게 던지는 충격도 더 강했던 반면, 타인의 신체적·정신적 특성이나 차이를 모티프로 하는 상소리는 그다지 큰 파장을 일으키지 못했다. 하지만 오늘날에는 점차 사회가 다변화하고 개인의 중요성이 강조되면서 다름을 인정하는 분위기와 더불어, 사회적 약자와 소수자를 공격하는 용어나 발언의 심각성을 더 무겁게 인식하는 기류가 형성되기 시작했다. 가령 과거에는 깜둥이나 병신이라는 표현이 비록 나쁜 말일지언정 공공의 지탄을 받을 만큼 반사회적인 발언은 아닌 것으로 받아들여졌지만, 오늘날에는 특정 인종과 장애인을 비하하는 발언으로 날카롭고도 엄중하게 인식된다. 최근 젊은 이들 사이에서 흑인을 친근하게 일컫는 표현으로 널리 쓰이던 흑형이라는 단어도 얼마 전 어느 텔레비전 프로그램에서 한 아프리카 출신 방송인이 불편한 감정을 조심스레 내비친 일을 계기로 그 낱말에 잠재된 인종비하적 의미가 사회적으로 재평가되는 분위기다. 내로라 하는 사회 지도층 인사가 대학생들을 대상으로 한 강연에서 흑인을 비하하는 듯한 발언을 했다가 빈축을 사는가 하면, 특정 인종이나 민족, 직업, 성별을 모티프로 분장하고 말투를 희화화하는 연예인이 대중의 뭇매를 맞기도 한다. 반면 과거에 강력하게 금기시되던 주제, 그러니까 성적인 내용을 암시하는 비속어들은 이제 버스 안 십대들의 대화나 인기 래퍼의 노래 가사에서도 어렵지 않게 들을 수 있게 되었다. 그것들을 건전하고 바람직한 언어로는 인정하지 않을지라도, 참고 들어 넘길 수 있는 언어로는 용인하는 분위기가 조성된 것이다.

요컨대 해도 좋은 말과 해서는 안 될 말의 기준은 변화하고 있다. 이제 소위 정중한 사람들은 용어의 저속함보다 내용의 잔인함이나 무례함에 더 주목한다. 상소리에도 '공감 능력'과 '예민한 감수성'이 필요한 시대가 도래한 것이다. 타인의 상처를 깊이 이해하여, 그들의 아픔을 건드리지 않고도 스스로의 감정을 해소하거나 표출할 줄 아는 섬세함. 어쩌면 이는 개인의 삶과 정체성이 점점 더 중요해지는 이 시대에 가장 필요한 능력인지 모른다. 무리 안에서도 결국 혼자일 수밖에 없는 현대인의 영혼을 간접적으로나마 보호하고 어루만지는 암묵적 안전장치일지도 모른다는 이야기다. 이러한 감수성이 없이는 자신도 모르는 사이에 타인에게 혼자서는 감당하기 어려운 고통과 상처를 안기게 될 테고, 상처받은 개인은 자신의 고통을 또 다른 타

HOLY SHIT

인에게 가감 없이 드러낸다. 그렇기에 현대의 개인들은 그 어느 때보다 더 외로운 존재들이며, 그만큼 공동체의 울타리도 허술하여 무너지기 쉽다.

돌아보면 색다르고도 난감한 여정이었다. 믿거나 말거나 나는 살면서 타인의 면전에서 상소리를 시원하게 내갈겨본 경험이라곤 없는, 적어도 언어생활에 있어서만큼은 답답하리만치 고지식한 인간이니까. 물론 남몰래 조용히 웅얼거릴 때는 있다. 울컥 화가 치밀 때나 감정을 터놓을 곳이 없어 막막할 때면, 조용히 입안으로 욕설을 삼키거나 아무도 없는 데서 소심하게 내뱉어보는 것이다. 하지만 그럴 때조차 나는 끊임없이 주변을 의식한다. 듣는 사람이라고는 나 혼자뿐인 상황에서도 괜한 수치심과 뜻 모를 죄책감에 시달리는 것이다. 하지만 이런 나조차도 일단 상소리를 내뱉고 나면 가슴속 응어리가 얼마간 풀리는 듯한 후련함을 느낀다. 그러니 어쩌면 대부분의 사람에게는 비속어나 욕설이 묵은 감정의 찌꺼기를 털어내고 마음의 짐을 덜게 해주는 가장 확실한 수단일 것이다. 멀리사 모어의 표현을 빌리자면, 상소리는 마치 망치로 못을 박듯 속마음을 간결하고도 정확하게 표현하기에 가장 알맞은 도구라는 뜻이다. 소위 건전한 말 여러 마디보다 상소리 한두 마디가 때로는 더 크나큰 위로를 건넬 수도 있는 법이다. 물론 상소리가 답답하고 억울한 감정을 해소하는 유일한 수단은 아닐 것이다. 하지만 이렇듯 부분적으로나마 다른 단어들에는 기대하기 어려운 긍정적인 효과를 줄 수 있다면 그 가치만큼은 인정해야 하지 않을까?

어쩌면 차마 입에 담을 수 없는 말 따위는 존재하지 않는지도 모른다. 생김새가 다르다고 해서 '사람'이라는 본질이 달라지지 않듯, 상소리라고 해서 그것이 사물이나 생각, 감정을 표현하는 언어적 수단이라는 사실이 달라지지는 않는다. 다만 지시대상을 있는 그대로 드러내느냐, 실제보다 아름답게 꾸미느냐, 아니면 오히려 더 추악해 보이도록 더럽히느냐 하는 차이만 있을 뿐이다. 또한 꾸미거나 더럽힌다는 것은 결국 무언가를 좋은 쪽으로든 나쁜 쪽으로든 위장한다는 뜻이다. 그리고 아름다움과 추함의 기준은 시대의 흐름에 따라 변화하게 마련이다. 오늘을 사는 우리가 한껏 고상하게 치장한 표현이 먼 훗날의 사람들에게는 한낱 우스꽝스러운 허식으로 읽힐 수도 있다. 빅토리아 시대의 기준에서는 우아하고 지적인 완곡어들이 현대의 기준에서는 비상식적이고 과장된 겉치레로 읽히는 것처럼. 그러니 모를 일이다. 지금 우리가 혐오해 마지않는 비속어의 위상도, 시간이 흐르고 흐르면 그저 익살스러운 어휘쯤으로 변화할지도. 실제로 과거에는 거칠고 외설하게 여겨졌을지 모를 많은 비속어가 지금은 그저 상황을 장난스럽게 강조하는 표현쯤으로 가볍게 받아들여지니 말이다.

결국 시대를 뛰어넘는 비속어, 영원히 나쁘기만 한 말 같은 건 없을지도 모른다. 어제의 고운 말이 오늘은 강자의 비열함으로 비칠 수 있고, 오늘의 거친 말이 내일은 약자의 절박함으로 이해될 수도 있다. 중세의 종교재판에서 잔인한 형벌을 선고하던 사제들의 입에서 나온 고결한 그 낱말들은 과연 성스러운 언어였을까? 끔찍한 고문으로 죽어가던 사람들이 고통을 견디다 못해 내뱉은 단말마 같은 비속어는 과연 상스러운 언어였을까? 물론 상소리는 표면적으로 아름다운 언어가 아니다. 바람직하고 널리 권장할 만한 언어도 아닐 것이다. 하지만 상소리의 이면에는 그저 '나쁜 말'이라는 틀 안에만 가둬두기에는 복잡하고 미묘한 무엇이 있다. 바닥에 흐르는 숨은 뜻, 우리가 모르는 순기능이 있을지 모른다는 이야기다. 판단은 각자의 몫이다. 화자가 고운 말을 쓰건 거친 말을 쓰건 듣는 사람은 그의 표정과 몸짓, 말투와 행동 등을 기준으로 결국 그 안에 담긴 진심 혹은 저의를 읽어낸다. 중세의 그 고매하신 사제들이 훗날 종교재판의 가해자로 역사의 재평가를 받게 된 것처럼, 비록 시간이 걸리더라도 결국 본질은 드러나게 마련이다.

그러니 경계심은 잠시 내려놓아도 좋겠다. 적어도 이 책을 읽는 동안만큼은 상소리라는, 가까이하기엔 거칠고 멀리하기엔 어쩐지 매혹적인 그 언어가 구축해온 독특한 세계를 그간의 고정관념일랑 잠시 접어둔 채 담담한 시선으로 들여다보는 것이다. 잠시 숨을 고른 채 한 발짝 물러서서 그 비속한 말들이 들려주는 진실에 가만히 귀를 기울여 보자. 우리가 진짜 날을 세울 대상은 어쩌면 상소리 자체가 아닐 테니까. 중요한 것은 결국 그 말을 사용하는 사람의 속마음, 그가 거친 표현 뒤에 수줍게, 혹은 음흉하게 감춰둔 의도와 진심일 것이다.

주

서문

1. S. Dieguez and J. Bogousslavsky, "Baudelaire's Aphasia: From Poetry to Cursing," *Neurological Disorders in Famous Artists*, ed. J. Bogousslavsky and M. G. Hennerici (New York: Karger, 2007), 2:135.

2. Steven Pinker, *The Stuff of Thought: Language as a Window into Human Nature* (New York: Viking, 2007), 339.

3. "You are all a bunch": Timothy Jay, *Cursing in America: A Psycholinguistic Study of Dirty Language in the Courts, in the Movies, in the Schoolyards and on the Streets* (Philadelphia: John Benjamins, 1992), 11.

4. *Federal Communications Commission v. Fox Television Stations*, 556 U.S. 502; 129 S. Ct. 1800; 173 L. Ed. 2d 738 (2009). 2012년 법원은 연방통신위원회가 스쳐 지나가는 욕설을 규제해도 무방하나 심의 규정을 재검토해야 한다면서 이 사건을 다르게 해석했다. 방송 심의가 합헌인지 여부에 관해서는 다시 심의하지 않았다.

5. Jess Bravin and Amy Schatz, "Don't Read His Lips—You Might Be Offended," WSJ.com, November 4, 2008, 연방통신위원회의 욕설에 관한 논의를 비판함; Timothy Jay, "Do Offensive Words Harm People?" *Psychology, Public Policy, and Law* 15, no. 2(2009): 81–101; 92; Adam Freedman, "Gentleman Cows in Prime Time," *New York Times*, May 3, 2009.

6. William Osler, "On the Form of Convulsive Tic Associated with Coprolalia, Etc.," *Medical News* LVII, no.25 (December 20, 1890): 646; Hélio A. G. Teive et

al., "Historical Aphasia Cases: 'Tan-tan,' 'Vot-vot,' and 'Cré Nom!'" *Arquivos de Neuro-Psiquiatria* 69, no. 3 (June 2011): 555-558.

7. Geoffrey Chaucer, "The Tale of Sir Thopas," *The Riverside Chaucer*, ed. Larry Benson, 3rd ed. (Boston: Houghton Mifflin, 1987), 2119-2120. 이후 모든 초서의 글은 이 판본에서 인용했다.

8. Geoffrey Hughes, *An Encyclopedia of Swearing: The Social History of Oaths, Profanity, Foul Language and Ethnic Slurs in the English-Speaking World* (Armonk, NY: M. E. Sharpe, 2006), 222에서 인용.

9. Pinker, *Stuff of Thought*, 369.

10. Randall Kennedy, *Nigger: The Strange Career of a Troublesome Word* (New York: Vintage, 2003), 27-30.

11. "Profanity," OED 온라인에서 인용.

12. Samuel Johnson, "The Lives of the English Poets: Pope," *Works* (London: J. Nichols and Son, 1810), XI:195.

13. Allie Townsend, "Study: Kids Swearing Earlier than Ever," *Time NewsFeed*, September 22, 2010, http://newsfeed.time.com/2010/09/22/study-kids-swearing-earlier-than-ever, 2012년 8월 1일에 접속.

14. Henry Digby Beste, *Personal and Literary Memorials* (London: Henry Colburn, 1829).

15. James O'Connor, "What's Wrong with Swearing," CussControl.com, 2012년 8월 1일에 접속.

16. "Swearing Teen Fiction Characters Have It All," *Times of India* (온라인), June 27, 2012.

17. Sue MacGregor, "This Culture of Swearing Curses Us All," *Daily Mail Online*, June 14, 2006, dailymail.co.uk.

18. Lee Siegel, "What the Internet Unleashes," in "Why Do Educated People Use Bad Words?" *Room for Debate* (blog), *New York Times*, April 12, 2010.

19. Timothy Jay, "The Utility and Ubiquity of Taboo Words," *Perspectives on Psychological Science* 4, no. 2 (2009): 153-161.

1장

1. Martial, *Epigrams*, ed. and trans. D. R. Shackleton Bailey, Loeb Classical Library 480, 3 vols. (Cambridge, MA: Harvard University Press, 1993), 3.82. 이 장의 영역 대부분은 라틴어 그대로 러브에서 발행한 판본에 의거했다. 이 엉성한 번역은 내가 한 것이지만.

2. J. N. Adams, *The Latin Sexual Vocabulary* (Baltimore: Johns Hopkins University Press, 1982), 63; David M. Friedman, *A Mind of Its Own: A Cultural History of the Penis* (New York: Free Press, 2001), 25.

3. 이 '6대 비속어' 목록은 다음에서 가져왔다. Ruth Wajnryb's *Expletive Deleted: A Good Look at Bad Language* (New York: Free Press, 2005), 55. 제프리 휴지스가 꼽은 비속어는 shit, piss, fart, fuck, cock, cunt로 좀 차이가 있다. Geoffrey Hughes's *Swearing: A Social History of Foul Language, Oaths and Profanity in English* (Oxford: Blackwell, 1991), 20.

4. Alastair Minnis, "From Coilles to Bel Chose: Discourses of Obscenity in Jean de Meun and Chaucer," in *Medieval Obscenities*, ed. Nicola McDonald (Woodbridge, Suffolk: York Medieval Press, 2006), 156; Jan M. Ziolkowski, "Obscenity in the Latin Grammatical and Rhetorical Tradition," in *Obscenity: Social Control and Artistic Creation in the European Middle Ages*, ed. Jan M. Ziolkowski (Leiden: Brill, 1998), 44.

5. *Cassell's Latin Dictionary*, ed. D. P. Simpson (New York: Macmillan, 1968).

6. Jeffery Henderson, *The Maculate Muse: Obscene Language in Attic Comedy* (New York: Oxford University Press, 1991), 3.

7. 우리가 로마인에 대해 가지고 있는 다른 이미지는, 검투사 싸움에서 피를 부르짖는 섹스에 미친 타락한 자들의 이미지다. 이 역시 그리 낯설게 들리지는 않는다.

8. Wajnryb, *Expletive Deleted*, 67; John Ayto, *Word Origins*, 2nd ed. (London: A. & C. Black, 2005).

9. Adolf Zauner, *Die romanischen Namen der Körperteile* (Erlangen: Junge & Sohn, 1902), 186.

10. Nicholas Ostler, *Ad Infinitum: A Biography of Latin* (New York: Walker, 2007), 138–143.

11. "Cunt," *OED* 온라인, 2012년 6월.

12. Russell Ash, Morecock, *Fartwell & Hoare: A Collection of Unfortunate but True Names* (New York: St. Martin's Press, 2007), 100; Geoffrey Hughes, *An Encyclopedia of Swearing: The Social History of Oaths, Profanity, Foul Language and Ethnic Slurs in the English–Speaking World* (New York: M. E. Sharpe, 2006), 110.

13. Antonio Varone, *Erotica Pompeiana: Love Inscriptions on the Walls of Pompeii*, trans. Ria P. Berg (Rome: L'Erma di Bretschneider, 2002), 80.

14. Ibid., 80.

15. Ibid., 60.

16. John Younger, *Sex in the Ancient World from A to Z* (New York: Routledge, 2005), 75.

17. Martial, *Epigrams*, 10.90.

18. *Corpus Inscriptiones Latinarum* IV 3932; Varone, *Erotica Pompeiana*, 134–135.

19. Adams, *Latin Sexual Vocabulary*, 231–239.

20. 나는 여기서 merda를 러브에 번역된 'filth'[오물, 쓰레기]로 옮기는 대신, 'shit'으로 옮겼다. 마르티알리스가 경구시 말미에 merda를 씀으로써 주려고 했던 약간의 충격을 더 잘 전달하는 듯 보였기 때문이다. *Epigrams*, 3.17.

21. Richard Neudecker, *Der Pracht der Latrine: zum Wandel öffentlicher Bedürfnisanstalten in der kaiserzeitlichen Stadt* (Munich: Verlag Dr. Friedrich Pfeil, 1994); Ann Olga Koloski-Ostrow, "Finding Social Meaning in the Public Latrines of Pompeii," *Cura Aquarum*, ed. Nathalie de Haan and Gemma C. M. Jansen (Leiden: Stichting Babesch, 1996), 79-86; Alex Scobie, "Slums, Sanitation, and Mortality in the Roman World," *Klio* 68 (1986): 399-433.

22. Miko Flohr, "Fullones and Roman Society: A Reconsideration," *Journal of Roman Archaeology* 16 (2003): 447-450.

23. Adams, *Latin Sexual Vocabulary*, 245-249.

24. Craig A. Williams, *Roman Homosexuality*, 2nd ed. (New York: Oxford University Press, 2010), 296-297.

25. Ibid., 28; Judith Harris, *Pompeii Awakened: A Story of Rediscovery* (London: I. B. Tauris, 2007), 122-123.

26. Varone, *Erotica Pompeiana*, 68. (perfututor에 대한 영어 번역어는 'mega-fucker' 다.)

27. 아우구스투스의 경구시는 마르티알리스의 경구시 중 하나에 등장한다. 11.20.

28. Adams, *Latin Sexual Vocabulary*, 19-22.

29. Ibid., 145-150.

30. Judith P. Hallett, "Perusinae Glandes and the Changing Image of Augustus," *American Journal of Ancient History* 2 (1977): 151-171.

31. Harris, *Pompeii Awakened*, 122.

32. Kenneth Dover, *Greek Homosexuality* (Cambridge, MA: Harvard University Press, 1989), 182-184.

33. Charlotte Brewer, *Treasure-House of the Language: The Living OED* (New Haven: Yale University Press, 2007), 205.

34. Martial, *Epigrams*, 1.90.

35. Adams, *Latin Sexual Vocabulary*, 96; Diana M. Swancutt, "Still Before Sexuality: 'Greek' Androgyny, the Roman Imperial Politics of Masculinity and the Roman Invention of the Tribas," in *Mapping Gender in Ancient Religious Discourses*, ed. Todd Penner and Caroline Vander Stichele (Leiden: Brill, 2007), 30; Werner Krenkel, "Tribaden," *Wissenschaftliche Zeitschrift der Wilhelm-Pieck-Universität Rostock* 38 (1989): 49-58.

36. 트리바스에 대한 로마인의 생각과 그들이 현실에서 어떤 식으로든 기준을 가지고 있었는지 여부에 관해 설명해온 학자들로는 Judith P. Hallett, "Female Homoeroticism and the Denial of Roman Reality in Latin Literature," in *Roman Sexualities*, ed. Marilyn Skinner and Judith P. Hallett (Princeton: Princeton University Press, 1997), 255-273을 포함해, Pamela Gordon, "The Lover's Voice in Heroides 15: Or, Why is Sappho a Man?" in *Roman Sexualities*, ed. Marilyn Skinner and Judith P. Hallett (Princeton: Princeton University Press, 1997), 274-291; Marilyn B. Skinner, *Sexuality in Greek and Roman Culture* (Oxford: Blackwell,

2005), 252–253; Bernadette J. Brooten, *Love Between Women: Early Christian Responses to Female Homoeroticism* (Chicago: University of Chicago Press, 1996) 등이 있다.

37. Fouad R. Kandeel and Jeannette Hacker, "Male Reproduction: Evolving Concepts of Procreation and Infertility Through the Ages," in *Male Reproductive Dysfunction: Pathophysiology and Treatment*, ed. Fouad R. Kandeel (New York: Informa Healthcare USA, 2007), 4; David M. Halperin, "Why Is Diotoma a Woman? Platonic Eros and the Figuration of Gender," in *Before Sexuality: The Construction of Erotic Experience in the Ancient Greek World*, ed. David M. Halperin et al. (Princeton: Princeton University Press, 1990), 278–279.

38. Ann Carson, "Dirt and Desire: The Phenomenology of Female Pollution in Antiquity," *Constructions of the Classical Body*, ed. James I. Porter (Ann Arbor: University of Michigan Press, 2002), 78–87; Adrian Thatcher, *God, Sex, and Gender: An Introduction* (Oxford: Wiley–Blackwell, 2011), 8–11, 29–31.

39. Holt N. Parker, "The Teratogenic Grid," in *Roman Sexualities*, ed. Marilyn Skinner and Judith P. Hallett (Princeton: Princeton University Press, 1997), 47–65; Craig Williams, *Roman Homosexuality*; Jonathan Walters, "Invading the Body: Manliness and Impenetrability in Roman Thought," in *Roman Sexualities*, ed. Marilyn Skinner and Judith P. Hallett (Princeton: Princeton University Press, 1997), 29–46.

40. Martial, *Epigrams*, 11.43.

41. Werner A. Krenkel, "Fellatio and Irrumatio," *Wissenschaftliche Zeitschrift der Wilhelm–Pieck–Universität Rostock* 29 (1980): 77–88; Amy Richlin, "The Meaning of Irrumare in Catullus and Martial," *Classical Philology* 76 (1981): 40–46.

42. John R. Clarke, *Art in the Lives of Ordinary Romans: Visual Representation and Non–Elite Viewers in Italy, 100 B.C.–A.D. 315* (Berkeley: University of California Press, 2003), 172.

43. Catullus, *Catullus, Tibullus, and Pervigilium Veneris*, trans. Francis Warre Cornish, Loeb Classical Library 6, rev. ed. (Cambridge, MA: Harvard University Press, 1988), 16.

44. Williams, *Roman Homosexuality*, 180.

45. Amy Richlin, *The Garden of Priapus: Sexuality and Aggression in Roman Humor*, 2nd ed. (Oxford: Oxford University Press, 1992), 57; Williams, *Roman Homosexuality*, 169.

46. *The Priapus Poems: Erotic Epigrams from Ancient Rome*, trans. Richard W. Hooper (Urbana: University of Illinois Press, 1999); Williams, *Roman Homosexuality*, 18–19.

47. Williams, *Roman Homosexuality*, 89; Suetonius, *The Lives of the Caesars and The Lives of Illustrious Men*, ed. J. C. Rolfe, vol. II, Loeb Classical Library 38

(Cambridge MA: Harvard University Press, 1970), Verg. 9.

48. Ovid, *The Love Books of Ovid*, trans. J. Lewis May (London: J. Lane, 1925), 150.

49. Suetonius, *Lives of the Caesars*, Claud. 33.2.

50. Julia Haig Gaisser, *Catullus* (Oxford: Wiley-Blackwell, 2009), 12-13; Williams, *Roman Homosexuality*, 17-19, 103-109.

51. 여러 학자가 내놓는 노예 인구 추정치에는 종종 큰 차이가 있는데, 대부분은 다음과 같이 25~40퍼센트 범위로 본다. Keith Hopkins, *Conquerors and Slaves* (Cambridge: Cambridge University Press, 1978), 99-132; Peter Lampe, *Christians at Rome in the First Two Centuries: From Paul to Valentinus* (London: Continuum, 2003), 172-173; Mary T. Boatwright, *Peoples of the Roman World* (Cambridge: Cambridge University Press, 2012), 22, 25; Arthur A. Ruprecht, "Slave, Slavery," in *Dictionary of Paul and His Letters*, ed. Gerald Hawthorne et al. (Downer's Grove, IL: InterVarsity, 1993), 881-883.

52. Judith Lynn Sebesta, "Symbolism in the Costume of the Roman Woman," in *The World of Roman Costume*, ed. Judith Lynn Sebesta and Larissa Bonfante (Madison: University of Wisconsin Press, 2001), 46-53.

53. Ann M. Stout, "Jewelry as a Symbol of Status in the Roman Empire," in *The World of Roman Costume*, ed. Judith Lynn Sebesta and Larissa Bonfante (Madison: University of Wisconsin Press, 2001), 77; Oskar Seyffert, *A Dictionary of Classical Antiquities*, trans. Henry Nett leship and J. E. Sandys (New York: Macmillan, 1901), 234.

54. Williams Armstrong Percy, *Pederasty and Pedagogy in Archaic Greece* (Urbana: University of Illinois Press, 1996); Eva C. Keuls, *The Reign of the Phallus: Sexual Politics in Ancient Athens*, 2nd ed. (Berkeley: University of California Press, 1993), 274-299.

55. Williams, *Roman Homosexuality*, 191-208; Amy Richlin, "Not Before Homosexuality: The Materiality of the Cinaedus and the Roman Law Against Love Between Men," *Journal of the History of Sexuality* 3 (1993): 523-573; Rabun Taylor, "Two Pathic Subcultures in Ancient Rome," *Journal of the History of Sexuality* 7 (1997): 319-371.

56. Gellius, *Noct. Att.* 6.12.5, Richlin, *Garden of Priapus*, 93에서 인용.

57. Juvenal, "Satura IX," The Latin Library (온라인), 2012년 10월 23일 접속: 133; Williams, *Roman Homosexuality*, 199; Younger, *Sex in the Ancient World*, 44; Catherine Edwards, *The Politics of Immorality in Ancient Rome* (Cambridge: Cambridge University Press, 1993), 63-64; Carlin A. Barton, *The Sorrows of the Ancient Romans: The Gladiator and the Monster* (Princeton: Princeton University Press, 1993), 139.

58. Parker, "The Teratogenic Grid," 51-52; Williams, *Roman Homosexuality*, 218-230.

59. Parker, "The Teratogenic Grid," 51-52; Swancutt, "Still Before Sexuality," 40-41.

60. Cicero of Gabinius, Williams, *Roman Homosexuality*, 219에서 인용.

61. Martial, *Epigrams*, 2.42.

62. Martial, *Epigrams*, 3.73.

63. Martial, *Epigrams*, 3.88.

64. Parker, "The Teratogenic Grid," 51-52.

65. Barbara Kellum, "The Phallus as Signifier: The Forum of Augustus and Rituals of Masculinity," in *Sexuality in Ancient Art*, ed. Natalie Boymel Kampen and Bettina Bergmann (Cambridge: Cambridge University Press, 1996), 170-183.

66. Sigmund Freud, *Totem and Taboo*, trans. A. A. Brill (New York: Moffat, Yard, 1918), 30.

67. Richlin, *The Garden of Priapus*, 9; Celia Schultz, "Juno Sospita and Roman Insecurity in the Social War," in *Religion in Republican Italy*, ed. Celia E. Schultz and Paul B. Harvey (Cambridge: Cambridge University Press, 2006), 207-209; Otto Kiefer, *Sexual Life in Ancient Rome* (London: Constable, 1994), 113.

68. Kiefer, *Sexual Life in Ancient Rome*, 109; Karen K. Hersch, *The Roman Wedding: Ritual and Meaning in Antiquity* (Cambridge: Cambridge University Press, 2010), 269-272.

69. Hersch, *The Roman Wedding*, 151-157.

70. Catullus, *Poems 61-68*, ed. and trans. John Godwin (Warminster: Aris & Phillips, 1995), 24-39.

71. Richlin, *The Garden of Priapus*, 10; Clarke, *Art in the Lives of Ordinary Romans*, 134-135.

72. Henderson, *The Maculate Muse*, 13-14; William Fitzgerald, *Catullan Provocations: Lyric Poetry and the Drama of Position* (Berkeley: University of California Press, 1999), 61-64.

73. Barton, *Sorrows of the Ancient Romans*, 142-143; Adams, *Latin Sexual Vocabulary*, 4.

74. Suetonius, *Lives*, vol. I, Caes. 49.

75. Fitzgerald, *Catullan Provocations*, 62.

76. Adam Liptak, "TV Decency Is a Puzzler for Judges," *New York Times*, January 10, 2012.

77. 이 구절은 레니 브루스에 관한 더스틴 호프먼의 영화 「레니Lenny」에 나온다. 인용은 Pinker, *Stuff of Thought*, 346.

78. 가장 훌륭한 안내서로는 John Gager, *Curse Tablets and Binding Spells from the Ancient World* (Oxford: Oxford University Press, 1992)가 있다.

79. Henk S. Versnel, "An Essay on Anatomical Curses," *Ansichten Griechischer Rituale*, ed. Fritz Graf (Stuttgart: B. G. Teubner, 1998), 223.

80. Florent Heintz, "Circus Curses and Their Archaeological Contexts," *Journal of Roman Archaeology* 11 (1998): 337-342.

81. Versnel, "An Essay on Anatomical Curses," 223.

82. Adams, *Latin Sexual Vocabulary*, 2, 218-225; Michael Coffey, "The Roman Genre of Satire and Its Beginnings," *Latin Verse Satire: An Anthology and Reader*, ed. Paul Allen Miller (New York: Routledge, 2005), 327-331.

83. Varone, *Erotica Pompeiana*; Rex Wallace, *An Introduction to Wall Inscriptions from Pompeii and Herculaneum* (Wauconda, IL: Bolchazy—Carducci, 2005); J. A. Baird and Claire Taylor, eds., *Ancient Graffiti in Context* (New York: Routledge, 2011).

84. Wallace, *An Introduction*, xxiii.

85. Naphtali Lewis and Meyer Reinhold, eds., *Roman Civilization Selected Readings: The Empire* (New York: Columbia University Press, 1990), 2:237.

86. John F. DeFelice, *Roman Hospitality: The Professional Women of Pompeii* (Warren Center, PA: Shangri—La Publications, 2001), 117.

87. Varone, *Erotica Pompeiana*, 164.

88. '하층민'과 '학식을 갖춘 사람'의 시각에 관한 간단한 요약은 Kristina Milnor, "Literary Literacy in Roman Pompeii: The Case of Vergil's Aeneid," *Ancient Literacies: The Culture of Reading in Greece and Rome*, ed. William A. Johnson and Holt N. Parker (Oxford: Oxford University Press, 2009), 291-292를 보라.

89. Varone, *Erotica Pompeiana*, 87.

90. William V. Harris, *Ancient Literacy* (Cambridge MA: Harvard University Press, 1989), 266.

91. 마르티알리스의 전기에 관해서는 다음을 참조할 것. J. P. Sullivan, *Martial: The Unexpected Classic* (Cambridge: Cambridge University Press, 1991).

92. Richard P. Saller, *Personal Patronage Under the Early Empire* (Cambridge: Cambridge University Press, 1982), 119-145; Richard P. Saller, "Patronage and Friendship in Early Imperial Rome: Drawing the Distinction," *Patronage in Ancient Society*, ed. Andrew Wallace—Hadrill (London: Routledge, 1989), 49-62; Michele George, "The 'Dark Side' of the Toga," *Roman Dress and the Fabrics of Roman Culture*, ed. Jonathan Edmondson and Alison Keith (Toronto: University of Toronto Press, 2008).

93. Martial, *Epigrams*, 1.35.

94. Ibid., 11.15.

95. Ibid., 1.4.

96. Ibid., 1.1.

97. Ziolkowski, "Obscenity," 43; *The Priapus Poems*, 67.

98. Christopher Marlowe, *The Complete Works*, ed. Fredson Bowers, 2nd. ed. (Cambridge: Cambridge University Press, 1981), 2:321.

99. Seneca, *Controversies* 1.2.23, 인용은 Thomas K. Hubbard, *Homosexuality in Greece and Rome: A Sourcebook of Basic Documents* (Berkeley: University of California Press, 2003), 388.

100. Adams, *Latin Sexual Vocabulary*, 249.

101. *The Essential Aeneid*, trans. Stanley Lombardo (Indianapolis: Hackett, 2006), 57.

102. Cicero, "Epistulae ad Familiares 9.22," The Latin Library (온라인), 2012년 7월 23일 접속; "Letters to His Friends," trans. Evelyn Shuckburgh, The Perseus Project (온라인), 2012년 7월 23일 접속.

103. "Vulva," *Free Dictionary*, Farlex, Inc. (온라인), 2012년 7월 23일 검색.

104. Ostler, *Ad Infinitum*, 159-176.

105. Ibid., 292-301.

106. Ibid., 193.

2장

1. 고대 로마인들도 서약어oath를 사용했지만, 우리에게 전해져온 상소리swearing의 기원은 대개 성서에서 직접적으로 추적해볼 수 있다. 로마인의 서약어 상소리에 관해 더 알아보고 싶다면 "Jusjurandum" in *A Dictionary of Greek and Roman Antiquities*, ed. William Smith, William Wayte, and G. E. Marindin, vol. 1, 3rd ed. (London: John Murray, 1901)를 참조할 것.

2. 나는 『새영어개역표준판성서NRSV』를 주로 썼는데, 『뉴옥스퍼드주석성서New Oxford Annotated Bible』를 가장 많이 사용했다. 다른 역본을 썼을 때는 따로 표시했다.

3. Jeff A. Benner, "The Revised Mechanical Translation of the Book of Genesis," *The Mechanical Translation of the Hebrew Bible*, Mechanical Translation Project (온라인), 2010년 8월 9일 접속; Sheldon H. Blank, "The Curse, Blasphemy, the Spell and the Oath," *Hebrew Union College Annual* XXIII (1950-1951): 73-95; Tony Cartledge, *Vows in the Hebrew Bible and the Ancient Near East*, Journal for the Study of the Old Testament Supplement Series 147 (Sheffield: Sheffield Academic Press, 1992); René Lopez, "Israelite Covenants in the Light of Ancient Near Eastern Covenants," part 1, *CTS Journal* 9 (2003): 92-111, and part 2, *CTS Journal* 10 (2004): 72-105; Nahum Sarna, *Understanding Genesis*, *The Heritage of Biblical Israel* 1 (New York: Jewish Theological Seminary of America, 1966); E. A. Speiser, *Genesis*, *The Anchor Bible Commentary* 1 (New York: Doubleday, 1964); John A. Wilson, "The Oath in Ancient Egypt," *Journal of Near Eastern Studies* 7, no. 3 (1948): 129-156; Yael Ziegler, *Promises to Keep: The Oath in Biblical Narrative* (Leiden: Brill, 2008).

4. No. 199 in "The Code of the Nesilim, c. 1650-1500 BCE," *Internet Ancient History Sourcebook*, Internet History Sourcebooks project (온라인), 1999, 2010년 8월 9일 접속.

5. Paul Sanders, "So May God Do to Me," *Biblica* 85 (2004): 91-98.

6. Harry G. Frankfurt, "The Logic of Omnipotence," *Philosophical Review* 73 (1964):

262-263.

7. 선지자의 분변학prophetic scatology 등 성서의 외설어에 관해 더 알고 싶다면 Jeremy F. Hultin, *The Ethics of Obscene Speech in Early Christianity and Its Environment*, Supplements to Novum Testamentum 128 (Leiden: Brill, 2008)을 볼 것. 할례의 계약에 관해서는 Ralph F. Wilson, "The Covenant of Circumcision with Abraham (Genesis 17)." *Jesus Walk*, Joyful Heart Renewal Ministries (온라인) 을 볼 것, 2010년 8월 9일 접속.

8. Philo, *Questions and Answers on Genesis*, trans. Ralph Marcus, Loeb Classical Library, Philo Supplement 1 (Cambridge: Harvard University Press, 1953).

9. 세 번째 계율에 관한 논의에는 다음 해설들이 도움이 되었다. Waldemar Janzen, *Exodus, Believers Church Bible Commentary* (Waterloo, ON: Herald Press, 2000); Cornelis Houtman, *Exodus* Vol. 1, trans. Jonathan Rebel and Sierd Woudstra, Historical Commentary on the Old Testament (Kampen: Kok Publishing House, 1993); J. Philip Hyatt, *Commentary on Exodus*, New Century Bible (London: Oliphants, 1971); Noel D. Osborn and Howard A. Hatton, *A Handbook on Exodus*, UBS Handbook Series (New York: United Bible Societies, 1999); William H. C. Propp, ed., *Exodus 19–40: A New Translation with Introduction and Commentary*, The Anchor Bible Commentary 3 (New York: Doubleday, 2006); Douglas K. Stuart, *Exodus, The New American Commentary* 2 (Nashville: Broadman & Holman, 2006).

10. *Catechism of the Catholic Church*, 2nd ed. (New York: Doubleday, 2003), 576.

11. Geoffrey Chaucer, *The Riverside Chaucer*, ed. Larry D. Benson, 3rd ed. (New York: Houghton Mifflin, 1987), 287, line 29.

12. 고대 근동신들과 하느님의 관계에 관해 탁월하게 설명한 두 권의 책으로 Robert Wright, *The Evolution of God* (New York: Little, Brown, 2009), 그리고 Mark S. Smith, *God in Translation: Deities in Cross–Cultural Discourse in the Biblical World*, Forschungen zum Alten Testament 57 (Tübingen: Mohr Siebeck, 2008) 가 있다. 그 밖에 내가 참조한 다른 텍스트들은 다음과 같다. Jan Assman, *Of God and Gods: Egypt, Israel and the Rise of Monotheism* (Madison: University of Wisconsin Press, 2008); Susanne Bickel, Silvia Schroer, René Schurte, and Christoph Uehlinger, eds., *Bilder als Quellen/Images as Sources: Studies on Ancient Near Eastern Artifacts and the Bible Inspired by the Work of Othmar Keel*, Orbis Biblicus et Orientalis Special Volume (Göttingen: Academic Press Fribourg, 2007); William G. Dever, *Did God Have a Wife? Archaeology and Folk Religion in Ancient Israel* (Grand Rapids, MI: William B. Eerdmans, 2005); Clyde E. Fant and Mitchell G. Reddish, *Lost Treasures of the Bible: Understanding the Bible Through Archaeological Artifacts in World Museums* (Grand Rapids, MI: William B. Eerdmans, 2008); W. Randall Garr, *In His Own Image and Likeness: Humanity, Divinity and Monotheism*, Culture and History of the Ancient Near East 15 (Boston: Brill, 2003); Roberta L. Harris, *The*

World of the Bible (London: Th ames and Hudson, 1995); Karel van der Toorn, ed., *The Image and the Book: Iconic Cults, Aniconism, and the Rise of Book Religion in Israel and the Ancient Near East*, Biblical Exegesis and Theology 21 (Leuven: Peeters, 1997); Greg Herrick, "Baalism in Canaanite Religion and Its Relation to Selected Old Testament Texts," Bible.org, 2004년 7월 24일, 접속은 2010년 8월 9일.

13. "The Imaging of the Archimedes Palimpsest," *Archimedes: The Palimpsest Project* (온라인), 2008년 10월 29일, 접속은 2010년 8월 9일.

14. Mark S. Smith, *The Early History of God: Yahweh and the Other Deities in Ancient Israel*, 2nd ed, Biblical Resource Series (Grand Rapids, MI: William B. Eerdmans, 2002); Smith, *God in Translation*, 특히 Chapter 3: Christopher Heard, "When Did Yahweh and El Merge?" *Higgaion*, 2006년 11월 6일 (온라인), 2010년 8월 9일 접속; "From Adonai to Yahweh: A Glossary of God's Names," *The Bible Study* (온라인), 2010년 8월 9일 접속.

15. 이 구절은 원문이 매우 난해해서 판본마다 여러 버전의 해석이 있다. 이에 관해 더 많은 자료를 찾아보고 싶다면 Smith, *God in Translation*, 139를 보라.

16. 앞에서 말했듯이 『뉴옥스퍼드주석성서』는 『새영어개역표준판성서NRSV』를 저본으로 한다. 이렇듯 '일신론'을 대표하는 성서에도 야훼가 다른 족속들을 다른 신들에게 배분했다는 의미를 내포하는 구절이 등장한다는 점은 흥미롭다.

이 밖에도 성서에는 하느님이 여러 신 중 하나로 나타나는 사례가 더러 있다. 『시편』 82편에서 야훼는 또 다른 신성한 회합에 참석한다. "하느님께서 신들을 모으시고 그 가운데 서시어 재판하신다"라는 이 구절을 문자적 의미에 더 가깝게 번역하면, "엘로힘께서 엘의 의회에 서서, 엘로힘 가운데서 판결하신다"가 된다. 여기서 엘로힘은 단수 명사이자 복수 명사로 쓰였는데, 유일무이한 야훼를 뜻하는 동시에 의회의 다른 신들도 뜻하는 것이다. 또한 여봐란듯이 엘은 이 신성한 의회의 의장으로 불린다. 이는 앞서 나온 엘리온이 엘을 지칭한다는 해석에 힘을 보탠다. 또 다른 노래에서 모세는 이렇게 묻는다. "야훼여, 신들 중에 당신 같은 분이 어디 있겠습니까?"(『출애굽기』 15:11).

17. 일신론이 성서 속에서 서서히 발전한 개념이라고 보는 학자들의 이름은 Dever, Wright, Smith 등을 포함해 주석 여기저기에 적잖이 등장한다. Catherine Keller, *Creation and Humanity: The Sources of Christian Theology*, "The Pluri-Singularity of Creation" (ed. Ian A. McFarland) (Louisville: Westminster John Knox Press, 2009)에는 엘로힘이 하느님과 천국에서 그를 보좌하는 신하들 또는 삼위일체를 가리킨다고 주장하는 몇몇 학자의 이름이 등장한다. 온라인에서도 다음 예를 포함해 이와 유사한 관점을 지닌 여러 학자와 비전문가 들의 이름을 찾아볼 수 있다. James Patrick Holding, "Is the Bible Polytheistic?" Tekton Education and Apologetics Ministry (온라인), 2010년 8월 9일 접속, and "Elohim = The Plural God," Believer's Web (온라인), 2003년 5월 5일, 2010년 8월 9일 접속.

18. Cartledge, *Vows in the Hebrew Bible*을 보라.

19. Wright, *The Evolution of God*, 120-124.

20. Wright, *The Evolution of God*, 110-115.

21. 아세라에 관해 더 궁금하다면 Dever, *Did God Have a Wife?*; Smith, *God in Translation*; 그리고 Wright, *The Evolution of God*, 118–120을 참조하라.

22. Dever, *Did God Have a Wife?*, 162; Othmar Keel and Christoph Uehlinger, eds., *Gods, Goddesses and Images of God in Ancient Israel*, trans. Thomas H. Trapp (Minneapolis: Fortress Press, 1998), 210–282.

23. Meir Malul, "More on Pahad Yishaq (Genesis XXXI 42, 53) and the Oath by the Thigh," *Vetus Testamentum* XXXV, no. 2 (1985): 192–200.

24. Adams, *Latin Sexual Vocabulary*, 67.

25. Fant and Reddish, *Lost Treasures of the Bible*; Keel and Uehlinger, *Gods, Goddesses and Images of God*, 210–282, 아세라 및 다른 여신들과 관련해 나무를 먹는 염소들을 묘사한 수많은 그림을 찾아볼 수 있다.

26. 「마태오의 복음서」 5장 33절에 대해서는 다음을 보라. Jo-Ann A. Brant, "Infelicitous Oaths in the Gospel of Matthew," *Journal for the Study of the New Testament* 63 (1996): 3–20; R. T. France, *The Gospel of Matthew*, The New International Commentary on the New Testament (Grand Rapids, MI: William B. Eerdmans, 2007); Akio Ito, "The Question of the Authenticity of the Ban on Swearing (Matthew 5:33–37)," *Journal for the Study of the New Testament* 43 (1991): 5–13; Jerome, *Commentary on Matthew*, trans. Thomas P. Scheck, The Fathers of the Church 117 (Washington, DC: Catholic University of America Press, 2008); Ulrich Luz, *Matthew 1–7: A Commentary*, trans. James E. Crouch (Minneapolis: Fortress Press, 2007); Barclay M. Newman and Philip C. Stine, *A Translator's Handbook on the Gospel of Matthew*, UBS Helps for Translators (New York: United Bible Societies, 1988); John Nolland, *The Gospel of Matthew: A Commentary on the Greek Text* (Grand Rapids, MI: William B. Eerdmans, 2005); Manlio Simonetti, ed., *Matthew 1–13*, Ancient Christian Commentary on Scripture New Testament 1a (Downers Grove, IL: InterVarsity Press, 2001); Ben Witherington, *Matthew*, Smyth & Helwys Bible Commentary (Macon, GA: Smyth & Helwys, 2006); Augustine, *On the Sermon on the Mount*, Book One, trans. William Findlay, New Advent (온라인), 2010년 8월 10일 접속; Thomas Aquinas, *Summa Theologica*, trans. Fathers of the English Dominican Province, New Advent (온라인), 2010년 8월 10일 접속; Philipp Melanchthon, *Verlegung etlicher unchristlicher Artikel.* (···) *Werke*, ed. Robert Stupperich (Gütersloh: Bertelsmann, 1951), Luz, *Matthew 1–7*, 267에서 인용.

또한 그리스도는 특히 도발적 언사야말로 신의 비난을 받아 마땅하다고 여긴 듯하다. 산상수훈에서 그는, 과거에는 살인을 율법으로 금하였지만, 이제는 화를 표현하는 욕설뿐 아니라 화 자체를 금하겠노라고 천명한다. "자기 형제에게 성을 내는 사람은 누구나 재판judgement을 받아야 하며 자기 형제를 가리켜 바보raca라고 욕하는 사람은 중앙 법정council에 넘겨질 것이다. 또 자기 형제더러 미친놈fool이라고 하는 사람은 불붙는 지옥the hell of fire에 던져질 것이다."(「마태오의 복음서」 5:21~22) 하지만 이 구절은 난해하기로 악명이 높다. 일단 raca가 '멍청이' 혹은 '바보'를 뜻하는 아람어라는 점은 확실해 보인다. 그런데 이 raca라는 용어가 마지막 구절의 "fool"에 해당되는 그리스어와 견주어 어떤 위치를 차지하는지에 대해서는 학자들도 확답을 내놓지 못하고 있다. 그리스도는 raca와 fool이 끔찍한 욕설이므로 화난 상태에서 입에 올려서는 안 된다고 주장하는 것일까, 아니면 기독교인은 모름지기 fool처럼 가벼운 욕설도 입에 담지 말아야 한다고 주장하는 것일까? 또한 그리스도가 제시한 각 형벌의 강도에 관해서도 학자들은 결론을 내지 못했다. '재판'과 '중앙 법정' '불붙는 지옥'은 묘사 방식만 다를 뿐 결국 같은 형벌일까, 아니면 뒤로 갈수록 점점 더 지독한 형벌일까?

27. 퀘이커교도에 관해서는 Margery Post Abbott, Mary Ellen Chijioke, Pink Dandelion, and John William Oliver, *Historical Dictionary of the Friends (Quakers)* (Lanham, MD: Scarecrow Press, 2003), 그리고 Pink Dandelion, An Introduction to Quakerism (Cambridge, Cambridge University Press, 2007)을 보라.

28. George Fox, *The Works of George Fox: Gospel Truth Demonstrated* (Philadelphia: Marcus T. C. Gould, 1831), vol. 5, part 2, 165.

29. 신약에서도 우상숭배는 여전히 절박한 골칫거리였지만, 더 큰 고민은 그리스도의 사후에 그의 메시지를 비유대인들에게 어떻게 전파해나갈 것인가 하는 문제였다. 선택할 신들은 여전히 다양했지만—예수는 로마 제국에 살았다—히브리 성서 곳곳에 배어 있던 히스테리에 가까운 두려움, 즉 이스라엘 민족이 하느님을 떠나 이방신들을 섬기게 될지도 모른다는 두려움은 이제 사라지고 없었다.

30. 부정함의 개념에 관해서는 Mary Douglas, *Purity and Danger: An Analysis of Concepts of Pollution and Taboo*, 2nd ed. (New York: Routledge, 2002)을 보라.

31. NRSV, NIV, ESV: NRSV = New Revised Standard Version; NIV = New International Version; ESV = English Standard Version; NASB = New American Standard Bible; ERV = Easy-to-Read Version.

32. 탈무드 편찬자들이 히브리어 성서에서 발견한 몇몇 단어를 낯뜨거워했다는 논쟁과 더불어, 성서의 외설함에 대해서는 Jeremy F. Hultin, *The Ethics of Obscene Speech in Early Christianity and Its Environment*, Supplements to Novum Testamentum 128 (Leiden: Brill, 2008)을 참조할 것.

33. Joel M. Hoffman, *In the Beginning: A Short History of the Hebrew Language* (New York: New York University Press, 2004); Angel Sáenz-Badillos, *A History of the Hebrew Language*, trans. John Elwolde (Cambridge: Cambridge University Press, 1993).

34. S. H. Smith, "'Heel' and 'Thigh:' The Concept of Sexuality in the Jacob-Esau Narratives," *Vetus Testamentum* XL, no. 4 (1990): 464–473.

35. Matthew Henry, "Commentary," Biblegateway.com, 2010년 8월 10일 접속.

36. Scott F. Gilbert and Ziony Zevit, "Congenital Human Baculum Deficiency: The Generative Bone of Genesis 2:21–23," *American Journal of Medical Genetics* 101, no. 3 (2001): 284–285; John Kaltner, Steven L. McKenzie, and Joel Kilpatrick, *The Uncensored Bible: The Bawdy and Naughty Bits of the Good Book* (New York: Harper One, 2008), 1–11.

37. Jerome T. Walsh, "You Shall Cut Off Her······ Palm? A Reexamination of Deuteronomy 25:11-12," *Journal of Semitic Studies* 49 (2004): 47-48; Kaltner, McKenzie, and Kilpatrick, *The Uncensored Bible*, 99-106.

38. *The Poetical Works of Sir David Lyndsay* (London: Longman, 1806), 161.

39. Jerome 146.

3장

이 장을 전개해나가는 데 있어 중세의 외설스러움에 관한 다음 두 책이 큰 도움이 되었다. Nicola McDonald, ed., *Medieval Obscenities* (York: York Medieval Press, 2006), and Jan Ziolkowski, ed., *Obscenity: Social Control and Artistic Creation in the European Middle Ages*, Cultures, Beliefs and Traditions 4 (Leiden: E. J. Brill, 1998). 인용에서는 명료함을 위해 필요한 경우 철자와 발음을 현대식으로 고쳤다.

1. British Library, "Online Gallery Sacred Texts: Lindisfarne Gospels" (온라인), 2010년 5월 12일 접속; Michelle P. Brown, *The Lindisfarne Gospels: Society, Spirituality and the Scribe* (London: British Library, 2003), 16-83.

2. Walter W. Skeat, ed., *The Gospel According to Saint Matthew* (Cambridge: Cambridge University Press, 1887).

3. "Sard," Middle English Dictionary, 2001 ed. (온라인), 2010년 5월 12일 접속. 이에 관해 도움을 준 조지 브라운과 도러시 브레이에게도 고마움을 표한다.

4. John Palsgrave, *Lesclarissement de la langue francoyse*, ed. R. C. Alston, English Linguistics 1500-1800 190 (Menston, England: Scolar Press, 1969).

5. 『위클리프 성서』의 인용은 Studylight.org, *The Wycliffite Bible* (온라인), 2010년 5월 25일 접속; Mary Dove, *The First English Bible: The Text and Context of the Wycliffite Versions* (Cambridge: Cambridge University Press, 2007)도 참조할 것.

6. Advertising Standards Authority, BBC, Broadcasting Standards Commission, and the Independent Television Commission, "Delete Expletives?" Ofcom.org, 2000년 12월, 접속은 2010년 5월 25일.

7. Pinker, *Stuff of Thought*, 339.

8. Geoffrey Hughes, *A History of English Words* (Malden, MA: Blackwell, 2000), 109-145; Seth Lerer, *Inventing English: A Portable History of the Language* (New York: Columbia University Press, 2007), 25-70; Richard M. Hogg, ed., *The Cambridge History of the English Language*, vol. 1: *The Beginnings to 1066* (Cambridge: Cambridge University Press, 1992); Norman Blake, ed., *The Cambridge History of the English Language*, vol. 2: *1066-1476* (Cambridge: Cambridge University Press, 1992); Hans Sauer, "Glosses, Glossaries, and Dictionaries in the Medieval Period," in *The Oxford History of English Lexicography*, ed. Anthony Paul Cowie (Oxford: Clarendon Press, 2009), 1:17-40.

9. Jean Flori, *Richard the Lionheart: King and Knight*, trans. Jean Birrell (Edinburgh: Edinburgh University Press, 2006), 7.

10. 역사학자들 사이에서는 중세를 이처럼 분류하는 게 꽤 일반적이다. 내가 사용한 분류는 거의 Sauer, "Glosses, Glossaries and Dictionaries," 17에서 직접 가져왔다.

11. Norbert Elias, *The Civilizing Process: Sociogenetic and Psychogenetic Investigations*, ed. Eric Dunning et al., trans. Edmund Jephcott, rev. ed. (Oxford: Blackwell, 2000).

12. Alexander Pope, trans. *The Odyssey of Homer*, ed. George Musgrave, 2 vols. (London: Bell and Daldy, 1865).

13. "Nominale sive Verbale," ed. Walter Skeat, in *Transactions of the Philological Society, 1903–1906* (London: Kegan Paul, Trench, Trübner, 1906), 1–50.

14. 이런 이름들은 『중세 영어 사전』에서 찾아볼 수 있다.

15. John Davies, "The Scourge of Folly," in *The Complete Works of John Davies of Hereford*, ed. Alexander Grosart, 2 vols (Edinburgh: Edinburgh University Press, 1878).

16. *Ortus Vocabulorum*, ed. R. C. Alston, English Linguistics 1500–1800 123 (Menston, England: Scolar Press, 1968). The *Pictorial Vocabulary* (747–814), the Nominale (675–744), Abbot Ælfric's vocabulary (104–167)과 "a ners" (678) 는 다음을 참조할 것. Thomas Wright, *Anglo-Saxon and English Vocabularies*, ed. Richard Paul Wülcker, 2nd ed., vol. 1 (London: Trübner, 1884); *Catholicon Anglicum*, ed. Sidney J. H. Herrtage, EETS 75 (Millwood, NY: Kraus Reprint, 1973); *Promptorium Parvulorum*, ed. A. L. Mayhew, EETS Extra Series 52 (London: Kegan Paul, Trench, Trübner, 1908).

17. Jack Anderson, *Watch this Space and Anitergium II Hohodowndownho*에 관한 리뷰, by Phoebe Neville, *New York Times*, 1988년 3월 17일.

18. Wright, *Anglo-Saxon and English Vocabularies*, 627.

19. *The Vulgaria of John Stanbridge and the Vulgaria of Robert Whittington*, ed. Beatrice White, EETS 187 (London: Kegan Paul, Trench, Trübner, 1932).

20. 중세의 교육에 관해 더 알아보고 싶다면 다음을 보라. Nicholas Orme, *Medieval Schools: From Roman Britain to Renaissance England* (New Haven: Yale University Press, 2006)과 Nicholas Orme, *Education and Society in Medieval and Renaissance England* (London: Hambledon Press, 1989). 또한 *The Babees Book* (시와 산문으로 된 어린이용 지침서로, 당시 중요하게 배워야 할 것들이 무엇이 있는지를 보여준다), ed. Frederick J. Furnivall, EETS 32 (New York: Greenwood Press, 1969), 그리고 비슷한 16세기 교육 목적에 관해 다룬 내 논문의 3장도 살펴볼 것. "Strong Language: Oaths, Obscenities, and Performative Literature in Early Modern England," Ph.D. diss., Stanford University, 2003.

21. *The Vulgaria of John Stanbridge and the Vulgaria of Robert Whittington*, xv.

22. *Lanfrank's "Science of Cirurgie*," ed. Robert v. Fleischhacker (London: Kegan Paul, Trench, Trübner, 1894), 173. 의학적 기록에서 외설한 단어의 표시를 지운 예

HOLY SHIT

를 더 살펴보려면, 다음을 찾아보라. "balocke codde," "pyntell," 그리고 "ars"는 *The Middle English Version of William of Saliceto's Anatomia*, ed. Christian Heimerl (Heidelberg: Winter, 2008), 45, 47, 53; "the ersse"는 John Arderne's *Treatises of Fistula in Ano*, ed. D'Arcy Power, EETS 139 (London: Kegan Paul, Trench, Trübner, 1910), 2; and Juhani Norri, *Names of Body Parts in English, 1400-1550* (Helsinki: Finnish Academy of Science and Letters, 1998).

23. Lanfrank's "Science," 176.

24. Chaucer, "The Manciple's Tale," *The Riverside Chaucer*, 256, 311-312.

25. 인용은 Lynne Forest-Hill, *Transgressive Language in Medieval Drama: Signs of Challenge and Change* (Burlington, VT: Ashgate, 2000), 34.

26. "Southerne," *Middle English Dictionary*, 2012년 7월 25일 접속.

27. Wright, *Anglo-Saxon and English Vocabularies*; Thomas Ross, "Taboo-Words in Fifteenth-Century English," *Fifteenth Century Studies: Recent Essays*, ed. Robert F. Yeager (Hamden, CT: Archon Books, 1984), 137-160; *Middle English Dictionary*.

28. *Middle English Dictionary*; Ross, "Taboo-Words," 153; Eve Salisbury, ed., "A Talk of Ten Wives on Their Husbands' Ware," Teams Middle English Texts Series (온라인), 2010년 9월 27일 접속.

29. 명예훼손이나 욕설scolding 같은 언어적 범죄에 관해 더 알아보고 싶다면 다음을 보라. Sandy Bardsley, *Venomous Tongues: Speech and Gender in Late Medieval England* (Philadelphia: University of Pennsylvania Press, 2006); Edwin Craun, *The Hands of the Tongue: Essays on Deviant Speech*, Studies in Medieval Culture XLVII (Kalamazoo, MI: Medieval Institute, 2007), 특히 Derek Neal의 에세이 "Husbands and Priests: Masculinity, Sexuality, and Defamation in Late Medieval England"를 비롯해 다음을 참고할 것. Ruth Mazo Karras, "The Latin Vocabulary of Illicit Sex in English Ecclesiastical Court Records," *Journal of Medieval Latin* 2 (1992): 1-17; L. R. Poos, "Sex, Lies, and the Church Courts of Pre-Reformation England," *Journal of Interdisciplinary History* XXV, no. 4 (Spring 1995): 585-607; and J. H. Baker, *An Introduction to English Legal History*, 3rd. ed. (London: Butterworths, 1990).

30. Frederic William Maitland, *Select Pleas in Manorial and Other Seignorial Courts*, vol. 1 (London: Bernard Quaritch, 1889).

31. 이어지는 로커의 사건은 Kim Phillips, *Medieval Maidens: Young Women and Gender in England, 1270-1540* (Manchester: Manchester University Press, 2003)에 묘사돼 있다. 엘리자베스 와인스의 말은 Poos, "Sex, Lies, and the Church Courts," 593에서 가져왔다. 와이버드의 공격은 Derek G. Neal, *The Masculine Self in Late Medieval England* (Chicago: University of Chicago Press, 2008)에서 찾아볼 수 있다.

32. *Morte Arthure*, ed. Edmond Brock, EETS 8 (London: Kegan Paul, Trench, Trübner, 1871).

33. C. S. Lewis, *Studies in Words* (Cambridge: Cambridge University Press, 1967), 21-23.

34. 법정 기록은 실생활에서 사용된 욕설에 관한 귀중한 기록물이다. 하지만 거기에는 한계가 있다. 여성과 남성을 모욕하는 가장 흔한 표현이 각각 갈보whore와 거짓된false이었으리라는 추측은 제법 그럴듯하다. 명예훼손 소송은 실질적 손상을 야기할 가능성이 있는 발언으로 인해 제기되는 경우가 대부분이었기 때문이다. 결혼하지 않은 여성에게 순결하지 않다는 오명을 덧씌우면 그 여성은 남편을 구하는 데 어려움을 겪을 수 있었고, 결혼한 여성이라면 간음 혐의로 법정에 세워질 수 있었다. 남성에게 부정직하다는 평판이 내려지면 농부로서도 상인으로서도 사업적 어려움에 직면할 수 있었다. 이 밖에도 당시에 만연했으나 명예훼손 소송의 근거로 삼기에는 부족해 법정 기록에 등장하지 않은 모욕적 표현이 있을 가능성은 있다. 하지만 이른바 오만불손한 단어를 통한 비방이나 공격과 같은 여타 언어 범죄 또한 whore나 false 유의 어휘를 사용한다는 사실은 그 가능성을 약화시킨다.

35. Jos Koldeweij, "'Shameless and Naked Images:' Obscene Badges as Parodies of Popular Devotion," in *Art and Architecture of Late Medieval Pilgrimage in Northern Europe and the British Isles*, ed. Sarah Blick and Rita Tekippe (Leiden: Brill, 2005), 493-510; Susan Signe Morrison, "Waste Space: Pilgrim Badges, Ophelia and Walsingham Remembered," *Walsingham in Literature and Culture from the Middle Ages to Modernity*, ed. Dominic Janes and Gary Waller (Burlington VT: Ashgate, 2010), 49-66; Anthony Weir, "Satan in the Groin," Beyond-the-Pale.org.uk, 2012년 7월 25일 접속.

36. Morrison, "Waste Space," 57.

37. Mark Girouard, *Life in the English Country House* (New York: Penguin, 1978); Diana Webb, *Privacy and Solitude in the Middle Ages* (London: Hambledon Continuum, 2006); Lena Cowen Orlin, *Locating Privacy in Tudor London* (Oxford: Oxford University Press, 2007); Ian Mortimer, *The Time Traveler's Guide to Medieval England* (New York: Simon & Schuster, 2010); Margaret Wade Labarge, *A Baronial Household of the Thirteenth Century* (New York: Barnes and Noble, 1965); Maryanne Kowaleski, ed., *Medieval Domesticity: Home, Housing, and Household in Medieval England* (Cambridge: Cambridge University Press, 2008); C. M. Woolgar, *The Great Household in Late Medieval England* (New Haven: Yale University Press, 1999).

38. Elias, *The Civilizing Process*, 110에서 인용.

39. ibid., 111에서 인용.

40. Melitta Weiss Adamson, *Food in Medieval Times* (Westport, CT: Greenwood Press, 2004).

41. *The Boke of Curtasye* in Frederick James Furnivall, *Early English Meals and Manners* (London: Kegan Paul, Trench, Trübner, 1868), 175-205.

42. Hugh Rhodes, *The Boke of Nurture for Men, Servants, and Children* (London, 1545), Early English Books Online, 2012년 7월 25일 접속.

43. Erasmus, *The Correspondence of Erasmus: Letters 1356 to 153*, trans. R. A. B. Mynors and Alexander Dalzell (Toronto: University of Toronto Press, 1992), 10:471.

44. *Beowulf: An Updated Verse Translation*, trans. Frederick Rebsamen (New York: Harper Collins, 2004), 1793–1799.

45. Elias, *The Civilizing Process*, 139에서 인용.

46. Ruth Mazo Karras, *Sexuality in Medieval Europe: Doing unto Others* (New York: Routledge, 2005), 153.

47. P. J. P. Goldberg, ed., *Women in England c. 1275–1525* (Manchester: Manchester University Press, 1995), 62.

48. Elias, *The Civilizing Process*, 60에서 인용.

49. Chaucer, "General Prologue," *The Riverside Chaucer*, 504.

50. Chaucer, "The Miller's Tale," *The Riverside Chaucer*, 687–743.

51. Larry D. Benson, "The 'Queynte' Punnings of Chaucer's Critics," in *Studies in the Age of Chaucer, Proceedings of the New Chaucer Society, no. 1, 1984: Reconstructing Chaucer*, ed. Paul Strohm and Thomas J. Heffernan (Knoxville: University of Tennessee Press, 1985), 33, 36, 43.

52. *The Canterbury Tales*, Cambridge Ii.3.26, Cambridge University Library, Cambridge.

53. 이 글에 관한 설명은 Edwin Craun의 *Lies, Slander and Obscenity in Medieval English Literature: Pastoral Rhetoric and the Deviant Speaker* (Cambridge: Cambridge University Press, 1997)를 참조할 것.

54. St. Augustine, *City of God*, trans. P. Levine, vol. 4 (Cambridge, MA: Harvard University Press, 1965), Book 14, Chapters 23–24.

55. "외설한obscene과 외설어obscenity라는 용어가 라틴어의 수사학적 전통을 주축으로 만들어지고 다듬어져 현대의 구어로 이어진 것은 사실이지만, 두 단어가 비로소 토착어 어휘 목록에 포함된 시기는 중세 이후부터다." Ziolkowski, *Obscenity*, 16.

56. *Speculum Christiani*, ed. Gustaf Holmstedt, EETS 182 (Oxford: Humphrey Milford, Oxford University Press, 1933), 58.

57. *Jacob's Well*, ed. Arthur Brandeis, EETS 115 (London: Kegan Paul, Trench, Trübner, 1900), 1:53.

58. *Ayenbite of Inwit or Remorse of Conscience*, vol. 1, ed. Pamela Gradon, EETS 23 (London: Oxford University Press, 1965).

59. *Ayenbite*, 46.

60. R. Howard Bloch, "Modest Maids and Modified Nouns: Obscenity in the Fabliaux," in *Obscenity: Social Control and Artistic Creation in the European Middle Ages*, ed. Jan M. Ziolkowski (Leiden: Brill, 1998), 305.

61. Andrew Marvell, "To His Coy Mistress," in *The Oxford Book of English Verse: 1250–1900*, ed. Arthur Quiller-Couch (n.p., 1919), 온라인 Bartleby.com, 2010년 9월 27일 접속.

중세의 외설어를 찾아보기 위해서는 영어보다 프랑스어 쪽을 뒤지는 편이 나을지도 모르겠다. 13세기 문학 장르인 프랑스 우화시fabliau에는 「씹들을 말하게 하는 기사Le Chevalier qui fist parler les Cons」라든가 「남편의 무덤에서 씹하는 여인Cele qui se fist foutre sur la fosse de son mari」과 같은 제목의 이야기가 있다. 씹하다foutre나 씹con은 현대의 관점에서 충분히 '외설한' 단어다. 일부 우화시와 1275년경의 「장미 이야기」는 coillons('불알')과 같은 단어를 사용하는 여성이 과연 음란한가 하는 문제를 정면으로 다룸으로써, 이 같은 언어 사용이 금기시되기 시작한 당시의 사회적 분위기를 암암리에 드러낸다. 하지만 남성은 그런 식의 금기로부터 자유로웠던 것 같다—제재의 대상은 여성이었다. 초서 연구자 찰스 머스커틴의 주장에 따르면, 외설어라는 개념은 이 시기에 막 만들어지기 시작했다. "우화시에 쓰인 용어 중 현대인이 외설하다고 간주할 법한 어휘의 대부분은 글이 쓰일 당시만 해도 그다지 외설하게 여겨지지 않았을 수 있다. 우화시에서 섹슈얼리티와 관련된 언어는 (…) 대부분 되바라짐이나 부끄러움에서 놀라우리만치 자유로웠다. 이는 종종 평범한 어법처럼 들린다. 언어적 금기에서 상대적으로 자유로우면서도 섹슈얼리티를 직설적인 말로 환기시키는 데서 다양한 즐거움을 맛보던 문화 공동체가 별다른 고민 없이 사용하던 언어처럼 들리는 것이다. 외설어 혹은 통속어라는 새로운 개념은 12세기와 13세기 (…) 용어 선택에 관한 정중한 규범이 동시대에 만들어지면서 (…) 창조 혹은 발명, 어쩌면 재발명되었을 공산이 크다."(281) 프랑스의 우화시가 최초로 등장한 시기는 잉글랜드와 노르망디가 분리되었을 무렵이다. 외설어는 13세기 노르만프랑스어에서 발전되기 시작했고, 영어 외설어의 발전은 그 이후에 이루어졌다. 이에 관해서는 다음을 참조할 것. Charles Muscatine, "The Fabliaux, Courtly Culture, and the (Re)Invention of Vulgarity," in *Obscenity: Social Control and Artistic Creation in the European Middle Ages*, ed. Jan M. Ziolkowski (Leiden: Brill, 1998), 281–292.

62. 봉건제도에 관해서는 다음을 참조할 것. Jeffrey L. Forgeng and Will McLean, *Daily Life in Chaucer's England*, 2nd ed. (Westport, CT: Greenwood Press, 2009); W. L. Warren, Henry II (London: Methuen, 1991); "Oath," in *Encyclopedia of the Middle Ages*, ed. André Vauchez, Barrie Dobson, and Michael Lapidge, trans. Adrian Walford (Chicago: Fitzroy Dearborn, 2000).

63. 노르만 정복에 관해서는 다음을 참조할 것. Simon Schama, *A History of Britain: At the Edge of the World?* (New York: Hyperion, 2000), 86; Kari Ellen Gade, "Northern Light on the Battle of Hastings," *Viator* 28 (1997); De Re Militari: The Society for Medieval Military History (온라인), 2010년 6월 28일 접속.

64. 면책선서와 신성재판에 관해서는 다음을 보라. Richard Firth Green, *A Crisis of Truth: Literature and Law in Ricardian England* (Philadelphia: University of Pennsylvania Press, 1999); Frederic William Maitland, *The Constitutional History of England* (Cambridge: Cambridge University Press, 1961); Baker, *An Introduction to English Legal History*.

65. *The Calendar of the Early Mayor's Court Rolls*, ed. H. A. Thomas (Cambridge: Cambridge University Press, 1924), xxx–xxxi.

66. Miles Coverdale, *A Christen Exhortation unto Customable Swearers* (London:

W. Hill, 1548), 20.

67. 롤러드와 유사한 운동이 동시대에 보헤미아에서 있었다. 운동을 이끈 인물은 설교자 얀 후스로, 롤러드에 영감을 준 신학자 존 위클리프의 추종자였다. 후스는 1415년에 화형을 당했다. 위클리프는 사형을 언도받을 당시 이미 고인이라 형 집행이 불가능했지만, 1428년 사람들은 그의 무덤을 파헤쳐 뼈를 수습한 다음 그것을 불태웠다.
   롤러드교도에 관해 더 알고 싶다면 다음을 참조할 것. Anne Hudson, *The Premature Reformation: Wycliffite Texts and Lollard History* (Oxford: Clarendon Press, 1988), 그리고 *Selections from English Wycliffite Writings*, rev. ed. (Toronto: University of Toronto Press, 1997).

68. *English Historical Reprints*, ed. W. Dawson Johnston and Jean Browne Johnston (Ann Arbor: Sheehan, 1896), 27.

69. John Foxe, *Actes and Monuments*, ed. George Townsend (New York: AMS Press, 1965); Norman P. Tanner, ed., *Heresy Trials in the Diocese of Norwich, 1428-1431*, Camden Fourth Series 20 (London: Royal Historical Society, 1977).

70. Hudson, *Selections*, I.

71. Foxe, *Actes and Monuments*, 540, 593.

72. Henry G. Russell, "Lollard Opposition to Oaths by Creatures," *American Historical Review* 51, no. 4 (1946): 668-684.

73. Foxe, *Actes and Monuments*, 249-285.

74. Hughes, *Swearing*, 60.

75. Robert of Brunne, *Handlyng Synne*, ed. Frederick James Furnivall, EETS 119 and 123, 2 vol. (London: Kegan, Paul, Trench, Trübner & Co., 1901-1903), 2700-2734.

76. Pinker, *Stuff of Thought*, 341.

77. Chaucer, "The Pardoner's Tale," *The Riverside Chaucer*, 629-650.

78. "On the Twenty-Five Articles" in John Wyclif, *Selected Works*, ed. Thomas Arnold (Oxford: Clarendon Press, 1871), III:483.

79. *Jacob's Well*, 153.

80. Hudson, *Selections*, I.

81. Stephen Hawes, *The Conversyon of Swerers* (London, 1509), Early English Books 온라인, 2012년 5월 15일 접속.

82. Woodburn O. Ross, ed., *Middle English Sermons*, EETS 209 (London: H. Milford, Oxford University Press, 1940), sermon 22.

83. Miri Rubin, *Corpus Christi: The Eucharist in Late Medieval Culture* (Cambridge: Cambridge University Press, 1991)의 1장을 볼 것. 또한 Hudson, Selections, 142; Eamon Duffy, *The Stripping of the Altars: Traditional Religion in England 1400-1580* (New Haven: Yale University Press, 1992), 91-130을 참고하라.

84. *Handlyng Synne* 9981-10072. 이런 '성체의 기적' 이야기는 *Mirk's Festial*, ed. Theodor Erbe, EETS 96 (extra series) (London: Kegan, Paul, Trench, Trübner, 1905), 170-171; 173에서도 찾아볼 수 있다. The Mirrour of the Blessed Lyf of Jesu

Christ, ed. Lawrence F. Powell (Oxford: Clarendon Press, 1908), 308-309도 참조하라. 또한 Duffy, *The Stripping of the Altars*, 91-109에는 중세 평신도의 미사 경험에 관한 이런 이야기들이 잘 맥락화되어 있다.

85. *Gesta Romanorum*, ed. Sidney Herrtage, EETS 33 (extra series) (London: Kegan, Paul, Trench, Trübner, 1879), 409-410. "맹세자에게 호소하는 글"이라는 말은 로즈메리 울프의 것이다. 더 많은 사례는 Rosemary Woolf, *English Religious Lyric in the Middle Ages* (Oxford: Clarendon Press, 1968), 395에서 볼 수 있다. 사회가 어떻게 인체를 합법적인 문화적 구성체의 도구로, 또 '순전한 사실성'에 입각해 '진실들'의 도구로 이용해왔는지에 대한 분석은 Elaine Scarry, *The Body in Pain: Making and Unmaking the World* (New York: Oxford University Press, 1985) (14)를 참조할 것.

86. Duffy, *The Stripping of the Altars*, 91-92.

87. Ibid., 110.

88. Ibid., 97.

89. Ibid., 103.

90. John Downame, *Four Treatises, tending to dissuade all Christians from 4 no lesse hainous then common sinnes* (London, 1608).

91. G. R. Owst, *Literature and Pulpit in Medieval England* (New York: Barnes & Noble, 1961), 416.

4장

1. 그레고리력은 오늘날 거의 전 세계적으로 사용되는 달력이다. 이전까지 널리 사용되던 율리우스력은 한 해의 길이를 약간 부정확하게 계산하는 탓에 춘분과 추분을 갈수록 빨라지게 하는 문제를 안고 있었다. 영국과 영국의 속령들이 비로소 그레고리력을 받아들인 시기는 1752년이다.

2. 27 Eliz.c.2 in Charles Dodd and M. A. Tierney, *Dodd's Church History of England, from the Commencement of the Sixteenth Century to the Revolution in 1688*, vol. 4 (London: C. Dolman, 1839-1843).

3. 이 기만적 말은 여러 가지로 벤저민 디즈레일리와 모지스 허대스에게 빚졌다.

4. 개혁이 영국 대중에게 어떤 영향을 미쳤는지는 Eamon Duffy, *The Stripping of the Altars: Traditional Religion in England 1400-1580* (New Haven: Yale University Press, 1992)을 참조하라.

5. Pius V, "Regnans in Excelsis," Papal Encyclicals 온라인, 2011년 2월 14일 접속.

6. "Penal Laws," *Catholic Encyclopedia*, ed. Charles G. Herbermann et al. (1907-1912), New Advent 온라인, 2011년 2월 14일 접속. 법령은 1571—13 Eliz. c. 1 및 13 Eliz. c. 2; 1581—23 Eliz. c. 1; 1587—35 Eliz. c. 2.

7. Duffy, *The Stripping of the Altars*, 338.

사우스웰의 삶과 그의 체포 및 재판과정을 다룬 문헌들이 있다. Christopher Devlin, *The*

Life of Robert Southwell: Poet and Martyr (London: Longmans, Green, 1956); Pierre Janelle, *Robert Southwell: A Study in Religious Inspiration* (London: Sheed and Ward, 1935); 그리고 F. W. Brownlow, *Robert Southwell*, Twayne's English Authors Series 516 (New York: Twayne, 1996).

8. 직권에 의한 선서에 관해서는 Janelle, *Robert Southwell*; Devlin, *Life of Robert Southwell*; 그리고 Christopher Hill, *Society and Puritanism in Pre-Revolutionary England* (New York: Schoken Books, 1964), 348을 보라.

9. Hill, *Society and Puritanism*, 330.

10. Scott R. Pilarz, *Robert Southwell and the Mission of Literature 1561-1595: Writing Reconciliation* (Burlington, VT: Ashgate, 2004), 236, 그리고 Alice Hogge, *God's Secret Agents: Queen Elizabeth's Forbidden Priests and the Hatching of the Gunpowder Plot* (New York: HarperCollins, 2005), 232.

11. 심리유보에 관한 사우스웰의 가르침은 Janelle, *Robert Southwell*, 81에서 볼 수 있다; 예수회가 심리유보를 어떻게 여겼는지는 Perez Zagorin, *Ways of Lying: Dissimulation, Persecution, and Conformity in Early Modern Europe* (Cambridge, MA: Harvard University Press, 1990), 169-170; Robert Parsons, *A Treatise Tending to Mitigation*, English Recusant Literature 1558-1640 (Ilkley, England: Scolar Press, 1977), 340을 참조하라.

12. Brownlow, *Robert Southwell*, 20; Janelle, *Robert Southwell*, 81-82.

13. William Camden, *The History of the Most Renowned and Victorious Princess Elizabeth*, Late Queen of England (1688), 344. 사우스웰의 죽음에 관해서는 Devlin, *Life of Robert Southwell*, 323; Pilarz, *Robert Southwell*, 278-280; 그리고 Hogge, *God's Secret Agents*, 188-190을 보라.

14. Christopher Bagshaw, *A Sparing Discoverie of Our English Jesuits* (1601), 11-12.

15. Hudson, *The Premature Reformation*, 281.

16. Gavin Koh, ed., *The Thirty-Nine Articles of Religion*, 1999년 11월 29일, http://gavvie.tripod.com/39articles/articles.html, 2011년 3월 19일 접속.

17. Robert Parsons, *The Third Part of a Treatise, Intitled of Three Conversions of England* (St. Omer, 1604), 134.

18. William Vaughn, *The Spirit of Detraction, Conjured and Convicted in Seven Circles* (London, 1611), 123.

19. 더 논쟁적인 서약어들에 관해서는 Hill, *Society and Puritanism*, 382-419를 보라.

20. Ibid., 411에서 인용.

21. Ibid., S 399.

22. Ibid., 418.

23. Robert Boyle, *A Free Discourse Against Customary Swearing* (London: John Williams, 1695); Michael Hunter, *Robert Boyle 1627-1691: Scrupulosity and Science* (Woodbridge, Suffolk: Boydell Press, 2000), 64-68.

24. Peter Brimacombe, *All the Queen's Men: The World of Elizabeth I* (New York: St. Martin's Press, 2000), 118; Alison Weir, *The Life of Elizabeth I* (New York:

Ballantine 1999), 166, 427.

25. John Harington, "An Apologie of Poetrie," preface to Ludovico Ariosto, *Orlando Furioso* (1591), in *Ancient Critical Essays upon English Poets and Poesy*, ed. Joseph Haslewood (London: Robert Triphook, 1815), II:138–139.

26. John Marston, "The Metamorphosis of Pigmalion's Image," *Poems*, ed. Arnold Davenport (Liverpool: Liverpool University Press, 1961).

27. Thomas Nashe, *Nashe's Lenten Stuff*, ed. Charles Hindley (London: Reeves and Turner, 1871), 14.

28. Thomas Thomas, *Dictionarium linguae Latinae et Anglicanae* (London, 1587).

29. Janet Bately, "Bilingual and Multilingual Dictionaries of the Renaissance and Early Seventeenth Century," in *The Oxford History of English Lexicography*, ed. Anthony Paul Cowie (Oxford: Clarendon Press, 2009), 1:41.

30. Desiderius Erasmus, *Copia: Foundations of the Abundant Style*, trans. Betty I. Knott, in *Collected Works of Erasmus* (Toronto: University of Toronto Press, 1978), 24:302.

31. Thomas Elyot, *Dictionary* (London, 1538), sig. Aiiir. 좋은 작가란 무엇인가에 관한 엘리엇의 생각에 대해서는 그의 1531년 작 *The Boke Named the Governour*, ed. R. C. Alston, English Linguistics 1500–1880, 246 (Menston, England: Scolar Press, 1970), 51을 보라.

32. Elyot, *Governour*, 51v.

33. Ibid., 17r.

34. Elyot, *Dictionary*, "Lectoribus vere doctis."

35. 쪽문wicket이라는 표현에 관해서는 James T. Henke, *Gutter Life and Language in the Early "Street" Literature of England: A Glossary of Terms and Topics Chiefly of the Sixteenth and Seventeenth Centuries* (West Cornwall, CT: Locust Hill Press, 1988)을 참조할 것.

36. John Florio, *A Worlde of Wordes* (1598), Anglistica & Americana 114 (Hildesheim: Georg Olms Verlag, 1972); Palsgrave, *Lesclarcissement de la Langue Francoyse*.

37. 이 작업에 관해 더 알아보고 싶다면 Ian Moulton, *Before Pornography: Erotic Writing in Early Modern England* (Oxford: Oxford University Press, 2000), 147–418을 참조할 것.

38. Edward Wilson, "A 'Damned F... in Abbot' in 1528: The Earliest English Example of a Four-Letter Word," *Notes and Queries* 40, no. 1 (1993): 29–34; Jesse Sheidlower, *The F Word*, 3rd ed. (New York: Oxford University Press, 2009), 139–140.

39. William Dunbar, "In Secreit Place This Hyndir Nycht," *in The Makars: The Poems of Henryson*, Dunbar and Douglas, ed. Jacqueline Tasioulas (Edinburgh: Canongate Books, 1999), 569.

40. Thomas Wright and James Orchard Halliwell, eds., *Reliquiae Antiquae*:

HOLY SHIT

Scraps from Ancient Manuscripts (London: John Russell Smith, 1845), 1:91; Sheidlower, The F Word, 83.

41. Michael Quinion, "Naff," World Wide Words, 2008년 1월 26일 (온라인), 2012년 7월 27일 접속.

42. Sheidlower, *The F Word*, viii-xii.

43. 이 사례들은 Bridget Cusack, ed., *Everyday English 1500-1700* (Ann Arbor: University of Michigan Press, 1998), 12, 22, 26, 그리고 Colette Moore, "Reporting Direct Speech in Early Modern Slander Depositions," in *Studies in the History of the English Language: A Millennial Perspective*, ed. Donna Minkova and Robert Stockwell (Berlin: Mouton de Gruyter, 2002)에서 가져왔다.
르네상스인들이 실제 생활에서 쓴 모욕어에 관해서는 B. S. Capp, *When Gossips Meet: Women, Family and Neighborhood in Early Modern England* (Oxford: Oxford University Press, 2003), 189를 볼 것.

44. "The Flyting of Dumbar and Kennedie," in *The Makars: The Poems of Henryson, Dunbar and Douglas*, ed. Jacqueline Tasioulas (Edinburgh: Canongate Books, 1999), 338-351.

45. Norbert Elias, *The Civilizing Process: Sociogenetic and Psychogenetic Investigations*, ed. Eric Dunning et al., trans. Edmund Jephcott, rev. ed. (Oxford: Blackwell, 2000), 118.

46. Duffy, *The Stripping of the Altars*, 288, 570; Mary C. Mansfield, *The Humiliation of Sinners: Public Penance in Thirteenth-Century France* (Ithaca: Cornell University Press, 1995)도 참조할 것.

47. Heidi Brayman Hackel, *Reading Material in Early Modern England: Print, Gender, and Literacy* (Cambridge: Cambridge University Press, 2005), 46.

48. 스킵의 분석은 Lena Cowen Orlin, *Elizabethan Households: An Anthology* (Washington, DC: Folger Shakespeare Library, 1995), 81-82에서 인용했다.

49. Bill Bryson, *At Home: A Short History of Private Life* (New York: Doubleday, 2010), 58-59.

50. Girouard, *Life in the English Country House*, 56-57; John Harington, *The Metamorphosis of Ajax*, ed. Elizabeth Story Donno (London: Routledge and Kegan Paul, 1962), 57, 82, 85, 89, 그리고 그의 대부분의 책; Tony Rivers, Dan Cruickshank, Gillian Darley, Martin Pawley, *The Name of the Room: A History of the British House and Home* (London: BBC Books, 1992), 93-95; Lucinda Lambton, *Temples of Convenience and Chambers of Delight* (London: Pavilion Books, 1995), 6-14.

51. "Sirreverence," *OED* (온라인).

52. Lambton, *Temples of Convenience*, 38.

53. Girouard, *Life in the English Country House*, 56.

54. Orlin, *Elizabethan Households*, 3.

55. Nicholas Cooper, "Rank, Manners and Display: The Gentlemanly House,

1500-1750," *Transactions of the Royal Historical Society, sixth series*, 12 (2002): 297.

56. Orlin, *Locating Privacy*, 66-111에 프라이버시 및 프라이버시의 질에 관한 새로운 욕구를 야기한 당시 건축에 대한 학술적 견해가 훌륭하게 요약돼 있다.

그러나 다인용 변소의 사례에서 보듯 당시의 수치심은 오늘날의 수준에는 미치지 못했다. 프라이버시와 그것이 불러일으키는 수치심은 대개 실제라기보다 관념에 가까웠다. 특히 런던에 사는 중간계층이나 하층민의 주거지는 사람으로 미어지는 경우가 태반이었고, 이른바 대대적 개축으로 새롭게 지은 방들은 기껏해야 종이 벽이나 판자로 칸을 나눈 수준이었다. 현존하는 법정 기록을 살피다 보면, 간음이나 음행을 목격한 이들의 증언이 심심찮게 등장한다. 가령 존 모리스의 연세 지긋한 이웃은 모리스와 (모리스의 아내가 아닌) 한 소녀의 간통 현장을 문틀과 정문 사이의 제법 넓은 틈을 통해 몰래 엿볼 수 있었다. 그런가 하면 세라 보니볼과 존 크로스비(또 다른 간통자들)는 크로스비의 집과 옆집을 나누는 벽에 난 구멍을 통해 음행 현장을 목격했다. 이러한 사례들로 미루어보건대, 근대 런던 사람들은 심지어 중세만도 못한 프라이버시를 누렸던 듯하다. 중세의 런던은 근대처럼 일거리를 찾는 사람들로 북적이지 않았고, 시골에 남은 사람들은 덤불처럼 도시의 침실보다 사적인 장소를 찾을 수 있었을 테니까. Orlin, *Locating Privacy*, 152-155를 보라.

57. 인용은 Elias, *The Civilizing Process*, 117.

58. 위로와 엘리자베스 여왕에 관해서는 Valerie Traub, *The Renaissance of Lesbianism in Early Modern England* (Cambridge: Cambridge University Press, 2002), 139를 보라.

59. Rivers et al., *The Name of the Room*, 73-74.

60. Harington, *Metamorphosis*, 91, 98.

61. *The Workes of our Antient and lerned English Poet, Geffrey Chaucer* (London, 1598), Early English Books 온라인. 여기 인용한 서문의 원저자는 사실 존 플레처와의 합작으로 유명한 극작가 프랜시스 보몬트다. 하지만 그 서문이 스페트의 편집본에 실려 있기도 하고, 글이 장황해지는 걸 피하고 싶기도 해서 본문에는 스페트의 서문으로 적었다.

62. *The Whole Works of Homer* (London, 1616), Early English Books 온라인. 채프먼은 이전에 일리아드를 따로 출간한 적이 몇 번 있었고, 그때도 누군가를 'windfucker'라고 불렀다. 놀라운 점은, 그가 존경받는 한 작가의 결정판이라고 스스로 생각하는 책의 서문에까지 그 단어를 적어 넣었다는 사실이다.

63. 모두 다음에서 인용했다. *The Riverside Shakespeare*, ed. G. Blakemore Evans (Boston: Houghton Mifflin, 1974). *The Merry Wives of Windsor*: IV, I; III, iii; *Henry V*: III, iv; Hamlet: III, ii; "tun-dish" in *Measure for Measure*: III, ii; "bauble" in *Romeo and Juliet*: II, iii; "cod's head" in *Othello*: II, i. 고든 윌리엄스는 가장 그럴 듯한 해석을 내놓았다. "cod's head"는 어리석은 남편을, "salmon's tail"은 연인에 대한 섬세함을 가리킨다는 것이다. Gordon Williams, *A Dictionary of Sexual Language and Imagery in Shakespearean and Stuart Literature*, 3 vols. (London: Athlone Press, 1994) 493을 참조할 것.

64. In Act II, scene I of *Romeo and Juliet*, 머큐시오는 로잘린이 '열린 무엇open-something'이기를 바란다는 말로 로미오를 조롱한다. 이 텍스트로 분명해지는 것은, 머큐시오가 'open-arse'를 서양모과라는 뜻으로 입에 올리지는 않았으리란 점이다. 하지만 출판사들은 문제의 단어를 기입하는 대신, 완곡어인 'open et caetera'(Q1)를 선택하는 경향을 보였다. 폴리오 출판사는 그 단어가 나오는 부분을 빈칸으로 남겨두었다. 'open-arse'를 'open'으로 대체해 'arse'를 아예 생략해버린 것이다. 생각건대, 셰익스피어 시대 사람들이 사용한 외설어의 종류를 감안할 때 무대에서는 머큐시오 역을 맡은 배우가 'open-arse'라고 말했을 공산이 크다. 혹은 'arse'를 직접 입에 올리지는 않으면서 모종의 방법을 통해 그 단어를 암시했거나. 이에 대해서는 다음 장에서 더 자세히 다룰 것이다.

65. "바람씹꾼"은 *Epicene, or the Silent Woman* (1609), I, iv; "네 잇새에 똥 덩어리가": *Bartholomew Fair* (1614, pub. 1631), I, iv; "어마, 당신 두건에 똥이"는 Bartholomew Fair, IV, iv; "갈보의 똥구멍에 키스를": *Bartholomew Fair*, V, v를 보라.

66. 축연 사무국장에 대해서는 Richard Dutton, *Mastering the Revels: The Regulation and Censorship of English Renaissance Drama* (London: Macmillan, 1991)를 보라.

67. *The Famous Victories of Henry the Fifth* (London, 1598), Early English Books 온라인.
    서약어가 삭제된 데 관해서는 Gary Taylor's "'Swounds Revisited," in *Shakespeare Reshaped, 1606-1623* (Oxford: Clarendon Press, 1993), 51-106을 볼 것. 여기서 나는 사실 좀 복잡한 상황을 단순화했다.

68. *The Dramatic Records of Sir Henry Herbert*, ed. Joseph Quincy Adams (New Haven: Yale University Press, 1917), 22.

69. 허버트가 희곡을 태운 이유가 단지 음란하다는 이유에서였는지 여부는 학자들 사이에 의견이 갈린다. 대부분은 다른 이유도 있었으리라고 간주하는데, 보디웨이에서 공연된 반가톨릭적 풍자극을 예로 들 수 있다. Richard Dutton, *Licensing, Censorship and Authorship in Early Modern England* (New York: Palgrave, 2000), 51-61.

70. Karen Harvey, *Reading Sex in the Eighteenth Century: Bodies and Gender in English Erotic Culture* (Cambridge: Cambridge University Press, 2004), 36-38; Deana Heath, *Purifying Empire: Obscenity and the Politics of Moral Regulation in Britain, India, and Australia* (Cambridge: Cambridge University Press, 2010), 51. 컬은 '외설적 문서에 의한 명예훼손'이라는 완전히 새로운 범주의 혐의로 기소된 첫 번째 사람이다. 이로써 외설어는 관습법상의 법적 규제 대상이 되었다. 이전에, 그러니까 1680년경부터 인쇄업자들은 '외설하고 음란한 책'을 찍어낼 경우 벌금형에 처해졌지만, 이는 출간 전 허가제에 따른 것이었다. 결국 로체스터의 『소돔Sodom』(1684)과 『비너스의 학교The School of Venus』(1680)가 음란하고 선정적이라는 이유로 금서로 지정됐다.

71. 고함지르는 자들에 관해서는 Christopher Hill, *The World Turned Upside Down: Radical Ideas During the English Revolution* (New York: Penguin Books, 1991);

A. L. Morton, *The World of the Ranters: Religious Radicalism in the English Revolution* (London: Lawrence & Wishart, 1970); J. C. Davis, *Fear, Myth, and History: The Ranters and the Historians* (Cambridge: Cambridge University Press, 1986)를 참조할 것.

72. *The Ranters Ranting* (London 1650), 4, Early English Books 온라인.

73. *The Ranters Ranting*, 6.

5장

1. 로체스터의 모든 시는 *John Wilmot, Earl of Rochester: The Poems and Lucina's Rape*, ed. Keith Walker and Nicholas Fisher (Malden, MA: Wiley–Blackwell, 2010)에서 인용했다.

2. Francis Grose, *A Classical Dictionary of the Vulgar Tongue* (London: S. Hooper, 1785), 18.

3. Walker and Fisher, introduction to *John Wilmot*, xviii; Arthur Malet, *Notices of an English Branch of the Malet Family* (London: Harrison & Sons, 1885), 48–49.

4. Tony McEnery, *Swearing in English: Bad Language, Purity and Power from 1586 to the Present* (London: Routledge 2006), 36, 50과 n. 59.

5. Timothy Jay, "The Utility and Ubiquity of Taboo Words," *Perspectives on Psychological Science* 4, no. 2 (2009): 156.

6. "*My Lord, why, what the Devil?*" Alexander Pope, *The Rape of the Lock*, 2nd ed. (London: Bernard Lintott, 1714), 37.

7. Grose, *A Classical Dictionary*, 182, 43, 61.

8. John Hotten, *The Slang Dictionary: or, The Vulgar Words, Street Phrases, and "Fast" Expressions of High and Low Society*, 3rd ed. (London: John Camden Hotten, 1865).

9. "*How do you do, sir?*" Basil Hall, *Fragments of Voyages and Travels*, second series (Edinburgh: Robert Cadell, 1832), II:234.

10. 18세기 종교의 약화는 Roy Porter, *English Society in the Eighteenth Century* (London: Penguin, 1990)와 Joss Marsh, *Word Crimes: Blasphemy, Culture, and Literature in Nineteenth–Century England* (Chicago: University of Chicago Press, 1998)를 참조할 것.

11. Keith Thomas, *Religion and the Decline of Magic* (London: Weidenfeld & Nicolson, 1971), 65.

12. "Bank to Westminster: Lionel de Rothschild's Journey to Parliament, 1847–1858," The Rothschild Archive (온라인), 2012년 7월 29일 접속; *Reports of State Trials*, ed. John E. P. Wallis, new series (London: Eyre and Spott iswoode, 1898), VIII:114.

13. Marsh, *Word Crimes*, 135; Adolphe S. Headingley, *The Biography of Charles*

HOLY SHIT

Bradlaugh, 2nd ed. (London: Freethought, 1883), 177.

14. "Popery in the Nineteenth Century," *Blackwood's Edinburgh Magazine*, February 1851, 252.

15. *The Annual Register, or a View of the History and Politics of the Year 1850* (London: F. & J. Rivington, 1851), 183.

16. *The Westminster Review*, vol. CXIII, January–April 1880, American ed. (New York: Leonard Scott), 183.

17. Marsh, *Word Crimes*, 50.

18. *The Jewish Encyclopedia: A Descriptive Record*, ed. Isidore Singer (New York: Funk and Wagnalls, 1906), 5:172.

19. Edward Royle, *Radicals, Secularists and Republicans: Popular Freethought in Britain*, 1866–1915 (Manchester: Manchester University Press, 1980), 266.

20. Forrest Church, *So Help Me God: The Founding Fathers and the First Great Battle over Church and State* (New York: Houghton Mifflin Harcourt, 2008), 448. 몇몇 학자는 워싱턴이 이 말을 추가한 게 아니라고 주장한다. 이러한 견해에 대해서는 다음을 참조하라. Peter R. Henriques, "'So Help Me God': A George Washington Myth that Should Be Discarded," George Mason University's History News Network (온라인), 2012년 7월 29일 접속.

21. John Aubrey, *Aubrey's Brief Lives*, ed. Oliver Lawson Dick (Jaffrey, NH: David R. Godine, 1999), cxiii, 107, 271.

22. Desiderius Erasmus, Adages, trans. R. A. B Mynors, in *Collected Works of Erasmus*, ed. Craig R. Thompson (Toronto: University of Toronto Press, 1974), 33:132, 133.

23. Desiderius Erasmus, *Copia: Foundations of the Abundant Style*, trans. Betty I. Knott, in *Collected Works of Erasmus* (Toronto: University of Toronto Press, 1978), 24:309.

24. D. J. Enright, *Fair of Speech: The Uses of Euphemism* (Oxford: Oxford University Press, 1985), 38.

25. Erasmus, *Adages*, 384.

26. Eric Rassin and Simone van der Heijden, "Appearing Credible? Swearing Helps!" *Psychology, Crime & Law* 11, no. 2 (June 2005): 177–182.

27. Marsh, *Word Crimes*, 218.

28. William Dean Howells, *Criticism and Fiction* (New York: Harper and Brothers, 1891), 154.

29. Henry Alford, *A Plea for the Queen's English*, 2nd ed. (New York: Dick & Fitzgerald, 1864), 278.

30. 러스킨에 관해서는 다음을 참조했다. Timothy Hilton, *John Ruskin: The Early Years, 1819–1859* (New Haven: Yale University Press, 1985); Wolfgang Kemp, *The Desire of My Eyes: The Life and Work of John Ruskin*, trans. Jan van Heurck (London: Harper Collins, 1990); Peter Gay, *The Education of the Senses*

(New York: Oxford University Press, 1984); Phyllis Rose, *Parallel Lives: Five Victorian Marriages* (New York: Knopf, 1983).

31. Matthew Sweet, *Inventing the Victorians* (London: Faber, 2001), 216.

32. Maev Kennedy, "Infamous Bonfire of Turner's Erotic Art Revealed to Be a Myth," *Guardian*, 2004년 12월 31일; Sarah Lyall, "A Censorship Story Goes up in Smoke," *New York Times*, 2005년 1월 13일.

33. Robert Browning, "Pippa Passes," in *The Major Works*, ed. Adam Roberts (Oxford: Oxford University Press, 2005), IV,ii,96. 브라우닝의 'twat'을 다룬 문헌 중 주목할 만한 것들로는 Jesse Sheidlower, *The F Word*, 3rd ed. (New York: Oxford University Press, 2009), xv와 Patricia O'Conner, Stewart Kellerman, *Origins of the Specious: Myths and Misconceptions of the English Language* (New York: Random House, 2009), 90–91, 그리고 Peter Silverton, *Filthy English: The How, Why, When, and What of Everyday Swearing* (London: Portobello, 2009)이 있다.

34. Martial, *Ex Otio Negotium, or Martiall His Epigrams Translated*, trans. Robert Fletcher (London, 1656).

35. Thomas Wright, *Dictionary of Obsolete and Provincial English* (London: H. G. Bohn, 1857).

36. H. W. Fay, "A Distressing Blunder," *The Academy*, no. 841 (June 16, 1888): 415.

37. Jeffrey Kacirk, *The Word Museum: The Most Remarkable English Words Ever Forgotten* (New York: Simon & Schuster, 2000), 98에서 인용.

38. Capt. Frederick Marryat, *A Diary in America: With Remarks on Its Institutions* (New York: Wm. H. Colyer, 1839), 154.

39. Sweet, *Inventing the Victorians*, xiv–xv; Karen Lystra, *Searching the Heart: Women, Men, and Romantic Love in Nineteenth−Century America* (New York: Oxford University Press, 1989), 56–57.

40. Noah Webster, ed., *The Holy Bible* (NewHaven: Durrie & Peck, 1833), iv.

41. "Bender," in John Farmer and William Henley, eds., *Slang and Its Analogues Past and Present*, 7 vols. (London, 1890–1904).

42. John Hott en, ed., *Slang Dictionary*, rev. ed. (London: Chatto and Windus, 1874).

43. Henry Alford, *A Plea for the Queen's English*, rev. ed. (New York: George Routledge & Sons, 1878), 251, 248.

44. John Cleland, *Fanny Hill, or Memoirs of a Woman of Pleasure*, ed. Peter Wagner (New York: Penguin Books, 1985), 112–113.

45. 인용은 Alison Syme, *A Touch of Blossom: John Singer Sargent and the Queer Flora of Fin−de−Siècle Art* (University Park: Pennsylvania State University Press, 2010), 26; Karen Harvey, *Reading Sex in the Eighteenth Century: Bodies and Gender in English Erotic Culture* (Cambridge: Cambridge University Press, 2004), 90.

46. 인용은 OED.

47. Keith Allan and Kate Burridge, *Forbidden Words: Taboo and the Censoring of Language* (Cambridge: Cambridge University Press, 2003), 33. 특히 2장 "Sweet Talking and Off ensive Language"를 보라.

48. Leigh Hunt, *The Autobiography of Leigh Hunt* (London: Smith, Elder, 1891), 376.

49. Adrian Frazier, *Playboys of the Western World: Production Histories* (Dublin: Carysfort Press, 2004), 13-16.

50. 이 완곡어법은 옥스퍼드 영어사전에서 인용했다; Richard W. Bailey, *Nineteenth-Century English* (Ann Arbor: University of Michigan Press, 1996); and Andreas Fischer, "'Non Olet': Euphemisms We Live by," *New Perspectives on English Historical Linguistics II* (Amsterdam: John Benjamins, 2004), 91-108.

51. "On Melting Down the Plate: Or, the Piss—pot's Farewell," *Poems on Affairs of State*, pt. III (London, 1698), 215.

52. Bailey, *Nineteenth-Century English*, 168에서 인용.

53. Naomi Stead, "Avoidance: On Some Euphemisms for the 'Smallest Room,'" in *Ladies and Gents: Public Toilets and Gender*, ed. Olga Gershenson and Barbara Penner (Philadelphia: Temple University Press, 2009), 128.

54. Stead, "Avoidance," 129-130; OED.

55. Sarah Lyall, "Why Can't the English Just Give Up Th at Class Folderol?" *New York Times*, 2007년 4월 26일.

56. John Harris, "Common People," *Guardian*, 2007년 4월 26일.

57. William Bentnick—Smith, *The Harvard Book: Selections from Three Centuries* (Cambridge, MA: Harvard University Press, 1982), 162.

58. Catherine O'Reilly, *Did Thomas Crapper Really Invent the Toilet? The Inventions That Changed Our Homes and Our Lives* (New York: Skyhorse, 2008), xii; personal communication, Simon Kirby.

59. "Nominative Determinism," *Wikipedia*, 2012년 6월 30일, 2012년 7월 29일 접속.

60. 인용은 Fischer, "'Non Olet,'" 105.

61. Suzanne Romaine, ed., *The Cambridge History of the English Language*, vol. IV: 1776-1997 (Cambridge: Cambridge University Press, 1998), 13.
이 사회 대이동에 관해서는 T. C. W. Blanning, *The Oxford History of Modern Europe* (Oxford: Oxford University Press, 2000)을 참조할 것.

62. McEnery, *Swearing in English*, 84.

63. Richard Chenevix Trench, *On the Study of Words*, 2nd ed. (New York: Blakeman & Mason, 1859), 40.

64. George Perkins Marsh, *Lectures on the English Language* (New York: Scribner, 1860), 645.

65. Alfred Ayers, *The Verbalist*, rev. ed. (New York: D. Appleton, 1896), 103-104.

66. McEnery, *Swearing in English*, 49.

67. William Shakespeare, *Henry IV, Part One*, Act III, scene i.

68. Geoffrey Hughes, *Swearing: A Social History of Foul Language, Oaths and*

Profanity in English (Oxford: Blackwell, 1991), 171.

69. Thomas H. B. Graham, "Some English Expletives," *Gentleman's Magazine*, 1891년 7월–12월 1891, 199.

70. Geoffrey Hughes, *An Encyclopedia of Swearing: The Social History of Oaths, Profanity, Foul Language and Ethnic Slurs in the English–Speaking World* (Armonk, NY: M. E. Sharpe, 2006), 372.

71. Ibid., 392.

72. "Bloody," in Farmer and Henley, eds., *Slang and Its Analogues*.

73. Julian Sharman, *A Cursory History of Swearing* (London: Nimmo and Bain, 1884), 178.

74. *A Collection of State–Trials and Proceedings* (London: Benj. Mott e and C. Bathurst, 1735), 7:349.

75. Rabelais, *Gargantua and Pantagruel*, trans. Thomas Urquhart, ed. Charles Whibley (London: David Nutt, 1900), 135.

76. "Bugger," *OED*.

77. Jacob A. Hazen, *Five Years Before the Mast, or, Life in the Forecastle* (Philadelphia: G. G. Evans, 1854), 254.

78. William G. Shaw, "State v. McDonnell," *Reports of Cases Argued and Determined in the Supreme Court of the State of Vermont*, vol. 32, new series, vol. 3 (Rutland: Geo. A Tuttle, 1861), 495.

79. Henry Lamson Boies, *History of De Kalb County*, Illinois (Chicago: O. P. Bassett, 1868), 391.

80. *Journal of the Senate of Ohio, at the First Session of the Thirty–Ninth General Assembly* (Columbus: Samuel Medary, 1840), 529.

81. *My Secret Life* (Amsterdam, 1888), 2:256.

82. Frederick Thomas Elworthy, *The West Somerset Word–Book* (London: Trübner, 1886), 663.

83. Hughes, *Swearing*, 220–223.

84. Sheidlower, *The F Word*, 73; Hughes, *Encyclopedia*, xxii.

85. Sheidlower, *The F Word*, 73; Henry Spencer Ashbee, *Catena Librorum Tacendorum*, by Pisanus Fraxi (London, 1885), 319–321.

86. Sheidlower, *The F Word*, 89–90.

87. Joy Damousi, *Depraved and Disorderly: Female Convicts, Sexuality and Gender in Colonial Australia* (Cambridge: Cambridge University Press, 1997), 75.

88. Sheidlower, *The F Word*, 140; *The Suppressed Book About Slavery!* (New York: Carleton, 1864), 211.

89. *Congressional Serial Set: The Miscellaneous Documents of the House of Representatives for the Second Session of the Fiftieth Congress*, 18 vols. (Washington, DC: Government Printing Office, 1889), 299.

90. "New York v. Thomas Kerrigan," *Court of Appeals* (New York: Evening Post

Job Printing House, 1894).

91. Graham, "Some English Expletives," 199.

92. *Chambers's Encyclopædia: A Dictionary of Universal Knowledge*, vol. 10 (London: William and Robert Chambers, 1892). 이 도입부는 상소리swearing를 오로지 불경하게 사용된 종교적 서약어로 특정했던 『체임버스 백과사전』의 앞선 판본들과 대조된다.

93. "The Obscenity Spook," *Liberty*, vol. IV, no. 26 (1887년 7월 30일).

94. Gordon Williams, *A Dictionary of Sexual Language and Imagery in Shakespearean and Stuart Literature*, 3 vols. (London: Athlone Press, 1994), 350.

95. *Harris's List of Covent-Garden Ladies: Sex in the City n Georgian Britain*, ed. Hallie Rubenhold (Stroud, Gloucestershire: Tempus, 2005), 156.

96. 이어지는 예의 상당수는 다음을 참고했다. Farmer and Henley, *Slang and Its Analogues* 중 '자지prick' 관련 부분.

97. *Harris's List of Covent-Garden Ladies*, 90-91.

98. Ibid., 154.

99. Ibid., 127.

100. Thomas Wright, *Anglo-Saxon and English Vocabularies*, ed. Richard Paul Wülcker, 2nd ed. (London: Trübner, 1884), 1:159.

101. Samuel Johnson, "The Plan of an English Dictionary," *The Works of Samuel Johnson*, LL.D. (London: F. C. and J. Rivington et al., 1823), 10:28.

102. Noah Webster, *Dissertations on the English Language* (Boston: Isaiah Thomas, 1789), 20.

103. Hughes, *Swearing*, 135.

104. 인종 및 민족에 대한 모욕어는 다음을 참조했다. Farmer and Henley, *Slang and Its Analogues*; the *OED*; and Irving Lewis Allen, *The Language of Ethnic Conflict: Social Organization and Lexical Culture* (New York: Columbia University Press, 1983).

6장

1. Geoffrey Hughes, *Swearing: A Social History of Foul Language, Oaths and Profanity in English* (Oxford: Blackwell, 1991), 199; Geoffrey Hughes, *An Encyclopedia of Swearing: The Social History of Oaths, Profanity, Foul Language and Ethnic Slurs in the English-Speaking World* (Armonk, NY: M. E. Sharpe, 2006), 439, 486; Ruth Wajnryb, *Expletive Deleted: A Good Look at Bad Language* (New York: Free Press, 2005), 141.

2. John Brophy and Eric Partridge, eds., *Songs and Slang of the British Soldier: 1914-1918* (London: Eric Partridge at the Scholartis Press, 1930), 16.

3. Ibid., 17.

4. Ibid., 15.

5. Frederic Manning, *The Middle Parts of Fortune: Somme and Ancre* (Minneapolis: Filiquarian, 2007), 309.

6. Robert Graves, *Goodbye to All That: And Other Great War Writings*, ed. Steven Trout (Manchester: Carcanet, 2008), 66.

7. Hughes, *Encyclopedia*, "Soldiers and Sailors." 이 일화 역시 도러시 파커의 것이어서, 미심쩍은 구석이 있을 수 있다.

8. Jesse Sheidlower, *The F Word* 3rd ed. (New York: Oxford University Press, 2009), xxii.

9. Allen Walker Read, *Classic American Graffiti: Lexical Evidence from Folk Epigraphy in Western North America* (Waukesha, WI: Maledicta, 1977), 55, 51, 45.

10. Les Cleveland, "Soldiers' Songs: The Folklore of the Powerless," The Vietnam Veterans Oral History and Folklore Project (온라인), 2012년 7월 31일 접속.

11. Hughes, *Swearing*, 200.

12. Tony McEnery, *Swearing in English: Bad Language, Purity and Power from 1586 to the Present* (London: Routledge 2006), 121.

13. Allen Walker Read, "An Obscenity Symbol," *American Speech* 9, no. 4 (1934): 264-278.

14. 인용은 Randall Kennedy, *Nigger: The Strange Career of a Troublesome Word* (New York: Vintage Books, 2003), 23.

15. "Nigger," Dictionary.com, 2012년 7월 30일 접속.

16. Leonard J. Leff and Jerold L. Simmons, *The Dame in the Kimono: Hollywood, Censorship, and the Production Code*, rev. ed. (Lexington: University Press of Kentucky, 2001), 98-108; Kennedy, *Nigger*, 90; "The Depiction of African-Americans in David Selznick's 'Gone with the Wind,'" American Studies at the University of Virginia (온라인), 2012년 7월 30일 접속; Leonard J. Leff, "*Gone with the Wind* and Hollywood's Racial Politics," *Atlantic*, 1999년 12월.

17. "Motion Picture Production Code of 1930 (The Hays Code)," ed. Matt Bynum, ArtsReformation.com, 2012년 7월 31일 접속. 이 규정은 영화가 개봉한 1939년에 앞서 개정되었다. 이는 nigger 등 인종 멸칭의 사용을 단념시키기 위한 것이었으나 금지시키지는 않았는데, 자세한 내용은 다음을 참조하라.
"The Production Code of the Motion Picture Industry (1930-1967)," ed. David P. Hayes, htt p://productioncode.dhwritings.com/multipleframes_productioncode.php, 2012년 7월 30일 접속.

18. Lynne Tirrell, "Derogatory Terms: Racism, Sexism, and the Inferential Role Theory of Meaning," in *Language and Liberation: Feminism, Philosophy, and Language*, ed. Christina Hendricks and Kelly Oliver (Albany: State University of New York Press, 1999), 45.

19. Kennedy, *Nigger*, 94-96.

20. *Chaplinsky v. New Hampshire*, 315 U.S. 568; 62 S. Ct. 766; 86 L. Ed. 1031 (1942).
21. *Watkins v. State*, 2010 Ark. App. 85 (2010).
22. *Kaylor v. Rankin*, 356 F.Supp.2d 839 (2005).
23. *Leonard v. Robinson*, 477 F.3d 347 (2007).
24. *State v. Ovadal*, 2004 WI 20; 269 Wis. 2d 200; 675 N.W.2d 806 (2004).
25. Kennedy, *Nigger*, 52-57; In re *Jerry Spivey, District Attorney* 345 N.C. 404; 480 S.E.2d 693 (1997).
26. *In the Interest of A.R., a Child v. R., a Minor Child*, 2010 ND 84; 781 N.W.2d 644 (2010).
27. In re *John M.*, 201 Ariz. 424; 36 P.3d 772 (2001).
28. *People v. Livio*, 187 Misc. 2d 302; 725 N.Y.S.2d 785 (2000).
29. *Cohen v. California*, 403 U.S. 15; 91 S. Ct. 1780; 29 L.Ed. 2d 284 (1971).
30. Public Order Act 1986, c. 64, and The Crime and Disorder Act 1998, c. 37을 보라.
31. Luke Salkeld, "Off to Jail in Cuffs," *Daily Mail*, 2012년 3월 27일.
32. William Oddie, "Liam Stacey's Drunken Racist Tweets," CatholicHerald.co.uk, 2012년 3월 30일; "Liam Stacey Twitter Racism Against Fabrice Muamba, Don't Lose the Evidence," Youtube.com, 사용자 mattvandam1이 게재, 2012년 3월 17일, 2012년 3월 31일 접속.
33. Luke Salkeld, "Next Time Just Call him a Fat B******," *Daily Mail*, 2007년 1월 16일.
34. Shane Sherman, " *Ulysses* by James Joyce," TheGreatestBooks.org, 2012년 7월 31일 접속.
35. 이 세 구절의 인용은 Elizabeth Ladenson, *Dirt for Art's Sake: Books on Trial from Madame Bovary to Lolita* (Ithaca, NY: Cornell University Press, 2007), 79.
36. James Joyce, *Ulysses* (1922), BompaCrazy.com에서 확인, 504.
37. Ibid., 506.
38. Ibid., 505.
39. Ibid., 349.
40. Robert Denning, ed., *James Joyce: The Critical Heritage*, vol. 1: 1907-1927 (London: Routledge, 1970), 18; Ladenson, *Dirt for Art's Sake*, 71-106; Bennett Cerf, *At Random: The Reminiscences of Bennett Cerf* (New York: Random House, 2002), 90-99.
41. *The United States of America v. One Book Entitled Ulysses*, 5 F. Supp. 182, 72 F.2d 705 (1934).
42. Wayne Overbeck and Genelle Belmas, eds., *Major Principles of Media Law* (Boston: Wadsworth, 2012), 419-424; Joseph Kelly, *Our Joyce: From Outcast to Icon* (Austin: University of Texas Press, 1998), 131-133.
43. Joel Feinberg, *Offense to Others: The Moral Limits of the Criminal Law* (New York: Oxford University Press, 1985), 171.
44. Hughes, *Swearing*, 191에서 인용.

45. John Sutherland, *Offensive Literature: Decensorship in Britain, 1960–1982* (London: Junction Books, 1982), 10–31; Michael Squires, "Introduction," in D. H. Lawrence, *Lady Chatterley's Lover*, ed. Michael Squires (Cambridge: Cambridge University Press, 2002).

46. Lawrence, *Lady Chatterley's Lover*, 177–178.

47. "The Following Is a Verbatim Transcript of 'Filthy Words,'" University of Missouri–Kansas City School of Law (온라인), 2012년 7월 31일.

48. "Obscenity, Indecency, and Profanity," FCC.gov, 2012년 7월 31일.

49. *Federal Communications Commission v. Pacifica*, 435 U.S. 966; 98 S. Ct. 1602; 56 L. Ed. 2d 57 (1978).

50. Jon Pareles, "From Cee Lo Green to Pink, Speaking the Unspeakable," *New York Times*, March 15, 2011.

51. Jay–Z, *Decoded* (New York: Spiegel & Grau, 2010); Tim Strode and Tim Wood, eds., *The Hip Hop Reader* (New York: Pearson Longman, 2008).

52. Bad Meets Evil, "Lighters," *Hell: The Sequel* (*Deluxe Version*), Aftermath, 2011, compact disc.

53. Elijah Wald, *The Dozens: A History of Rap's Mama* (New York: Oxford University Press, 2012).

54. Jay–Z, *Decoded*, 18.

55. William Osler, *On Chorea and Choreiform Affections* (London: H. K. Lewis, 1894), 79–81.

56. Timothy Jay, *Why We Curse: A Neuro–Psycho–Social Theory of Speech* (Philadelphia: John Benjamins, 2000), 63–80. Douglas W. Woods et al., *Treating Tourette Syndrome and Tic Disorders: A Guide for Practitioners* (New York: Guilford Press, 2007); Howard I. Kushner, *A Cursing Brain: The Histories of Tourette Syndrome* (Cambridge, MA: Harvard University Press, 1999); Lowell Handler, *Twitch and Shout: A Touretter's Tale* (New York: Dutton, 1998)도 참조할 것.

57. 투렛증후군의 원인에 관한 다양한 이론은 Kushner, *A Cursing Brain*, 45–118을 참조하라.

58. Jay, *Why We Curse*, 33–62; Steven Pinker, *The Stuff of Thought: Language as a Window into Human Nature* (New York: Viking, 2007), 331–337; Diana Van Lancker Sidtis, "Formulaic and Novel Language in a 'Dual Process' Model of Language Competence," in *Formulaic Language*, ed. Roberta Corrigan et al. (Philadelphia: John Benjamins, 2009), 2:445–472; Diana Van Lancker Sidtis, "Where in the Brain Is Nonliteral Language?" *Metaphor and Symbol* 21, no. 4 (2006):213–244.

59. Paul Cameron, "Frequency and Kinds of Words in Various Social Settings, or What the Hell's Going On?," *Pacific Sociological Review* 12, no. 2 (1969년 가을): 101–104.

HOLY SHIT

60. David B. Morris, "The Neurobiology of the Obscene: Henry Miller and Tourett e Syndrome," *Literature and Medicine* 12, no. 2 (1993년 가을): 194-214.

61. Timothy Jay, "The Utility and Ubiquity of Taboo Words," *Perspectives on Psychological Science* 4, no. 2 (2009), 155.

62. Morris, "The Neurobiology of the Obscene," 196.

63. Timothy Jay, "Recalling Taboo and Nontaboo Words," *American Journal of Psychology* 121, no. 1 (2008년 봄):83-103.

64. Richard Stephens, John Atkins and Andrew Kingston, "Swearing as a Response to Pain," *Neuro-Report* 20 (2009): 1056-1060.

에필로그

1. Bernard Nezmah, "Fuck This Article: The Yugoslav Lexicon of Swear-Words," *Central Europe Review* 2, no. 41 (November 27, 2000).

2. Victor Erofeyev, "Dirty Words," *New Yorker*, 2003년 9월 15일, 42.

3. Lenny Bruce, "To Is a Preposition, Come Is a Verb," Famous Trials: The Lenny Bruce Trial 1964 (온라인), 2012년 7월 31일.

4. Lenny Bruce, "Are There Any Niggers Here Tonight?" *Warning Lenny Bruce Is Out Again*, Sicsicsic, 2004, compact disc.

5. Clément Légaré and André Bougaïeff, *L'Empire du Sacre Québécois* (Sillery, Québec: Presses de L'Université du Québec, 1984); "Swearing in Quebec: If You Profane Something No One Holds Sacred, Does It Make a Swear?" *Economist*, 2011년 11월 24일; "Quebec French Profanity," *Wikipedia*, 2012년 7월 24일 (온라인), 2012년 7월 31일.

도판 목록

56 일곱 현인, Michael Larvey.

68 아우구스투스 포럼: 하버드대 와이드너도서관, Class 6029.34F.

69 오이케마: 앤 앤드 제롬 피셔 파인아트 도서관, 펜실베이니아대.

118 항아리의 그림, Pirhiya Beck, The Drawings from Horvat Teiman (Kuntillet 'Ajrud), Tel Aviv. 9.1, 198, pp. 3-68.

119 아세라, 같은 항아리의 그림, Pirhiya Beck, *The Drawings from Horvat Teiman* (Kuntillet 'Ajrud), *Tel Aviv.* 9.1, 198, pp. 3-68.

121 염소들과 아세라, 하버드대 와이드너도서관, BL1600.k44 1998x.

124 덤불 속 숫양 © Trustees of the British Museum.

168 왕관을 쓴 여성 외음부를 남근 셋이 가마에 태우고 가는 상, 납·주석 도금, 브뤼주(벨기에)에서 발굴, 1375-1425, Van Beuningen Family Collection, Langbroek (*Heilig & Profaan* [1993], cat. 0652, inv. 0967, 미드이벌배지스재단의 허락으로 게재).

200 「맹세자들의 개심」, 캘리포니아주 샌머리노 헌팅턴도서관의 허락으로 재수록.

204 「맹세자들을 향한 경고」, 브로턴 세인트로런스교회, 사진은 앤디 마셜, 교회를 관리하는 처치스컨저베이션신탁회사의 허락을 받아 게재.

261 「아이아스의 변모」, 캘리포니아주 샌머리노 헌팅턴도서관의 허가를 받아 재수록.

266 헨리에타 마리아 왕비의 드레스, © Devonshire Collection, 채츠워스세틀먼트신탁회사의 허락을 받아 재수록.

277 「고함을 지르는 고함지르는 자들」, © The British Library Board, All Rights Reserved, 2011년 11월 29일.

301 밀로의 비너스, 국립박물관연합/Art Resource, 뉴욕.

371

HOLY SHIT

HOLY SHIT:
욕설, 악담, 상소리가 만들어낸 세계

초판 인쇄	2018년 4월 13일
초판 발행	2018년 4월 20일

지은이	멀리사 모어
옮긴이	서정아
펴낸이	강성민
편집장	이은혜
편집	박은아 곽우정 김지수 이은경
편집보조	김민아
마케팅	정민호 이숙재 정현민 김도윤 오혜림 안남영
홍보	김희숙 김상만 이천희
독자모니터링	황치영

펴낸곳	(주)글항아리 | 출판등록 2009년 1월 19일 제406-2009-000002호
주소	10881 경기도 파주시 회동길 210
전자우편	bookpot@hanmail.net
전화번호	031-955-2663(편집부) | 031-955-8891(마케팅)
팩스	031-955-2557

ISBN	978-89-6735-514-2 03900

글항아리는 (주)문학동네의 계열사입니다.

이 도서의 국립중앙도서관 출판시도서목록(CIP)은 서지정보유통지원시스템 홈페이지
(http://seoji.nl.go.kr)와 국가자료공동목록시스템(http://www.nl.go.kr/kolisnet)에서
이용하실 수 있습니다. (CIP제어번호 : CIP2018010869)